中国演讲口才与人际沟通经典教材

中国社会艺术协会口才专业委员会指定教材

总主编 李元授

我们的理念是——

口才，天下第一才

会说话，赢天下。

口才训练

（第四版）

主 编 李元授 白丁

华中科技大学出版社

http://www.hustp.com

中国·武汉

内容提要

《口才训练》(第四版)，系"中国演讲口才与人际沟通经典教材"之一。本书以口才学的原理为基础，并吸取心理学、思维学、语言学、演讲学、辩论学、谈判学和人际沟通学等相关学科的丰富营养，就口语训练概述、语音训练、表达训练、读诵训练、思路训练、听力训练、应变训练、体态语训练、演讲训练、辩论训练、谈判训练和求职训练等12个方面进行了全面而系统的论述。科学性、实用性兼备，可操作性强；同时，在书中列举了典型、生动、形象、富有启发性的实例，并有精要、画龙点睛式的评点，像磁石一样强烈地吸引着读者。本书可作为全国大中专院校素质教育教材，亦可作为各个行业和单位的培训教材，还可作为广大青少年学习与掌握口才艺术的理想读本。

图书在版编目(CIP)数据

口才训练/李元授，白丁主编. —4 版. —武汉：华中科技大学出版社，2022.5
ISBN 978-7-5680-6361-6

Ⅰ.①口… Ⅱ.①李… ②白… Ⅲ.①口才学-教材 Ⅳ.①H019

中国版本图书馆 CIP 数据核字(2022)第 062142 号

口才训练（第四版）
Koucai Xunlian

李元授　白　丁　主编

策划编辑：陈培斌　兰　刚
责任编辑：肖唐华
封面设计：刘　卉
责任校对：张汇娟
责任监印：周治超
出版发行：华中科技大学出版社(中国·武汉)　　电话：(027)81321913
　　　　　武汉市东湖新技术开发区华工科技园　邮编：430223
录　　排：华中科技大学惠友文印中心
印　　刷：武汉市籍缘印刷厂
开　　本：787mm×1092mm　1/16
印　　张：16.25　插页：2
字　　数：384 千字
版　　次：2022 年 5 月第 4 版第 1 次印刷
定　　价：48.00 元

总　序

中国古代的哲人有言："一言可以兴邦，一言可以丧邦。""一言之辩，重于九鼎之宝；三寸之舌，强于百万之师。"这里把国之兴亡与舌辩之力量紧密联系起来，借"九鼎之宝""百万之师"的强喻，充分揭示了口才的巨大的社会作用。二战时的美国人将"舌头"、原子弹和金钱称为赖以生存和竞争的三大战略武器；后来又把"舌头"、美元和计算机视为竞争和发展的三大战略武器。"舌头"，即口才，独冠于三大战略武器之首，强调了口才的价值非同小可。我们将口才再往前推进一步，展示口才的目的是什么？就是人际沟通。"沟通改变人生，沟通成就事业"；"时代呼唤沟通，世界呼唤沟通"。这些论断和理念，让我们每一个当代人都清醒地认识到演讲口才与人际沟通的至关重要性——关系到个人的前途、国家的生存与发展。现在，我们国家已进入新时代，中国已成为世界第二大经济体，今天的中国前所未有地接近世界舞台中心，实现中华民族伟大复兴进入了不可逆转的历史进程，共同构建人类命运共同体需要中国智慧、中国方案与中国贡献，中国在国际舞台上愈来愈具有举足轻重的地位。由此看来，演讲口才与人际沟通的巨大作用更是不言而喻。

有鉴于此，30多年来，武汉大学信息传播与现代交际研究中心组织了数十位专家学者，就口才、演讲、辩论、谈判、交际、沟通、公关、礼仪、策划、营销、广告、文秘等一系列课题展开了科学的研究。在国家教育部主持的"大学生文化素质教育书系"中，李元授教授主编了《现代公共关系艺术》《交际与口才》《交际礼仪学》3部教材；还先后主编出版了"交际学丛书""人际交往精粹丛书""新世纪人才素质训练丛书""创造性人才素质训练教材""综合素质训练系列教程""中国少儿口才艺术精品教材""文化素质教育经典教材""中国演讲口才与人际沟通经典教材"等10余套丛书，共计80余本著作。我们本次推出的"中国演讲口才与人际沟通经典教材"（以下简称经典教材，共计6本，其中4本为第四次修订，2本为新增）就是其中之一。

承蒙几位全国顶尖的本学科大家担任本经典教材的学术顾问。他们是：著名语言学家、博士生导师、华中师范大学资深教授邢福义先生，著名语言学家、博士生导师、暨南大学詹伯慧教授，著名修辞学家、博士生导师、武汉大学郑远汉教授，著名修辞学家、博士生导师、复旦大学宗廷虎教授，著名修辞学家、博士生导师、暨南大学黎运汉教授，著名语言学家、中国社会科学院资深研究员陈建民教授。

诚邀十余位著名的演讲家与演讲理论家担任本经典教材指导委员会的专业指导。

出任本经典教材指导委员会主任委员的是文化和旅游部中国社会艺术协会党组书记、会长邱新建主席；出任教材指导委员会副主任委员的有中国社会艺术协会艺术顾问兼口才专业委员会名誉会长、武汉大学李元授教授，著名的演讲家颜永平、孙朝阳两位专家，中国社会艺术协会副秘书长、北京爱芝音教教学设备有限公司宁爱中总经理和中国管理科学研究院商学院客座教授黄春燕董事长。

出任本经典教材指导委员会委员的有：中国四大演讲家之一的刘吉教授，上海演讲学研究会创会会长、上海市委党校刘德强教授,著名的演讲家蔡朝东先生,云南省演讲学会原会长李志勤教授,山东省演讲学会会长武传涛教授,黑龙江省演讲口才协会刘智伟主席,湖南省演讲与口才学会副会长、湖南响语演讲团李梅团长,中国资深营销培训专家、武汉大好科技有限公司石鼎董事长,著名教育与管理专家、广东省启学教育集团曾桂荣董事长,著名人际沟通专家谈晓明教授,湖北省演讲协会曹辉常务副会长,贵州省演讲研究会谭武建会长,宁夏演讲与口才协会王军会长,辽宁省演讲学会许振国会长,世界500强演讲培训专家易书波老师,还有青年演讲家、山西省演讲学会韩娜娜执行会长。

在本经典教材第四次修订再版之际,我们特别怀念"共和国演讲泰斗"尊敬的李燕杰先生。燕杰先生2017年11月16日仙逝,他生前不仅全力支持广大青少年学习演讲艺术,鼓励青少年积极参加演讲培训、演讲比赛和各种演讲实践活动,而且还热情鼓励推动演讲艺术的理论研究。有一次燕杰先生语重心长地对我说:"现在我国的演讲艺术缺乏科学的专业的理论研究,从事研究的专家太少太少,数得出来的专家就你们几位。你的理论研究成果多多,硕果累累,可喜可贺!希望你能多培养几个接班人;希望你们能进行演讲艺术的应用研究、深度研究和比较研究,让我国的演讲理论研究水平能上一个新的台阶。我寄厚望于你们!"燕杰先生的厚望强烈地激励着我,鞭策着我,让我不敢有丝毫的懈怠。这次推出的第四次修订再版的"中国演讲口才与人际沟通经典教材",可以算作我们向燕杰先生的汇报与怀念。

在编写本经典教材过程中,我们参阅了诸多相关著作、论文,所引材料尽可能注明,其中或许有遗漏。敬请相关作者及时联系我们,以便及时修订,谨向作者表示歉意与谢意!

需要说明的是我们编写出版本经典教材(第四版),出版社不但要求修订文字,还要求与时俱进,要展示与教材内容相关的精彩视频和珍贵照片资料,立体化出书,为广大读者提供丰富的认知世界。这些视频照片资料是本经典教材核心专家以及诸多演讲家、演讲理论家热情提供的,有的是从"今日头条"和微信中下载的,我们尽可能注明出处和作者;如有遗漏,请及时与我们联系,以便下次印刷时更正。对以上所有专家谨致诚挚的谢意与崇高的敬礼!

需要感谢的是广东演讲学会对本经典教材的关心、支持与帮助,不仅及时剪辑制作了李燕杰先生等精彩演讲短视频,还积极宣传推广了本经典教材。广东演讲学会自2011年成立以来,培训事业红红火火,所编写的系列培训教材科学实用,为"党政军企校"提供了社会服务,广受好评,荣获"5A级社会团体"称号,被誉为"中国演讲界一面旗""中国演讲事业的桥头堡",真是可喜可贺!我们谨此致以崇高的敬礼!

最后,我们郑重宣告:中国社会艺术协会口才专业委员会于2021年12月19日,在广州广东演讲学会举行了隆重的成立大会,中国社会艺术协会党组书记、会长邱新建主席出席了大会,并发表了热情洋溢的讲话;协会热烈祝贺口才专业委员会的成立,希望我们牢记习近平总书记的重要指示,"讲好中国故事,传播好中国声音",接过"共和国演讲泰斗"李燕杰先生的演讲旗帜,全国一盘棋、一条心、一股劲,努力开创演讲理论研究、演讲教育培训、演讲服务社会与演讲选手同台比拼的崭新局面!

是为序。

李元授

2022年2月22日修订于武汉大学

目　录

导语　新时代人才要有一流的口才 ……………………………………………………（1）

第一章　助你成功的口才艺术

　　　　——口语训练概述 ………………………………………………………（3）

第一节　口语交际的功能和特点 ………………………………………………（3）

第二节　口语交际的意义 ………………………………………………………（6）

第三节　口语训练的方法 ………………………………………………………（10）

思考与训练 ………………………………………………………………………（11）

第二章　流畅自如的普通话

　　　　——语音训练 …………………………………………………………（12）

第一节　了解并把握语音标准 …………………………………………………（12）

第二节　掌握音变规律 …………………………………………………………（16）

第三节　学点科学发声法 ………………………………………………………（19）

思考与训练 ………………………………………………………………………（23）

第三章　准确明晰的表达艺术

　　　　——表达训练 …………………………………………………………（25）

第一节　为什么要讲究表达 ……………………………………………………（25）

第二节　复述 ……………………………………………………………………（25）

第三节　描述 ……………………………………………………………………（28）

第四节　评述 ……………………………………………………………………（32）

第五节　解说 ……………………………………………………………………（34）

思考与训练 ………………………………………………………………………（37）

第四章　声情并茂的读诵艺术

　　　　——读诵训练 …………………………………………………………（40）

第一节　读诵的魅力和作用 ……………………………………………………（40）

第二节　读诵艺术的特点和要求 ………………………………………………（41）

第三节　读诵的必要准备与训练步骤 …………………………………………（44）

第四节　读诵技巧的艺术处理 …………………………………………………（48）

思考与训练 ………………………………………………………………………（51）

第五章　开拓创新的构思艺术

——思路训练 ·· (53)

第一节　思维与思路 ·· (53)

第二节　思路训练的内容 ······································ (56)

第三节　思路训练的几种方法 ·································· (61)

思考与训练 ·· (65)

第六章　正确适切的听话能力

——听力训练 ·· (67)

第一节　听的重要性 ·· (67)

第二节　听力训练的内容 ······································ (69)

第三节　听力训练的方法 ······································ (71)

思考与训练 ·· (77)

第七章　左右逢源的应变能力

——应变训练 ·· (79)

第一节　应变的必要性 ·· (79)

第二节　应变训练的内容 ······································ (81)

第三节　应变训练的方式 ······································ (82)

思考与训练 ·· (84)

第八章　眼神与肢体的配舞

——体态语训练 ·· (86)

第一节　什么是体态语 ·· (86)

第二节　体态语的辨认与运用 ·································· (91)

第三节　体态语的训练要点 ··································· (104)

思考与训练 ··· (105)

第九章　滔滔不绝的演讲艺术

——演讲训练 ··· (107)

第一节　演讲概念 ·· (107)

第二节　演讲的类型 ·· (112)

第三节　演讲稿 ·· (118)

第四节　演讲的谋略与文采 ··································· (127)

第五节　即兴演讲 ·· (132)

思考与训练 ··· (136)

第十章　逻辑严密的辩论艺术

——辩论训练 ··· (139)

第一节　辩论概念 ·· (139)

第二节　辩论主体 ·· (142)

第三节　辩论客体 …………………………………………………… (148)

第四节　辩论媒体 …………………………………………………… (154)

第五节　辩论受体 …………………………………………………… (161)

思考与训练 ………………………………………………………… (165)

第十一章　出奇制胜的谈判艺术

　　　　——谈判训练 …………………………………………… (167)

第一节　谈判的展望 ………………………………………………… (167)

第二节　谈判的决策 ………………………………………………… (174)

第三节　谈判的法则 ………………………………………………… (181)

第四节　谈判的策略 ………………………………………………… (188)

第五节　谈判的语言 ………………………………………………… (197)

思考与训练 ………………………………………………………… (203)

第十二章　有效沟通的求职艺术

　　　　——求职训练 …………………………………………… (206)

第一节　寻求理想的职业 …………………………………………… (206)

第二节　做好求职准备 ……………………………………………… (208)

第三节　设计好个人简历 …………………………………………… (212)

第四节　如何应对求职面试 ………………………………………… (215)

思考与训练 ………………………………………………………… (221)

口才训练示例 ………………………………………………………… (225)

参考文献 ……………………………………………………………… (250)

后记 …………………………………………………………………… (252)

导语　新时代人才要有一流的口才

现在，我们国家已进入新时代，日益繁荣富强，已成为世界的第二大经济体，年轻的朋友该怎样面对时代的机遇与挑战？

我们当然会说：我们将以自身全面的高素质，以我们的科技知识，以我们的写作才能，以我们的强健体魄，以我们的良好心理，以我们的宽广胸怀，去迎接新时代新的挑战。但我们不应忘记了，我们与生俱来的语言能力、口头表达才能正是我们梦寐以求的高素质里的一种，它隐藏在每个人的体内，是一种亟待开发的潜能。西方世界已将舌头和金钱及计算机加在一起，合称三大战略武器，足见口才的重要地位了。在美国，"说学"很盛行，几乎所有大学都设有"说学系""传播系"或"现代演讲学系"。

国外现代心理学家认为，儿童和青年语言发展的水平是衡量他们智力水平的重要标尺，因为人的智力的核心是思维能力，而思维正是通过语言来表现的。"全美教育协会"提出的超常儿童10项特征，第一项就是"用语流利正确"。

由此可见，从提高中华民族素质、培养新世纪人才的战略高度来认识培养口才的重要意义，是怎么强调也是不过分的。

第一章 助你成功的口才艺术
——口语训练概述

▶ 第一节 口语交际的功能和特点 ◀

到现在为止,科学家还没发现除人之外有一个生物种类有口语交际,这也就是说,只有人类有口语交际这种才能,这是值得我们每一个人既要珍惜又应充分利用的宝贵资源。当然,动物界也存在着许多能发出信号的种群。如鱼类用声音互相招呼、共享美餐、躲避敌害、联络异性。鸟类的鸣啭是自然界最美妙动听的音乐,全球有 8000 种不同的鸟类,每种鸟都有一套独特的鸣声系统,爱鸟者凭经验就能分辨"鸟语",科学家运用现代科学技术,更使"鸟语"成为科学研究的对象。还有与人有较紧密生物关系的猴子,也有自己的语言。但动物用声音构成的信息交际系统,是不可能与人类完善的、高度发达的有声语言系统相提并论的,是不可同日而语的。

一、口语交际的功能

口语交际的功能主要有以下三类。

(一)信息功能

说话人把想到的东西用语言说给对方听,这称之为"信息输出";对方把所了解的意义接收进去,便是"信息输入"。这一过程形成信息的沟通,目的在于改变受话人的认识状态。通常把信息功能看作口头言语的最重要的功能,然而,大部分言谈中能沟通的信息不超过 15%～20%。这是因为人们交谈不同于打电报,打电报是用最简洁、最经济的办法传输信息,能省掉的句子、词语、单字尽量省。口语言谈则有很大的冗余度,如客套话、表情词,虽然表面上看它们所负载的信息可有可无,但对交际效果而言却不然,实际是达到了信息增值。

说话人发出的信息有以下两种。

1. 祈使信息

表示命令、劝告、请求等。目的是刺激某种行为。刺激本身有几种,可以是:①促使,即说话人将操纵听话人的明显行为,如说"快点走!""把笔递给我";②制止,这也是促使的一种,是促使不做某事,禁止不适当的活动,如"别说了""不要摘花";③警告,如"这事你小心点,出了事你负责""你要想好,过了这村就没这个店"。

2. 判断信息

一般表现为表述的形式,如"今天武汉晴天""听说昨夜宿舍被盗"。主动提供信息或解释,是因为说话人相信对方愿听,至于对方听了是否会直接受影响而改变行为,则不在说话人的意向之内。

口头言语交际是沟通角色不断更换的过程,信息一般不仅是来来往往地传递,而且还在形成、补充和发展之中。正是在这种相互沟通的过程中,人们实现了知识的积累、交流和思想的积累、交流,才使人类文明达到了现在这么一个灿烂辉煌的状况。

（二）调节功能

在口头言语交际中,人们可以通过共同活动、相互影响、相互定向、相互作用,明确各方的关系,并协调好这种关系。这就是调节功能,或叫人际功能或应酬功能。它是维持社会集团(大到国家、小到一个家庭)内部联系、保持交际活动畅通和良好运行状态的一种功能。

广义的交往指社会关系和人际关系的总和的实现。交往的相互作用就是在交际对象之间存在着这种关系的情况下实现的。社会关系这个词我们常用,但从学理上说,它的特点是:社会关系中个体与个体不是简单的相遇和简单地发生联系,个体是一定社会团体的代表,如阶级、职业群体、政党等;社会关系带有非个人的性质,它们的本质不是体现在具体个人的相互作用之中,而是表现在具体角色的相互作用之中。

人际关系可以概括地看成社会关系系统的一个特殊横截面,是社会关系的实际现实。倒过来说,人际关系之外也不会有任何纯粹的社会关系。由于这种关系,口语交际也就完全需要发挥主观能动性,自我调节这种关系。如问候、感谢、道歉等客套话就是在发挥口语可以改善人际关系的功能。闲聊、谈天也可以调节、拉近人际关系。比如火车上的对面坐着的两位旅客,刚上车可以不开口,但时间长了,老静默下去总有点别扭。这时一方往往会从天气谈起:"今天好热呀!"对方会接下去:"是的,真热。""下场雨就好了。""庄稼最需要雨水了。"这样,两个人就成了熟人。古今中外聊天似乎都会以谈天气来开场,这可能因为"天气"是保留性话题、中性话题。鲁迅先生的一篇杂文讽刺一个人没话找话,又不愿说别人不愿听的话,就说:"今天天气哈哈哈。"这种话语没有交流什么知识或思想,只是一个调节性信号。

问候、告别等礼节性话语都没有信息方面的意义,担负的交际任务最轻,这里的意义不在于说了什么,而在于说了没有,它可以表示说话人的意愿,填补一种空白,使双方关系不致冷淡。

（三）情感功能

这与上面所说的调节功能密切相关,因为交际双方产生正面的情感关系主要来源于人际关系的协调。

在口语交际过程中,参加者的相互了解必不可少,还应接受与赞同交谈伙伴的动机、目的、要求和表达方式,从而不仅能使行为协调一致,而且能建立亲近的特殊关系。这种关系可以附有多种感情因素,如同情、友好、喜爱、依恋等,在这基础上又可以生长出对交谈伙伴一些新的评价、理解、配合和要求。擅长演讲的人就知道利用口语的这种功能,他们有时只提供少量的信息,却以大量有情感性的词句和有亲善性的体态来打动、吸引听众。

日常口语交际中能产生正面感情的原因有以下三个。

1. 邻近

这是指空间位置接近的吸引模式。按照一般社会的交谈规范,两个人空间位置越接近,感情也越接近。即使在和很多人谈话时,也往往是和离得近的人容易发生情感移入。情人间窃窃私语、朋友间促膝谈心、写信时的套语"见字如晤""见信如见人"即为例证。

2. 相似

这是指交往者在个人性格、气质、兴趣等心理因素,生活方式、言语习惯、文化程度等社会文化因素,以及外貌、身高等生理因素方面,具有某些类似特征的吸引模式。汉语成语中有"物以类聚,人以群分",讲的就是这个道理。俗话中也有"谈得来"(反面是"谈不来")"谈得投机"(反面是"话不投机半句多")"有共同语言"等。

3. 仪容

这是在相貌、体态、服饰、风度等外形特征上具有审美价值的吸引模式。仪表堂堂、姿态优雅、风度翩翩、英俊潇洒很自然会给对方留下良好印象、产生美好感情,也愿意与之多交谈;相反,貌不惊人、穿着怪异、举止失当,这总不会吸引人,倒留下一种不舒服的感觉。

在这三种原因里,"相似"和言辞内容的关系最直接最重要,另两个原因的作用也不容忽视。口头言语交际过程中,就是这样使双方情感生发、培养、交流,从而达到相当高程度的沟通。

除上述三种主要功能外,口语交际还有以下一些一般性的功能。

(四)表白功能

主要是传达说话人的内心感受,不管有没有听众或听者是谁。一些心中郁闷、说出来会好受些的人常会利用这种功能。

(五)认识功能

利用这一功能时,发话人又是自己的受话人,即自己对自己的信息加以认识、验证,这往往是一种内部语言,或是自言自语,或在背诵诗文的时候。

(六)美感功能

利用语言内在的结构美、形式美,使之产生令人愉悦的感受,进入审美的境界。

二、口语交际的特点

口语与书面语相对而言,这是到了书写文化高度发达阶段才出现的对照。实际上口语绝对早于书面语,它是书面语的基础,是语言发展中最活跃、最新鲜、最有渗透力的因素。当然,有了书面语后,口语也经常受到书面语的影响。两者已经到了不易分得很清的地步。不过,还是可以看出口语的一些特点。

(一)语言形式的独特性

从语言结构形式和语法现象看,口语的句子修饰成分少、自然句多、短句多、重复啰嗦现象较多、口头禅多、句子成分易位现象多,这是因为思维速度与表达速度不同步,或是想得快说得慢,也可能是说得快想得慢,所以重复倒装现象就出来了。还有省略句多,特别是在对话时,因交谈对象和语境的确定,可省掉很多不必交代的语句,使口语显得简洁明了。

从词汇角度看,口语更贴近日常生活,更通俗,少用生僻词、术语,而常用俗语、谚语、歇后语等,语气词用得也多。

(二)表达的临场性

口语表达有一定的规定情景,对象也更为直接,内容更有针对性。口语可以用语气语调的变化及特有的修辞手法来表达微妙复杂的思想感情。同样一句"我等你好久了",出自一个警察对犯罪嫌疑人所说和一个男子对女友所说是绝对不同的。

由于口语交际时双方面对面,除有声语言外,还可借助体态来增加和补充要表达的内容。有些体态语甚至是有声语言难以用几句话或长篇大论来替代的。书面语即使花大笔墨去描绘也可能是吃力不讨好。只有身临其境才能体味出这种交际的确切真实含义,这也就是俗语所说百闻不如一见的含义。

(三)内容的随机性

口语的负载体——语音是说出即逝,所以在对话时要集中精力,迅速地听辨、判断并组织应答的言语。特别在答辩、讨论、谈判、即席发言时,常要根据临场情况做准确、合适、得体的应对,这需要训练有素的随机应变的能力。即使在日常生活中,口语交谈也是无法预料会谈什么话题,如想取得良好的交际效果,也应该对一些常见的话题保持敏锐的感知力,避免交谈时无言以对。

交谈中的应变可以有两种办法:一是用体态语应变,外国人喜用耸肩或两手一摊,中国人喜用微笑;二是用口语应变,这是主要的应变方式。笑总是好的,但不能事事都笑,不能以不变应万变,笑多了会让人迷惑不解。语言应变能力是一个人口语表达、思维能力和各方面修养的集中体现。在特定场合下,我们不可能有一套万能的应变模式供使用,全靠平时的积累、训练,在短时间内迅速组织脑中所存储的材料,用口语表达出来。

(四)应用的广泛性

与书面语比,口语是人类社会最广泛使用的、最有效的交际工具。有人统计,平均一个人一天说一小时话。如用文字记载下来,几天就是一部厚厚的书。有些人如教师、演员、官员使用口语更多。过去异地交往靠书信,随着现代科技的发展,手机、网络的普及,各地的亲友适时交谈已成为现实,这更增加口语使用的广泛性。

口语交际有以上特点,就使口语训练的意义凸显出来了。

▶ 第二节　口语交际的意义 ◀

如果把口语交际仅仅理解成说话,那就失之粗浅了。这样说来,两岁小孩就已经会了,他们从不到一岁牙牙学语到两岁掌握一种母语里的语法结构、常用词语,我们不能说他们不会说话。我们说的口语交际(说得严肃些叫"口才训练")则是一种达到较高层次的说话过程,要具有这种说话能力,应做到:语音纯正,口齿清楚;表情达意,得心应手;适应语境,随机应变;礼貌文明,亲切得体。

一、精神生活的必要品

英国小说《鲁滨孙漂流记》写主人公鲁滨孙在荒岛上独自生活25年,他把"我没有人可以谈话"作为大不幸之一。为填补精神上的空虚,他与鹦鹉说话;救了土人"星期五"之后，听到"星期五"说的土语，他"虽然不明白，可听起来却非常悦耳，因为这声音是25年来第一次听见人的声音"。

一个人如果断了口语交际，或仅是缺乏口语交际，就会产生孤独感，时间长了，极可能成为心理上的发育不良者，以致心理畸变。心理学和社会学的研究表明，人与人之间的口语交际，即使是一般的谈笑，也不仅对人的生理器官的健康有益，而且能给人带来精神、情绪上的愉悦感。说话能减轻内心的紧张情绪，这当然要看是什么内容的话。伦敦一家医院经反复调查后认为，茶余饭后来一番轻松的谈话，是一种安全可靠的治疗或预防家庭冲突的措施。英国婚姻指导委员会的报告说，夫妻之间经常谈笑闲聊，是幸福美满婚姻生活必不可少的一件事及标志。还有人在大量已婚男女中抽样调查统计，结果是有趣的：那些成功的男人家里，都有一个喋喋不休、长舌妇式的妻子。所以说，口语交际真可比喻为人的精神生活中的维生素。

一个社会如果由于种种障碍，多数成员的口语交际被阻断隔绝，人们感情交往的这一主要工具不能正常发挥作用，这个社会就产生了整体性的精神病态。

中国古代曾有重视口语交际的传统。孔子办学，四科之一是"言语"，弟子中子贡和宰我很有口才。春秋战国时百家争鸣、说客盈门。张仪、苏秦凭三寸不烂之舌，合纵连横，官至宰相。《孟子》《荀子》《战国策》里记载了大量的谈话和辩论。到了汉魏，罢黜百家，独尊儒术，于是社会重文轻语，"士皆尚文"，口语交际的地位骤降；唐代以降，科举制度盛行，靠八股文取士，口语表达一直受冷落。封建教育着重培养"讷于言"的官僚士大夫，而民间的能言善辩之人，或以"巧舌如簧"受排挤拒斥，不受重用，或因祸从口出遭迫害。所以，传统的中国人给世界以一种僵化、呆滞的印象。

西方发达国家虽然物质生活水平很高，但人情淡漠，工作之外缺乏口语交际，缺少感情上的对话，因此，西方人呈现在世人面前的又是因孤独而缺乏信心、精神抑郁的形象，所以自杀现象时有发生。面对这一可怕现状，西方一些有识之士投入精力来缓解这种语言-感情交往饥饿症，一些名为"友谊之手"的组织应运而生，这种组织的人在电话里与那些寻求同情和盼望摆脱寂寞的人做口语交际，有时仅仅是问声好，聊几句家常。向这种组织求助的人已达数十万之多。

所以说，一个社会要维系下去是少不了语言这个纽带的。

二、社会进步的标志

语言的产生在各民族中都有传说。有种传说说人们不会说话之前交往极艰难，一天突降大雨，它落地有声，振振有词，人们奇怪地张开口，雨水掉进嘴里。雨停后，人们会说话了，大家高兴地说呀、跳呀，欢庆了三天三夜。语言的产生、完善的确是值得人们庆贺、庆幸的事。它使人类从蒙昧、原始状态大步迈向了文明、开化的阶段。到奴隶制时代，社会生产力大为提高，社会文化有极大发展。由于生产、生活的社会化，社会交往明显增多，口语交际也受到前所未有的重视。古希腊的德谟克利特在著述中已探讨了修辞学、逻辑学、语言学、心理学这些与口语交际密切相关的学科。亚里士多德著有《论辩篇》，是公认的论辩指南。古希腊有一诡辩学派，他们注重口才、精于论辩，发展出修辞学（是讲求辞令之术）和辩证法（辩论和论证之术）。古希腊的教育制度中对口语交际训练十分重视，男孩

7岁时进语法学校,修习专门的语言课程,奠定规范口语交际的基础。古埃及、古罗马、古印度在相差不多的时期内都在注重口语交际的教育训练。中国殷商时代,商王盘庚三次对臣民发表演说,说服他们愿意迁都于殷,达到了巩固王朝统治的政治目的。

在漫长的封建社会里,也有口语交际得到长足发展的众多记载。但这种社会是封闭式的社会,封建的自然经济是自给自足式的,交换并不多见,只是在狭小的地域内和不多的人数之间重复进行单调的交往活动。封建统治者为了维护统治,总要限制人们的社会交往、言论自由和思想交流。

商品经济、市场经济的出现,要求有与之相适应的开放的交往方式,自然也就要求口语交际方式有突飞猛进的发展。西方国家率先在世界大市场上占据制高点,它们的教育部门都比较重视口语交际能力的训练和口语交际修养的教育。美国的小学普遍开设一门新课——社会交际课,内容就是对儿童进行口语交际基本知识的教育。美国的中学除书本知识的传授外,还注意从讲述能力、论述能力方面培养学生。教师们认为,如果一个人不能在各种场合用语言清晰地表达自己的思想或要求,说明此人尚未受到完善的教育。美国的教育部门最早创立了一种称作"模拟性联合国大会"的业余教学活动,学生们分别"代表"若干成员国,在教师指导下对当前重大国际问题、本人所"代表"的国家的基本立场和政策,以及联合国议事程序等进行详尽的了解、准备,然后开大会热烈讨论、辩论相关问题。美国前国务卿奥尔布赖特就是在学生时期熟悉国际事务的,她曾参加一次比赛,说出联合国的成员国的情况,夺得大奖。美、日、英、德、法等国的许多名牌大学都设有名目繁多的社会交际课或人文社会科学课程,目的是发展学生的口头交际的能力,提高对社会交往方式的感受能力。这样做也是考虑到日益剧烈变动的国际国内经济形势,学生除了要具有某一专业特长外,还必须有相当灵活的社交能力,以便随时调整自己的职业,谋求更大发展,至少保住饭碗不失业。

但是,在唯利是图的社会里,一方面口语交际史无前例地开放化和进步化,另一方面又呈现出口语交际减退化的倒退现象。这是社会经济形态本身的病态征兆。人际关系正常交往受金钱利益摆布扭曲,口语交际的发展也蒙上了阴影。人与人处于时时处处存在的竞争对立之中,人际关系普遍疏远。西方谚语说"说话是银,沉默是金"(英国)、"维纳斯之所以美,是因她从不说话"(意大利),说明西方人宁愿不说,这肯定是不想说、不便说。不说话,感情交流便无从谈起,孤独寂寞成了发达社会中常见的社会病,这已引起社会学家的忧虑,语言学家也对此深感困惑。

从总的脉络看,人类口语交际有一个从低级到高级的发展过程。社会发展的物质文明和精神文明水平影响制约着口语交际的动因、内容、范围、频率和形式;而口语交际的兴盛和衰微,则反映出社会文明的程度和人类进化的景象。

三、建设高度文明的需要

新中国成立以来,特别是近20年来,面向世界,改革开放,物质文明和精神文明建设取得了很大成就,但这离我们想达到和应该达到的目标还有相当长的距离。为建设高度文明、富强、民主的现代化国家,为中华民族能在世界民族之林中占有重要的一席之地,我们应该在口语交际这一方面做出应有的成绩。

(一)传递交流科技信息的重要手段

新技术革命的浪潮已席卷全球,中华大地自然不能置身于这股大潮之外。要赶上这股潮流,就必须与世界各国科技界开展交往,扩大交往范围,拓展视野,才能获取、交流各方面的重要情报信息,不误时机地选择应用新成果。这些都离不开语言这一重要媒介。科技史家得出结论,很多科学家、工程师的专业信息有一半以上来自文字材料以外的渠道,即在与同行的讨论、交谈,甚至是聊天、聚餐等日常生活的口语交际中得到新信息的。美籍华裔科学家李政道说,他所在大学每周有三次教授们共进午餐,这时边吃边谈,有时以一个人主讲,讲近期工作、项目进展如何、有什么问题,同桌的人会各抒己见,争论一番,也许不会立刻得出结论,但总有启发。李政道与杨振宁合作提出的获诺贝尔奖的理论就是与这种进餐交谈有直接关系,所以美国人戏称上饭店吃饭可得科学奖。世界上很多著名的人物如苏格拉底、达尔文、马克思、爱因斯坦、爱迪生等,能在各自领域取得卓越成就,很大一部分原因在于他们擅长于社会交往,精通口语交际,使他们站得高,看得远,听得多,说得好。

(二)道德传承的基本渠道

口语交际手段的健康与否,对人们的思想道德水平的高下有着直接的关系。文明的语言有助于传播高尚的思想道德、提高人们的精神境界、净化人们的灵魂。如果语言粗俗污秽,出口成"脏",只会败坏交际环境,失掉交际者的人格尊严。青年、少年以至儿童都有强烈的交往欲望,他们以模仿成年人的行为为主,从他们的言谈中可以看出家庭教养和道德品质的水平状况。所以说,口语交际的文明健康是一个人道德修养高尚的外在标志,是社会风气良好的一个重要指标。

健康的口语交际与开放的口语交际并不矛盾。中国传统观念认为,一个人老实、不多言语是美德,将"不善辞令""嘴笨""不那么能说会道"当作正面的东西,用"厚道""老成""本分"等有积极义的词语与之对应。而对交往多的、言辞多的人常常加以非议,用贬义词"老油条""交际花""油腔滑调"去套在他们头上。其实,这种二分法太绝对化、简单化,我们应该做具体分析,不能人为地堵塞口语交际这条道德影响的基本渠道。中国古人崇尚君子之道有三种:太上立德,其次立言,其次立功。将"德"与"言"放在一起,就说明两者并不矛盾,只不过将两者的次序排了先后而已。的确也应该是道德高尚的人说出的话才有感召力,才有永恒的价值。

(三)感情交融的良好载体

通常人们是要靠说话来传情的,父母子女之间、夫妻情侣之间、同事朋友之间,有很多复杂微妙的情感需要表达,仅仅用眼神、用表情是远远不够的。随着社会的发展、人们的文化教育水平的提高,对感情交流又有了新的要求,口语交际在这种交流中的作用只会增加,而不应减弱。

有段时间因房屋建筑偏向于单元化、封闭式,造成城市居民邻里之间交往减少,上下楼之间、对门邻居之间互相不来往,住了很长一段时间还不知对方姓名,在什么地方工作。中国原先的计划生育政策也造成一个核心家庭只有一个小孩,没有亲兄弟亲姐妹,没有姑表亲、姨表亲的概念。这种种因素会对社会心理、人际关系带来不良影响。还有老年人逐渐增多,老龄化问题已显现,他们特有的口语交际的目的、内容、重心和范围如何适应新的家庭模式和社会环境,又如何解决他们的感情寄托和心理平衡问题,这都需要研究对策,避免感情交融上的阻塞。

(四)涉外工作不可忽视的交往方式

中国走向世界已成大势,越往后开放程度越高。大量的对外交往都是通过个人之间的口语交际进行的,针对不同民族、不同国度的习俗和文化背景而采取不同的口语交际方式,就成了取得最佳交往效益的一个重要因素。口语交际已不仅是一门科学,也可看作是一门艺术了。

由于学习和训练不够,许多从事对外工作的人员不大懂得利用社交手段和社交礼仪,交往时分寸把握不准,以致效益较低、质量较差。很多派往国外的留学生、考察人员都暴露出很大的不足。一位日本教师曾撰文谈中国留日学生的情况:"……美中不足的一点是:虽然是与忙于学习有关,但令人感到中国留学生跟日本人交朋友不够活跃……但愿中国留学生尽可能利用与日本人交往的机会锻炼自己的社交能力,尽快地结交些情投意合的朋友,这样的朋友也是终生的财富。"

▶ 第三节　口语训练的方法 ◀

一、掌握规律,循序渐进

口语表达是一件很符合规律的自然行为,已有历代的语言学家从纯语言学角度做了理论上的阐述。我们只从应用角度接触口语表达的规律性问题。说一个人口语表达能力强,主要是从以下几个方面看的。

(1)思维能力强,特别是与口语有关的思维的条理性、敏锐性与灵活性强。这是表达的关键。没有思维能力,口语表达就无从谈强弱,只能说这个人会说出口语而已,很多弱智者也能正常说话,但不能指望他们口才出众。

(2)准确、迅速地组织言词,构造句子段落,联句成篇。这是表达的基础。

(3)运用语音标准、清晰、优美。这是前提。

根据口语表达的一般规律,口语训练的重点应是培养敏锐的思维和强烈的语感,具体指:①语音,即科学地发声,用标准的普通话表达;②语调,即借助语言的高低升降、抑扬顿挫的句调来表达复杂情感,掌握朗读朗诵技巧;③语汇,即掌握丰富的词汇、熟练运用各种熟语,如惯用语、成语、谚语、格言等;④语脉,即表达时做到条理清楚、语言流畅、上下贯通、一脉相承;⑤语境,即说话注意目的、对象、场合,语言得体、有美感,能随机应变。此外还应懂得口语表达的辅助手段——体态语。

二、刻苦训练,持之以恒

知道了如何表达才算合乎要求的规律后,并不等于就会高水平高标准地表达了,就像知道了如何游得快游得标准后并不一定就会游泳一样,还要靠我们在实践中刻苦训练、坚持训练。

古希腊十大演说家之一的德摩西尼 29 岁时第一次公开发表演说,但听众对他的演讲内容没有留下印象,却嘲讽他沙哑的嗓音、瘦弱的身体、笨拙的动作。他没有退却,而是开始了艰苦的训练,做了地下室、安放了镜子,每天练习发音,矫正形体动作。为使嗓音洪亮,他有意到呼啸的山林和咆哮的海边放声高呼;为使两肩端正,把两柄剑悬在肩的上方;为使语音清晰可辨,把小石头含在嘴里练习。功夫不负有心人,他的演讲成为后人的楷模,他的 61 篇演讲稿、56 份演说词的开场白和几封书信流传至今,成为世界演讲史上的宝贵资料。可惜那时没有录音技术,我们只能从后人的书面记载上遥想他那清晰明快、雄健果断的慷慨陈词了。

林肯总统的杰出口才世人皆知。岂不知他年轻时常常徒步到离家 50 公里外的市镇上观摩律师们、传教士们、政治活动家们的各种口语表达活动,回到家后就模仿他们对着树桩、玉米棵子独自一人反复练习,练习吐字,练习挥舞手臂增强语势……

这些都告诉我们,口才不是天生的,只要有决心,有恒心,肯抓紧一切机会训练自己的表达能力,愿意吸取他人的长处,克服自己的短处,相信每一个人都会不断有新的进步。

三、博采众识,积学成才

口才并不是像有些人说的仅仅是口中之才,或耍嘴皮子的学问。口才需要众多知识修养作铺垫打基础才真正算得上一种才能、一种技巧。陆游告诫儿子说:"汝果欲学诗,功夫在诗外。"讲的是同样的道理。

谈话是表达,是输出信息。但交谈则要输入,有时输入比输出更重要。这就要有较强的观察能力和听知能力,还要有思维力、想象力、记忆力等各种智力,除此之外,非智力因素也在口语表达及交谈中有很大作用。

有人说,人才不一定有口才,有口才的人一定是人才。这是说一个真正有口才的人一定有正确的立场观点、高尚的道德情操、丰厚的学识和修养,就如孔子所说"有德者必有言"。而那些只会以流行语言取胜,以华丽辞藻炫人耳目的所谓有口才的人并不是真正有口才,充其量只能算是在某一方面略有特长而已,这是不值得我们效法的。

思考与训练

1. 口语交际的功能是什么? 口语交际有哪些特点?

2. 为什么人们把口语交际比喻为人的精神生活中的维生素? 为什么说口语交际是建设高度文明的需要?

3. 口语训练的基本方法是什么?

4. 普通话就是以 ＿＿＿＿＿＿＿ 为标准音,以 ＿＿＿＿＿＿＿ 为基础方言,以＿＿＿＿＿＿＿为语法规范的汉民族共同语。

5. 新时期我国语言文字工作的方针和主要任务是什么?

第二章 流畅自如的普通话
——语音训练

▶ 第一节 了解并把握语音标准 ◀

人类语言都是靠声音作载体来传送信息、表情达意的,而语音并不是杂乱无章的声音的堆集。在任何一种语言里都有一套语音系统,在任何一种有丰厚文化积累的语言里都有一套逐渐形成的语音标准。我们有时听说英语里牛津音是最标准的,所以书店里常可见到《牛津英语词典》之类的书;也听说过法语以巴黎音为标准,日语以东京音为标准。汉语——现代汉语,即我们天天说的标准音是以北京音为基准的。我们听广播、看电视,播音员均以一口流畅自如的普通话把新闻、天气预报、生活知识传给我们;看电影、看戏剧时,演员也以富有艺术魅力的普通话把我们带入艺术的天地去领略剧中风味。说些离我们远点的情境,比如说军队里传送命令,汇报军情,设想指挥员和战斗员之间各说各的方言,相互产生些误解,那对战事将产生什么影响就可想而知了。所以说,我们要想有良好的口才,语音训练至关重要,而了解并把握语音标准更是基本的要求。我们不能想象一位方言味浓重、吐字不清、语调不自然的说话者会赢得听话者的关注和好感,更不能想象在现代以至未来社会里,作为一个有教养的说话者会不了解或不能运用他所属民族的语言的共同标准音。

一、普通话语音标准简介

汉语普通话的语音是以现代北京话的语音系统为基准的。北京自元代作为全国首都以来,近 800 年里始终是全国政治、经济和文化的中心。北京话和北京语音很早就已经成为全国各地区的人学习汉民族共同语普通话的语音标准。特别是 1958 年全国人民代表大会批准公布,1982 年国际标准化组织承认为汉语拼写国际标准的《汉语拼音方案》推广几十年来,普通话的语音标准已为全社会所了解和认识。小学生,甚至学龄前儿童就接触《汉语拼音方案》,外国人学习汉语,各类字典、词典的注音,各种产品的型号标记、书刊的索引、视觉通信和无线电报、聋哑人交际用的手指字母等,都离不开《汉语拼音方案》。可以说,汉语普通话的语音标准已通过各类渠道、各种媒介渗入我们的生活之中。但尽管这样,因我们国家地广人众,教育水平参差不齐,很多人对普通话的语音标准仍缺乏全面深切的认识,在语言运用时仍会偏离语音标准。鉴于《汉语拼音方案》很容易找到,比如在《新华字典》《现代汉语词典》等常见的工具书中都收录了,我们这里不具体介绍《汉语拼音方案》和北京语音系统,但希望读者能经常唤起少年时学习的记忆,想想当年语文老师是如何一个字母一个字母地教拼音字母的,我们自然就会在自己脑海里浮现出活生生的普通话语音标准。

二、把握声、韵、调的准确性

汉语方言的分歧主要表现在语音上面。不同地方的人交往有困难多是听不懂对方的音,要鉴别说话者是哪里人也靠听其发音。如:安徽人说"鸡蛋",听起来像北京话的"子弹";云南人说"大雨",像"大姨";山东人说"吃肉",像"吃油"。上面举的例子还都是属北方方言区的,如果是广东、福建、浙江等地的人说话,与普通话语音标准相差就更远了。所以,为了使自己的语言达到发音纯正、字正腔圆的标准,充分利用汉族共同语流畅悦耳的音色和抑扬顿挫的音调来取得良好的表达交际效果,我们应该准确把握普通话的声母、韵母、声调,找出普通话与自己所说方言的对应规律,努力使方言音减少,向标准音靠拢。

（一）声母训练

声母是音节开头的辅音。发辅音,要注意两个方面:一是找准发音部位;二是用好发音方法。学英语时都有专门的训练;我们说汉语当然是不知不觉学会的,有充分的感性体验,但可能缺乏理性知识。"声母"是中国传统语音分析用的术语,大家很早就听说了,小学时一定是学过的。发声母与发辅音一样,要注意发音部位和发音方法两个方面,前者指阻碍气流的发音器官如何形成、保持、破除阻碍;后者指阻碍的方式、声带是否振动、气流是强是弱。

从发音部位这个角度看,普通话的声母分为 7 类,即①双唇音、②齿唇音、③舌尖前音(俗称平舌音,即 z、c、s)、④舌尖中音、⑤舌尖后音(俗称卷舌音或翘舌音,即 zh、ch、sh、r)、⑥舌面音、⑦舌根音。

从发音方法的角度看,普通话声母又可分为:①塞音;②擦音;③塞擦音;④鼻音;⑤边音。

各地方音在声母上与普通话有较大差异。南方几种方言(吴语、粤语、湘语等)都不分平舌翘舌,甚至将舌面音也混入了。如吴方言读"诗人"像"私人",读"找到"像"早到",读"重来"像"从来";粤方言读"知道"像"鸡道",读"少数"像"小数",读"诗人"像"西人"。即使是北方方言区的次方言(江淮方言、西南方言等),也不能区分普通话里的边音鼻音,将 n 读成 l,读"男子"像"篮子",读"女客"像"旅客",读"年代"像"连带"。还有将唇齿音和舌根音混同的,读"方地"像"荒地",读"发生"像"花生"。我们要弄清发每个声母时发音器官的部位及构成,掌握发音方法,把每个音都从理论上搞清楚,从实践上发准。除这项基本功之外,我们还可采用两种简便的方法帮助记忆。一是利用声韵调配合规律来分辨,二是利用偏旁类推法来记住较多的同一声母的字。例如:

zhi

支知｜直执｜止纸｜志制

chi

痴吃｜池迟｜尺耻｜赤翅

shi

师失｜时石｜史始｜市世

zi

姿兹｜—｜子紫｜自字

ci

疵｜瓷磁｜此｜刺次

si

思斯｜—｜死｜四饲

从这个对照中,我们看到 zi 和 si 第二声都没有字,ci 和 si 第三声常用字只有一个。

如遇到这些音节的第二声、第三声的字,便大胆地读翘舌音就是了。

又如以下例子:

者(zhe) 猪诸煮著箸踽储奢暑署曙薯

只(zhi) 织职帜炽识

中(zhong) 忠衷钟肿种仲冲

根据偏旁的声母所属的类可以类推带有这个偏旁的几个以至十几个字都读相同类的声母。这样就做到以少驭多,减少无用功,提高效率。

(二)韵母训练

韵母是音节中声母后边的部分,主要由元音构成。有人说汉语的一个特征是元音占优势,意思是说汉语有显著的音乐性。元音通常又指乐音(与"噪音"相对,辅音多为噪音),元音和辅音互相间隔,形成了分明的节奏。把握好普通话的韵母发音的标准,可充分发挥汉语音乐性的优势。西方有句谚语说:英语用于做生意,意大利语适于唱歌,法语是外交官常用的,德语是战士英雄说的语言,而西班牙语呢,是情人倾诉爱时最好的了。有位俄国作家以饱满的民族自豪感说:俄语既坚强、虔诚,又柔和、温情,适于一切场合一切人使用。汉语与印欧语相比毫不逊色,汉语元音占优势——韵母在音节处重要地位——是欧洲语言无法比拟的。

普通话韵母内部情况较复杂。一个韵母的元音可以是一个,这叫"单元音韵母";也可以是两个或三个,这叫"复元音韵母";还有带鼻辅音结尾的,这叫"带鼻音韵母"。如果是一个元音的,它就是这个韵母的"韵腹";如果是两个、三个元音或有鼻辅音时,则在韵腹前的称"韵头"(又叫"介音"),在韵腹后的称"韵尾"。发音时,韵头要发得轻而短,韵腹则须清晰响亮,韵尾稍含混,不要喧宾夺主,韵腹是韵母的中心成分。发鼻韵母时,有一个由元音向辅音的过渡。元音要响,而鼻辅音发音时一定要完全关闭口腔通路,让气流进入鼻腔。发前鼻音韵母(又叫"带舌尖鼻音")时,最好舌尖要抵住上齿龈;发后鼻音韵母(又叫"带舌根鼻音")时,最好舌根要抵住软腭。很多方言里就是对普通话里的前鼻音韵母和后鼻音韵母没有区别。"人名 ming"和"人民 min"不分,"老程 cheng"和"老陈 chen"不分。

在进行韵母发音训练时要注意以下几点。

1. 念准复元音韵母

有些方言里没有复元音韵母。如普通话的 ai,苏州人读如[E],上海人和湖南人读如[ɑ],济南人读如[ɛ]。再如普通话的 ao,苏州人读如[æ],湖南人读如[ə],上海人和济南人都读如[ɔ]。闽、粤方言还有以[y]为韵尾的复元音韵母,如广州话"水"读如[sœy],福州话"预"读如[∅y],这在普通话里都是没有的,要把握标准,就必须掌握普通话复韵母的发音要领,反复体会一个复元音韵母里的动程,发音到位。

2. 防止丢失鼻音韵尾

有些方言将普通话的带鼻音韵尾念成鼻化元音,甚至完全丢失。如济南人把 an 读如[æ̃],昆明人则读如[ã]。

3. 分清鼻音韵尾 n 和 ng

我们已提到前鼻音韵母和后鼻音韵母之分,普通话里分别得很清楚,听北方人说"北京"(jing)和"天津"(jin)很易分辨。但有些方言却不能分辨,或是有-n,没有-ng;或是有

-ng,没有-n。如南京话的"天坛"与"天堂"相同,"平凡"与"平房"相同,都是前鼻音韵尾。山西话里则都是后鼻音韵尾,"团结"读如 tuangjie。

4. 防止丢失韵头

西南方言把[u]丢掉,对"dui"读如 dei,"腿 tui"读如 tei,"短 duan"读如 dan。广州话把"流 liu"读如 lou,"钻 zhuan"读如 zan。如果是说这些方言长大的人,首先要读准普通话中有韵头的字,其次要弄清哪些字的韵母有韵头 i、u,可利用声韵配合规律帮助记忆。

（三）声调训练

声调是音节高低升降、曲直长短的变化形式,是汉语音节结构中不可缺少的成分,与声母、韵母一样有区别意义的作用,如"买"和"卖",都是 mai,只是一个为上声,一个为去声。汉语有声调是汉语与欧洲语言在语音上很大的不同,我们听过外国人说汉语,如果有什么不流畅自如的地方,最容易感觉到的是声调不自然、不准确。中国北方方言区大部分地方的调类都与普通话的一致,有阴平、阳平、上声、去声四个调类,但调值不一样。如普通话与天津话、济南话同为阴平的调类,调值则一个是 55,一个是 11,一个是 213。再如同为阳平调类的词"团结",普通话是 35,高升调;汉口话则是 214,是降升调。

南方方言里调类与普通话不一致,调类数比普通话多,最多的有 10 类,如广西博白的声调调类,除上面举出的类外,还有阴上、阳上之分,阴去、阳去之分,有上阴入和下阴入、上阳入和下阳入等。方言区的人要注意找对应规律,进行类推,一般可以收到事半功倍的效果。如重庆人学普通话的上声可利用重庆话的去声,把重庆话中降升调的字如"胜、利、万、岁"全都念做全降调[51]就可以了。

三、方音（乡音）也不应放弃

上面所说是从语音规范化标准化角度谈对声母、韵母、声调的普通话标准的把握。任何一种语言甚至方言都有一定的标准,这是我们必备的常识。同时我们也应看到,由于社会和地域的广泛复杂性,非标准的语言现象一直存在,似将永远存在。方言即是这样一种语言现象。唐朝诗人贺知章的诗句"少小离家老大回,乡音未改鬓毛衰"正是一个绝好的写照。革命导师恩格斯喜欢学习外语和研究方言,一次他用几种语言以至方言与一位流亡革命者交谈,最后用上了这位远离家乡的革命者的方言才使对话得以沟通,而这位革命者听到了家乡话感动得热泪盈眶。

这都说明语言上的认同感有时是以小范围来限定的。乡土关系在各个国家都有十分重要的作用,在中国尤其显得重要。如果我们原来会说某种方言,我们不必像对待废物一样想尽快甩掉它,当然,有时是想甩掉却办不到,我们应珍视这份语言资源。如果我们有精力,或者说有语言天赋,更应珍视它,开发它,即多学点语言或方言。丰富的语言一定会使我们在社会交往中得到很多意想不到的便利。

不过,这里有一点该提醒注意的是,我们当然要以标准音为基准,要防止标准音与方音串味,不要弄成夹生饭似的。学习外语更不要不求甚解,否则所说外语肯定是"洋泾浜"了。尽管这样说,语言总是由生疏到熟练,由不太标准到比较标准和很标准,这需要我们放开胆子,老着面子,不停地自我训练。不要因为说得不标准,带有浓烈乡音怕别人笑话而不敢开口。越是怕就越不能说标准的普通话,也就越容易造成障碍。有句谚语说得好:

犯了错后立即改,这只会犯一次;如怕犯错而不做,就有可能犯很多次。

▶ 第二节　掌握音变规律 ◀

　　人们说话并不是一个字一个字(一个音节一个音节)地说,更不会将声母、韵母、声调单独地作为语音单位使用,有的根本是不可能做到的。上面所说声母训练、韵母训练等只是为了分析的方便而把语音分为几个方面来讲。实际上,人们说话时都是有一个明畅的语音流。在这自然的语音流中,音素之间或音节之间就相互产生影响,出现语音变化(简称"音变",这与因历史演变而产生的语音变化不是一回事,如唐诗里的实际读音与现代读音已有很大不同)。音变现象在中外语言中普遍存在,如英语的冠词 a,因语音环境的不同有不同的读音,单读为[ei],入句后为[ə]。汉语方言里自然有大量音变现象,汉语普通话作为一种活的口语,语音上即从北京方言里吸收了这自然而然的音变现象。如不这样说话,反倒显得语言生硬单调,听起来可笑。20 世纪 30 年代拍摄的故事片中,演员对话就像这种味道;著名相声大师侯宝林有一个相声段子即模仿当时一些人说话一个字一个字地蹦,一听就觉得不自然;大家也知道,现代科技发展到用机器合成语言,机器语言与自然人所说语言的很大不同不在单独的音节,而在音节相接后音变得不流畅。比如说,普通话说得快而流利时会把"广播"(guǎng bō)读成 guǎm bo,把"嘴巴"(zuǐ bā)读成 zuǐ be,把"什么"(shén me)读成 shém。这些变化较细微,变化前和变化后的词的意义大都没发生变化,故常为人忽视。但只要对语音有敏感的耳朵,一般都能分辨得出来。我们如果想学好、学纯熟一种语言,就应该在掌握该语言语音标准的基础上进一步弄清并会运用它的音变规律。这才能说我们的语音水平达到了应有的高度,说的话才是真正地道的口语。

　　下面对汉语普通话里几种主要的音变现象做些简要的叙述、分析。

一、轻声

　　普通话和方言的每一个音节都有它的声调,我们查字典可看到每个字都标了调的。可有些音节与其他音节组成一个词或进入句子后会失去其原有声调而读成一个较轻、较短的调子。如"花"原调是阴平,组成"棉花"后比"棉"轻得多,失去原调而弱化成一个轻声音节;再如"头",原为阳平调,组成"石头"后也弱化成轻声音节。轻声在汉语语音分析中不被看作一个独立的调类,拼音字母里在该音节上不标符号。如"棉花"念做 mián·hua,"石头"念做 shí·tou。

　　读轻声时有时还会引起声母和韵母的变化,如不送气清塞音声母 b、d、g 往往读成浊塞音[b]、[d]、[g]。念得特别轻还可能失去声母,如"五个"会变成 wu'e。看描写京城生活的电影、电视剧,里面年轻人说话常常可听到类似音变。韵母中的元音因轻声音变总往央元音靠拢,如"桌子"zhuo·zi→[tsuotsə],"回来"huí·lai→[xueilə]。有的轻声音节甚至失去韵母,如"意思"yì·si→[is]。

　　普通话里大多数轻声都同词汇、语法上的意义有密切关系,如:

　　(1)语气词"吧、吗、呢、啊";

　　(2)助词"的、地、得、了、过";

（3）名词后缀"头、子、儿"；

（4）方位词"里（家里）、上（桌上）、下（地下）"；

（5）趋向动词"来（走来）、去（出去）"；

（6）重叠动词的末音节"看看、瞧瞧、试试"；

（7）做宾语的人称代词"叫你、请他"；

（8）口语中常用的双音词的第二个音节"奶奶、妈妈、姐姐、大夫、闺女、告诉、阔气、清楚、凉快、啰嗦"。

上面的举例都是要读成轻声才是正确的。

二、儿化

普通话单念"儿"韵的字只"儿、而、尔、耳、二"几个。"儿"与前一个音节的韵母结合，使这个韵母的音色变化，带有卷舌色彩的语音现象叫"儿化韵"。原来的非儿化韵韵母则叫"平舌韵"。如一首有名的电影插曲《花儿为什么这样红》中的"花"与"儿"两个字单独念，"花"是平舌韵；在口语里，"花"与"儿"结合到一起念，即成了儿化韵，读成 huār。毛泽东 1965 年秋写的《念奴娇·鸟儿问答》词题中的"鸟儿"、词中的"雀儿"两个词，在口语里都会读成儿化韵。儿化韵里的"儿"不是一个单独的音节，而是在一个音节末尾音上附加的卷舌动作，使那个音节因儿化而产生音变。

儿化有两种情况：一种是不改变原韵母，只在该韵母后加一卷舌动作，如"香瓜→香瓜儿 guār""大伙→大伙儿 huǒr"；一种是改变原韵母的读法，这又分为以下三小类。

（1）原韵母的韵尾失落，在主要元音上加卷舌动作，如"小孩→小孩儿 xiǎo háir"。

（2）原韵母的主要元音被改换后加卷舌动作，如"胡同→胡同儿[túŋ]→[tʼũr]"；

（3）原韵母后面加上[ə]和卷舌动作，如"小鸡→小鸡儿[tɕi→tɕiər]"。

北京话里儿化词很多，西南官话（如成都方言）也有很多儿化韵。许多儿化现象跟词的词汇意义、语法意义有关系，能区别词义，如："油票儿"与"邮票（不儿化）"，"头儿"与"头"，"信儿"与"信"；能在某些词里确定词性，如"盖儿（名词）"与"盖（动词）"，"破烂儿（名词）"与"破烂（形容词）"，"错儿（名词）"与"错（形容词）"。有些词儿化以后带有"小""喜爱""亲切"等感情色彩，如"小孩儿、老头儿、苹果脸儿"等。而有些词则不宜也没出现儿化，如"老师、狮子、骂"，因这些词的词汇意义分别带有尊严、威风和冷淡的色彩。

对儿化韵，全国很多地方的人不一定能很自然地适应和掌握，电台、电视台的播音员也没有经常读儿化韵，甚至有的人在北京生活几十年，口语里读儿化字一听就是外地来的。所以说，我们对儿化训练可持这种态度：如果能很快掌握，不妨学地道些；如果费时太多、且不易见效，就不必太勉强，把精力用在其他方面，以免做些事倍功半的无用功。

三、变调

前面说了，声调是汉语区别于英语、法语的一大语音特征。我们平时说话，自然而然地任性而为，不自觉地调节着语言的声调。可真要我们当众正儿八经地宣讲点什么，朗读点什么，会发觉自己的字调有点没把握好，不如受过正规训练的人说得那么有板有眼。这与我们没从理论上了解汉语声调变化的复杂性有密切关系。

本节讲的"轻声"就是一种特殊的变调,普通话常见的变调还有以下三种情况。

（一）上声的变调

上声字连读产生的变调现象有以下两种。

(1)上声在非上声字前面变成半上,即由[214]变为[21]。如:老师、首都;语言、小船;土地、晚饭;手巾、脑袋。

(2)上声在上声字前面变得接近阳平,即由[214]变为[24]或[34]。如:野草、讲演、选举。所以听"买马"像"埋马","有井"像"油井"。不过,在具体的语言环境里人们不会有太大的困惑。

多个上声字相连,可分组连读。三个上声的,前边两个都念成接近阳平,如:洗洗手,好领导→[34 34 214];四个或五个上声的,可根据词的搭配意义,适当分为两个或三个音节一组,按上述规律变调,如:产品|展览;永远|友好;我写|演讲稿。

需注意的是,上声字处在词、句末尾时,不变调,全读上声,即[214]。

（二）"一、七、八、不"的变调

这四个字在古汉语里和在很多方言里是入声字,它们的变调现象在普通话里比较突出。

1."一"的变调

"一"的本调是阴平,单念或在词、句末尾时念本调,字典、词典上标的就是本调。但它在其他情况下出现变调:①在去声前念阳平,如一架、一个、三十一岁;②在非去声前念去声,如一天、一头、一碗、一言为定;③夹在重叠动词中间念轻声,如走一走、看一看。

2."七、八"的变调

这两个字本调为阴平,在非去声字前也念阴平,如第七、七斤、八年。在去声字前往往变阳平,如七万(qí wàn)、八块(bá kuài)。但也可以不变,仍读本调。据调查,北京人说话时也有两可的。

3."不"的变调

"不"单念,在非去声字前,在词、句末尾都念去声。在去声字前则变为阳平,如不去、不对、不露声色。"不"夹在词语中间读为轻声,如差不多,行不行。

（三）重叠形容词的变调

单音节形容词重叠时,重叠部分如果儿化,不管原调是什么,都要变为阴平,如好好儿的→hǎohāorde,短短儿的→duǎnduānrde,快快儿的→kuàikuāirde。重叠部分不儿化,则保持原调。双音节形容词重叠,有时第一个音节重叠部分轻读,后一个音节及其重叠部分变为阴平,如整整齐齐→zhěngzhengqīqī。

四、语气词"啊"的音变

汉语语气词和叹词较丰富,无论是北方话还是南方话都是如此。我们近些年常听常见也常用的一个广东话语气词(或叫感叹词)是"哇"(或写成"哗")。普通话中用在句尾的语气词"啊"(a),由于受前一音节末尾音素的影响,会出现"同化""增音"等音变。我们应掌握以下规律。

(1)前面音素是 i、ü 时读 ya，写成"呀"。例如，会不会有雨呀(yǔ ya)？

(2)前面音素是 u 时读 wa，写成"哇"。例如，他在哪儿住哇(zhù wa)？

(3)前面音素是 n 时读 na，写成"哪"。例如，你真能干哪(gàn na)！

(4)前面音素是 ng 时读 nga，写成"啊"。例如，这里真安静啊(jing nga)！

(5)前面音素是-i[ɿ]时读[za]，仍写成"啊"。例如，这是个什么字啊(zi[za])？

(6)前面音素是-i[ʅ]时读 ra，仍写成"啊"。例如，看你都干了什么事啊(shì a)！

▶ 第三节　学点科学发声法 ◀

　　人的嗓子是天生的。听优秀歌唱家的歌声，我们既陶醉于曲词的艺术氛围中，也为歌唱家那或甜润，或洪亮，或明净，或含蓄的嗓音所打动，只恨自己是个"莎士比亚"(沙、嘶、劈、哑)。不过，我们也应相信，人的潜能是巨大的，科学的、艺术的发声方法是存在的。要想使自己的语音除了符合普通话标准外，还要有一定的甚至很强的表现力和感染力，我们应当懂一点必要的人体发声原理，学一点科学的艺术的发声方法，进行一些严格的发声训练，使我们的嗓音在天生条件的基础上得到一些或很多改善和美化，这当然取决于每个人的努力程度了。

　　日常交谈或一般公共事务的信息交流(如上课、谈工作等)，应该朴实自然，不必过于追求那些带明显表演色彩的发声方法，否则倒给人拿腔拿调的感觉，也就是做戏的感觉。但对于一些特殊的口语表达形式(如朗诵、讲故事、讲演等)，则应该有较高的要求：力求发音清晰、响亮，能传送远些；音色优美、感人，能吸引听众。当然，声音优美并不是发声训练的最终目的，因声音只是表情达意的手段。要正确处理声音与情意(话语内容)的关系，做到以情带声，以声传情，声情并茂，这样才是一个合乎我们训练目的的正确途径。

一、气息控制

　　气息控制又称"呼吸训练"。气息指呼出吸进的气流，气流是人类发声的原动力，气流的速度、流量、压力的大小同声音的高低、强弱、长短以及共鸣效果有直接、密切的关系，也同语势的强弱和感情的表达有很深的关系。平常不必时时考虑控制操纵气息，但在需要讲求音量或长时间说话以及艺术表演时，气息的控制是很必要的。气息靠呼吸获得，常见的呼吸法有以下三种。

　　(一)胸式呼吸

　　胸式呼吸又叫"浅呼吸"。主要靠上提肋骨扩大胸腔的水平度吸气，吸入气流不多，发声细小，难持久。

　　(二)腹式呼吸

　　腹式呼吸又叫"深呼吸"。主要靠下降横膈膜扩大胸腔的垂直度吸气，吸气时腹部放松外突，腹肌不易用劲，大声说话久了易累。

　　(三)胸腹联合呼吸

　　胸腹联合呼吸是靠肋骨、横膈膜和腹肌共同运动来吸气。既有胸式呼吸水平方向的扩张，又有腹式呼吸垂直度的拉大，整个胸腔容积倍增，使肺部气流增加，为发声提供充分的原动力，可对声音的强弱、高低、长短做自如的调节，能适应音量、音长上的各种需要，所发声音也洪亮丰满。具体的呼吸过程如下。

（1）吸气时，两肩放松，胸稍内含，腰部挺直，两肋打开，横膈膜下降，略收小腹。这时，胸、大腹和腰有渐胀满并外扩的感觉，气流通过鼻腔均匀吸入肺中，要让气往下沉，吸足吸满。同时，利用小腹收缩的力量控制住气息不使外流。

（2）呼气时，不要即刻放松，否则会出现"句头重、句尾轻"的现象。而应该始终收住小腹，横膈膜慢慢上升，两肋和腰部在尽力维持原状下渐渐放松，将气缓缓呼出。做这种呼吸应注意：吸气要吸得深，又切忌过满，过满失去控制的余地，会一泄而出；呼气要呼得匀，切忌忽大忽小、太快太慢，还要留有一定的余气。总之，使气息在说话人有目的地控制下均匀、持续、平稳、柔和地呼气吸气。

二、换气训练

我们说话时，不可能只呼吸一次就将想说的话全部倾吐出来，总要在中间换气、补气，以保证有足够的气息，保持所发声音的饱满、圆润、从容及流利，满足表情达意的需要。至于唱歌、唱戏，那就对换气、补气有更高的要求了。

换气的方法有以下两种。

（一）大气口

在表达允许有短暂停顿的地方，先吐出一点气，紧接着深吸一口气，为接下去的话语表达准备足够气息，这是一种"少呼多吸"的换气法，故叫大气口。气口即换气之处。

用大气口法要把气口安排在可以进行语法停顿和感情停顿的地方。一要及时，凡可换气即及时换，不要错过机会；二要吸足，以保证语气从容和音色优美，防止气竭。

（二）小气口

说较长句子时，在可以作停顿处急吸一小口气，或在吐完前一个字时不露痕迹地带回一点气，弥补底气。这是一种"只吸不呼"的换气法，故叫小气口，也叫"偷气""补气"。

用小气口法时，气口的选择要以不影响语义表达、不截断语法结构为前提。一要动作快，小腹一收、两肋一张、口鼻吸气，即刻补足；二要轻松自然，不露痕迹，做到字断气不断。

不管是大气口，还是小气口，基本的方法是：呼气发声时，小腹由收紧到逐渐放松，两肋则由上提张开到缓缓下移回缩，这时气流排出冲击声带发声；需吸气时，小腹一收，两肋一张，气流很快由口腔、鼻腔进入，补气过程即完成。整个过程中，两肋和小腹是关键。

在艺术语言训练中，有一种用一口气将一大段话连着说完的练习，传统称之为"贯口"。多做练习可以提高气息控制能力。我们可试着用"贯口"反复读下边这个急口令，连续快读，一气呵成。

　　出东门，过大桥，大桥底下一树枣儿，拿着杆子去打枣，青的多，红的少。一个枣儿，两个枣儿，三个枣儿，四个枣儿，五个枣儿；五个枣儿，四个枣儿，三个枣儿，两个枣儿，一个枣儿。

三、发音器官的训练

发音器官指的是喉头、声带、口腔、鼻腔、唇、牙、舌等。我们说话的流利与否直接与运用发音器官是否灵活自如有密切关系,就像熟语形容一个人的语言状况所说的伶牙俐齿、口燥唇干、张口结舌、喙长三尺、摇唇鼓舌、长舌妇等,都是将人的发音器官当作描写对象的。所以还要对以下部位进行有意识的控制训练。

（一）喉头、声带训练

在我们掌握了科学的呼吸、换气训练法之后,气流能较轻松地产生了。而在气流作用下,首先受影响的是声带。声带是发音体,如果我们说话时间长了,最易受损的是声带。据说演员、播音员向保险公司投保,很特别、很重要的一条就是把自己的声带作为一投保项目。我们现在也经常看到有各种咽喉药品上市,说明喉头声带是需要精心呵护的。如能够科学地使用嗓子,无疑会使我们既说得多、又说得不累。喉头声带训练主要是练习喉部肌肉的灵活性,根据发声需要自如地调节声带的状态。

做声带训练时应先有准备,使喉部肌肉放松,声带保持自然状态。然后发出均匀、舒缓的气流,轻轻拂动声带,使之微微抖动并出声,像儿童撒娇哭出声似的,也像泉水冒泡似的一个一个颤抖出,这叫"气泡音"。做完准备动作后,进行声音由弱到强的训练:吸足一口气,全身放松,嘴巴一开一合,把声音由最低向最高推进,发出"衣""阿"连续声;也可进行连续的低音或连续的高音训练。这样可以提高喉头和声带的感觉和控制能力。练习时注意不要有意提高嗓音或挤压嗓子,这会使声音过高过直,缺乏韧性,且容易疲劳。

（二）口腔开合训练

口腔是说话咬字吐音的器官,具有控制气息及扩大音量的作用。进行口腔开合训练的目的是使口腔壁、咽腔壁的肌肉富有弹性,能经常处于积极状态,调节自如,发出的声音清楚、响亮。

练习方法有以下三种。

(1)反复做咀嚼动作可加强两腮的力量。

(2)有意识上提或下收下巴,可使说话有力度。

(3)反复比较 ɑ、i 两个韵母的发音。我们知道,ɑ 开口度最大,i 开口度最小,这种练习能让我们口腔开合到极端,从中体会开合的变化和差异。

（三）舌头训练

舌头是最灵活的发音器官,人能发出几十上百个不同的音素以组成语言,而动物只能吼叫啼鸣,就是因为两者的舌头灵活度有天壤之别。人的舌头在口腔中的位置前后、高低的变化便产生了有明显区别的声音。说一个人说话不清楚就是用舌头来指明的,如"大舌头,舌头僵了,舌头发直了"等。进行舌头训练的目的当然是使之灵活、有弹性,能自如地前后、高低、平卷运动。训练方法如下。

(1)弹舌法。舌尖上翘,快而用力地反复弹上牙齿背;或是反复练普通话舌尖音 d、t 两个声母。

(2)卷舌法。嘴张开,舌尖前伸拢成尖形,并往上往后卷;或是反复练普通话卷舌音 er

这个韵母。

（3）转舌法。闭嘴，舌尖放在牙齿外嘴唇内的位置，以上齿为中心作顺时针或逆时针旋转，反复多次。

（四）嘴唇训练

嘴唇是最外面的发音器官，它的形状也决定发音的准确、响亮。也有人为了优美的口形刻意练习，这是另一回事。我们进行嘴唇训练仍只是增强其活动能力及控制气流的力度，使之能灵活自然地收展，发出流畅的语音。训练的方法如下。

（1）喷崩法。双唇闭住，气流爆发喷出；或练习普通话双唇音 b、p 这两个声母。

（2）关节法。食指关节放在嘴唇间，大声读书，然后取出食指再读那段文字，在含糊与清晰之间反复练。

（3）撮展法。嘴呈自然状渐撮拢突出成噘嘴状，再向两侧展开呈扁平状；或练习普通话舌面元音 i、u 这两个韵母。

（4）话筒法。将嘴唇当作一个话筒来使用，反复发 wa 这个音，这可以克服鼻音过重和声音偏低的毛病。

（五）共鸣器训练

物体振动发出声音后传至其他物体，也产生振动。这振动再传回，又传去，逐渐扩大，声音也随之增强。这叫共鸣。人体有五个共鸣腔：胸腔、咽腔、口腔、鼻腔、头腔，其中胸、口、鼻三腔占主要地位。经实验得知，声带产生的音量只占说话音量的 5%，绝大部分音量都是经共鸣腔共鸣放大后获得的。共鸣腔就像现在使用的音箱一样，或像二胡最下面的圆筒、小提琴大提琴的琴身。如果没有它们起作用，或使用不得法，发出的语音或乐音当然很小、很涩。

鼻腔属高频泛音区，能使语音高亢、响亮；胸腔属低频泛音区，能使语音浑厚、低沉；口腔则属中频泛音区，能使语音丰满、圆润、庄重。我们平时说话或讲课用的高音共鸣或低音共鸣都少，常用的是口腔的中音共鸣。所以我们多进行些口腔共鸣训练。

训练时，口腔自然打开，保持一定张力，口腔壁、咽腔壁的肌肉处于积极状态，笑肌提起，下腭放下，上腭上提。这时声带发出的声波随气流从喉部流来，在口腔前上部引起振动，产生共鸣效应。具体说，我们可用自然音发 a 的高长音，会感觉到有一条富有弹性的声束由小腹向上抽出，经咽喉沿上腭直冲硬腭前部，在这反射后出口。如发 a 的低长音时以手按胸部，可感觉胸部振动，这表明胸腔共鸣；如发 a 的中高长音时手摸颊，可感觉脸部振动，这表明是口腔和鼻腔在共鸣。感觉越明显，共鸣效果越好，声音也越洪亮。我们训练共鸣器也就是为达到这一目的。

四、吐字归音训练

吐字归音是说唱艺术特有的一种发声方法。我们大概都听过曲艺节目如京韵大鼓、相声、山东快书等，对艺术家的字正腔圆的表演有很特别的印象。他们大都受过严格的训练，所以发音准确清晰，力度大，传得远，听来有一种回肠荡气的感受。特别是天津骆玉笙老人为电视剧《四世同堂》所唱的主题歌《收拾河山待后生》，让人惊叹这位古稀老人的深厚艺术功力。我们应借鉴其方法来提高口语表达水平。

吐字归音是根据汉语语音的音节特点设计的训练法,把一个字(即一个音节)分为字头、字腹、字尾三部分,分别提出训练要求、原则和标准。吐字是对字头发音的要求,归音是对字腹,特别是字尾发音的要求。三个部分的总要求是:咬准字头,发响字腹,收全字尾。达到"准确、清晰、圆润、集中、流畅",也就是"字正腔圆"的总标准。具体操练如下。

(一)咬准字头

字头是字音的开始阶段,指声母和介音。发音时注意要有力、摆准位,利用开始阶段的爆发力量带动字腹和字尾的响度,使发的音有一种"弹出"的感觉。

(二)发响字腹

字腹即韵腹,是音节中最需发清楚,也自然会响亮的部分。发音时仍要有意强调,发长些,发响些,气息要足,共鸣要够,才真正有丰满之感。

(三)收全字尾

字尾即韵尾,是字音的收束部分,其音质多含糊不定,容易读"丢"、读"无"了。所以,须注意归音到位,即调节发音器官有一个向韵尾音素所处部位明显滑动的过程,使之确实到位。收得干净利落,既不拖泥带水,又不草草收场,做到声虽止而韵无穷。

字头、字腹、字尾是一个字音的三个部分,实际发音时是一个不可分割的整体。练习时要将三者联系紧,掌握滑动,从字头滑到字腹,再从字腹滑到字尾,其间没明显界限,是一个枣核形整体。同时又须知道各部分特性,表述明晰,才能做到:吐字有力,收音到家,全字清亮,字音远传。

思考与训练

1. 什么是普通话及普通话的语音标准?

2. 说说下列各组声母的异同。

b—p　z—zh　sh—r　m—n

h—l　s—x　h—f　c—p

3. 读准下面各组韵母,说说它们的异同。

o—e　i—u　u—ü　e—er

4. 朗读下列词语,注意唇形的变化。

bìxū　zhùyì　jìlù　chǔlǐ　wǔyì

jùlí　chúxī　qǔyì　yījù　bǐlù

5. 练习下列绕口令,注意声母的发音。

①四是四,十是十,十四是十四,四十是四十。

②小妞妞,翻跟头,

　　兜兜里面装豆豆。

　　前翻翻个六,

　　漏了九颗豆。

后翻翻个九，

豆豆漏了六。

跟头前后翻几个？

兜兜漏了几颗豆？

6. 练习下列绕口令,注意韵母的发音。

①天津和北京,津京两个音。一个前鼻音,一个后鼻音,你如分不清,请你注意听。

②浓浓雾,雾浓浓,浓浓灰雾飞入松。灰雾入松松飞雾,松雾雾松分不清。

7. 读以下双音节词语,并按普通话语音标出调号。

抚养　品尝　女婿　凝视　跨越　掐算

钢笔　挖掘　撞车　狂热　铁匠　串门儿

第三章　准确明晰的表达艺术
——表达训练

▶ 第一节　为什么要讲究表达 ◀

我们知道说话是为了交际，是将自己的想法转为声音传达给对方。当然，我们的想法是很复杂的，这将在专门谈思维训练的书里讲如何清理自己的思路，使之合乎事理、情理。现在我们要说的是如何将已想好的事表达得准确清晰。

大家可能从中国现代史上知道 20 世纪 30 年代山东省的军阀韩复榘，也许更多的是从相声笑话中知道这个既无文化又想显示自己的粗人。有段相声说他到某大学演讲，他说："诸位、各位、在其位：今天是什么天气？今天是讲演的天气，来宾十分茂盛，敝人也实在感冒。今天来的人不少，大概有五分之八吧。来了的不说，没来的都举手。今天兄弟召集大家来训一训，说得不对的，大家应互相原谅一下。兄弟我是大老粗，你们是从笔杆子里爬出来的，我是从炮筒子里钻出来的……"听了这样颠三倒四、语无伦次的演讲，怎么不让人觉得中国军阀的可笑、可恶呢！

其实，犯这种表达不清、表达错误的人很多。在日常生活中，在正式演说时，我们要将心里想法告诉他人，或将发生的事讲给家里人听，或介绍某个人的经历事迹，或描绘看过的风光，或说明某件新产品的性能用途等。我们随时要注意说的方式、说的目的，避免随心所欲、信口开河，满嘴开火车。只有加强表达训练，从以下几节要谈的几个方面入手，就可以达到目的，取得好的效果。

▶ 第二节　复　　述 ◀

什么叫复述？我们都看过电影，特别是有关战争的影片。首长向下级布置任务，有时是直接跟部下说，有时是由通信员转达。在首长讲完之后，往往要部下或通信员再重复讲一遍，意思是看他们听清了没有，或者是理解得对不对。如讲得有差错可就误了军机。首长也并不一定要求部下或通信员讲的与自己讲的一字不差，除非是极短的几条如进攻时间、目标必须丝毫不误。只要大意是对的，首长就满意了。

复述，就是把读到或听到的别人的甚至是自己的文字、语音材料在理解的基础上加以整理，重新讲述出来的一种口头表达形式，是一种基本的、用途广泛的表达方式。除了重要场合、正式工作需复述，在日常生活中，我们看了书、读了报、看了电影电视，知道些新闻趣事，往往会讲给周围的人听；还有为人捎口信，转达某人对另一人的要求，以至在茶馆说书、炉边闲谈都要用到复述。

一、复述的含义和作用

复述不是背诵,所以不要求一字不差;复述也不是朗诵,更不能照本宣科。但复述的根本性质仍是模仿,是对现成材料的重复。要依照又要脱开给定的材料把意思表达出来,这对于培养语感、熟悉语脉、积累词汇、培养良好的语言习惯、提高书面表达的条理性都有极大的作用,是听、说、读、写几种能力的综合训练活动。

复述训练要求有较强的阅读、听辨能力,还要求有较强的记忆、想象能力。如果我们能在复述训练上下较多功夫,一定会带动以上所述能力的增强。

二、复述的基础和要求

复述的基础是熟悉原材料。我们切记要认真听(下面有专门的章节谈听解能力的训练),要仔细读,对口语的或书面的原材料要下功夫准确把握、理解,记清其中的关键词语、句子和段落,对原材料的全部内容有一个清楚明晰的概貌,以便复述时能在表达中时时浮现在脑海中,调整自己表达中可能会出现的偏离,补充可能会有的遗漏。

具体的要求如下。

(一)准确完整

复述必须忠实于原材料,不得歪曲原意,不得有大的偏差,不得丢失或变换主要内容、主要观点和主要情节。当然,并不是一字不漏,而是要根据表达的需要适当地删除无关紧要的词、句、段,突出重点。

(二)语脉清晰

弄清所接受材料的体裁,抓住文章话语的线索脉络,使之条理清晰、前后连贯、层次分明。大多数话语材料都是叙述性的,多是按事件的发生、发展和时间的推移、地点的转换来安排的。我们只要抓住它们的线索脉络,掌握其内容,复述起来也就自然清楚。有些话语材料是议论性的,往往是按照提出问题、分析问题、解决问题这种顺序安排的。如毛泽东的《改造我们的学习》一文,先提出"我主张将我们全党的学习方法和学习制度改造一下"这一论点,然后从历史、现状等方面分析党内学习中存在的问题及危害性,将两种截然不同的学习方法加以对比,提出解决问题的办法。这篇讲话的线索弄清了,掌握其他内容也就不成大问题。还有说明性的话语材料,即对某事、某物特别是新产品的介绍,随着市场经济的推进,这种复述会运用得越来越多。我们只要把握所述事物的性质、特点、形状、功用、构造、制作原理与方法等线索,复述起来也是不难的。

(三)生动流畅

复述必须注意口语化、通俗化、生动性。第二章讲的语音训练在复述训练时一样有用。要求语音标准、口齿清楚、语调流利自然、语气得体恰当。关键还必须体会原材料作者、表达者的思想感情,用合乎原作的语调表情转述出来,使听复述的人能不走样地了解原作所含内容。

三、复述的类别

从复述的内容上分,复述可分为三种:①重述,即重复自己的话;②转述,即把别人的话重复一遍说给第三者听;③引述,以熟读熟听并记住材料内容为基础,以书面语言转换为口头语言为特征,以使他人了解被引述材料的内容为目的。重述是为了强调突出某个内容,加深对方的印象,转述只是如实转达听到的话,这两者的不同在于一个没改变听话对象,一个则牵涉到第三者。引述比前两种要复杂些,也困难些,需要多做些训练。

从复述的目的要求上分,复述可分为三种,即详细复述、概要复述和创造性复述。下面分别介绍。

(一)详细复述

这是一种接近原始材料的复述,形式上最简单、最基本。须用自己的语言严格地照着原始材料的内容顺序原原本本、清楚完整地述说。

这种复述虽是讲求忠实于原始材料,以保持其严肃性和准确性,但又不是照本宣科、一字不掉地背诵。允许复述者在句式上做必要的调整,使之口语化,便于理解。比如:某些过长的句子可以化短;某些过于复杂的语法结构可以化简;某些欧化的拗口的句子可以化为通顺流畅的句子;某些妨碍理解的文言、土语可化为通行的言辞。

做好详细复述的基本方法是:①仔细地读、看、听,抓住材料中心,弄清言谈思路,理出段落层次,全面把握内容;②在把握、理解的基础上,对长篇材料弄出一个提纲,做适于口语表达的组织加工,强行储存于脑中,对稍短的材料也要打好腹稿,记住几个要点;③依照提纲或腹稿复述,复述过程中可通过想象适当补充重要内容,添加些次要内容,使叙述丰满生动。

(二)概要复述

这是根据复述的目的、要求对原始材料加以浓缩、选择和概括,然后用简洁明了的语言陈述出来的一种复述方式。其中又可分为以下三类。

1. 浓缩复述

浓缩复述就是把原始材料全部内容压缩到尽量短小精悍。压缩时要舍得删剪枝节,突出主干;同时也要避免把重点放弃,使中心偏离。

2. 选择复述

选择复述是根据具体场合、具体对象等项目上的特殊目的,抽取有针对性的内容加以连贯复述的一种形式。做这类复述的基本方法是:①熟悉原始材料的全部内容;②在熟悉详记基础上对全部材料分析、鉴别、比较以确定应该复述的内容;③把相近、相关的内容归类,再按一定顺序详略适当地加以复述。

3. 综合复述

这是归纳某些共同点来集中复述的一种形式。可以是对单个材料综合,也可以对若干个材料综合。做这种复述的方法是:①具体地分析原始材料,找出有内在联系的内容;②进行归纳综合,概括出若干要点,舍弃无关紧要的部分;③按主次加以排列,用语句表述。

(三)创造性复述

这是在忠实原始材料基本内容的前提下,根据复述的目的、要求,对原材料的内容和形式做某些创造性的改变和扩充的一种复述的形式。它比前述两种复述方式要求高、难度大,需要复述者有一定的想象力和创造力。它可以分为以下两种。

1. 改变型创造性复述

这是改变人称、改变结构、改变体裁等的复述。当然,只限于改变形式,不能改变内容。所以,和其他复述一样,主题、情节、人物、风格等不能改。这相当于作文训练中的改写。

2. 扩充型创造性复述

这是增添某些细节,扩展一些细节,增加一些说明性、修饰性内容的复述。扩充,是扩充内容,是在对原材料内容深刻理解的基础上,不偏离中心、不改变主题的情况下,通过合理的想象,将内容扩展生发开来。这相当于作文训练中的扩写,我们可以借鉴作文训练中的方法帮助我们做口语训练。

▶ 第三节 描 述 ◀

描述与第二节所讲的复述是不同的一种表达方式。复述是以现成的、原有的语言材料为表达对象,具有明显的模仿性、复制性。而描述则是用生动形象的语言,把所见所闻,以及所知的人、物、事、景等具体形态特征,细致准确地描绘给他人听知的一种口语表达方式,以观察为表达基础,具有鲜明的独创性、原发性。复述主要用于大段成篇的表达内容,讲求条理清楚、结构完整;描述则主要用于对个别事物或若干事物的组合体的表达,强调或突出具体事物的特征形态,只求鲜明、形象,难免片断化、跳跃性。复述基本上使用原材料现成的语言;描述则一无依凭,全靠叙述者迅速调动自己的思维资源和语言积蓄,组织并转化为外部语言,即口语。

比如说,描述一个人长得胖,可以说:"这个人很胖很胖。"但这种描述明显不形象、不具体。也可以说:"这个人胖得脸上皮肤不够用,要张嘴,他就得闭眼;要睁眼,他就得合拢嘴巴。"这就比前面的平淡描述要有吸引力得多了,也会给听者留下深刻印象。

一、描述的含义和要求

我们已将描述与复述做了对比,知道了描述的特性。这里再看一下描述有什么样的含义。

描述是以观察为基础和依据的。我们平时每时每刻都可能在观察,只不过有时是倾注很多的注意力,有时则是不经意地、下意识地观察外界事物和身边的人。做描述时,描述的可能是就在眼前或刚刚发生的事,如转播体育比赛时解说员所做描述;也可能是描述对象不在眼前或发生有一段时间了,这时就要尽量调动思维,搜寻脑海中印记下的事物、人物形象,边想边说。被描述的对象可能是我们曾经观察或可以全面观察得到的和全部经历过的,这样当然很好。但这在现实中并不会常遇到,更多的是我们只是观察到被描述对象的某个部分,这就需要通过联想和想象去完成这个描述。当然我们不能胡思乱想,不能毫无依据。这就需要描述者培养敏锐的观察力、丰富的想象力,能将被描述对象用形象生动而又合情合理的表述方式传达给听者。

怎样才能使描述达到预期目的呢?这就要求描述者做到以下几点。

（一）抓住特征真实准确地描述

不论是描绘人物、景物、器物，还是描绘事件、场景，都要看准其特征，要符合生活的真实，让听者相信你所描述的与现实相符，不能随意渲染夸张、拼凑堆砌。比如：有的人描述秋天，他会说到秋天里梅花很好看，这明显地不符合事实；他也会说到很多树呀、草呀，但又没突出秋天的特征，这样的描述自然不会给人留下印象。俄国作家契诃夫在《套中人》这篇小说里描述别里科夫就是个成功的例子。他写道："他也真怪，即使在最晴朗的日子，也穿上雨鞋，带着雨伞，而且一定穿着暖和的棉大衣。他总是把雨伞装在套子里，把表放在一个灰色的鹿皮套子里；就连那削铅笔的小刀也是装在一个小套子里的。他的脸也好像蒙着套子，因为他老是把脸藏在竖起的衣领里。他戴黑眼镜，穿羊毛衫，用棉花堵住耳朵眼。他一坐上马车，总要叫马车夫支起车篷。总之，这人总想把自己包在套子里，仿佛要为自己制造一个套子，好与世隔绝，不受外界影响。"这段描述始终紧扣"套"这个关键字，这个人物的不同于众人之处也就凸显出来了。

（二）力求使形象鲜明生动

刚才说抓特征，这就是使描述鲜明生动的一个关键。抓住了特征以后，又怎么把特征用形象生动的语言表达出来，使之活灵活现地呈现在听者面前，这就要求借助口语修辞和声音技巧了。要让听者能有一种身临其境，如见其人，如睹其物的感受。《水浒》描述鲁提辖三拳打死镇关西一节，描述者充分调动鲜明生动的描述手段，给听者（读者）留下极为深刻的印象。"扑的只一拳，正打在鼻子上，打得鲜血进流，鼻子歪在半边，却便似开了个酱铺：咸的、酸的、辣的，一发都滚出。……就眼眶眉梢只一拳，打得眼睖缝裂，乌珠迸出，也似开了个彩帛铺的：红的、黑的、绛的，都滚将出来。……又只一拳，太阳穴上正着，却似做了一个全堂水陆的道场：磬儿、钹儿、铙儿一齐响。"这三拳都用了听众熟悉的生活场景做比喻，一个像开酱铺，唤起听众也曾有过的鼻子被碰被打的痛感；一个像开彩帛铺，则纯从旁观者看到的眼破眉裂来讲，惨不忍睹之余也让人觉得作恶者下场的可叹；一个像全堂水陆道场，当代人也许不熟悉什么是道场，但明清时则老幼皆知，用这来形容挨打者眼冒金星、耳鸣脑眩也再形象不过了。

（三）注意用描绘性的语气语调增加感染力

口头表达时有的人说话干巴巴的、硬生生的，这当然不会引起听者的兴趣。如果调动口语中本来就有的语气语调并加以稍加夸张渲染，使口语比之书面上的叙述增加了立体感、起伏感，该急促的地方让人真的把心都吊起来；该舒缓的时候让人会大大地松一口气，做到话中有画，话中有音，给人的印象会长久磨灭不掉。如小学课文里所讲的司马光砸缸的故事，用平铺直叙的语调和跌宕起伏的语调各描述一遍，小学生们自然会被后一种描述吸引。再如一些电台里常播送的评书、体育比赛的讲解，描述人用充满激情的语调讲述着民族英雄岳飞的故事，讲述中国体育健儿为国拼搏争光的事迹，都让听者激动不已，在受到教育的同时，也领略到一种美感。

二、描述的类别

可从两个方面对描述进行分类。一是从描述的内容上分，大致可分为景物描述、人物描述和场面描述。看见这些名称,可以知道这些类别所指的是什么了,不再详述。二是从描述的方式上分,下面着重介绍从描述的方式上所分出的一些类别。

（一）观察描述

这种描述就是描述者一边看着事物的发生或在场的人物,一边即刻加以描述,也可以是将刚刚看过的人或事加以描述。描述者对贴近身边的人、事做全面、细致、准确的观察,了解其特征、变化结局,按一定结构、顺序,用生动形象、层次分明的语言讲述出来,就是观察描述。

这种描述以观察为基础、为出发点。这就要求观察细致、全面、准确,只有做到这几点才能保证描述得具体、形象和真切。观察时掌握好顺序、方位、角度,就像一个训练有素的画家对待所要画的人物、风景那样,才能描述得层次分明、条理清楚、色彩鲜活。观察中还应该注意鉴别比较,舍弃无关紧要的枝节性场景,使描述重点突出、本质凸显、中心明确。这样的观察描述应该是符合要求的。下面的这段描述是散文作家峻青的《瑞雪图》中观察雪景的文字。

> 大雪整整下了一夜。第二天早晨,天放晴了,太阳出来了。推开门,一看,嗬! 好大的雪啊! 那山川、河流、树木、房屋,都笼罩上一层白茫茫的厚雪。极目远眺,万里江山变成了一个粉妆玉砌的世界。看近处,那落光了叶子的树枝上,挂满了毛茸茸、亮晶晶的银条儿,而那些冬夏常青的松树和柏树上,挂满了蓬松松、沉甸甸的雪球儿。一阵风吹来,树枝轻轻地摇晃着,那美丽的银条和雪球儿簌簌落落地抖落下来。玉屑似的雪末儿随风飘扬,在清晨的阳光下,幻映出一道道五光十色的彩虹。

这一段作者从远到近观察,并按这个顺序描述,层次分明;既描述了他看到的瑞雪的颜色、光泽、风未起时的静态,又描述了风吹来后雪的动景。描述得具体形象迷人,让看文章的人陶醉在这幅瑞雪图前。

（二）回忆描述

这是描述者对不在眼前的人或事,以及已逝去较长时间的人或事,一边回想,一边描述,也可以先全部想好再整体描述的一种方式。描述者与描述对象已隔了一层,听话的人与描述对象就隔得更远了,他们只能通过描述者所说的话去了解他们所想要了解的人或事,这样,描述者的责任远比上面所说的观察描述中描述者的责任要大得多了。

回忆描述的基础是记忆力。记得清楚与否、准确与否关系到描述是否成功,是否可信。我们常可看到各种人物的回忆录,有些是可以相信的,写得又生动,这当然是佳作;有些则与事实不符,胡编乱造,那只能看作废品,甚至是害人的东西了。进行回忆描述,必须先对描述对象进行详细的回忆。回忆不起来,就不要描述;回忆不全面,也不要急着描述,尽量反复地想,慢慢地寻,保证回忆出的东西准确无误。实在不行也就不勉强,把握住一个原则:有一分事实说一分话,绝不要凭想当然去做回忆描述。回忆清楚了之后,确定描述的中心、重点,按顺序,选角度,从容不迫、有条有理地用恰当语言描述出来。

回忆描述的范围很广泛,如追忆青少年时的黄金时光、缅怀亲朋故旧的音容佚事、述

说游览大好河山的感受等,都是回忆描述这种形式的用武之地。比如鲁迅的《朝花夕拾·藤野先生》中的描述:

> 其时进来的是一个黑瘦的先生,八字须,戴着眼镜,挟着一叠大大小小的书。

一将书放在讲台上,便用了缓慢而很有顿挫的声调,向学生介绍道:

> "我就是叫作藤野严九郎的……"

这篇文章里,鲁迅回忆起他在仙台医学专门学校里遇上的一位对教育认真、对中国友好、形貌有些独特的日本教授,这位老人对鲁迅以后的生活起了相当大的作用。我们通过鲁迅的回忆描述也就了解了当时中日两国之间的一些关键事件,也了解了两国人民之间的一些微妙关系。这样的回忆描述当然是真实可信且发人深思的。

(三)想象描述

上面两种类别的描述都必须依据事实,但人们不可能每次描述都可以碰上这种情况:有实实在在的人或事亲眼见到,有惊人准确的记忆力作依据。这时我们不得不借助于想象和联想了。想象描述就是描述者以观察或记忆的某些人或事为基础,辅以一定的想象和联想,"创造"出一种新的、符合描述要求的材料,然后用适当的语言描述出来。

这种描述不是以观察到的或清晰地留存于脑子中的材料为主要的描述对象,而是更多地以想象或联想产生的材料为描述对象,这样的材料明显是有"虚构"成分的,所以我们不能对这种描述寄予对上面所说两种描述所寄予的期望和可信性。不过,想象和联想是以平时对生活的观察、记忆作为底子的,人们正是平时多观察、多储存,日积月累,有了丰富的经验和感性材料,才能使想象和联想展开坚强有力的翅膀,为想象描述提供充沛的生活之源。从这个意义上说,想象描述又与观察描述、回忆描述没有本质上的差异。

想象和联想并不是凭空乱想,而是要与平时的学习、工作、生活所经历的事进入脑子整理而成为的经验有关,与有广博深厚的知识有关,与有明断是非的鉴别力有关。如果没这些做基础和依据,想象和联想就失去了科学性、可信性。

想象和联想不能太受拘束,也不能太离奇。太拘束了,不敢驰骋于广阔天地,这种想象和联想就不可能丰富多彩、新鲜感人,就没有生命力,难以收到描述的效果;太离奇了,云里雾里,满嘴跑火车,这就有悖于人情事理,成了神话传说、奇谈怪论,听的人只要稍有常识也就不会把这种描述当一回事。

进行想象描述时的步骤如下。

(1)明确目的,确定中心和重点,按这个要求为想象和联想定下基调。

(2)根据主题,展开多层次、多角度的合情合理的想象和联想。可从个别推测整体、从静止的现状想象动荡后的情景,从眼前所见联想其历史及未来,从正面外表的能见猜度背后内部的未见,等等。

(3)把想象、联想到的内容围绕中心重点加以剪裁取舍,用连贯的语言描述出来。

很多描述受条件限制只能采取想象描述,如:推想事件的前因后果、来龙去脉,揣摩人物的内心活动情感变化;就连科学家,比如天文学家,还有科普读物的作家,在描述一些自然现象、科学规律时,也须依靠想象描述来达到他们想要向听众、读者讲清楚的目的。

▶ 第四节 评 述 ◀

评述是一种人们经常要使用的表达方式。做了复述,做了描述之后,表达者会对所述之事发表自己的看法,阐明自己的观点,宣叙自己的感受。比如说到《水浒》中武松到了景阳冈下"三碗不过冈"的酒店,武松自恃勇武,无视店家的善意劝说,拍桌子骂人催着上酒,扬言要"把你这鸟店子翻转来!"店家只得忍着侍候他喝了 15 碗酒。虽说武松接下去要做的是一件惊人壮举——赤手空拳打虎,但表达者如果是就今天商家和顾客的关系来谈的话,一定会忍不住插进这么一段评述:

今天,像武松这样的顾客少见了,可像店家那样好的态度也不多见,尽管不少商店、饭馆挂着"高兴而来,满意而去"的招牌,可真要碰上武松这样的顾客,我真担心双方会打得头破血流。

这样的评述让听者在听故事之余,会结合身边的事思考一些比较有深度的问题。

评述的核心在"评"这个字上。与复述、描述的不同之处是:它不是以见到的、听到的或回忆起来的材料为表达对象,而是以所见、所听、所忆的材料激发出来的见解和感受为表达对象。评述虽以"评"为核心或主体,但离不开"述"作为基础,所以也可称之为述评,在报上、电视里有时可遇上"新闻述评"这样的栏目。只有先对所见、所闻、所忆的人或事做客观冷静的复述和描述,才能由此产生出表达主观意识、富于情感倾向的评论。否则,评论就成了无的放矢,就是一堆空话。因此,评述是"评""述"两方面相结合的带有综合性特点的口语表达方式。

评述训练,不仅可以继续提高复述和描述能力,还能培养和提高分析能力、理解能力、鉴赏能力和评论能力。这将进一步要求思维更灵敏、更有条理性,因为评述已不是一种单一的、平面的表达方式,它的复杂性使得表达者不能仅仅局限在某一种形式的表达上。

一、评述的要求

既然评述是一种以"评"为主的表达方式,就要求评述者心中要有一个原则:评论要有说服力。复述和描述只是将客观事实述说给听者,使听者相信这是事实,仅此而已。而评述则要上升到让听者同意表达者对这一事的见解观点和感受,或视之为美好的,去赞颂;或视之为丑恶的,去贬斥。所以,要使评述有说服力,具体要做到以下几点。

(一)实事求是,持论公允

实事求是是一种哲学层次的基本原则,但用于我们做评述时是很切实际的。"述"要做到有什么说什么,没有什么不能瞎说,这就是"实事";"评"要做到公正、公允、持中,向真理靠近,这就是"求是"。"述"是表达客观事物,必须原原本本不走样,切忌断章取义,切忌歪曲事实,这才能为"评"打下可靠的基础。如"述"得不准确,"评"就免不了偏颇,失去公允,当然就不能服人。有了准确的"述",还要对它做深入研究、具体分析、客观评价,要掌握好尺度,恰当地予以"评",这才能使听者理解、接受,而不至于反感、怀疑。

(二)观点鲜明,论据充实

评述,关键在一个"评"字,赞成什么,反对什么,爱什么,恨什么,都要通过"评"表达出来,如果没有价值上的判断也就不是评了。所以评述要观点明确、旗帜鲜明、立场坚定,切忌含糊其词、模棱两可、左右摇摆、前后矛盾。当然,我们也不是每句话都充满火药味,没理找理,就是得理不饶人也不可取。有了正确的观点,并不等于评述完成,而是找充分可靠的论据,让事实说服人比说空泛的大道理要有效得多。

(三)语言生动,逻辑严密

如何用语言复述、描述,上面已讲了不少。评述的语言也要求准确、简练、生动、活泼,这主要偏重于"述"的一面。"评"是表达观点、讲明道理,偏重于要求语言条理清楚、层次分明、符合逻辑,具体讲就是概念明晰、推理合乎规律,不违反一些人人皆知的逻辑规律。即使"评"的内容比较深奥,也尽量用浅近、通俗的语言表达。深入浅出比装腔作势总是受欢迎的。

二、评述的种类

评述的内容广泛、方式多样。从所评述的内容看大致有阐明性的和辩驳性的两种,前者是从正面发表对某事的看法,后者则站在反驳者立场上表达对某事的看法。从方式上看,则视"评"和"述"的结合形式,可分为以下三类。

(一)先述后评

即先用复述和描述将要评的内容表述出来,然后集中做全面的或突出某一点的评论。这种评述又有自述自评和他述我评两种之分。前者,"述""评"都是一个人完成的;后者则是评述者听了他人的复述和描述之后阐明自己的观点。不论是自述自评还是他述我评,"述"在先,是基础;"评"在后,是目的。因此,进行这两种先述后评,都必须在"述"的过程中对其内容做具体分析、周密思索,把自述或他述中最重要的内容清理整齐,把感受最深的部分、需要评论的部分归纳梳理一遍,在自述或听完他述之后,按主次轻重的顺序阐述观点看法。

评述,可以是全面的评,也可以是重点的评,以全面评为主。一般说来,先述后评这种形式"述"的比重大些,"评"的分量轻些,观点相对集中而单一。结构上截然分为"述"和"评"两部分,尤其是他述我评,由两个人来完成述评,更易看出两者的界线。

先述后评是评述中最简单、最基本的一种方式,常用于评述人物、事件、见闻、讲话等。

(二)边述边评

即在进行复述或描述的过程中,随时予以评论。也就是作文中所谓的"夹叙夹议"。

边述边评,"述"和"评"水乳相融地交错进行,结合非常紧密,界线模糊不清,但并不是说"述"就是"评","评"就是"述"了,仍要把握两者的区别,避免把客观事实与主观评价混为一体,使听者受到误导。"评"可以全面地评,也可以重点地评、片断地评,以评重点、评片断为主,这是夹叙夹议时很自然的一种结果。如果要全面地评,也多是放在开头和结尾。这是和前面讲的先述后评偏重于全面地评很大不同的一点。

进行边述边评,要求评述者熟悉"述"的内容,并有独特见解和深切感受,反应敏捷,出口成章,这样才能在"述"的过程中随时、及时地予以点评,使"述"与"评"成为一个整体。这种方式在串讲课文、评点文章、评介人物事件时经常用到。

下面是一段评述鲁迅笔下典型人物孔乙己的口语材料,可资借鉴。

孔乙己是个十分不幸而又十分可爱的人物。他总是穿一件又脏又破的长衫,到咸亨酒店喝酒。每当他来店里,总有人取笑他,他红着脸说些难懂的话和他们争辩,又引得人们哄笑。他读过书,却连半个秀才也没捞到,越过越穷。他又好吃懒做,弄不到钱,却去做与身份不符的事,去偷书偷钱换酒喝。他又心地善良,教小伙计识字,给孩子茴香豆吃。到最后,这样一个受封建文化毒害的人因老毛病重犯被打断了腿,用手走路,不久就死了。

这段评述一开头就是个总的看法,中间的"好吃懒做""心地善良"是对人物思想性格的具体评价,最后又用"受封建文化毒害"来深刻揭示造成人物悲剧结局的社会原因。这些是叙述者对人物的片断的评价,连接起来成一整体评价。剩下的全都是对人物生平事迹的梗概叙述了。

(三)先评后述

即先阐明自己的观点和感受,提出某一明确的论点,然后述说事实引用论据,以此来证明论点正确。这是一种以"评"为主线的评述。它的目的不在于让听者接受评述者对某一具体事物的看法,提高理性认识,而是偏重于申明自己的某种观点,使这种观点能为听者接受。这种评述的"评",观点集中单一,即有一个中心观点,但须从不同方面对中心观点展开深入的论述。这种评述的"述",材料不限于某一材料,而应广泛获取能支持和证明已表述观点的材料。引述事实论据,不求周详完备,多用概述的方式介绍最主要的内容。这些是先评后述与上面所说的两种评述的最大区别。

先评后述是评述的最高最难掌握的形式,从事这种评述需充分准备。要琢磨推敲好观点,获取、选择好论据,还要安排好评述的思路条理。如果对评述不太熟练,暂且不忙于采取这种方式,到了一定程度可试着采用。最好是编写出一个稍详细的书面提纲,列出论点及支持它的几个论据,犹如拟一份发言提纲。评述时,表达观点要重音突出,语气丰满,以唤起听者关注这个中心;陈述事实论据,要简练明确、从容不迫、丝丝入扣、前后连贯。切忌观点加事例式的简单堆砌。很多著名的演讲就是成功的先评后述式评说。

▶ 第五节 解 说 ◀

很多事物、道理在行家来看是很简单的,但在一般听者看来又是很玄妙深奥的。这就需要行家用简单明了的语言把事物的性质、形态、功用和各种道理的具体内容讲给听者,使他们能明白所想知、所须知的事理。比方有人发烧,医生验血后说:"你的白血球太高,体内某个地方发炎了。"如病人文化程度低,不懂"白血球"是个什么东西,这就要用通俗的语言解说一下。科普作家高士其对"白血球""红血球"有以下一段解说。

红血球好比一个国家的老百姓,白血球就像一个国家的军队和警察。在一般健康的情况下,白血球只保持一定的数量;白血球多了,说明"国家"不稳定,有敌人来侵犯或内部发生动乱,于是军队出来抵抗,警察来镇压。人身上长疮或发炎化脓,这脓就是在和细菌战斗中壮烈牺牲的白血球。

这样的解说想必小学生也会听得懂,听得有味的。而有些老师为学生解说"石笋"时说:"石笋是石灰岩洞中直立的物体,由洞顶滴下的水滴中所含的碳酸钙沉淀堆积而成。"这个解说当然没错,但不能说很好,显得抽象了些、枯燥了些。

需要解说的事物、道理很多,要每个解说者对所有事物的名称、属性、形态、功用都弄清,对所有道理的来龙去脉、不同意见都了如指掌,这是不可能的。作为口语解说者,只要求他在某一个或几个领域有较深透、较全面的专业知识就行了,而关键是要用人们喜闻乐见的解说形式把这些知识讲清楚,使听者乐于接受,易于接受。

当然,有时候解说者在解说某一事物之前,对这一事物自己尚不明白,但为了完成解说任务通过突击学习,强化记忆,甚至能在短期内很快掌握一些知识,并在解说中加深理解。美国著名哲学家杜威有次上课讲一个哲学问题,他突然自言自语道:"啊,我现在对那个问题更加明白了!"所以,培养和提高口语解说能力,不仅可以扩展人们的知识领域,获得新鲜有用的知识,而且对于培养和提高观察能力、思维能力,以及口语表达能力都是十分重要的。

一、解说的要求

解说主要用于介绍自然界的各类现象、人类社会的各种现象、科学规律、生活常识等。如何将这林林总总、大大小小的事物、事理讲给听者,让他们明白、接受,这要求解说者有一些基本的态度和技巧。

(一)真实准确,抓住本质

解说要有科学的态度和实事求是的精神,要尊重事实,从实际出发,要冷静客观。要做到真实准确,最重要的一点是必须对解说对象有全面了解、正确认识,真正抓住要解说事物的本质和规律。对不很清楚的事物,还要细致地观察、周密地研究、广泛地搜求,尽量把事物尤其是其本质弄清楚。切忌一知半解即匆匆地、胡乱地说一通,以其昏昏使人昭昭是行不通的。

(二)层次分明,条理清晰

世间万物呈现在人们眼前好像是杂乱无章的,其实都有其内在规律,有其严谨的结构。科学家、哲人们已揭示了很多事物的内在本质,让我们可以直接了解某些事物的很多性质。解说时就应安排好顺序、层次、条理,一方面是深入掌握被解说对象本身所固有的层次、条理,一方面又要照顾到听解者认识事物的认知能力,循序渐进、由浅入深地完成解说。

(三)语言确切、简洁、通俗

这是对解说者使用语言的三项要求。

确切,就是选词得当,表达恰如其分,使人一听就能准确把握事物的本质。

简洁,就是用经济的语言干净利落地表达出丰富的内容,言简意赅,使人能听到要听的内容,不相干的话不说。

通俗,就是用明白、晓畅、平实易懂的语言把抽象的道理说得具体、形象,把深奥的道理说得浅显、通达,把专门的知识说得平易、普通。还能根据不同的听解对象,选用适合他们的词语句式,使解说效果更佳。

二、解说的种类

解说的对象十分广泛，很多场合都用得上解说。比如向朋友介绍自己的新房子，跟家里人讲解刚买回的一种商品的使用方法，对孩子讲一些做人的道理，公关小姐介绍本公司的业务，医生给病人讲清治疗方法，教师每天跟学生上课，等等，都要用到解说。解说的方式也不限于某种模式，最主要的方式有以下这样几种。

（一）下定义

解说时常常遇到许多概念需解释，概念实际上是事物的语词表达式，是了解这一事物的起始。解释概念是说明事物的最基本的方法。其中，最常用的方法是下定义。

下定义是明确概念内涵的一种方法，即用简明的语句说出概念所反映的事物的本质属性。如对"生物学"下定义，《辞海》上说：它是自然科学的一个部门，是研究生物（包括植物、动物、微生物）的结构、功能、发生和发展规律的科学。

科学的定义，既应概括事物所属的类别，又要概括出该事物本身的特征。

（二）分类

有些概念不适宜用下定义方式解说，而用划分类别的方式解说更易于对该事物有比较具体、明晰的认识，这时可用分类的方法。

分类是通过明确概念外延来解说事物的一种方法。它便于解说头绪纷繁的事物，能给人一种层次分明、具体直观的感觉。分类可以一次划分，也可以连续划分，每次划分只能依照同一标准。我们在这本书里经常使用分类的方法，比如本章将描述分为"观察描述、回忆描述和想象描述"等。

（三）分析

分析就是分开来解说。通常是把一个解说对象的整体分解成若干方面、若干部分或若干阶段，然后分别加以解说。也可以从不同角度对同一事物加以解说，这也叫分析。

分析可以使人们对事物有深入的了解，通常用来解说事件、现象、原因、变化、功效等。分析时要注意的是：必须在同一范围内进行，不能把不同范围的内容混在一起；力求全面，不能遗忘重要内容。

（四）比较

比较是把两种或两种以上的事物加以对比，借以揭示事物的异同、优劣、高下，帮助人们准确区分不同事物，从而更深刻地把握事物的特征、本质和规律。

比较是突出不同事物之间的相异之处，给人以鲜明的印象。有"横比"和"纵比"之分。"横比"即在同一时间状态里比较，如将现代中国与现代日本做比较，我们可以看到中日两国的差异。"纵比"则指同一事物或不同事物在不同时代里比较，做纵比，可以了解事物的发展变化。无论采用什么方式进行比较解说，都要选用听者熟悉的事物来比较新的、陌生的事物，否则不能收到效果。

除上面所举的解说方式外，还有列举、比喻、举例等解说方式，我们从这些名称里就可以知道它们有些什么特色，所以不再详述了。

思考与训练

1. 为什么说表达很重要？

2. 按下面所说的要求训练复述：

(1)复述一件别人告诉的事；

(2)用顺叙法复述这件事；

(3)用倒叙法复述这件事,中间加一段插述的内容。

3. 参观动物园,对自己见到的、喜欢的动物加以描述。

4. 对下列命题做评述练习：

(1)小议给人起绰号；

(2)谈谈计算机给自己的印象；

(3)谈谈考试舞弊。

5. 对家中新购置的电器做一次解说。

6. 有学者制订了《脱稿表述训练的四类三级标准》,各级标准如下。你目前达到哪一类、哪一级？你的目标是想达到哪一类、哪一级？你打算做怎样的努力？

(一)念读式口语表述

初级标准(现场提供短暂的准备时间)：

(1)能准确认读文字内容；

(2)停顿及断句得当,长句式认读中间停顿合理,不伤害原意；

(3)语调比较自然准确。

中级标准(提供一遍扫描式认读时间)：

(1)能流畅而准确地认读文字内容；

(2)断句准确,且判断迅速,长句式认读时,能根据自身气息运用等特点自由选定停顿换气处,且不伤害原意；

(3)能迅速准确地把握文字底稿的行文特点,并能适当地运用重音和停顿,使念读内容明晰、层次清晰。

高级标准(无念读前准备时间)：

(1)能够句不加点地进行快速扫描式即兴阅读,且错误很少；

(2)能够即兴阅读绕口令,且发音基本准确；

(3)能够较从容地利用语顿和段落停顿的间歇,抬头与听众进行"交流"。

(二)半脱稿式口语表述

初级标准：

(1)能以间歇看稿的方式做忠实于原稿的表述；

(2)语感层次清楚,不重复、不拖沓；

(3)表情、语调均比较自然。

中级标准：

(1)表述时能保持与听众的交流,只在要点处或分层次结合处偶尔看稿,且次数少；

（2）能注意语音的抑扬顿挫，语速缓急、情感表述适度准确；

（3）能利用语音的适当调节变化，积极主动地控制听众的情绪。

高级标准：

（1）能始终注意保持与听众的交流，只凭眼角余光扫描即可进行条理清晰且忠于原意的表述，扫描次数不太多；

（2）表述中能有效地利用声调、轻重、停顿、节奏等方面的变化或即时插话，主动有效地控制现场的整体情绪；

（3）表述中能有一定量的态势动作配合，以强化语言表述的效果。

（三）全脱稿式口语表述

初级标准：

（1）能做完整的背诵式复述，重复、支吾少；

（2）语言比较流畅、自然；

（3）能有一定的态势动作。

中级标准：

（1）能准确地复述文字内容，无重复、支吾；

（2）能自我设计出与表述内容相应配套的态势动作，运用自如适度；

（3）有一定的应变能力，能对表述中的意外情况或事故做出有效的掩饰或补救。

高级标准：

（1）能准确无误地复述文字底稿，且对语音抑扬顿挫、语调轻重缓急、抒情起伏幅度把握准确，表述中句式感、段落感、层次感强；

（2）能主动积极地与听众保持交流，且能根据听众情绪对表述内容做不损害原意的适当的增删调整；

（3）具有相当的应变能力，对多种意外情况进退自如，应付从容。

（四）无文字底稿的口语即兴表述

初级标准：

（1）能围绕命题中心进行表述，重复、拖沓、啰唆较少；

（2）表述中能辅之以一定的态势动作，很少或者没有抓头、搔耳等多余动作；

（3）语言表述比较流畅自然，病句较少。

中级标准：

（1）能围绕命题进行表述，不遗漏要点，不蔓生话题；

（2）句、段表述语意完整，停顿合理；

（3）能针对听众的情绪变化迅速做出相应的反应，并能将听众的情绪置于自己语言魅力的控制之下。

高级标准：

（1）能紧扣命题进行流畅表述，句、段表述语意完整，停顿合理；

（2）能张弛有度地有效控制听众情绪，并能以适度的幽默调节双方的情绪；

（3）表述时能有适度的态势动作，肢体较放松，不僵硬，面部表情自如。

7. 先看一个故事，然后回答问题。

一次文艺晚会直播，一位歌唱演员演唱即将结束时，伴奏带突然卡住，演员坚持清唱完最后两句，正当场上议论刚起，主持人叶惠贤走上舞台，说：

　　　刚才音乐突然停住了，演员清唱了两句，我想大家从来没有听到过这位歌唱家无伴奏的演唱吧，这就叫此时无声胜有声！清唱更显魅力，更见功底！

叶惠贤这一席话，以小幽默圆场，化事故为风采，易险情为特点，掌声和笑声同时响起，演出顺利进行。

试问：

（1）假如你是主持人，也遇到类似事情，你打算怎样自圆其说？

（2）在日常生活中，也许你遇到过一些尴尬事，你是怎样处理和述说的？

第四章　声情并茂的读诵艺术
——读诵训练

▶ 第一节　读诵的魅力和作用 ◀

读诵即朗读和朗诵两者的合称。朗读是把书面的文字作品转化为口头的、更能表情达意的有声语言;朗诵也是将文字作品转化为有声语言,但常常是离开书面材料,靠事先读熟记住再稍带表演性质地予以表达出文字材料的美。

口语表达时受时间、环境等限制,要表达的内容有时完全靠临时组织发挥,难免出现停顿、啰唆、前言不搭后语等情况,除非训练有素达到"出口成章"的境界。而文章的构思、推敲、写作、修改,怎么也比一般的口语花的时间多,花的精力多。书面的文字作品自然也就比口语作品要优美完善。一些经典作品传诵千年仍不失去价值;一些当代作品贴近生活,也能立刻风传开来。但书面材料毕竟是印在纸上,字音之美看不出,只有念诵起来才有一种韵味。我们熟悉的鲁迅的散文《从百草园到三味书屋》里写道:

先生自己也念书。后来,我们的声音便低下去,静下去了,只有他还大声朗读着:"铁如意,指挥倜傥,一座皆惊呢;金叵罗,颠倒淋漓噫,千杯未醉嗬……"我疑心这是极好的文章,因为读到这里,他总是微笑起来,而且将头仰起,摇着,向后面拗过去,拗过去。

这位老者陶醉在自己朗读情味之中的神态并不是少见的。还有的作者在写完之后自己朗读一遍,如果觉得不顺口,会斟酌一番;自己拿不准会向朋友请教,直至解决。唐宋八大家之一的欧阳修在作《史炤岘山亭记》时,他的朋友章子厚认为其中"元凯铭功于二石,一置兹山,一投汉水"一句音响节奏欠佳,宜改作"一置兹山之上,一投汉水之渊"。欧阳修觉得有理,欣然采纳了。像这样写出来的书面材料自然是经得住人们反复吟咏读诵而觉得韵味无穷的。

文章虽然写得好,但要能通过朗读和朗诵这些艺术形式传达出来,一能自娱,二能娱人。这里需要指出的是:朗读有时是实用性的,如读报刊上的文章、读文件、读讲稿;而朗诵则多用于处理文学意味浓的材料,如散文、诗歌,配乐诗朗诵则是近年常采用的一种形式。似乎可以说朗读是读诵艺术的基础,朗诵则是在此基础上的进一步升华和提高。再进一步艺术化,那就是我们在广播里听到的说书,戏曲里的韵白了。高度生活化和艺术化读诵作品,能真正具有勾魂摄魄的魅力,能使"快者掀髯,愤者扼腕,悲者掩泣,羡者色飞"。

读诵的魅力是迷人的,而其作用是巨大广泛的,它在人们的工作、学习、生活的各个方面都能显示出来。

一、读诵能提高素养情操

我们如果能经常地读诵一些优美高雅的作品,除能广泛获得人生哲理和科学常识、丰富社会阅历和提高理论素养之外,还能够不断获得美的享受和艺术的陶冶,净化灵魂,优化气质,使我们蓬勃向上,奋发有为。此外,还能增添个人风采,增长交往才干,这对社会主义精神文明建设是有积极意义的。

二、读诵能提高理解能力

书面作品的作者都力求写作所用语言生动活泼,并借助标点符号表达各种语气,借助换行、分段表现文章的层次结构。这些都可以帮助读诵者读懂作品的内容。但是由于缺少有声形式,许多具体细微的、生动活泼的语气仍无法传达在书面上。读诵这些作品就可以把书面上传达不出的内在的感情变化,通过语气语调的抑扬顿挫、轻重缓急表达得细致入微。听这样的作品,可以比只是看更加深理解,且可以养成读书认真、深入钻研的良好习惯,克服书面阅读时一目十行、不假思索的缺憾。同时能逐渐掌握有声言语表情达意的规律。如能把这种规律运用到书面语言的阅读中去,就可使书面文字转化为思维的形象,可唤起想象,激发情感,加深理解。

三、读诵能提高表达能力

人们要表达思想情感有两种方式:说和写。无论哪种方式都必须掌握一定数量的词语、句式,要考虑布局、谋篇。读诵一般以名家名作为依凭,因此,读诵过程实际上是广泛摄取文字营养,多层面体会名家高手是如何用妙笔抒写情感、描绘景物、阐明事理的过程。通过分析体味作品,用自己的有声语言揣摩表达出来,绝不只是简单的"念字出声"的无意识活动,而是动员了全部精力的再创作活动。作品中那准确明晰的词语概念、生动鲜活的语法修辞、严谨有序的逻辑结构、巧妙精细的布局构思、感人至深的场景描写、优美动人的韵律配置,都会在读诵中被吸收、储存,积累到一定数量,厚积而薄发,无论是说话还是写作,总会自然而然地模仿前人的典范,表达起来会出口成章,下笔成文,进到运用自如的境界。

▶ 第二节　读诵艺术的特点和要求 ◀

不少人都知道,也都喜欢朗读和朗诵,但这不一定说明他们就一定了解朗读和朗诵的特点和特殊要求。我们可以将读诵与声乐做一比较。声乐是把谱成旋律的歌词变为声音的艺术,读诵是把书面文字变为声音的艺术,两者都是声音的艺术,是诉诸人耳感应的听觉艺术。两者都有三大步骤:文字→声音设计→声音表达。文字,在声乐艺术中是歌词,在读诵艺术中是作品;声音设计,在声乐艺术中是曲调,在读诵艺术中是语调;声音表达,在声乐艺术中叫演唱,在读诵艺术中叫吟唱。所以,两者可视为有渊源关系的姊妹艺术。

一、读诵艺术的特点

读诵艺术的特点是与一般言谈相比较而得出的,但并不是说其他言谈就不具有下列一些性质,只是读诵艺术更显得突出而已。

(一)声音性

读诵时运用的都是有声语言,声音性使之与书面表达相区别。虽然要以文字作品为依据,由它来决定读诵的基调和感情色彩,但如何传送,如何加强,却要读诵者调动有声语言的一切有效手段,以口传情。语言是有意义、有色彩的声音。意义是内容,语音是形式,是载体。不同的语音形式表达不同的语言内容,传递不同的感情色彩,两者融为不可分割的整体,犹如一张纸的正反两面。听众能从读诵的语流、语调中感应、鉴赏出作者对社会对人生的深切理解和细腻品味,能产生共鸣,完全要靠读诵者这个中介把握好语言的声音性。

(二)规范性

读诵必须使用有典范性、有较高思想意义和艺术水平的书面作品。这些作品一般说在文字上符合某一语言的规范,就汉语来说,符合现代汉语普通话的规范。如果原作略有不太规范之处,读诵者在声音设计时可做适当的处理,以使成为声音作品时能达到规范的标准。否则,读诵就不能取得正常的效果,反而会降低作品的价值。

(三)创造性

书面作品的写作是一种创造,而将这书面作品读诵出来又是一种再创造。从某种意义上说,书面作品是不完整的语言作品,尤其是对那种韵文而言,因为它平卧于纸上,字里行间不会自动地表现出生活语言的语气、语调、语势、语态,不会自动地显示出有声语言的抑扬顿挫、轻重缓急,不会自动地传出作者想要传出的喜怒哀乐、激奋沉郁。而通过有创意的读诵,能使平面文字立体地显现在听众面前,这种创意的重要性并不亚于书面作品的第一次创造。

(四)表演性

朗读与朗诵是不同的,表演性是朗诵特有的。因为朗诵属于艺术范畴的口语表达形式,需要朗诵者有角色意识,能进得去,又能出得来,让听者有艺术欣赏之感。所以,除了必须脱离文稿用有声语言代替作者说话外,还必须用眼神、手势、形体动作予以配合,以更有效地传情达意。这就不仅是诉诸听觉的语言艺术,而且是诉诸视觉的造型艺术了。有些缺乏训练的朗诵者面对既是听众又是观众的台下一大片人群,因兴奋、紧张,只顾站在那"想词儿",背诵,而忘了表演,这样的朗诵就不能算是成功的。

二、读诵艺术的要求

要成功完成朗读、朗诵,需达到的基本要求有以下几点。

(一)准确

这可从两方面看:一是内容上的准确,即准确理解、把握、领会原作的思想内涵和情趣意旨,要对作品的主题思想、时代背景、作者的创作意图做深入分析,对作品逐字、逐句、逐段地研究,这都是需下大气力才能做到的,有些是需读诵者平时多读书多积累才能在读诵时应付裕如的;二是从语音上做到准确。具体说,要做到以下三点。

1. 用准确的普通话读诵

我们现在尚未见到正式场合里用方言来朗读、朗诵的。所以要努力克服方言的影响，弄准每个字的正确读音，没有把握的需常查字典、词典。

2. 发音响亮清楚

朗读的"朗"即清楚、响亮之义，读诵是为别人听清听得有味而作，与一般交谈稍有区别，一般交谈当然也是要对方听清，但没有像朗读、朗诵那样对着数量较大的听众而需要音量大、吐字清。有时也不仅仅是加大音量就算响亮、清楚，前面曾谈到，后面还会专门谈吐字归音的训练方法，这都是为了提高字音的清晰度。

3. 忠于原作

忠于原作是指不改字、不丢字、不添字、不吃字（字音含糊不清地一带而过）。除非原作因时代、地域等因素用字用词或语法上有明显不规范的地方，不能随意改动原作。前面我们说了，每一部书面作品都是锤炼出来的，用字用词都已经由作者做了巧妙安排，我们稍微有一点文学史知识就知道经典作家、创作态度认真的作家在写作时的经历。所以，我们如要准确传达作品意蕴，就应将作品中的一字一词忠实地表现出来。

（二）流利

这是在准确这一要求实现基础上应达到的高一层的要求，即熟练程度上的要求。所谓流利，就是流畅自然、不破词、不破句、不重复、不打顿；语速适中，语气合乎表达需要。我们从电视台播的节目中可看到听到一些公众人物的念文件的场面。有的处理较为适当，我们有耐心听下去，或者会受感染；有的却念得结结巴巴，该连成串的语句读断了，不该在一语段里的词句又连起来读，语调平淡乏味，怎么耐着性子也忍受不了，只能不看不听了。

朗读应符合听觉习惯。据心理学研究表明，人们听解语句时，是以意义单位作为接纳对象和思考内容的。这个单位可能是一个词，也可能是一个词组甚至句子。比如说"节目好"这一句分为两个意义单位："节目""好"。"今天晚上的节目很好"也是两个意义单位："今天晚上的节目""很好"。而"今天晚上中央电视台的文艺晚会节目很好"仍然是两个意义单位："今天……节目""很好"。同样是两个意义单位，字数相差悬殊，如按第一句的速度来朗读第三句，必然显得拖沓，尤其是长短句穿插交织在一起的语篇里。为了让听者觉得自然流利，朗读者应调整语速，短句稍缓，长句稍急，就搭配得和谐了。

（三）有情

这是在前面两个要求做到之后更高层次的要求了。任何一种作品，即使是政治文件、科学报告，都倾注了作者的情感和心血，只不过大部分的文学作品更明显地饱含了作者的丰富情感而已。读诵者是作为作者的代言人，应把作者的爱憎褒贬和激情深意通过有声语言传达给听者，使之受启发、受感染、受教益。

从听者方面看，他们只能从读诵者的言语声音中获得原作的信息并判断作品的水平高低。如果读诵者只是平淡冷漠地读诵作品，将作品中原有的或应有的内涵大义处理得毫无吸引人之处，听者不要说会去思索回味，恐怕未听完就已弃置一边了，这不是糟蹋了一部好作品吗！

带有感情地读诵既然是高要求，我们就不能简单处置。感情是多方面的，并不是说激昂就是好的，要看作品原意，要看读诵场合，还要看听者的反应，临场发挥。感情也不一定越多越好，越显露越感人。过分了成了滥情，反而弄巧成拙，给人做作的感觉。我们要有发自内心的真情实感做基底、作支撑，才能将作品的真情传达出来，才能打动听者的心，使他们产生共鸣。

▶ 第三节　读诵的必要准备与训练步骤 ◀

读诵包括朗读、朗诵，朗读是基础，朗诵是朗读的进一步的提高，但两者在语言运用上的诸多方面是一致的，如怎样准备、怎样发声、怎样运用技巧等，基本上是有共同点的。

一、读诵的准备工作

要读诵一篇文章，需做好认真充分的准备工作。准备工作有广义和狭义之分。广义的准备是多方面的，有气质和思想上的，有社会阅历和文化素养上的，还有审美情趣和普通话语音上的，这些都要靠平时的积累和训练。狭义的准备是指对将要读诵的书面材料所做的具体准备工作。因读诵是一种再创造，仅仅是分析理解作品是不够的，还需要为这种再创造做特殊的服务和准备，就是在分析理解书面材料的基础上，读准字音，把握思路，感受情思。

朗读前的准备工作主要是在默读中正确理解作品的思想感情和掌握作品的表现形式。对作品的理解可分两步：先感性接触，初读时去直接感受；再理性解剖，二读时边分析边思考，这样可以把握作品的基调，从而准确领会作品的思想内涵和情感因素。在默读时，注意用笔做些书面标注，如作品中出现的生字，找权威字典、词典为其注音，不要想当然，不要心存侥幸，平时阅读知不知道生字的读音无关紧要，这时却不可偷懒，一朗读就要露馅的。再有对一些生僻的词语、有情感的词句，都做上标记，标出重点句和作品的层次界限，扼要注明要点并对文章的写作方法加上评注，在此基础上确定朗读的重音、停顿位置和声调的起伏变化等。

具体地说，读诵的准备工作如下。

（一）念准字音

理解字、词、句是分析作品的前提。读诵是用听觉感受的声音形式将书面作品无声的文字再现出来。如果字音念不准，出了差错，听的人不知所云，或者是听出名堂来，知道读诵者张冠李戴，他们会从心里觉得好笑，甚至哄堂大笑。这样的读诵绝对不能取得好效果。如朱自清的散文名作《荷塘月色》有"参差""倩影""梵婀玲"等词，其中有些字的音有几种形式，或是平常罕用，如不查字典，很容易读错。必须不放过一切生字生词，即使是稍有疑惑的字、词，为慎重起见，也应动手查一下弄清楚。如"几个人在山间小路上行进，其中一人落下了"。据句意文意，这里"落"应读 là，指"其中一人"与同伴拉开一段距离，如读成 luò，意思成了掉山沟里去了，这不符合上下文意，虽然"落"读成 luò 没错，但综合起来看是错的。

(二)把握思路

不仅是对作品结构层次做分析,而且要有步骤地对作品内容、形式、结构、主旨进行剖析、理解,进而确定读诵的基调和重点。要把握好下面几点。

1. 把握内容

作品内容是作者用以表达意旨的材料,有人物、事件、景致、数据、道理,等等。这都是写作者在观察基础上收集来的,经挑选安排而成文的。读诵之前要尽量研究作品内容,熟悉它,掌握它,这样读诵时就让人感到"言之有物",而不仅仅是一串声音。

2. 把握形式

所读诵的书面作品有实用性文体,也有文学性作品,后者还可分为诗歌、散文、小说、戏剧等。各种文体都有各自表达上的特点。读诵前须把握所读作品的文体特点,用相宜的语言表达形式进行再创造。记叙文的语言是描述客观事物具体状况的,读诵要力求生动、传神;议论文的语言是用于概括和阐述客观事理的,读诵要力求准确、严密。另外,作者为了增强语言表现力和说服力,常用各种修辞方式,如比喻、夸张、反语等;常用各种句式,如设问句、双重否定句、倒装句等。读诵时对这些语言形式都需要把握好。

3. 把握结构

如果把前面讲的内容比作血肉,形式比作外貌,则结构像骨架。骨架起着支撑的作用,在把握好内容和形式的基础上再把握结构,这样,对整个书面材料就不仅仅是做到从内部质料到外部形态的横向把握,而且是纵横交互的立体把握了,这个作品在读诵者的再创造下能站于听者之前,而不是平面横卧的了。

作品结构包括段落层次、开头、结尾、过渡、照应等方面。层次有纵向递进的,也有横向并列的,两者往往是纵横交错、变化多端的。不同文体有不同的结构层次,如:以写人为主的文章,主要写人的思想、品质的表现和变化在一个或几个具体事件上的反映;以写事为主的文章主要从事件发生、发展的各阶段上看人物的表现及其相互联系。散文的结构自由灵活,常说散文有"形散神不散""有散有聚""散中求聚"等结构特点,这些都是需认真把握的。

4. 把握主旨

主旨是作品的基本思想和作者的写作意图,又叫中心思想,是书面材料的灵魂和统帅,只有把握住它,读诵才能活灵活现,才能有声有色,才是有生命的读诵。

作品的主旨是通过内容体现的,要从内容中概括出主旨。概括时要具体确切,不可笼统空泛,也不可偏颇强加。

5. 把握重点

书面材料中的重点是那些最集中、最典型地表现主旨的部分,是那些最有力、最生动地体现写作意图的部分,是那些最强烈、最浓重地抒发情感的部分,也是最动人、最感人的部分。在重点处,作者下的功夫最多,着的笔墨最浓,注的情思最丰富。

重点的分布或集中,或分散。集中是指在文章某一段落中,分散是说在各段落之中。重点不是孤立的、绝对的,总与非重点有联系;各重点之间也有档次之分,有的是重中之重,犹如一核心,犹如"大珠小珠落玉盘"中的硕大者。联系重点与非重点、大重点和小重点之间的一根丝线就是主旨。这些大珠小珠由主线贯串起来才显得韵味无穷。

6. 把握基调

基调是音乐术语,用在这里指书面作品内在的基本的主要的情调,即作品的感情色彩和分量。有各种基调:昂扬有力的、深沉坚定的、悲愤凝重的、喜庆明快的、奔放舒展的、细腻清新的,等等。

作品的基调当然取决于作品的内容,所以要把握好基调必须在对作品的思想内容有感受有理解的基础上才能做到,只有抓住了内在的思想,才能以外在的声音形式去体现。

基调是就书面材料的总体而言,并非每段每节都是同一种感情色彩。如安徒生的《卖火柴的小女孩》,其基调是爱怜压抑的。但文中小女孩划亮火柴看到幻景,觉得温暖喜悦时的感情色彩,当然与基调恰成对比,这时就不应用压抑的调子读诵,而可用喜悦欢快的调子读诵,这种欢快与压抑的基调相衬相对,更使作品有感染力。每个段落,每个句群,每个句子都有由各自具体内容所决定的感情色彩和分量,随着内容的变化、感情的迁移,各段各句之间的色彩分量也相应调节。整篇作品的基调正是由这种变化迁移调节而形成,同时又反转过来制约着它们。

(三)感受情思

读诵者在接受书面材料所反映的主观情感、客观事物时必然会有所触动有所感应,产生共鸣。如果没有这种感受,也许是书面材料本身太糟,不感人;也许是读诵者本人太麻木,不敏感,这就难以成功。就大多数情况来说,应该是有一种感之于文而受之于心的活动的。感受有以下几种情况。

1. 形象感受

书面材料是用文字符号系统记录人物、事件及作者情感的,读诵者从文字得到的客观事物的刺激是一种间接的刺激,大致上是"符号系统→客观事物→接受刺激"这么一个过程,即"感"。"感"是"受"(内心反应)的前提,也是关键。冰心的《观舞记》中有一段描写如下。

> 卡拉玛·拉克希曼出来了。真是光艳的一闪! 她向观众深深地低头合掌,
> 抬起头来,她亮出了她秀丽的脸庞,和那能说出万千种话的一对长眉、一双眼睛。

读这段描写,我们能感受到舞蹈家的形象。作者不是画家,她用文字叙述出舞蹈家的形象。读诵者在读诵这些传神的文字时,凭借自己日常生活中积累的视觉感知再现出这样一位卓越舞蹈者的"光艳"、"秀丽"及能说话的眉眼。

2. 逻辑感受

作品的情思内在于作品的内容和结构之中。作品内容的各部分之间,作品语句的各组成部分之间,作品段落层次之间,都有内在的联系,都反映了作者的思维活动,都具有严密的逻辑性。如不能感受到这种逻辑性,一方面说明原作的逻辑力量不足,另一方面也说明读诵者的思维不够敏捷,读诵起来缺乏体验,结果是松散的一堆语句,没有贯串起来,有形而无神。如鲁迅在"左联"五位作家遇害后写的《为了忘却的记念》里叙述到柔石等惨遭枪杀后写了一句:

> "原来如此! ……"

短短的四个字,一个感叹号,一个省略号,其中含义却很深。不仅要理解作品,而且要感受作者的思维路向。鲁迅在传说的各种消息中总盼望五位作家能平安出狱,能收到他

寄去的洋铁碗,可最终得到的确切消息是"柔石……身上中了十弹"。他被这震惊了,就这样一些"很好的青年"死于屠夫之手,他只能用这感叹号,用这省略号来表示控诉、痛斥、悲愤、惋惜。深刻的寓意、复杂的情感形成一种强烈的逻辑意义,读诵到这句时应用特别的语气予以强调。

3.感受的深化

感受需要不断深化,也会随着读诵实践的增多自然深化。上面讲的两种感受是具体的、局部的感受,若只停留在某一层面、某一步骤,所获感受只是支离破碎的、顾此失彼的一些感受。这就应向前、向深进发,将本不可截然分开的形象感受和逻辑感受做一总体把握,取得相辅相成之效。

感觉在不断深化的过程中,就不仅感之于心,而且动之以情。读诵者内心会产生更积极更强烈的反应,这就会常有主动抒发情感的愿望,这也就是读诵具有表演性的根源之一。感受有"接受→反应→外射"这一过程,与"反应"相对的是读诵者的主观态度,"外射"则是读诵者迸发感情的高级阶段、完成阶段了。有了感情,读诵才可做到声由情发,以情动人。

二、读诵训练的步骤

从事任何训练都要由低到高,循序渐进,读诵训练也不例外。一般可以将读诵训练分为以下五个步骤或阶段。

(一)打基础练习

这个阶段可选取短篇的(百字以内)、词句浅显的文章来读诵。要求做到发音响亮、口齿清楚,不读错字,不丢字、不添字;能按标点符号的不同读出句中、语段间的不同停顿,消灭"唱读"现象。

(二)过渡练习

这时可选取二三百字、词句稍深的文章练习。要求从读音正确、口齿清楚过渡到通顺流畅,不读破句,不重复字句;能读出陈述、疑问、感叹、祈使等几种句子的不同语气和语调。

(三)巩固练习

选取 500 字左右的作品操练。重点是练习读诵技巧,结合听广播中的范读来巩固以上两阶段的练习成果。这一步骤的要求是能读出较长句子中的停顿和轻重缓急;根据文章语句的思想内容,恰当自然地读出情感。

(四)综合练习

选取 800 字的作品着重练习读诵技能。要求做到语言流畅、语气连贯,能表情朗读,带一定感染力。

(五)发挥练习

选取字数更多的作品,着重在感情运用上发挥潜能,并使读诵技巧和能力得到充分展示。要求节奏、速度鲜明适中,感情表达丰富准确,能以情托声,声情并茂,将作品内在思想以艺术加工方式再创造出一个源于原作又高于原作、忠实于原作又带有读诵者个性的读诵作品。

第四节 读诵技巧的艺术处理

读诵与平时说话一样需有发准字音、了解音变规律等发音上的技能,但它又需有其自身的发音用音技巧。下面分一般的读诵技巧和特殊的读诵技巧两种处理做具体介绍。

一、一般读诵技巧的艺术处理

(一)停顿

停顿指读诵语流中声音的暂时休止与接续。停顿有其所读作品内容决定的需要和读诵者生理上的需要,从前者看,适当的停顿可以表现语言文字的结构,准确表达作品思想感情,也给听者以领会和思索的时间;从后者看,读诵者不可能一口气不间断地读完全文,要有换气、调节气息的机会。停顿分逻辑停顿和感情停顿两种。

1. 逻辑停顿

逻辑停顿又称语法停顿,是受语言的内在结构制约而必须有的停顿。如书面上的一句话"亲爱的爸爸妈妈欢迎您",本身看不出应停顿在哪里,在具体上下文中可读成以下三句。

> 亲爱的爸爸妈妈:/欢迎您。
>
> 亲爱的爸爸:/妈妈欢迎您。
>
> 亲爱的:/爸爸妈妈欢迎您。

停的地方不同,显示的结构关系也大不同。这种停顿能体现语言中词语之间、句子之间、层次和段落之间语意上的联系,停顿必须自然、合理、适当,不能违背平时语言习惯。书面材料中标有标点符号处需停顿,停的时间长短由标点符号的类型决定,大致是这样一种排序:句号、问号、叹号的停顿时间长;分号、冒号、逗号次之;顿号最短。字数多、结构复杂的句子虽没标点符号隔断,也应根据文意合理地划分词组作短暂停顿,主谓之间、动宾之间、修饰成分与中心语之间都可以停顿。还有表语意转折的地方,或为突出句群结构特点和修辞手法而在关键词语处,都应该停一下。

2. 感情停顿

感情停顿又称强调停顿,是为了表现书面材料内含的某种感情心态而作的停顿,不受语法限制。如恩格斯的《在马克思墓前的讲话》中一段话:

> 让他一个人留在房里还不到/两分钟,等我们再进去时,便发现他在安乐椅
>
> 上安静地睡着了——/但已经是永远地睡着了。

这里的两处停顿都用来表现恩格斯痛惜沉郁的情感。再如为模仿表现文中刻画的人物的激动、紧张、惶惑、疑虑、回忆等情态时都可用停顿这一技巧,以收到"此时无声胜有声"的效果。

从语句的停顿与接续来看,停顿有以下四种方式。

(1)落停,即时间较长,句尾声音顺势而落,声止气也尽。多用于一个相对完整的意思

讲完之后。

（2）扬停，即时间较短，停之前声音稍上扬或持平，声虽止而气未尽，让人听来知道话未说完，还有下文。这当然用于逗号、分号处。

（3）直连，即顺势而下连接迅速。多用于内容联系紧密、持续抒发感情的地方，与扬停配合使用。

（4）曲连，即在连接处有一定空隙，但又连环相接，迂回向前。多用于既要连接，又要有所区分的地方，与落停配合使用。

（二）重音

这是指读诵时为突出主题、表达思想、抒发情感而对语句中某些词语强调读出的现象。它可分为语法重音、强调重音和感情重音三种。

1. 语法重音

这是由语句结构自然表现的重音，规律性强，位置固定。谓语、中心语的修饰成分、疑问代词、指示代词都要重读。一般不带特别强调的色彩，只是音量稍稍加重就行。

2. 强调重音

这又叫逻辑重音，为突出表达某种关键性词语而重读，这些词语起着点明语意、突显特征、说明事物的作用。它不受语法结构制约，而由语句目的决定，故位置不固定，因而可分很多小类，常见的有并列性重音、对比性重音、承递性重音、转折性重音、拟声性重音、判断性重音，以及反义性重音等。如："我又没说你什么"，重音在"我"的话，强调"我"没说；重音在"你"，强调说的不是你，而是别的什么人。

3. 感情重音

这是为表现文学作品中包含强烈感情的段落、语句而相应加大音量的现象。它大都出现在内心节奏加快、外在情绪激动，如兴奋、激昂、愤怒、喜悦等时。用感情重音可使语言色彩丰富、血肉丰满、生气勃勃、富有感染力。如朗读闻一多《最后一次的讲演》里一段："今天，这里有没有特务？你站出来！是好汉的站出来！你站出来讲！你凭什么要杀死李先生？杀死了人，又不敢承认，还要诬蔑人，说什么桃色事件，说什么共产党杀共产党，无耻啊，无耻啊！"这里如不重读，反倒显得不自然。

重音的表现方法有很多种，常见的有以下几种。

（1）加强音量。有意识地把某些词语读得重些、响些，增强音势。

（2）拖长音节。有意将重读音节拖长，在时间上占位置也可起强调作用。

（3）重音轻读。表现重音也不一定非得增加音量，有时用减轻音量、加强音势的方法，将重音低沉而有力地轻轻吐出，反而效果更佳。在表现复杂细腻感情时可用这种方法。

（三）语势

这是指读诵时声音升降平曲、高低起伏的变化形式，靠控制声带的松紧来实现。语势有升扬（语调由平升高，高亢激昂）、降抑（语调先平后降，低沉持重）、平直（语调变化很少，平缓舒展）、曲折（语调升降频繁，起伏不定）等不同类型，表现的思想感情和内容也不同。一般地说，升扬调用来表达情绪高昂、心绪亢奋等，还表示反诘、疑问、惊异、呼唤等语气；降抑调用以表达情绪低落、心情沉重，或表示肯定、坚决、悔恨、感叹等语气；平直调用于一般的叙述说明,或表示庄重、悼念、踌躇、冷淡等语气;曲折调用于表达意在言外,或表示反语、诙谐、嘲讽、夸张等语气。

语势的升、降、平、曲可以表现在一个句子中,也可以表现在一个句群或一个段落中。几个句子的升、降、平、曲错综交合,呈现出语势的阶梯型、马鞍型、峰谷型。整个篇章就会像由群山、平原、大川组成的浩荡风光。

(四)语速

这是指读诵时吐字发音的缓急慢快,是表情达意的又一重要手段。一般地说,语速与语言的内在节奏是一致的。语速有快速、中速、慢速三种:快速多用于表现兴奋、紧张、急切、愤恨等情感;中速用于感情平淡起伏不大时;慢速用于表现庄严肃穆、忧伤沉郁、失望痛苦等情感。语速调节得好,可渲染环境、烘托气氛。有时还会出现内在节奏强而外在语速缓的现象。如曹禺《雷雨》一剧中周朴园与鲁侍萍第一次见面时鲁侍萍的对白,听上去平缓,但仔细思量就可觉察她强抑的内心怨愤,内在节奏比平缓的语速强烈得多。

(五)节奏

这是指读诵中由声音抑扬顿挫、轻重缓急而形成的回环往复的形式。读诵时声音的节奏必须与内容的节奏相谐。如"他三步并做两步飞快地走了"和"他一步一步艰难地爬着"两句,内容节奏截然不同,读出时节奏必然相去甚远。常见的节奏类型有以下四种。

1. 轻快型

语速较快,多扬少抑,多轻少重,声轻不着力,词语密度大,有跳跃感。多表现欢乐愉快、轻松诙谐的情态。

2. 沉稳型

语速较缓,多抑少扬,多重少轻,音强而着力,词语密度疏,多表现庄重严肃的气氛和悲伤压抑的情绪。

3. 舒缓型

语速较缓,语势较平,音柔不着力,多描绘幽静场面和优美景色及舒展情怀。

4. 强疾型

语速较快,多扬少抑,音强而有力,多表现紧张急迫的形势或抒发慷慨豪情。

二、特殊读诵技巧的艺术处理

以上所叙是读诵的一般技巧。为使读诵进入更高的艺术层次,取得更佳的艺术效果,还需做些特殊技巧训练。这些特殊技巧原是戏曲、曲艺等表演艺术领域的,在读诵时加以借鉴,可收到较好效果。

(一)气音

这是一种气与声相混,气大于声的音。发音时声门收缩,声带放松,压低嗓音,声音类似耳语,会伴有明显的气息。气音常用于表达感叹、惊讶、害怕的感情,有时用于表现耳语、自言自语或人物内心活动。如老舍《茶馆》中一段写小二德子对王大栓低声说:"市党部派我去的,法政学院。没当过这么美的差事,太美、太过瘾!比在天桥好得多!打一个学生,五毛现洋!昨天揍了几个来着?"这些话表演者全都用气音说出,与茶馆贴的"莫谈国事"条幅相对衬,也与小二德子做"美差"而实不光彩的情形相映。

(二)颤音

这是一种读诵时略带颤抖的音,发音时声门打开和闭塞快速交替,使声音微微抖动。它多用来表现异常激动、恐惧、愤怒、悲痛的情绪。如宠爱小孩的母亲看见儿女受伤或丧生时发自内心的怜惜痛楚之声多会出现颤抖,用颤音去表现就能很贴切地传递出这种情感。

(三)拖腔

这是读诵时有意把某些音节拖长的一种声音技巧。运用拖腔时要注意有充足的气息支持,所以拖之前须深呼吸。拖腔常用于表示领悟、回忆、呼唤、气力不足或声音微弱等。《雷锋之歌》表示呼唤的部分就应用拖腔:

　　　呵!雷锋、雷锋、雷锋呵……

　　　此刻

　　　我念着你

　　　我唱着你呵……

这样可以表现出对一位优秀人物的仰慕、思念的深沉之情。

(四)泣诉

这是使声音带上呜咽、哭泣色彩的一种声音技巧。运用时可使停顿次数增多、时间加长、喉头紧缩、音调稍高。但应注意不要过分夸张,只要让人感觉到声音里有明显的哭腔即可。泣诉自然用于表达悲痛、伤心。

(五)笑语

这是一种使声音里带有笑意的声音技巧。特点是边说边笑,要自然、有分寸,只须让听者感受到读诵中有笑意即可。笑语有两种:①轻松、活泼的笑语,用来表欢乐、风趣、开心;②冷嘲的笑语,用来表蔑视、讽刺、挖苦。

(六)拟声

这是用口语模拟人或物的声音的一种技巧。可以乱真的是口技,而日常语言里也有大量象声词。拟声介于两者之间。读诵时要改变发音器官的形状、声带的松紧、发音位置的前后及气息的状态来模拟各种声音,以渲染烘托气氛,给人如身临其境的感觉。还有一种拟声是模拟不同身份、年龄、性别的人物说话。一般说,儿童、女性的声音较高,音色清脆、圆润;老人、男性的声音较低,音色浑厚、深沉、略带沙哑;地位高的人声音较低、较慢,透出一种威严;地位低的人声音较轻、较快,显得有求于人。

思考与训练

1. 朗读、朗诵的创造性体现在什么地方?
2. 划分下面两首唐诗的节拍并作口头练习,尽可能照顾到节拍和意群的关系。

　　　　①白日依山尽,黄河入海流;

　　　　　欲穷千里目,更上一层楼。

　　②日照香炉生紫烟，

　　　遥看瀑布挂前川；

　　　飞流直下三千尺，

　　　疑是银河落九天。

3. 分析一篇散文，练习文中的节奏变化。

4. 找外国戏剧电影的台词朗读，把握其中的感情、情绪。试读莎士比亚《威尼斯商人》夏洛克的一段道白：

　　……他曾经羞辱过我，夺去我几十万块钱的生意，讥笑我的亏蚀，挖苦我的盈余，诬蔑我的民族，破坏我的买卖，离间我的朋友，煽动我的仇敌。他的理由是什么？只因为我是一个犹太人。难道犹太人没有眼睛吗？难道犹太人没有五官四肢、没有知觉、没有感情、没有血气吗？他不是吃着同样的食物，同样的武器可以伤害他，同样的药品可以治好他，冬天同样会冷，夏天同样会热，就像一个基督徒一样吗？你们要是用刀剑刺我们，我们不也会出血吗？你们要是搔我们的痒，我们不也会笑吗？你们要是用毒药谋害我们，我们不也会死吗？那么要是你们欺侮了我们，我们难道不会复仇吗？要是在别的地方我们都跟你们一样，那么在这一点上也是彼此相同的。要是一个犹太人欺侮了一个基督徒，那基督徒怎样表现他的谦逊？报仇。要是一个基督徒欺侮了一个犹太人，那么照着基督徒的榜样，那犹太人应该怎样表现他的宽容？报仇。你们已经把残虐的手段教给我，我一定会照着你们的教训实行，而且还要加倍奉敬！

5. 语速是口头语言的快慢变化，是使语言富有表现力的一种重要手段；语速的快慢是由所要表达的内容和感情决定的。请认真阅读下面两段文字，何处该快？何处该慢？怎样把握好两段文字的基调？

　　①等他们走后，我惊慌失措地发现，再也找不到回家的那条孤寂的小道了。像只无头苍蝇，我到处乱钻，衣裤上挂满了芒刺。太阳已经落山。而此时此刻，家里一定开始吃晚餐了，双亲正盼着我回家……想着想着，我不由得背靠着一棵树，伤心地呜呜大哭起来……

　　②大雪整整下了一夜。第二天早晨，天放晴了，太阳出来了。推开门，一看，嗬！好大的雪啊！那山川、河流、树木、房屋，都笼罩上一层白茫茫的厚雪。极目远眺，万里江山变成了一个粉妆玉砌的世界。看近处，那落光了叶子的树枝上挂满了毛茸茸、亮晶晶的银条儿；而那些冬夏常青的松树和柏树上，挂满了蓬松松、沉甸甸的雪球儿。一阵风吹来，树枝轻轻地摇晃着，那美丽的银条和雪球儿簌簌落落地抖落下来。玉屑似的雪末儿随风飘扬，在清晨的阳光下，幻映出一道道五光十色的彩虹。

第五章 开拓创新的构思艺术
——思路训练

▶ 第一节 思维与思路 ◀

思维是脑子(不管是人的还是动物的)机能和属性,只不过只有人才能有高级思维,形成有系统的思想,有一道道清晰可辨、有迹可察的思路。除非是脑部有病,或太疲劳,或因恐吓,或因用药(安眠药、毒品等),一般人处于清醒状态时,脑子总在运转,或处于准备运转状态,他应对自己说的话、做的事负责任。据毛泽东的护士长吴旭君回忆,毛泽东晚年曾对身边工作人员有过规定:凡他服过安眠药后说的话都不必记、不必传。但 1971 年美国乒乓球队想访华,报告由外交部转至最高领导层,毛泽东看了报告批复不拟邀请,已服安眠药要睡觉,可又总念着此事,要护士长接通外交部同意邀请。就在这种状态下,影响世界的乒乓外交拍板了,小球推动了大球。即使这样,我们仍要说,一个人说话办事仍需有清醒的头脑,明晰的思路,否则,说的话语无伦次、词不达意、颠三倒四,怎么也不能达到表达交际的目的。

口语和思维、思想、思路都有着千丝万缕的联系,说话能力肯定取决于思维能力。有一种理论认为,思维活动是内部语言,说出来的有声语言为外部思想,中国古话说的"言为心声"也就是这个道理。

具体地说,思维能力主要包括基本思维能力和创造性思维能力。

一、基本思维能力

这种思维能力又包括以下五种。

(一)逻辑思维能力

逻辑思维又称为抽象思维,是运用概念、判断、推理等方式揭示事物本质和规律的思维形式。它是口语表达中最基本的思维方式。表达者常要对说话的材料、所论的对象进行梳理、分解、归纳、组合、概括、推导等一系列工作。逻辑思维能力强的口语表达者的语言一般都明显地具有概念明确、判断正确、推导合理、论辩有力的特征,能清晰、准确、完整地表述自己的观点,以深刻的思想性取胜,进而征服听众。

(二)形象思维能力

形象思维又称为艺术思维,是通过形象、借助形象、运用联想和幻想等手段进行思维的特殊方式。文学作品、艺术作品都离不开艺术形象的塑造这一根本性的任务,而口语表达者在抽象思维基础上如不再结合形象思维,就容易使话语太空洞、太苍白、太枯燥。形象思维能弥补这一缺陷。不仅在叙事状物时运用形象思维,就是在抽象论理性的口语交流中也应注意话语的可感性,即形象生动、丰满、活泼。把严谨的、条理分明的逻辑思维与生动的、感情充沛的形象思维有机地组合起来,能具体形象地展示所要阐述的道理,增强口语表达的感染力。

(三)灵感思维能力

灵感思维又称为顿悟思维,是在专注、集中、紧张的思考过程中,情绪处于兴奋状态时受有关事物激活启发,思路豁然开朗、思维顿时贯通,从而对冥思苦想较长时间而未能解决的问题获得明确的感悟和通透的认识。灵感是一种带有顿发、突发和意外性的创造性思维,呈现在思维者脑海里的是一种突如其来、飘然而至的印象,会产生一种精美巧妙的境界,宗教界人士多看重这一体验,禅宗尤以"顿悟"为悟道的主要方式。这种思维方式常会稍纵即逝、不可预期、无法等待,可遇而不可求。在口语表达中,同样可以常常发现灵感闪现出的独特光芒;在构思、应变、技巧运用、语言提炼、态势设计等方面都有灵感思维在发挥着难以觉察的作用,有意去探求去分析这种作用倒有点"只可意会,不可言传"。不过,应该说得清楚的是:对口语表达者来说,如想要获得神奇的灵感,仅凭小聪明,仅凭一时的灵机一动是不行的,我们应像许多著名的科学家、文学家所说的那样,平时要有严谨勤奋的钻研态度和积极进取的开拓精神,努力探索口语表达艺术,关注生活,积累素材,保持临场思维的敏捷,这样才能随时抓住灵感触发的契机,取得灵感思维的佳绩。

(四)直觉思维能力

直觉思维是人脑对于出现在眼前的事物、现象、问题及其本质联系的一种迅速果断的捕获、敏锐直接的洞察,以及本质全面的认定识别。直觉思维就是直接的领悟和认识,它有快速、直接、跳跃、坚信感、个体性和或然性等特点。它与灵感思维不同,后者是长期积累、长期探索、长期思考中突发的思想果实,而直觉思维是对眼前事物、现象的直接理解和把握。直觉思维当然也不同于逻辑思维,不用严密的逻辑推论,往往只是凭直感做出自信的结论。高尔基和几个作家在饭店里看见一位顾客,几人约定来判断那人的身份,高尔基凭其作家的直觉认定那人是个骗子,一打听果然如此。直觉思维得出的答案、结论虽带有很大或然性,但它却对行为主体的思想情绪、行为意向有深刻悠远的影响。它是产生于行为主体对逻辑思维、形象思维、灵感思维等思维规律过程的高度熟练把握之中的,实际上也是对前三种思维的浓缩与超越,以行为主体内在知识、经验结构和深刻洞察力为基础而达到的一种高级思维。在口语表达中,直觉思维有以下特殊的作用。

(1)往往可以对环境、场面、气氛、听者的个性特征及情绪反应迅速做出整体综合的判断,从而立刻对自己的言语及言语策略做相应调整,增加语言的针对性、得体性。

(2)可以通过创意性的直觉而"未卜先知",臆测出"出乎意料"的信息,从而掌握交际主动权,使对方受制于己。如福尔摩斯与华生医生的初次见面,福尔摩斯凭直觉说出对方的身份、经历,令对方大为惊讶,大为佩服。需指出的是,直觉思维受内在经验的丰约、思维定式的强弱影响,往往呈"负值效应"。因此,应不断提高直觉思维的水平,减少或然性;同时还必须结合逻辑思维、形象思维的运用,创造充分的条件以保证口语表达的质量。

（五）辩证思维能力

辩证思维是在逻辑（一般叫形式逻辑）思维基础上发展而来的思维方式,主要运用归纳与演绎结合、分析与综合结合,由抽象回复到具体等方法来研究思维的辩证发展过程,是思维的高级形态,对口语表达有很重要的指导作用。分析与综合是辩证思维方法中的核心方法,在辩证思维过程中,从分析到综合,再到分析与综合的对立统一,是认识客观事物的必然途径。分析与综合这两种既相对立又相联系的不同思维过程是辩证的关系。这种关系主要表现在以下两个方面。

（1）在对一事物对象的整体进行具体分析的过程中,对被分解出的各组成部分必须进行小的综合,以把握各个局部的各自的本质,为整个大的综合提供基础。

（2）当对事物的分析达到一定的深度,已揭示出整体的各个方面和部分的本质时,分析就转化为综合;当思维经过综合,在统一的基础上概括现象使认识进入新的环节,并为进一步分析提供了更高的要求和可能时,综合又转化为分析。这就是说,两者在一定条件下互相转化、互相促进。口语表达者应掌握两者相结合相转化的方法,使口语表达进入一个更高更深更具魅力的境界。

二、创造性思维能力

"创造"一词在人们心目中都与"发明""发现"相联系,即一种提供崭新的、首创的事物或观念的活动。"创造力""创造性"都与杰出人物特殊的认识力和实践紧密相联系。其实,每个人都有潜在的创造力,都会想到他人、前人所未想的事,会做出他人、前人未做的事,这也就是整个人类为什么能不断发展不断前进的生理、心理动因。创造活动总与创造性思维紧密相关,创造性思维指的是有创见或有创意的思维,是个人在已有经验基础上,从某些事实中寻求新关系、找出新答案的思维过程,是智力活动达到高峰时的表现。

创造性思维活动很复杂,与一般的、基本的思维活动有区别,但联系更多,界限不甚分明,前面所说的灵感思维和直觉思维就有人看作创造性思维。所以,把创造性思维的形式与逻辑思维、形象思维、辩证思维相比,完全弄出一个不同的模式来是不可能的。就心理学研究成果看,人们把创造性思维分成两种:发散思维和收敛思维。

（一）发散思维

发散思维又叫扩散思维、分散思维、辐射思维,就是在思维过程中,充分发挥人的想象力,突破原有知识范围,从某一点出发向四面八方呈放射状思维,将知识、观念重新组合,找出更多更新的可能答案、设想或解决问题的办法。

（二）收敛思维

收敛思维又叫集中思维、辐合思维,即在思维过程中,将所得的若干观点重新组织,从不同的方向和不同的角度,将思维指向唯一正确的答案、结论或最好的解决问题的方案,避开无关的或关系不大的问题。

　　发散思维与收敛思维在创造性思维活动中常是辩证统一、相互配合使用的。因前者为后者的创造性最优化选择提供了可靠的、广泛的依据，后者又能使前者所得的成果提高升华。没有发散的收敛，或缺乏收敛的发散，都会使创造性思维陷入僵局、贫乏之中。心理学家认为，一个人的创造能力，主要通过发散思维表现在行为上。犹如现代小说（其实古典作品也有）常描写主人公的意识流。爱尔兰作家乔伊斯的《尤利西斯》通篇都是写主人公布卢姆 1904 年 6 月 16 日这一平凡琐碎的日子，写他离家后沿街所思所想，引发了全景式的故事，涉及哲学、历史学、政治学、心理学等学科。所以，我们在这里主要讨论发散思维的作用和特点。

　　发散思维是一种开放性的思维方法，既无一定方向又无一定范围。思考时可以对所想问题标新立异，像海阔天空地驰骋思维的骏马，可以异想天开地放纵思维的野性，从已知的一点知识去探求广阔无限的未知领域。这样的开放性思维的最大优点在于可打破心理定式，摆脱具有个人特征的、固有的思想枷锁，奇想天成，妙语惊俗。

　　发散思维的创造性特征，主要表现为以下三个维度。

　　一是流畅度。这是指心智活动少阻滞、多流畅，能在较短时间内表达出较多观念，反应迅速众多。

　　二是变通度。这是指思考变化多端，能举一反三、触类旁通，不受思维定式的束缚，能提出不同凡响的新构思，造成灵感的突发。

　　三是独特度。这是指所想的与众不同，超乎寻常。

　　在这三个特征中，流畅度处于发散思维的一个低级的层次，因它流动不居，既可能将思维导向积极方面，也可能将思维导向消极方面，长期思维没有结果，但它又确实是创造性思维必不可少的一步。独特度处于发散思维的最高层，它决定这一次思维活动有无创造性、有无鹤立鸡群的特征。变通度介于上两种维度之间，是思维活动的关键。流畅是变通的条件，变通也离不开独特。发散思维重在变通，必须以广博的学识和多维思路的流畅为基础，变通不能毫无目的、随心所欲，而应有条件有目的地变通。

　　在口语表达过程中，运用发散思维、收敛思维，以及把它们辩证统一起来的这种创造性思维的能力至关重要。发散思维要求表达者知识面广，古今中外、天文地理、俗世雅事、典故轶闻都应知道一些，这样，在与人对话或发表演讲、课堂教学时就能帮助对话者随手拈来，涉趣成章。收敛思维要求表达者时时把握口语表达的主旨和基本问题，充分利用和展现发散思维的积极成果。两者结合，就能使口语表达成为既机敏严密又凝练活泼，既紧扣主题又汪洋恣肆，既层次分明又妙趣横生的一项艺术活动。

▶ 第二节　思路训练的内容 ◀

　　思维形成一定的方式、途径，就成了思路。我们常说某人说话思路清晰，或某人思路不清，就是说他们的思维是不是合乎规律，是不是让人觉得有线索可寻。思维结构由三方面构成：①思维的材料，指各种感性认识及初级理性认识；②思维的内在形式，指感性材料在思维中的组合存在方式；③思维的外在形式，即语言。思路也就是指在整个思维活动中把一系列所需的感性材料从记忆中提取出来，总结概括为理性认识，再通过语言表达出来的过程。

思路训练有思路的逻辑性、条理性、形象性、敏捷性等方面的内容,我们将结合实例做简单介绍。

一、思路的逻辑性

这是思路训练中最重要的一环。上面谈思维已说了逻辑思维,什么是逻辑性已讲了不少,归结到思路训练中的逻辑性是指口语表达时,说话者的思维结构中的各种知识、内容之间,是有有机联系的,不是杂乱无章、混沌无序的。因此,需要提取某些知识为口语交际服务时,必须符合其内在的规律性,才能迅速、敏捷、科学、准确地解决问题。比如小学数学教学中遇到的分率问题,由于含有分率的那个条件不是直接的,而是隐蔽的,导致数量关系的复杂化。教师上课如何讲解清楚这一问题就需要思路清楚,尤其是对解题思路要做专业训练。这里举一实例。

光明玻璃厂 10 月份生产玻璃 20000 箱,比 9 月份多生产了 1/3,9 月份生产玻璃多少箱?

做这一题目,解题思路训练的重点应是做到"两个转化"。首先,将实际问题转化为数学问题,即将题目内容概括为"谁的几分之几是谁",然后,根据一个数乘以分数的意义,把数学问题转化为算式。

转化 1:10 月份产量的 1+1/3 是 20000 箱。

转化 2:设 9 月份生产玻璃 x 箱,得方程:

$$x \times \left(1 + \frac{1}{3}\right) = 20000$$

也可以根据除法的意义,直接写出除法算式:

$$x = 20000 \div \left(1 + \frac{1}{3}\right)$$

可见,转化 1 是转化 2 的基础,而寻找数量间隐蔽的对应比率则是转化 1 的关键。

这是一个逻辑性很强的数学例子。它展示了两方面的内容:一是思路的逻辑性总是表现为内容的层层深入,循序渐进;二是构成某一问题的各部分内容之间的联系,转化互为因果,密不可分。我们在训练思维的逻辑性时一定要牢牢把握这两点思路的客观规律。

逻辑性训练的方式如下。

(一)总结提纲

对某个题目进行分析,经过总结概括建立一个线式提纲。这种方式对锻炼思路的逻辑性很有帮助,因为这样一来首先拥有内容的主要线索,然后构成线索的主要材料彼此之间的内在联系也可以一目了然。

请看下面材料,根据材料完成一篇议论文。

在武汉的某中学,期末考试的铃声响了,考生们整齐安静地坐在自己的座位上。老师发完试卷后,走出考场。黑板上写着:"以真实的成绩证明自己的努力""考试是对我们知识和人品的双重考验"。考场内秩序井然,无一违规现象。出来后,同学们议论纷纷,大多数同学都对无人监考的方式给予充分肯定。

如列出提纲的话,可以按下列方式进行。

(1)提出论点:这种考试方式非常好,应该提倡。

(2)论证过程:

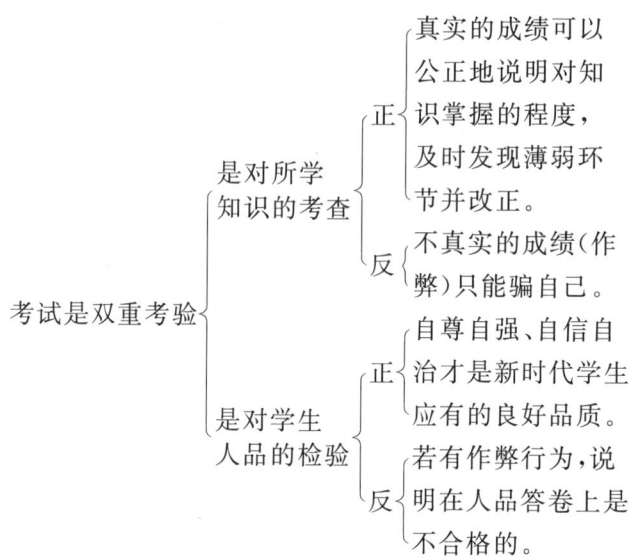

(3)得出结论:通过事实证明,学生是有能力经受各种考验的,这种方式还可以激发学生的积极向上精神。

(二)制订教学序列

思维活动是一个循序渐进的过程,不能胡乱跳跃和捉摸不定,这也是思路有逻辑性的重要标志。精神病人的语言最明显的一点就是跳跃性太大,一下子说这个,一下子说那个,很容易听出来。一般人的语言如没进行过思路训练也易犯转换话题太多的毛病。制订教学序列能够明确展示思维活动的循序渐进的进程。

如进行书面创作时,根据人们写作思维活动的一般规律,制订这样一个序列:

观察分析—情感观点—角度选择—联想想象—抽象概括—语言运用—修改调整—各类文体

口语表达也许没有书面表达要求这么严格,程序没这么多,但也是可以制订一个序列,同样有助于增加口语表达的逻辑性。

二、思路的条理性

思路的条理性是指思路有条有理、层次分明、线索清晰、重点突出。

拥有条理清晰的思路,进行口语表达时,内容自然会上下连贯,层层推进,有一种畅达明晓的感觉,这对说者和听者都有好处。如做不到这点,语言表述阻滞晦涩、头绪繁杂、层次混乱,说者心里也不好受,听者不知所云,就更不好受。特别是作为一个释疑解惑的教师,更应注意在教学过程中保证思路的条理畅达。

教学过程的整体实际包含三条思路:①教材内容的内在构成思路;②教师的授课思路;③学生的接受思路。这三条思路互相联系、互相制约。

教师是教学活动的主导,在教学中,教师应深入理解教材内容,把握其脉络走向,注重协调好自身授课的思路,使其条理清晰,将①、②两条思路有机联系贯通起来,完成第一阶段的结合。同时兼顾学生接受知识的规律,有意识地引导学生跟随教师的思路走,使学生的接受思路与前两条思路并轨,完成第二阶段的结合。这样就建立了一个条理清晰的思维结构。教学中的口语表达是这样,一般人要说清某件事也应采取这样一种方式。

条理性训练的方式如下。

（一）图解课文（所述内容）

图解可以使作品内容的思路（思路①）、授课安排的思路（思路②）、学生理解的思路（思路③）明晰地展示出来,便于三者贯通结合。如讲授鲁迅《论雷峰塔的倒掉》一文,可采取如下形式。

第一,憎恶雷峰塔,为它倒掉而欢
　　　呼。对雷峰塔无好感。叙述
　　　无好感的原因
┌塔下压着白娘娘——传说
│┌罪恶之塔　同情白蛇
│└镇压之塔　憎恨法海
└封建统治的象征——现实
　　欢呼雷峰塔的倒掉
第二,揭露封建势力的反动本质。
　　　代表者——法海
　　　本质——仇视人民
　　　　↓
　　　决定
　　　下场——狼狈不堪自取灭亡
第三,概括揭示必然的历史规律。
　　当初
　　现在　反动势力必败,人民
　　　　　必胜

A. 传说与现实的结合是学生理解的难点。须表明作者由古论今的内在涵义。

B. 由表明不喜爱到叙述原因再到欢呼,由因及果,逻辑性强,提醒学生注意。

C. 由自然传说到对以法海为代表的势力的揭露,再到揭示由此而发展的历史规律,层层深入,由浅入深、由形象到抽象、由具体到概括,体现了作者良好的思辨才能。

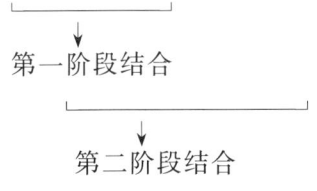

　　　　↓
　　第一阶段结合

　　　↓
　　第二阶段结合

（二）口头复述

在理解记忆课文中的词汇、语句和仔细体会作者语言风格的基础上进行复述,可以把内在线索的清晰与外在表达上的流畅结合起来,取得良好效果。

三、思路的形象性

我们不论是日常交谈、还是上课、演讲，所说内容有可能是很具体、很形象的，但更多的时候是相对抽象和概括的。在讲述一些不很形象的事理时，要通过说话者自己的消化、吸收、添加取舍，转化为比较形象生动的话语来传达给听者，这一转化过程实际上就包含着思路的形象性的要求。

思路的形象性是以语言的形象性体现出来的，语言的形象性可以借助各种语言手段来实现，其中最有实际意义的，也是最主要的手段是比喻和换算。

（一）比喻

这是修辞学中常用的术语，俗话说"打比方"。说理性比喻在课堂教学、对大众的演讲中出现频率极高、涉及面广、作用很大。许多抽象笼统的道理、高深艰涩的概念，一经表达者用巧妙的比喻说出，便清晰具体、明白易懂。如化学课讲述原子结构中原子核的质量占整个原子质量的 99.9%，但体积却极小时，"极小"的程度是个笼统的观念，不形象。老师若能借助比喻，就可使学生印象深刻：把原子比作一个篮球，原子核就像球中间的一粒芝麻。

（二）换算

换算就是将难识难记或需特别强调的数量有意使之形象化，便于人们从枯燥的数字中理解接受事理。如说离地球最近的恒星在多远的位置上，可以有以下两种说法。

A　距离地球最近的恒星在 1.5 亿公里之外。

B　地球到最近的恒星（即太阳）的距离很远，如坐飞机去，假设这飞机每分钟飞 10 公里，要 280 多年才能到达。如唱歌（声速一般都知道），歌声要 5000 多天才传到。

对照这两种说法，应该说 B 更易让人感到有趣味，易于记住，也易设想出太阳之遥远。仅仅用数字是无法使人有直观印象的，当然，并不是说我们能完全脱离数字数据，我们平时应积累一些事物的数据，只是我们可以采取形象化的方法去记去表述。

四、思路的敏捷性

在口语交际时，不可能预先设想好该怎么说，因对话人都处于临场发挥状态。从思维到语言都必须迅速转换，想到的立即表现为说出的，吞吞吐吐、结结巴巴都会被人视为交际能力偏低的表现；而谈吐流利，侃侃而谈，口若悬河都是口才好、思路敏捷的表现。"倚马可待"这一典故是指书面语（公文、文告）的写作，用于指口语表达亦无不可。文思敏捷总是让人羡慕的、让人叹服的。文思迟钝则是思路无头绪或思路迟缓、甚至是思路混乱的表现。善于辞令的人都具备思路迅速敏捷的条件。当然，思路敏捷不完全是天生的，很多人原先说话都有些艰难，靠后天培养、训练，大多可达到出口成章的程度。

敏捷性的训练方式如下。

（一）限时想象练习

这种练习方式在时间上设置一定的紧张度，紧张能激发思维，俗话说"急中生智"即是这个意思。在训练中形成"急"的情境和氛围，要求在规定的时间内，完成构思和表达任务,促使思路加紧运转,达至灵敏快捷。

可以试试在 10 分钟内把下列几个词连缀成篇。虚构情节及补充语句是允许的。

夜　茫茫　角落　人群　呼叫　奔跑

（二）即兴演讲

这是一种很好的训练方式。"即兴"能使思路在现场状态下有突兀的紧张感,面对广大听众期盼的目光,只有迅即开动思维机器,尽快抓住演讲主题,组织演讲材料,才能完成一场演讲。经过多次训练,自然会养成随机应变的能力。

（三）辩论

辩论也是培养思维敏捷性的好办法。它在考察辩论双方在思维及语言表达能力的时候,采取开放的形式。所涉及话题、内容在辩论过程中有很大的随机性,随时有可能偏离辩论者准备的材料、线索、思路。因此,一方须能对另一方提出的任何问题应答自如,又须及时抓住对方在辩论过程中出现的各种失误、漏洞进行针对性反击,才能取得辩论的主动权,最后取胜。所以,经常搞些辩论活动,题目多样化,形式也不拘,日子久了,思路的敏捷性会渐渐增强,思路的广度、深度也会得到拓展。

▶ 第三节　思路训练的几种方法 ◀

第二节说了思路训练的内容,如要优化说话能力,就必须加强思路的训练。下面再介绍几种具体的训练方法,从不同角度、不同视点看看思路训练对说话效果的影响。

一、逆反倒转思路训练法

发言、演讲、辩论等言谈形式中,其效果好的重要标准之一是"观点新、出奇制胜"。如能提出正确的、令人耳目一新的观点,常能让听者为之一震,获得教益。讲话总是颠来倒去的老一套是没人听的,唐朝韩愈说"唯陈言之务去",就是要人写文说话不要弄些陈词滥调,惹人生厌。

思路进程中如何出新,如何提出新观点?逆反倒转思路训练法可以助我们一臂之力。这种方法其实很简单,就是反过来想一想,变人人肯定的观点为否定,变人人否定的为肯定,也就是有点唱对台戏的意思。比如"这山望着那山高"这句话,按通常理解是贬斥一些人"贪心不足""不安分守己、不坚守原有工作岗位"等。我们倒转一下想,逆反一下想,变贬斥为赞扬,我们就能从这句话中找到积极的、值得肯定的内涵,说出"做人就要这山望着那山高"这样的话来。古往今来,很多有成就者就是有这种追求才能不断前进,不断攀高,达到人生辉煌顶峰。爱迪生发明白炽灯泡后,如没有"这山望着那山高"的想法,就不会有一生中上千项发明的成就。运动员如在一次比赛中获奖就不敢"这山望着那山高",也不可能去世界锦标赛、奥运会连续地夺魁,也就不会向人类提高自身运动素质这一高尚目标发起不懈的冲击。新的工作方式甚至要求人人都要有"这山望着那山高"的想法,因为高科技时代会使很多工作岗位失去长久存在下去的价值,人们如固守某一岗位一辈子将陷入一种难堪境地。再比如"知足常乐"的论调也被视为做人的一种理想境界,如果反其道而说出"不知足者常乐"，一样有深刻的道理，就像黑格尔曾说过的："说人性善，道出了深刻的哲理；但说出人性恶，则是揭示了更深刻的哲理。"逆反倒转的思路常常能使人想得更全面、更深刻。当然，我们说话也不纯是为了"做翻案文章"，这点应把握好，纯粹为了抬杠而去逆反倒转，也会令人生厌的。

二、追本溯源思路训练法

追本溯源即一步一步搜求事物本源，找出事物发生、发展的规律，引出一番发人深思的见解。这样的言谈自然比一般泛泛之谈、浮浅之谈要精辟得多了。

比如谈到日本为何经济发达，可以一般地讲日本人的勤奋努力，也可以一般地讲美国如何扶持它。但如果这样说：

> 大家知道，日本是第二次世界大战的战败国。当时日本本土有7600万人，既无粮食，又缺资源，整个日本民族面临生存危机。然而，日本人凭着强烈的民族自尊心和生存欲望，凭着技术引进和教育立国两大法宝，在开展科技革命的同时，进行了一场深刻的人口革命。在"只有抑制生育，才是日本人的生路""为了明天，少生孩子"等口号的感召下，日本人口得到了有效控制，出生率陡然下降，生产力飞速发展。经过40年的奋斗，日本从一个遭到战争严重破坏的国家成为一个举世瞩目的经济大国。

这段话用的就是追本溯源的思路，从日本战后的经济说起，探究执政者的决策、全民族的共识，寻到了日本经济起飞的几个根源，得出一个有说服力的结论："有效控制人口数量，大力提高人口素质，是当今世界任何一个国家、任何一个民族想要取得成功的秘诀。"

三、依傍框架思路训练法

人们有时喜欢无拘无束的思考，但有时依傍一定的套路框架思考，常能获得快速构思成篇的效果。

即兴发言时需在极短时间内构思所讲内容，如依傍一定框架就可省去很多精力。有人总结出"三字结构法"，即构思发言时，记住一个"三"字：假如发言时间较长，就谈"三"个问题；发言时间较短，就谈一个问题的"三"个方面；假如讲一个观点，就摆"三"个论据；假如讲某种类型的人，就从古、今、洋"三"处各找一个例子……

为什么会以"三"作为依傍的框架呢？这大概与人们心理心智所承纳的数字有关。汉字"品"字型构字的一组，如森、众、晶、淼等，到了三部件合为一体就表示多了。中国古典小说里有《西游记》中孙悟空三借芭蕉扇、三打白骨精，《水浒》中宋江三打祝家庄、鲁达三拳打死镇关西，《三国演义》中刘备三顾茅庐、诸葛亮三气周瑜等事例；逻辑学中的三段论，黑格尔哲学体系中"三一式"理论，佛教中的三论、三性，儒家的三世说，等等。归结到汉语里说的，"一而再，再而三"，这种"三"的象征反复出现，说明一件事经过三次论述就给人一种比较全面、比较系统、比较透彻的感觉。

思路依傍的框架是多种多样的。还有"提出问题—分析问题—解决问题"框架；还有"以某事为引子做分析，提出论点，最后以警句收尾"框架。总之，依傍框架构思虽然有老套的一面，但它提供一种熟悉的路径，有层次可辨，有范例可循，不致在需尽快发言时茫无头绪,不知从何着手。

四、纵横交错思路训练法

古代传说中说:薛谭向秦青学唱歌,自以为全学会了要告辞,秦青也不阻拦。在饯行时,秦青唱开了,高亢的歌声震动林木,阻遏行云。薛谭这时羞得满脸通红,立即道歉,恳求继续学习,终生不提回家之事。

如果就这则传说评说一番,可以有两种思路:一是横向思考,将薛谭和秦青做比较,可以显出前者的自以为是,浅尝辄止,也可以看出秦青歌声之美妙,引出艺无止境的一番道理;二是纵向思考,分别从两人的表现做些分析,薛谭先是自满,后来认错,说明他勇于认错,知错必改,秦青对薛谭也不是简单地摆师傅架子训斥批评一番,而是因势利导,以事实来让对方明白事理。这说明身教重于言教,教育他人要讲究方式方法。

同一材料,可以从横向、纵向反复交错地观察思考,将观察思考所得综合组织起来,会使言谈既丰富又深入。

五、精心优选思路训练法

在言语交际中,说话人表述之前,需要精心选择思路。公司推销员更是需要。怎样接近顾客,激发顾客的购买欲,大致有六种方法:第一,拉近距离法,可适当赞美顾客,以获得顾客的好感;第二,介绍接近法,或自我介绍,或介绍他人,以接近顾客;第三,产品接近法,利用推销的产品,以引起顾客的兴趣;第四,馈赠接近法,利用馈赠小礼品、免费品尝,以吸引顾客;第五,利益接近法,强调产品将带给顾客的利益,以引起顾客的兴趣;第六,展示接近法,通过商品的展览、演示,以吸引顾客。总之,推销员可根据不同的顾客、场合、时机,选择一二,以激发顾客的购买欲。这样的思维训练方法,就是精心优选思路训练法。

在发言和演讲时,如能使用上述思路会产生很好的效果。有人出一即兴话题:谈谈儿时有趣的事。可以谈的肯定很多:捉知了,捉迷藏,捉"特务",捉鱼……经放开思路作发散式想象后,就该作收敛式思维,精选最有趣、也最有意义的事,这样说话的材料就会是上乘的了。

此外,对发言和演讲的结构、表现手法等,也可先想出多种方案:倒叙、顺叙、议论开局、警句引入、抒情引入、绘景引入……从中选择最优、最易展开的一种方案。

六、八面受敌思路训练法

准备发言或演讲时,设想听者可能会有的挑剔、反对、非议,他们是什么样的"论敌":比我们水平高的听者,会从哪些方面议论我们的立论、论证上的不严密?比我们水平低的听者,会怎样议论我们表达上的不通俗不流畅?原来不同意我们观点的听者又会提出哪些新的异议?原来同意我们观点的听者又会认为哪些论证不够有力?见多识广的听者会认为我们所说的哪些太平常、不值一听?……总之,从多方面为自己找"假想敌",然后拟出克"敌"制胜的招数。先设想自己是各方面的听者,在对所撰稿子做种种"非难",在克服、排解这些"非难"之后,发言或演讲的质量便会明显提高,会贴近听者的各种需要,达到雅俗共赏、智高者不以为浅、少见者不以为怪的程度。

七、攻其一点思路训练法

有时对整篇讲话稿一时无法想出，这时，如果只是茫然无头绪、烦躁不安，还不如选定讲话中的某一重点，或中心论点，或主要论据，或基本结构，或开头收尾……选出要攻克的一点，不进行面面俱到的思考，而是专心致志于这一点，去查资料，找实例，比较分析，得出较详细的想法。一旦对这一点想透彻，很可能会引发出对讲话中另外几点内容的再思索，这时再将注意力转向它们，各个击破攻取，最终完成整篇讲话的准备拟稿工作。

思考问题就像动手做事，要有下手之处一样，要有突破口，要有思维切入点。漫无边际，样样都想，结果什么都想不透，想不深。"攻其一点"就是使思路窄一些、精一些、浓厚一些，以全神贯注之势总比分散精力容易取得效果。

八、反常态思路训练法

我们在思考问题时常采用固定的思路，形成一种惯性常态思维。因此，说出的话难免人云亦云，成为老生常谈。听者听了前面几句，就可猜出后面会是什么话，他们当然会觉得没意思。就像一些故事片、电视剧，情节陈旧，人们看了前面的几段就会纷纷退场或转换频道。这种思路是直线型、单向性的，只适应从一个视角、一个侧面去认识对象，造成了在特殊条件下和异常状态下的思维断路，妨碍了语言应变的独创性和灵活性，阻止了巧发奇中的语言艺术的生发。而有些笑话中的对话出人意料却又合乎情理，从中可以看出反常态思路的价值，我们不妨称之为一种思路训练模式。

在言语交际中，特别是日常辩论与辩论比赛中，随处可见反常态思路的精彩案例。

且看里根与对手蒙代尔为竞选总统在电视辩论中的交锋：

> 在论辩中蒙代尔自恃年轻力壮，竭力攻击里根年龄大，不适宜担此重任。里根回答说："蒙代尔说我年龄大而精力不充沛，我想我是不会把对手年轻、不成熟这类问题在竞选中加以利用的。"这一绝妙的回答立即博得全场的热烈掌声。最后，选民们接纳了里根。

里根也不得不默认对手说他"年龄大而精力不充沛"的事实，但随之反戈一击，直刺对方要害，口说不利用对手的"年轻、不成熟"，实则比正面指摘更具讽刺力，且不失幽默感，难怪选民接纳了里根。

九、要害关锁思路训练法

这种思路的取向是堵击型的。在谈判或论战中应该迅速识破问题的实质，抓住议题和辩题的核心，以全力堵截对手论证上的缺口，及时切断对手说理上的语脉，取得论辩主动权。比如下面一则幽默中的对话：

> 父亲："小刚，如果我的手脏得像你一样来吃饭，你会怎么说我？"
> 小刚："我想出于礼貌我应该什么都不说。"

这段话里父亲是责备小刚手脏，但他又漏出缺口，使小刚得到了堵击的机会。谈判或论战双方存在着进攻和防守力量的强与弱，力量的强与弱又在形势发展中常常发生变化。关键时刻，成功地运用要害关锁法，能影响双方力量对比的发展趋势，甚至决定论战的胜败。

十、委婉技巧思路训练法

不正面指责，而以委婉迂回的语言代替想要表达的意思，但对方仍能听出我们委婉中隐藏的主旨。绵里藏针，被针刺痛了，所见的还只是柔软的丝绵。1961年刘少奇到湖南调查，想了解公共食堂的情况。社员们对当时生活很不满，但又怕说真话被抓辫子，只有一个劲地夸1957年生活如何好，猪喂得多，鸡鸭喂得多，自留地产的东西多，油水吃得重，肚子吃得饱。刘少奇凭他多年的经验听出了社员们委婉的批评，言外之意的批评，就是：食堂太糟了，人们饿肚子了。

委婉表述能体现表达者的善意，常常附以得体的微笑、谅解的神态，因而较少刺激性，是处理分歧、矛盾、差异的良好表达方式；对于否定、贬斥、批评性发言有特殊的效果，运用得当可以表现说话者的策略性和对听者人格的尊重，能避免矛盾激化，易于为对方接受；同时还能展示说话者的机智和风度，从一定程度上反映一个人的语言和道德修养的水平。

十一、反证思路训练法

反证是逻辑论证中的常法，在口语表达中也可作为思路训练中的一种方法。它论证与对手论点相互矛盾的论点是正确的，从而反证对手论点的错误。加拿大外交官切斯特·朗宁在竞选省议员时，因幼年时吃过中国奶妈的奶汁而受到政敌的攻击，说他身上一定有中国血统，会倾向于对华有利的政策。朗宁对他们说："你们是喝牛奶长大的，那你们身上就一定有牛的血统了！"

上面列的思路训练方法并不是人类全部的思路技巧。人们在实践中创造、归纳了各种行之有效的思维方法，以提高口语表达能力。我们只要留心，可以发觉身边很多人的言语都有一定的规律可寻。我们寻找这种种的方法，就终极目的而言，都是为了提高思维的素质，即提高思维的清晰性、缜密性、广泛性、灵敏性、深刻性。如果思维的这些素质都提高了，人的说话能力也就从根本上提高了。

思考与训练

1. 思路训练的内容是什么？

2. 基本思维能力的性质是什么？这种思维又可分为哪几种？

3. 什么是创造性思维能力？口语表达中如何运用？

4. 随意找出身边的几件实物，如钢笔、茶杯、练习本、书等，将这几件实物连缀在一起，讲出一个有情节、有事例、有理趣的故事。

5. 一位节目主持人在主持一档科技节目谈到"水"的时候说道：

　　　　水，无处不在：沟渠、江河、海洋，乃至云雾、虹霓、雨雪、冰霜都是水。水，形态不定：或潺潺淙淙，或滚滚滔滔，或浩浩荡荡。水极其平凡，但又十分宝贵：动植物缺了它，生命就无法延续；工业、农业少了它，生产就只有停顿。水比棉柔软，比钢坚硬：坚持不懈，滴水可穿石；团结一致，涓滴可以成海。……

主持人运用发散性的思维为受众营造了一个富有深刻内涵和哲理的意境。你从中受到哪些启发?

6. 某生活服务类节目中,主持人在介绍付费的点播电视频道时,使用了这样的类比:

我们目前的收视方式是被动式的,电视台播什么,我们看什么;而点播电视是主动收看的,我们什么时候、想看什么都由自己决定。这就像我们平常出门一样,您要是坐公共汽车,虽然便宜,可您得受车站位置、行车路线、行车间隔的限制,要是错过了末班车,您恐怕还是自己开"十一路",走着去了;而如果您乘出租车,就自由多了,什么时候走,从哪到哪都由您说了算……

主持人运用类比思维,将受众陌生的事物变为他们熟悉的东西,使受众觉得新鲜有趣。你从中受到哪些启发?

第六章 正确适切的听话能力
——听力训练

▶ 第一节 听的重要性 ◀

一、听力训练的意义

有则小小的寓言告诉我们：人只长着一张嘴，而长了两只耳朵，所以人们应该多听少说。听知、听解在人们的口语交际中占着十分重要的地位，从这则近似笑话的寓言里透出了一点消息。俗话又说：会说的不如会听的。可见人们如何看重听了。

所谓听力，即听话的能力。听话和说话是言语交流中密不可分的两个组成部分。如果把说话看成言语生成和语言信息编码的过程，那么听话就是言语理会和语言信息解码的过程。这两个过程共同构成言语交流这一总的过程，共同完成信息传递的任务。听话和说话这两种能力中任何一种有所欠缺，都会妨碍言语交流，影响信息沟通。

听知(听解)是以听觉为基础并参与了知觉形成过程的一种心理活动。听知与听力的训练既不是一般意义上的"听话"训练，也不是简单的"听觉"训练，而是指对听者借助听觉器官接受语言信息，进而通过思维活动加以认知、理解的全过程的训练活动。

在日常生活中，"听"的应用比"读"更为广泛，因它比"读"来得方便迅捷，可以随时随地听取。人们一天中获取的信息大部分是通过"听"得到的。听广播、听上级布置任务、听下级汇报工作、听同事议论是非、听邻居谈论家常、听老师讲课、听同伴聊天、听故事、听音乐……一天里从耳朵里灌进的东西实在太多了。

张志公先生说："这种听的能力的训练，不仅有利于阅读能力的提高，而且由于讲话的人是在连续说出一个又一个的音节，因而训练听的能力可以促使思维的敏捷。再有，要想充分理解讲话的内容，必须集中注意力，这就又培养了学生的注意力。"由此可见，听力训练的过程，实际上也是发展智力的过程，培养注意力、记忆力、想象力的过程。

听也是重要的交际手段。国外曾有人对盲人和聋人对社会的态度做了分析。盲人虽然有种种缺陷，但仍愿意同他人一起生活；聋人尽管能看能写，却经常感到自己与社会有隔膜，觉得与他人交往有障碍，只因为他们丧失了重要的交际手段：听。社会交际离不开听。律师、法官靠听来审案，教师和学生靠听来共同完成教学，干部和群众靠听来互相联系，售货员和顾客靠听来做成交易……可以这样说，听和说一样，作为交流思想、感情的重要手段，是人类社会赖以维系的须臾不可离的条件。

二、听力训练的要求

听力训练既是特指对通过听觉感受器接受语言信息，继而经过思维活动理解、辨析、吸收信息的全过程所进行的系统训练,因而,我们亦称之为"听知能力训练"。这种训练的具体要求有以下内容。

(一)听清

听他人说话最重要的是听清说的是什么。要听清并不是很简单。首先要集中注意力,要专心;其次要注意辨音,要听得出普通话中的音的细微区别,要知道各地方言的一些音的特点及其与普通话的对应规律。如广东人说"私有制"如"西游记",如听政治课或经济学课就要知道广东籍教师讲"共产主义就要消灭私有制"不是"要消灭西游记"。还有,听话要有整体感,要连词成句,连句成段,然后总括起来串想,不要只听片言只语不及其余。

(二)听懂

这是要求在听清的基础上理解对方话语的主旨。这要求我们一边听,一边分析概括,每句每段每层的意思是什么,中心意思是什么。有时我们可以借助对方讲话时的语气、语调、姿势、眼神来把握其话语的重点和真正含义。有时碰上一个说话颠三倒四、啰啰唆唆的人,或是因某种心理因素而久说不止、词不达意的人,我们还应边听边理清他的一长串话语,舍去其中无关紧要、东拉西扯或有意掩饰的表象话语,迅速切中要害,抓住实质。

(三)听辨

在理解的基础上进一步要求做到一边听,一边对讲话内容的对错优劣做出辨析评价。比如对方所讲的普通话语音是否准确,语气是否恰当,用词是否妥帖,句子是否合理,语流是否通畅,推理是否合乎逻辑,内容是否充实,情感是否健康,观点是否正确,思想是否深刻,等等。

(四)听析

有的人说话因各种因素不愿直截了当、明白率直地说出自己的意思,而是采用象征、双关、反讽等修辞手法。俗话说"锣鼓听声,听话听音",就是要听出弦外之音、言外之意。这时,除了一边听一边揣摩分析领会对方使用的委婉迂曲的手法外,有时还可借助于倾听对方说话时的语气,观察对方说话时的表情,来鉴别、分析说话人的真情实感。千万别仅从字面上理解就以为听懂了。

(五)听记

听人讲话是为了输入有关的信息,如果听时不用心记,而是这个耳朵进那个耳朵出,全不在脑子中留存,也就失去了听的意义。听和看不一样,看的是书面符号,"印在纸上的东西用斧头砍不掉",它可以长期保留,也可以反复地阅读观看;听的是语音符号,稍纵即逝,除非借助现代化科技手段即用录音机录下来,它是不能再给人以它出现时曾有过的面貌了,以讹传讹这一现象就是因为口耳相传的不可完全复现性而致。因此,听记能力也是听知能力的一个重要组成部分。一般地说,听之前弄清听的要求和内容,听的过程中就能有的放矢地记忆。

(六)听写

听写是指条件许可时,将听到的语音信息经过理解、辨析,立即转化为书面符号。上面说了尽量听记,但"好记性不如烂笔头",经常用听写这种方式既可练耳、练手,也可练脑;既有利于思维水平的提高,有利于记忆巩固,也有利于书写灵活。听写要求应逐步提高,可以从记录式开始,然后是记忆式(听完之后凭印象记录)、辨析式(边听边判断正误优劣,按要求记录)、选择式(选择正确的或需要的内容加以记录)、概括式(边听边概括主要内容、中心思想等然后记录)、想象式(边听边按要求联想有关内容)等。

(七)养成良好的听知习惯

听人说话要注意文明礼貌。有以下几个方面需注意:①专心致志地听,目光要和讲话者交流,适当地以表情姿态呼应对方;②目光不要飘移,不要做其他不相干的事,或显出不耐烦的样子;③对方话没讲完,不要轻易打断,或随意接话下结论,只有听得不太清或易误解时才重复一句加以确认,或有礼貌地追问一下;④个别交谈时,态度要积极,表情要自然大方。

听知能力,作为一种最基本的语言能力,它和读、说、写的关系是十分密切的。因此,听知训练还必须和读、写,特别是说的训练有机地结合起来进行。要培养良好的听知能力,不是简单的几条框框能训练好,需要持之以恒,自觉地长期地在实践中提高。

第二节　听力训练的内容

口头语言的传送受时间限制,听者须在有限时间内听懂、记住,这就要求听话人具有集中的注意力和灵敏的反应能力、深刻的理解力和牢靠的记忆力、机智的组合力和丰富的想象力,还应有精细的品尝能力。同时,由于口语在选词用句、结构条理方面比起书面语来粗糙零散杂乱,因此听话人必须有审慎的选择力。以上这些构成了听知能力的全部内容,我们都应做充分的训练。

一、听知注意力

注意,也就是耐心、专注。培养训练听知注意力,就是要训练出耐心、专注地听别人讲话的良好习惯。只有聚精会神地听,才能听得清、听得懂、记得住。若漫不经心、心不在焉地听,或一边听一边想别的事、思想开小差,那么通过听觉接收的语音信息肯定缺乏清晰性、连贯性,外界事物在思维中就得不到清晰完整的反映。

听知注意力包括两方面内容:集中注意和分散注意。集中注意指听别人讲话时有高度的选择性和专一性,在有多种声音共存情况下,能排除"噪声",排除来自主观和客观方面的干扰,根据要求将注意力集中于听取一种声音。传说毛泽东青年时代特意选择在闹市读书,他这也是在训练自己的注意力。分散注意是指能把注意力同时分配几个方面,听取几种声音,即所谓"眼观六路,耳听八方"。有时边听人说话边做手中事,一心二用,听做两不误。交通警察就特别需要这样的听知注意力,一边听来自东西南北的车声人声,一边镇定自若地指挥、疏通。

二、听知理解力

理解,是听的目的,是整个听知过程的核心。理解力的强弱是听知能力高低的主要标志。理解，首先是对一些含义较深的词语的理解，如这些概念都不知道，或知之不详，对整个话语的听解必然要打折扣，甚至无从谈起。其次要听出一段话的主要观点、一个故事寓言的主旨。进一层要能听出全篇话语的结构线索、中心思想。

理解讲话，需要借助听知的记忆力、想象力、组合力、选择力，而这些能力又都是以理解为基础的。所以理解力是整个听知能力的核心，它能带动其他能力的提高，也受其他能力的制约和影响。

理解讲话，主要是理解其中的内容和含义，即词义、句义、篇章义。对词语的理解，要将主要精力放在对冷僻或含义深刻的词语的理解上，放在一词多义、一语双关、同音异义等类词语的理解上。口语表达中自然句多、少修饰、较粗糙，只要在听的过程中对有语病的句子运用补齐成分、调整词序、删除废话等方法加以整理，其意义不难理解。有时应特别注意那些妙用比喻、反话正说、正话反说、委婉含蓄的句子，要善于从句子表面去探求领会内层的深刻含义，尤其是"话中话""话里有话"。对大段的长篇大论，主要是弄清其中所叙事件的来龙去脉、人物的思想言行和说理的依据，以及话语的中心、意图、角度等。

三、听知记忆力

所有知识、经验都要靠记忆来保存、积累。人的感官接触外界后得到的信息传送至大脑，大脑是个存储信息量极大的仓库。不过，记忆是有选择的，大致上说经视觉得来的信息多且牢靠，俗话说"眼见为实，耳听为虚"，人们对听来的事情抱有怀疑态度，但这并不妨碍人们对听来的事保有长期记忆。我们为了更有效地交际，需要加强听知记忆训练。

理解别人的话，需要对讲话前后相关内容连贯起来思索，如果听了后句忘前句，别人讲完后什么也没记住，那就没法去理解别人讲的话。不理解的东西，也就不易记住，也就失去了听话的意义。要想很快、很牢固地记下别人的话，要注意以下三点：①有明确的识记任务，知道该记什么；②注意力高度集中，专心致志地听、想；③要运用良好的记忆方法，遵循记忆规律。

四、听知辨析力

听得清、听得懂、记得住是听的基本要求。接下去应是要求一边听、一边能辨析，这是听的关键。

在听的过程中，听话者要能辨析说话人语音和语义的正误、是非和优劣。做教师的听学生发言要给予评价，当律师的听检察官的起诉和被告的申诉来决定如何辩护，作为顾客要听售货员、推销员对商品的介绍以决定是否购买……听辨在日常生活、学习、工作中应用十分广泛。另外，听辨能力还包括能迅速分辨争论各方的不同观点，在尽量短的时间内做出评价，是同意这一方的，还是同意那一方的，或几方的都不同意。这是较高层次的听知辨析能力。

五、听知想象力

这是指听话者根据说话人口头描述的内容，运用头脑中已有的表象加工改造，创造出新的形象的能力。想象，可以丰富、补充讲话的内容，使我们更具体、更形象地感知讲话内容，更有效地理解、记忆讲话内容。

比如有的学生或大部分的学生讲话都是描述性的,老师仅仅依靠理性思维往往不能"听懂"自己的学生说的到底是什么,这时就应借助于感性思维,依靠想象力,凭着长期的社会生活经验合理地补充学生讲话中尚未讲清的部分,就能更清楚地理解自己的学生的所思所想。

当然,想象力的应用发挥应是有限度的,不可过度、不可随意想象,更不可无端猜测,把别人根本没讲、也根本不是那个意思想象成有那么个意思,这也必然造成交际的失败。

六、听知灵敏力

口语表达快,听话人不可能像阅读那样随自己意愿调节接受速率,只能紧紧跟上,必须有一定的反应速度,这就是听知灵敏力。缺乏听知灵敏力,同样不能正常交际,说话人会以为是在和一个老者,或一个迟钝的人交谈,会失去耐性。

听知灵敏力要具备"快"和"准"两方面性质,只有"快"是不够的,必须既快又准。不快,会延缓交际速度,影响交际效果;不准,必然切断言语链,误解对方的话语比跟不上更糟糕。

七、听知选择力

这是指听话人对听到的内容进行提炼和选择的能力。包括剔除杂质、撷取精华的能力,也包括从内容丰富的谈话中找出重点和自己所需的内容的能力。

对听的话做选择,当然要有明确的目的和既定的标准,在听的过程中紧紧围绕这一目的,参照这些标准迅速地对话语做分析、比较、判断,从而挑选出自己应该充分理解、牢固记忆的那一部分,舍弃与己无关,或关系不大的内容。因为人的精力有限,这样做也是为了更好地交谈下去。

八、听知组合力

这就是对听到的话进行整理、加工的能力。它包括对讲话内容根据同一标准或要求归类合并的能力,按照一定线索理清顺序的能力,对讲话进行综合、概括的能力。

口语表达不像书面语那样是经过深思熟虑、精心安排构思而成,而是经常出现一些颠三倒四、前言不搭后语之类情况,听话人必须有充分思想准备,面对别人扑面而来的一段有些乱的话语,能迅速做一番加工,使之清晰有序,便于自己理解、记忆。如果做秘书工作,则经常要为上司的口头指示、讲话做书面加工处理,听知组合力就更显得必要。

▶ 第三节　听力训练的方法 ◀

第二节介绍了听力训练或听知训练的几个方面的内容,这一节就具体讲如何训练。

一、注意力的训练

(一)全神贯注地听

先看一个智力测验题:

　　如果你开着一辆客车从武汉市去黄石市,车行 40 公里后,有 3 位乘客下车,同时又有 2 位乘客上车,此时车上的人平均年龄是 40 岁,问司机的年龄是多少?

这个题目实际上考的是听话的注意力。它巧妙地放了一个烟幕弹,把"你开着一辆客车"这一前提罩在了武汉市、黄石市这些地名和"40,3,2,40"这些数字的云里雾里,使你的思维混乱,不知怎么计算。我们由此可以看出,在听的过程中,全神贯注、专心致志是如何重要,有时仅仅一瞬间的走神就会错过对方说话的关键,因而无法把握中心,更不用说做出相应的对策。

想要训练得比平常更容易集中精力,我们可采取以下的方式。

(1)听一篇1000多字的小说,然后复述,尤其是人物姓名、情节、比较突出的对话要能复述出来。然后对照原文,看复述的内容有多少,差距大不大,有无实质性错误。

(2)听一段市场信息资料或一段科普文章,然后复述其中提到的各组数据,看有无记错的地方。这种方式是训练对一些枯燥数字的注意力是否集中。

(二)有选择有分配地听

我们有时候不得不一心二用,或面对众多声音从中选出需要特别关注的声音。如果是在课堂上,则要分配好听力,以保证班上所有学生的声音能入耳入心,使教学工作顺利地同步进行。

训练方式有:①同时用录音机播放一篇小说和一篇散文的朗读录音,要求选听其中一篇,听完后复述,看是否会将两个录音搞混;②一边听歌曲,一边写下歌词,尽量记准确、记完整。

(三)耐心地听

听对方讲话不仅需专心,而且要耐心,除了必要的提示和反馈外,一般不宜打断对方的话,这是一种礼貌、一种修养。即使对方有些啰唆,也应耐着性子听下去。如果是自己的学生,可以在适当场合指出,教他去纠正,而不要在他发言、提问时随意打断他。如果是一般的对话者,尤其是比自己年纪大的对话者,一定不要动辄显得不耐烦。

训练方式是:①找一段你最不感兴趣的材料让人读,看能记住多少,能否理解;②找一篇水平不高的文章的初稿听,整理归纳自己听到的内容,分辨文章中写了些什么、作者的意图、哪些地方稍好些。

(四)注意对方说话时的体态表情

人们说话总会伴随有各种体态表情,所以我们听的时候也要用眼去注意对方的体态,去释读其含义。如果没有这种注意力,仅仅用耳朵听,则肯定会漏掉很多口语里没负载的信息。后面第八章专门谈体态语。

二、理解力的训练

(一)寻找"潜台词"的听

有这么一个故事说,出身于贵族家庭的苏联外交部部长莫洛托夫出席国际会议,席间,一位英国工党议员对他说:"先生,你出身贵族,我世代为工人,我们两人到底谁更能代表无产阶级的利益?"莫洛托夫指着彼此胸部平静地说:"我们两人都背叛了自己的阶级。"莫洛托夫的话就是含有"潜台词"的:我背叛贵族,成了无产阶级利益的忠实代表;你虽出身工人,却成了资本主义制度下国会的议员。

听话过程并不仅仅是一个单纯的破译信息码的过程,还必须分析出词面意义所隐含的内部意义;不光要知道对方在说什么,还要弄清对方想说什么。

训练方式如下。

(1)听下面的故事,找出语意含蓄的话,说说其中弦外之音是什么。

  有一个乡下人谈自己的愿望说:"如果有一百亩好田就妙极了。"他的邻居是个爱妒忌的人,听了之后,说:"如果我养一百只鸭子一定放到你的一百亩田里。"

  两人你一言我一语地争吵得不可开交。来了一个秀才,劝他们别争。两个非但不罢休,还要秀才判个是非。秀才说:"你如果有田,他如果有鸭才可以斗得这么热闹。我如果做了官,再来审这个案吧。"

(2)常看电视剧、小品,看时注意理会人物的潜台词,思考这些潜台词起什么作用。

(二)把握言语的背景

一位班主任看见教室的窗户玻璃被打破了,问了几个同学,都说是学生甲打的。老师于是找来学生甲问是不是他打破的,学生甲说:"不是我,又能是谁?"从字面上看,他承认了打破窗户玻璃这一事实;从语气上看,显得态度很坏。细心的老师从中听出了情绪,经耐心询问,终于弄清,窗户玻璃并不是学生甲打破的。因为他平时常犯错误,班上不论出了什么事,他总是首先被怀疑的对象,于是他背上了沉重的思想包袱:什么错都往我身上推,洗也洗不清了。"不是我,又能是谁?"这话显然含有不满、抱怨、恼怒等抵触情绪。如果老师不对谈话的背景有所了解,只听学生承认了,接下来教训他一顿,就算以循循善诱的口气说教,学生也会觉得委屈,会继续以破罐子破摔的态度对待班上出现的事情。这样,老师作为一个教育者是失职的。因此,听别人讲话不仅要弄清字面意义,还要看讲话的背景:在什么场合,当着什么人讲,带有什么样的情绪,在一种什么样的心理状态下讲这种话,从而判断话语中哪些可信、哪些需深究、哪些需放置一边。

训练方式是:①分别听七、八个人谈某一件事,结合这些人的身份、职业、为人,分析一下他们对这件事的谈论,试着找出哪些话是客观公正的,哪些话只是发泄私愤,哪些话不负任何责任,只是逞一时口舌之快;②看电影、电视、小说时,分析在同一问题上正反两方面人物不同的立场观点。

三、记忆力的训练

(一)把握对方说话的中心

一次谈话总有一个中心,谈话中其他言语活动都是为这个中心服务的。如果我们在听对方谈话不久便能把握住这段话语的中心,那么就可以充分发挥自己的定向思维能力,紧紧抓住中心,这就便于理解对方的话语,以防止误听误解,并使记忆变得顺理成章,轻而易举。

训练方式是:①听读一篇1500字左右的小说,写出故事梗概;②听某人陈述一件较复杂的事情,力求及早把握其中心。

(二)长期听与间断听相结合

做事贵在坚持,听力训练也是这样,听知记忆力的训练更是这样。坚持长期听无疑能强化我们听话的记忆力。不过,我们也得训练自己在隔了相当一段时间之后能迅速追忆以前所听内容的能力。有目的地间断听也有利于我们提高听话时衔接有断层的信息流的能力。

训练方式是:①坚持收听广播电台的小说连播节目,力求听完一部小说之后能记住大部分内容;②收听广播电台的新闻节目,有意识记忆,看能记住几条,长期坚持下去,力求越记越多。

四、辨析力的训练

(一)注意声调和语调

声调能区别词义,语调能区别句义,这已是常识。我们听取对方说话时如能准确把握声调和语调,就很容易进一步把握其言语的中心和重点。

训练方式如下。

(1)根据下列句子重音的不同位置,体会句子的不同含义。

我听说你到了武汉。

我听说你到了武汉。

我听说你到了武汉。

我听说你到了武汉。

我听说你到了武汉。

(2)根据下面句子的不同句式体会其含义。

红豆生南国。

春来发几枝?

劝君多采撷,

此物最相思!

(二)辨析方音

由于我国地域广大,教育不是很普及,普通话的推广尚存诸多问题,社会上,甚至学校里说普通话不标准不流利的情况经常会遇到。这时,我们听人说话时能听懂对方的方言音就显得很重要。我们应尽量多地了解当地的方言和方言音的特点,从中找出规律,避免因方言音干扰,误解对方的意思。

训练方式是:①注意倾听居住地周围百姓的方言土语,了解其方言词语的特殊含义及其与普通话对照时的异同,掌握一地方言的语音系统,找出与北京音系的对应规律;②如条件许可,找地方志中所载方言志仔细阅读。

(三)辨别对方说话的目的和意图

有两句禅家引用过的艳诗:"频呼小玉元无事,只要檀郎认得声。"说的是一小姐带丫鬟小玉外出,见意中人在不远处,为了引起意中人注意自己,这位小姐不停地喊小玉。这个故事是说人们讲话有时言在此,意在彼。当然不是所有人讲话都很委婉,都在说外交语言、公关语言,但我们确实应多长一些心眼,脑子里多一根弦,不要面对他人的言外之意麻木不仁。

训练方式如下。

(1)根据下面两句话,设想说话者为不同身份而与听话者有不同关系的人,分析判断其目的和意图。

A 天真冷。

B 你可发财了,恭喜你呀!

(2)读下文,体会加点的句子的意思。

5 岁的小华第一次进幼儿园,看见墙上贴的画,大声问:"是谁画的? 这么难看!"

妈妈很难堪,说:"这画画得多好,你偏说难看,不懂事。"

老师微笑着说:"在这儿不一定要画多好的画,你可以随便画你喜欢的东西。"

小华听了也笑了。

五、想象力的训练

(一)由言语联想到形象、图画、环境

倾听对方说话时,无论是抽象的说理,还是故事性强的叙述,我们都可尽量使之形象化,在脑海中形成相应的景致、风光,这会有利于缩短口语与事物的距离,有利于对言语的理解。

训练方式如下。

(1)听读鲁迅《故乡》中写少年闰土的一段文字,联想一下会是一幅怎样的图画。

深蓝的天空中挂着一轮金黄的圆月,下面是海边的沙地,都种着一望无际的碧绿的西瓜,其间有一个十一二岁的少年,项带银圈,手捏一柄钢叉,向一匹猹尽力地刺去,那猹却将身一扭,反从他的胯下逃走了。

(2)听读下面两首诗,想象一下后用形象的口语描述诗的意境。

竹里馆　王维

独坐幽篁里,弹琴复长啸。

深林人不知,明月来相照。

采莲曲　王昌龄

荷叶罗裙一色裁,芙蓉向脸两边开。

乱入池中看不见,闻歌始觉有人来。

(二)由开端联想到结局

事物发展的规律大都是可循的,有些事的规律虽不大好捉摸,但这不应成为我们手足无措的理由,我们可以展开想象,试着从事物的开端想到它的发展,想到它的结局,想到事物之间或明或暗的联系。有生活经验和社会阅历的人,听他人讲话时总能在话语刚开始就联想到说话人最终会讲到什么,而且会联想出几种结局,就像看电影看多了会在影片刚开始时就猜想故事会怎样结束、人物命运会如何了结一样。

训练方式是:①找一篇小说阅读,看了开头几段后掩住,想象故事会如何发展,设想其结局,然后开卷,看是否与作者叙述相近;②美国小说家欧·亨利的作品素有情节生动、结局突兀之名,试分析其小说结局偶然性当中的必然性。

六、灵敏力的训练

(一)迅速捕捉信息,激发灵感

听话的目的在于捕捉信息,而捕捉信息的速度则在很大程度上代表着听话能力的质量。"闻一而知十""窥一斑而见全豹"这都是说在有知识、经验的基础上,借助于些微的线索启发思维,从而迅速地全面认识事物。我们听别人说话也是要尽快跟上甚至超过对方的话语,直接达到对方想要说出的话的核心。如果老跟不上,则必然影响交际,也就是像电路短路似的。

训练方式如下。

(1)听读下边诗句或对联,马上接出下句。

　　海内存知己——

　　明月松间照——

　　秦时明月汉时关——

　　慈母手中线——

　　虚荣的人注视自己的名字——

　　栽了跟头,别怪石头——

　　忠诚是友谊的桥梁——

(2)听读朱自清散文《绿》,迅速答出下列比喻句。

　　"松松的皱缬着"像什么?

　　"滑滑的明亮着"像什么?

　　"不杂些儿尘滓"像什么?

　　"这般的鲜润"像什么?

(3)听读下边的成语,马上说出相应的典故。

　　郢书燕说　朝三暮四　指鹿为马

　　望梅止渴　亡羊补牢　智子疑邻

(二)及时做出反应

听完别人的话语后应及时做出反应,形成信息反馈、情感交流。这是听懂了或感兴趣的表示,这才有利于使谈话气氛友好融洽,也给对方一个"棋逢敌手"的印象,觉得有继续深谈下去的必要。我们要了解对方,也必须善于洞察对方的思想情绪,善于推己及人,设身处地努力与对方在情感上产生共鸣,在思想认识上达成共识。

训练方式是:①找一个内向的人,与之交谈,用恰当的表情、体态、言语鼓励他讲出心里话,讲得越多说明使用的方法越恰当;②仔细研究著名节目主持人的操作方法,看他们是如何应对场面上变化多端的情况,即如何随机应变、临场发挥的。

七、选择力的训练

(一)剔除杂质的能力

听对方说话并不是每一句都要听,当对方话语里夹杂了很多琐碎、杂乱,或者是有意迷惑而说的话时,我们应注意将它们排除,否则会干扰我们掌握对方言谈的实质。当然,如果对方整个言谈都无意义,我们可以在不伤及友情的情况下尽早结束这么一场交谈。

训练方式是:挑一个有的内容离开中心、有的内容前后重复的讲话录音听听,听完后指出哪些内容是应剔除的。

(二)寻找重点的能力

对方的话语肯定是有的重要,有的不大重要;或者是对我们听话者来说有的需要,有的不需要。这时应有一种从中找出重点、找出需要的内容的选择力,这样我们可以避免因面面俱到而弄得精疲力竭。

训练方式是:挑一个用多种手法描写人物形象的小说片断,读一遍后从中找出描写人物的重点,或找出自己特别感兴趣的地方。

八、组合力的训练

(一)归类合并的能力

人们说话肯定不是像作文那样已安排好结构的。所以,听话时要有一种将对方有些乱的话语按一定的类别、一定的秩序安排归并的能力。

训练方式如下。

两人一组,做归类合并练习。甲随便说出属于三个词类的词 15 个,乙听完后再按词类分别复述一遍;乙随便说出属于不同用途的工具名称 15 个,甲再按这些工具的用途分类复述一遍。

(二)理清线索的能力

听完一段话后,要能迅速弄清说者是按怎样一种途径来叙述的,贯穿讲话的主线是什么。掌握了这样一条路线就可以充分理解话语的中心意思。

训练方式是:①选择一篇按时间顺序说明事物的文章,读一遍并录音,再把文章的层次打乱,一段一段地读并录音;②先把层次已乱的录音一段一段地放出来听,尽量理清条理、找出线索,组合成文;③再将层次线索清楚的录音放出来进行比较,看刚才所做的理清组合工作效果如何。

思考与训练

1. 听力训练的内容是什么?
2. 为什么说听力训练是口语训练的一部分,而且是比较重要的一部分?
3. 听读小说一篇和散文一篇,边听边想,写出提纲。
4. 有 4 个学生议论如何与歹徒做斗争,甲说:"跟歹徒斗与我们学生没关系,这是警察的事。"乙说:"只要胆大不怕死,一两个歹徒不在话下。"丙说:"我们力气小,没打过架,与歹徒斗还不是送死。"丁说:"如果做坏事是我家里的人,我才不会去管。"

迅速辨析4个人的观点的正误,指出如有错,症结在什么地方。即席讲话,谈"学生要不要见义勇为"。

5. 听一段音乐的录音,根据乐曲的节奏和旋律想象乐曲所描绘的场景,用口语描述这段音乐。

6. 听下面的故事。

"听"来的钢盔

第一次世界大战期间,一位叫亚德里安的法国将军利用战斗的间隙到战地医院探望伤员。他毫不张扬地走进病房,静静地坐在病床边,倾听每一位伤病员讲述自己"死里逃生"的经历。其中一位炊事员说,他听到炮弹呼啸而来,就不假思索地把一口锅扣在自己的头上,虽然弹片横飞,战友倒下了一大片,他却幸免一死。听到这里,亚德里安将军略有所悟地点了点头,走到这位炊事员床前同他握手,脸上露出赞赏的微笑。

后来他发布一道命令:让每个战士都戴上一口"铁锅"。

于是,在人类战争史上,"钢盔"这个重要发明,就因为一位将军有耐心和雅量倾听一个炊事员的"唠叨"而诞生了。

将军诚意的倾听,表达的是对战士生命安全的关注,他满足对方的倾诉并获得尊重的愿望,而自己也在给予对方尊重的同时,获得了创造的灵感,做出了重大决定。你从中又受到哪些教益?

第七章　左右逢源的应变能力
——应变训练

我们都知道书面语的表达有间接性,即交际双方不在同一场合,是"闭门造车""冥思苦想"写下来的,它自然要发表,要经读者看,但读者阅读时有什么想法,有什么感受,书面语的表达者当时一概不知,事后也许有所知,但已知之不详,知之不及时了。

一、口语表达必须有游刃有余的应变能力

口语表达的情况与书面语的表达不同,表达者与接受者面对面,角色有时经常交换,说的人和听的人可以边谈、边听、边观察。作为说的一方,发出信息时,一边要听,一边要注意观察对方反应:对话题是否感兴趣,对信息是否理解,对意见能否接受。这一切都快速地从对方的语言因素和非语言因素两方面得到反馈。高明的言谈者应善于快捷地收集反馈信息,及时调整言语,使言谈更好地为完成交际任务和达到交际目的服务。下面举个例子看一位司机的应变能力如何高超。

有一天,著名科学家爱因斯坦先生被邀请做演讲嘉宾。他的司机对他开玩笑说:"我经常听您在车中预备演讲,听得多了,我也可以一字不漏地背念出来。"爱因斯坦听罢,说:"那好极了,我昨日整天都在做研究工作,疲倦得很,况且邀请我演讲的机构与我素未谋面,你大可替我演讲,我做你的司机好了。"演讲当晚,司机果然一字不漏地念出爱因斯坦惯说的演讲内容,令在场的人佩服不已。可是,演讲完结后,突然一位年青科学家,追问了一个颇为深入的问题,这当然是司机演讲以外的内容,全场都在等待着这位冒牌科学家的答复。出乎意料之外,他竟然气定神闲地说:"年青人,请恕我直言,你刚才的问题实在太简单……连我的司机也懂得如何回答。"接着,便邀请爱因斯坦上台作答,并且在雷鸣的掌声之下离开了会场。

口语表达过程实质上是综合多种因素所形成的整体功能系统,其中任何一个因素的不协调都可能导致口语表达的失败。各种各样的问题、听众、场合等因素常常使具体的言谈过程像无形的魔方、像不可控的黑箱,要使它达到和谐统一、充满魅力的最佳状态,就需要口语表达者具备一种随机应变、机智灵巧的控制场面、控制言谈进程的能力,即应变能力。

二、应变能力的内涵

应变能力,就是口语表达者针对具体交流情境当中出现的不利因素,当场做出调整,或改变话题,或改变语气,即在内容和形式上适应事物变化的快速反应能力和应付处置各

种意外情况的良好心理素质。有效地运用应变能力,在口语表达中可以对付很多意想不到的场面,避免交际失败,至少免于尴尬困窘。对于言谈中各种各样的意外情况如听者的提问,尤其是挑衅性的发难,再如自己难免会出现的失误等,如果能成功地应付这些交际中的"变态",则可以化险为夷,转危为安。演戏的时候也需要"救场"之急智,过去很多表演艺术大师就留下了许多这方面的佳话。

口头表达的应变多指课堂教学、专题讲座、演讲报告等正式的、单向的言谈活动中,更指闲谈、对话、谈判等正式或不正式的双向的言谈活动中遇到的意外情况所做出的迅速反应。应变是一种即时的、即兴的反应,更是一种能力、一种适应环境多变时的能力。这种能力与对话人思维的敏捷性、情绪的自控力、知识的广博程度是分不开的。

三、运用应变能力的原则

(一)以目的性为轴心

任何言谈都有一定的目的,所以在口语交流中出现意外情况或不利因素时,并不能轻易偏离目的、放弃目标,尽管为了更好交谈下去不得不暂时放下正在谈的内容,但我们仍要坚持以目的性为轴心,机敏地安排、调整要表达的内容,灵活地选择表达方式,做到一切围绕目的围绕中心而进行。

(二)以协调性为指归

口语表达有直接性,任何一位或一群面对着我们的听者都是具有思想、意愿、情感的,都是有个性的人。他们对话语信息的肯定或否定、积极或消极、顺从或逆反的反应,以及有意无意的发难都会直接影响口语表达的效果。机智应变的目的就在于处理好与听者的关系,处变而不惊,掌握听者情绪变化规律,引导他们的需要和动机,从而控制场面,达到交流而不是处于对抗的目的。

(三)以个性化为主调

在不同场合氛围中,说话者的身份、扮演的角色是不尽相同的。不同的情境有不同的要求,不同的人有不同的追求。在运用应变能力时就要注意个性化,既不要炒冷饭,更不要媚俗,迎合一些低级趣味的听者的想法,说一些降低品格的话。

(四)以最优化为准绳

最优化本指在教学的特定情景中运用应变技能达到最佳状况。口语交流时是指在特定情境中运用应变技能引导口语达到最佳状态。最优化不是终极完美化,终极化的状态在现实世界不可能出现和存在,最优化一样地可以找出疵点,只不过是指在特定情境中尚不能找到比它更佳的一种理想状态。每一种应变都是针对具体的、突发的情形而采取的,因此对应变本身的评价态度也应如此。

这里举一个实例,看应变能力的必要性。

　　法国前总统戴高乐很有口才,但为了慎重起见,他开记者招待会总是做了精心准备的。不管记者们提什么问题,一般他总能巧妙地绕到自己有所准备的问题上侃侃而谈。不过,突如其来的问题躲也躲不掉。有一次,反对党办的报纸《震旦报》的记者问已到高龄的总统身体近况如何。显然,这个问题提得有点虚伪，貌似关心国家元首的健康，实际上别有用心。对这种发难，戴高乐当然不能说身体欠佳，这样正中其计谋，会带来一连串发问，会被大肆渲染，搞不好影响国家政局的稳定；他也没有单纯地平实地表示自己身体状况良好，这样会显得软弱、缺乏回击的尖刻意味。他回答道："谢谢你，我很好。但是请你放心，我迟早会死的！"这些话语显得镇定、有礼，又给那位记者一种轻视之感，从而表现了一位大国统治者的风度：雍容而又凛然。他的这个艺术性的应答，至今仍给法国新闻界留下深刻印象，记者们不再轻易犯这种错误，招这种讥讽。

第二节　应变训练的内容

口语交流不能像书面语表达那样有充分宽裕的时间做准备。但我们可以在平时加强应变训练，储备足够的知识，练习娴熟的技巧，等到临场时就可以处变不惊，轻松自如地应付各种意外情况，使自己的言谈内容保持完整、统一、协调、匀称。

一、提高文化修养，增加知识储备

应变能力并非单纯的语言技巧，而是和多种因素密切相关的高级心理素质。这种素质的取得是离不开提高文化修养、增加知识储备这一重要环节的。常言说"巧妇难为无米之炊"，说话者如果没有文化、没有知识，则像无米之巧妇，只凭巧言令色，只凭小聪明，只凭小把戏，是不可能取得良好的交际效果的，更不会让对话者从心里瞧得起自己。

二、善于审时度势，抓住细微契机

有发现、有感触才谈得上反应、谈得上去应付那些出乎意料的情景。如果一个人很麻木、很迟钝，眼前出现了很大的变化还不知觉，还在按着原来的思路想、按原来的言路说，那么，他是很快被人淡忘的，说的话也不会有人听。所以口语表达者要磨炼细致敏锐的观察感受能力，尤其是对临场情境外在信息和内在信息的洞察力。杰出的口才往往出自高明的观察，善言者也就是善观者，他们往往善于审时度势，抓住各种细小的契机，牢牢把握口语交流的主动权。灵活敏锐的眼观、耳听、心感是培养应变能力的基础。比如当教师的在讲课时就要眼观六路，耳听八方，随时捕捉从学生方面发出的信息，并对这些信息进行准确的分析判断，迅速做出反应，以保证课堂教学顺利进行下去，取得理想的教学效果。再比如在谈判过程中，要观察对方的一些细微变化，迅速理解对方所说的话，再把自己的意见表述清楚，使自己在旷日持久的谈判中保持清醒头脑、灵活反应是十分必要的。

三、注意专项训练，提高思维速率

在平时的工作、生活和学习中，我们要抓住一切机会进行有意识的自我训练，目的是掌握思维快速地发散、收敛，并与创造性相组合的能力，也就是培养自己在最短的时间内解决好"说什么"和"怎么说"的能力。这里包括：培养从容镇定、处变不惊的能力；培养巧妙利用、善于引导的能力；培养当机立断、恰如其分地应对的能力。

（一）从容镇定、处变不惊

说话时总会出现一些意想不到的事情，如果没经过太多的磨炼，很多人会感到难以应对,出现张皇失措、瞠目结舌的场面,这当然很难堪;如果听了一些难听的、有挑衅性的话就反应过度,做出一些失态的举动,肯定也会被人看作缺乏修养。苏轼说:"天下有大勇者,卒然临之而不惊,无故加之而不怒,此其所挟持者甚大,而其志甚远也。"他是评说豪杰之士的应付大变之态,我们自然应该效法。即使面对一些小事也应理智耐心、冷静沉着,力避焦躁紧张、感情用事。

(二)巧妙利用,善于引导

意想不到的突发事件并不总是让人不适的,虽说人们总喜欢事情能按自己的意愿按部就班地进行。有的突发事件是良性的,俗话说的"喜出望外"即指这么一些让人惊喜的事;有的突发事件本身虽属不良的,但也含有积极因素。这两类突发事件从某种意义上说肯定有利于言谈活动的继续,只要言谈者因势利导,将突发事件融入自己言谈活动必然的计划内的过程之中。即使是那些恶性的、消极的突发事件,如抱有敌意的对话者说极难听的话、骂人的话,我们也要将这事态牢牢掌握住,尽量使之转化为良性的、积极的、有利于自己的情态,不要被突发事件牵着走,随波逐流,否则,就有可能出现失控局面,整个言谈活动将陷入被动僵局,以致破裂。

(三)当机立断,恰如其分

应变能力还包括在言谈中迅速做出恰如其分、干脆利落的处置举措,既不能敷衍了事仓促收场,也不能小题大做转移话题,影响整个言谈活动。一般地说,应变的法则是"大不动,小调整",即在不改变说话主题和基本框架的前提下,对局部内容进行删减、变更、合并、补充。小插曲、闲话不宜过长过滥,更不能喧宾夺主。放得开,更要收得拢。随时观察听者的反应,根据他们的表情、应答迅速做出决断:我这话是该长说,还是短说;是该继续,还是该转话题或打住。

▶▶ 第三节　应变训练的方式　◀◀

应变的训练方式有很多种,但这都要靠实践去掌握。还有一点应提醒的是,变化是多种多样的,没有定式,应变的方式肯定不能固定,训练的方式也只是针对某些特定范围才能有适用性。下面所介绍的多以教学过程中需掌握的应变方式为主。

一、弥补言谈中错误疏漏的训练

有一位教师向学生讲解毛泽东的词《念奴娇·昆仑》,讲到"安得倚天抽宝剑,把汝裁为三截,一截遗欧,一截赠美,一截还东国"几句时,他描绘道:"读到这里,我们眼前仿佛就站着这么一位巨人,只见他挥舞利剑,咔嚓咔嚓咔嚓地把昆仑山砍成三截……"这时一位学生忽然站起来喊报告要求发言,老师愕然,停住问有什么事,学生认认真真地说:"老师,咔嚓咔嚓咔嚓三声应是砍成四截了。"这时同学们都盯着老师看。本来上课时用象声词不会很认真,平时说话就更是随意性很大。这样小的事情偏碰上这么一个特定的环境,又遇上这样一个较真的学生,经他这一指出,倒将矛盾摆在大家眼前,老师想躲也躲不开了。如果不想应变的办法,同学们即使不当堂哄笑,也会窃窃私语,日后也落下一个话柄。这位老师只有发挥急智了,他面带微笑,示意学生坐下,说:"对呀,咔嚓咔嚓咔嚓三声,是四截,这是个智力问题,这位同学听课是很认真的……"巧妙地把数学题型用来为自己解了围,应付裕如,不露痕迹,使自己避免了尴尬场面,又以学科间的联系激发了学生的学习兴趣,无形中推进了教学,还使学生有了一种被肯定的满足感。这种将错就错、错里寻真的应变方法可以说是很妙的。

训练方式如下。

(1)请熟人听自己说一段话,让他指出哪些地方有错误和漏洞,然后迅速予以补救。最好多找几个人,同时找错。

(2)听其他人讲述他处于尴尬境地的情况,然后思考自己如处于这种境地应该如何应变。

(3)听和看电影、电视,特别是辩论会的录音录像,分析双方的攻与守,想想怎样才可以做到无懈可击,怎样才可以做到亡羊补牢,怎样才可以做到反守为攻。

二、应付外来偶发事件的训练

陈毅任外交部部长时到亚洲某国访问,这个国家的宗教领袖代表僧众向陈毅赠送佛像。大家都知道共产党不信宗教,这时都盯着陈毅,看他如何应付这件事。陈毅高高兴兴地接过佛像,大声说:"靠佛祖保佑,从此我再也不怕帝国主义了。"这在20世纪60年代亚非拉各国兴起反帝反殖民运动高潮时说这样的话,自然引来如雷般的掌声和笑声。

还有这样的情况,老师正上着课,外面下起了雨,淅淅沥沥的雨声引得学生都往窗外看去。老师如何将学生的注意力引回来? 他当然可以用简单的语言说"雨有什么好看的",但这未免太粗率了些。如果他能随口吟出杜甫的诗句"好雨知时节,当春乃发生。随风潜入夜,润物细无声",再意味深长地说:"真是一场知时节的好雨啊,不过我们太去注意反而要辜负春雨润物的美意。"这样,老师既自然而然地把学生的注意力拉回到课堂上来,又让学生在真情实景下体会了杜诗的美妙。

训练方式如下:①讲话时突然有不速之客插入,设想该如何与之交谈;②讲话时突然被不大友好的插话打断,设想一下如何办;③设想别人提一些刁钻古怪的问题,该如何应变。

三、应付反对意见的应变训练

我们当然愿意对方同意自己说的话,这无疑会鼓励我们继续讲下去。但事实上,常会有不同意,或是持激烈反对我们的言辞的意见。这时,我们先要弄清他们反对的是不是有道理。如果我们的确错了,就应持诚恳的态度,实事求是地表示接受对方的反对意见,还应该感谢对方的批评指正,顽固地坚持错误是不明智的;如果我们所讲的问题属于有争议、无定论的范围,各家说法均可站得住,这时应与对方以平等的地位辩论,实在不易说清可以存疑,没必要争个是非曲直;如果对方与自己所说只是思路不同、结论近似,我们更应把握好情绪,耐心听取对方的意见,从中还可以吸收一些于己有益的东西,补充自己的叙述。

训练方式如下:①讲述某个重要问题时,尽量广泛地查阅资料,弄清理论界在这一问题上有哪些主要观点,自己倾向于哪一种,以便在讲述时有所侧重,也易于与他人的思路接轨;②交谈时常提一些问题与他人讨论,细心听取各种意见,尤其对与自己相反的意见多注意些,想想该如何反应;③常读理论书刊,常做逻辑练习,常写驳论文章。

四、针对难题怪题的应变训练

也许人们一般喜避重就轻,趋易畏难。但生活中往往就有很难的、很怪的问题摆在我们面前,言谈中也不例外。遇上有人向我们提出难题、怪题,一时回答不出来,这时首先不要惊慌失措,不要畏缩,而要镇定情绪,认真分析一下对方提出问题的动机,提问时的场合。如果对方的确出于求知,的确是希望我们帮助他解决问题,我们如果又确实难以答复,就不妨诚实谦虚一些,不要不懂装懂,强不知为知。孔子说:"知之为知之,不知为不知,是知也。"这是我们必须遵守的。不过,话并不是到这里就算了,我们还应该告诉对方自己临时拿不准,这个问题我回去查查书,好好想想,请对方也一起想,下次商讨切磋。这样的话不仅不会掉面子,还会给对方以思考严谨的好印象。如果对方有意出难题、恶作剧、刁难,这时不妨应对得巧妙一点、艺术一点;或变退为进,或回避,或以问为答,或暗示告诫。

鲁迅在《从百草园到三味书屋》里讲他刚入学时问先生"怪哉"虫是怎么一回事,先生说不知道,似乎很不高兴,脸上还有怒色。从问者来说,自然是一种单纯的求知欲,但先生的反应就有点让问者失望了。

处理好难题怪题是个修养的问题,可以让对方认清自己的为人。有时候别人看的并不一定是知识的多少,而是看对问题的态度:是诚心对待,还是敷衍委蛇;是下功夫求解,还是不了了之。

训练方式如下。

(1)找一些有一定难度的书刊阅读,增长解决书中问题的能力。

(2)试着巧妙回答下列两个问题。

①花木兰从军12年,别人为什么不能从她的耳孔和小脚认出她是个女子?

②马路上为什么用红灯表示停止、绿灯表示通行?

(3)找"脑筋急转弯"一类的书,从中看看有无对自己有帮助的题目。

思考与训练

1. 什么是应变?

2. 应变训练的内容有哪些?

3. 下面一段话里,两人的应对是否合适? 有什么道理?

　　甲:我好像见过你,你贵姓?

　　乙:我姓我爸爸的姓。

　　甲:那你父亲姓什么?

　　乙:当然跟我祖父姓一样。

　　甲:你做什么工作?

乙：为国家工作。

甲：你家住哪？

乙：祖国大地上。

4. 在日常生活中随时注意与各种各样的交谈对象应答对话，集中一段时间训练，看看是否应变能力提高了。

5. 先看一个精彩的故事。

　　杨澜曾经在广州担任过一场文艺晚会的主持人，上场的时候却发生了她踩空台阶，滚落到台下的意外事件。顿时观众哗然，有的观众还吹起了口哨。然而，杨澜镇定自若，重新上台后开口说道：

　　真是人有失足，马有失蹄啊，我刚才的"狮子滚绣球"滚得还不够熟练吧？看来这次演出的台阶不那么好下哩，但台上的节目会很精彩。不信，你们瞧他们……

杨澜应变能力非常强，用风趣机智的话语巧妙地摆脱了窘境，令人拍案叫绝。你从中受到哪些教益？

6. 再看一个精彩的故事。

　　1996年5月中央电视台第一次组织"心连心"艺术团下乡，在江西革命老区遂川做首场慰问演出的那天，场面非常热烈，不料当节目演到一半，正值关牧村演唱《多情的土地》这首歌时，天空乌云密布，落下阵阵雨点。歌声一停，赵忠祥快步走到台前，对乡亲们说：

　　关牧村的动情歌声，把她自己的眼睛唱湿润了，也把老区人民的眼睛唱湿润了，连老天爷的眼睛也给唱湿润了！老乡们！我们演员都商量好了，如果雨下大了，只要大家不走，我们演员就决不会走！

　　这段幽默风趣、热情洋溢的话，激起长时间的掌声，因突然下雨而稍有波动的人群，继续兴趣盎然地观看演出了。

赵忠祥的应变能力也非常强，他借景移情，用巧妙的语言激起共鸣，再提出建议来扭转注意力，从而控制场面。你又从中受到哪些教益？

第八章 眼神与肢体的配舞
——体态语训练

► 第一节 什么是体态语 ◄

前面几章说的都是口中发出的有声语言，即口语。口语是人类交际最重要的工具，这是没疑问的。但有些研究交际的专家得出结论：人们谈话时有百分之六十以上的内容不是通过口语，而是通过伴随口语的眼神、表情、双手、身体的动作，以及笑声、哭声、叹息声、呻吟声来表达的。这些口语的伴随形式就是体态语。

一、体态语的性质

体态语，有的又叫手势语、身动语等，是口语的一种补充，是使用表情、姿态、动作来传递意义的交际方式。体态语的出现肯定早于口语，国外有学者认为口语是起源于体态语的，这个问题太专业化，我们没必要深究。但从文献上看，古人是很重视体态语交际的。

《史记·项羽本纪》中所记的鸿门宴，描述范增要项羽下决心杀掉刘邦，以绝后患。他因刘邦在座，不便明说，使用了体态语，"数目项王，举所佩玉玦以示者三"。即先是多次使眼色示意，项羽未予理睬，他又再三举起玉玦要项羽下决心，项羽仍默默不应，以致宴席终场仍未下手。范增气得叹道："唉！竖子不足与谋。"拔剑砍碎玉玦。

现代传播工具的出现，尤其是电视、手机和网络的普及，使人们能直接观察到公众人物的一举一动，一颦一笑，透过这些体态了解他们的品性、能力。1960 年，美国的总统大选在肯尼迪和尼克松之间争夺。如果只听说话，人们也许认为尼克松占了上风，可在电视转播中，人们看到了一个年轻的、充满活力和自信的肯尼迪，与之相对，尼克松显得有点疲惫，有点被动。选票统计出来，肯尼迪以微弱多数取胜，成了美国历史上最年轻的总统，也是第一位信奉天主教的总统。

电子邮件是 20 世纪 90 年代开始盛行的通信方式，带给现代社会的影响当然是巨大的，但它有一个致命的弱点：用它交往的人之间无法感受体态语，致使很多交际是不成功的。

笔者本人一次外出开会，我邻座的一位与会者对我说："会议主持人的眼神很有问题，你与他说话，他的眼睛根本不看你，左边看看，右边看看。说明他不想与我们说话，说也是应付、敷衍，没有诚意。"

从以上几个事例可以知道体态语是怎么一回事，有什么作用了。国外一个心理学家阿尔伯特·明翰伯恩对用于交际的言语活动列了一个公式：

整个信息的传递＝7％的口语＋38％的语气＋55％的面部表情

实际上，体态语还远远不是公式里所列的几条简单的内容所涵盖得了的。人们在社会交际中使用的口语以外的所有交际方式都可以称之为体态语,如服饰、姿态和手势、表情和眼神、时间和空间的距离等。

（一）服饰

这常成为一个人的年龄、职业、性格和精神风貌的标志。俗语说"不要以貌取人""人不可貌相",但实际上,富有经验的商业从业人员接待顾客时就常以一个人的穿戴来决定该如何应对。对西方国家的女人是称"小姐"还是称"夫人"是件很重要的事,贸然去打听是否结婚也不可取。这时,可以从戒指的戴法来判别。如果站在跟前的是一位虽上了年纪却在小指上戴着戒指的老妇人,千万别称之为"夫人",因她已表示了一个信号:我是独身者。

（二）姿态和手势

各个国家、各个民族的姿态手势传递的信息不尽相同,千万要注意入乡随俗。中国人盛夏时喜欢带扇子,如果从事导游工作的女性接待西班牙游客,最好不要用扇子,因为西班牙人的风俗,妇女手持扇子是用于表达不便用语言表达的情意的;当她们展开纸扇半遮面时,是在向异性传达求爱的信息。

（三）表情和眼神

做各种表情是很多动物都会的行为,但越是高等、聪明的动物做的表情越丰富。人从一生下来就会做表情,但起初只会做一些简单的表情,也不知道掩饰,想吃奶了就显出一种渴望的表情,吃饱了就露出微笑,哪里难受就咧嘴哭。大了以后就有各种各样的表情,而表情中最能传达人的情绪是那双眼睛,一个人的学识、品性、气质、情操、趣味都能从眼神中流露出来。美国心理学家赫斯的研究表明,通过瞳孔反应,能对人的动机强度进行心理测定。如果对某人或某物喜欢,瞳孔会明显扩大,这种不随意的变化能真实、精确地反映人的心理活动。国外已将这一方法运用于商业,从而提高经营水平。

（四）时间和空间的距离

社会交际行为中,人们对待时间和空间的态度往往也表现一定的意义。比如开会,地位高的人往往到得晚,有时故意迟到。再比如母亲告诉初次与男友约会的女儿,要去晚些,让男友多等一下,这样自己的身份就高了。而女儿不愿照母亲说的做,她准时赴会,表示的是郑重和诚意。人与人之间的距离也体现了彼此了解的程度,亲密的人在一起可以靠得很近,而应该疏远的人过于靠近,会引起不快,甚至惹出麻烦。

当然,体态语有明显的局限性。第一,它不能脱离一定的语言环境,不能离开有声语言而单独使用。第二,它更受时间和空间的限制,必须在可看见的情况下使用。第三,它无法表达复杂抽象的意义,表达一些有限意义时也容易含混、产生歧解。所以,过于夸大、强调体态语的作用是不应该的,但如果我们完全不了解它、不适当地运用它则肯定是失策的。

进行体态语的训练必须与有声语言的训练结合进行。运用什么样的表情、姿态、手势,要从表达的内容出发,和有声语言协调一致,力求大方、自然、得体、适度;切忌故作姿态,哗众取宠,喧宾夺主。

二、体态语的功能

虽然在上面提到了体态语的局限性,但体态语的功能仍是不可低估的。一般地说,体态语表达具有独特的有形性、可视性和直接性特点。其功能有以下几个方面。

(一)辅助功能

在说话过程中,体态语能够紧密配合有声语言传递信息。如在计算事物的数量或罗列事物种类时,扳动手指或用手指逐个伸出,可让自己或对方加深印象。英国科学家达尔文说:"面部与身体的富于表达力的动作极有助于发挥语言的力量。"英国前首相丘吉尔在演讲时说到"我们现在的生活水平比历史上任何时期都高,我们现在吃的东西很多",这时,他故意停顿一下,看着听众,听众自然也被他这停顿和注视吸引过来,也都看着他,他盯着自己的肚皮说:"这就是最有力的证据。"

人际交往中会出现不能、不便或不愿完全用有声语言表达的情形。这时用体态语就能将这种情况处理得比较合乎交际需要。林肯当律师时,面对对方律师的一些缺陷如装腔作势、故弄玄虚、重复啰唆,他故意在发言之前用重复的脱外套、喝水、穿外套、喝水的动作引得全场哄笑,使对方律师陷入尴尬境地。这比用语言直斥对方缺陷更有效,也更有趣,还可避免被人责为过于无礼。

(二)造型功能

体态语不仅辅助有声语言表情达意,而且以动态、直观的过程表现主体的体态形象。这种形象虽是一种外观造型,但实际体现了言谈者的内在气质、风度和人格。言谈中过于拘谨,或过于狂放都让对方感觉不好,都给人一种修养有欠缺的感觉,或让人认为不成熟、不老练、不自信,等等。所以,要在公众场合表现的人应该知道一点表演造型艺术,尽量给公众留下一个良好的形象。撒切尔夫人作为英国历史上第一个女性首相,肯定有其不让须眉之处,所以戈尔巴乔夫称之为"铁娘子"。但她很注意自己的举止打扮,力求给民众及外界一种温文尔雅的印象。周恩来作为中国这么一个泱泱大国的总理,给外国政治家及中国人民都留下了美好的形象,他表情的坚毅、举止的从容、风度的儒雅已成了一种典范。这些自然来源于他的理论修养、文化素质,也与他年轻时曾积极参加过各种艺术团体,表演过各种人物有关,当时因剧情需要,他还扮演过女性角色。

(三)替代功能

体态语有时还可以独立地使用,靠表情、手势、姿态来传递信息,交流感情。如上面提到的某个特定的手指戴戒指传达是独身者的信号。体态语的这种临时独立充当交际手段的功能即替代功能。

体态语的替代功能主要体现在传递情感上,特别是恋人之间的体态,主要是眼神,比有声语言更细腻、更丰富,表达效果更好。中国人也好,外国人也好,在这一点上都有共同的感受。汉语成语里的"暗送秋波""脉脉含情"就指这么一种传递情感的现象。

再如一个人到了外国,完全不会说或只会说一点点的外语,如想要购物、上馆子,只凭几个手势比比画画,也可达到目的。这就是体态语传递信息的作用。

三、体态语的特点

体态语与有声语言相比,有很多特点。有声语言当然也会有下面所提到的一些性质,但相对说来,体态语更显突出。

(一)广泛性

有声语言以外的辅助性交际工具有许多种,例如旗语、烽火、红绿灯、信号弹等,这些都会受场地、气候、设备等各种条件的限制。而体态语的使用全靠人身体本身的动作完成,所以简便快捷得很。只要人们开口说话,都会有意无意地运用体态语来辅助有声语言来传情达意,甚至在不开口说话的情况下,也能运用体态语传递较多的信息,只不过有的人用体态语多些,有的人偏少,但绝不会毫无动静,其实木呆呆地说话本身就是一种体态。体态语使用频率之高、范围之广是其他任何一种辅助性交际手段所不及的。

(二)直观性

据心理学家和生理学家研究,人类,甚至很多种动物的各种感觉器官中,听觉和视觉的作用占90%以上,其中视觉的作用又特别显著,有87%的感觉印象来自眼睛。

有声语言诉诸听觉,当然不具有视觉可感性,而体态语言以其立体的、多彩的、动态的图像来传递丰富信息,直接作用于视觉器官,因而有直观性。如讲话时讲到事物的形状时,不用比喻一类有声语言描绘,只需用手势比画一下,就像《红楼梦》里薛蟠跟贾宝玉讲他家收到的奇珍异果,里面有种藕很大很长,薛蟠将手张得开开的,把宝玉和在场的人都逗笑了,都来兴趣了。

(三)依附性

有声语言里的一个词、一个短语、一个句子都有可能是多义的,体态语也不例外,一个表情、一个动作也往往不止一个意思。比如张大眼睛、放大瞳孔这么一个动作,就可以理解成好奇、诧异和仇恨等。再如点头这个动作,可表示 11 个意义:①致意,②同意,③肯定,④承认,⑤赞同,⑥感谢,⑦应允,⑧满意,⑨认可,⑩理解,⑪顺从。体态语的这种多义性决定了它对语境和有声语言的依附性。如果离开一定的语境,孤立地分析某个体态,则其含义是不能确定的。有时,即使有一定语境,但离开了有声语言的配合,体态语的含义仍难以确定。如 1990 年 5 月播放的电视里,苏共总书记戈尔巴乔夫在会上批评莫斯科市委书记叶利钦的讲话中只字不提社会主义,坐在听众席上的叶利钦始终低着头,并不时地摇摇头。这样的体态语能得到确指吗?是难为情?是忏悔?是委曲还是否定?尽管有一定的语境,但这语境过于短暂,如果结合叶利钦事后的行为来看,我们当然可以明白他的体态语所指,但这又是事后诸葛亮式的理解了。

(四)民族性

体态语有鲜明的民族性,就像有声语言也有民族性一样。这体现在以下两个方面。

(1)表示同一语义运用的体态语会因文化和环境的差异而应用有异。如见面打招呼,不同民族有不同方式:中国人点头、握手;西方人拥抱、接吻;日本人弯腰鞠躬;爱斯基摩人捶打对方头肩;萨摩亚人嗅对方;瑞典的拉普兰人摩擦鼻子。再如大多数民族以摇头表不同意,以点头表同意,而保加利亚人、尼泊尔人以及中国的独龙人则正好相反。

（2）同一体态语，有时也会因民族文化的不同而具有不同的含义。如跷起大拇指，在中国表赞扬，在日本表示"老爷子"，在希腊则是叫对方滚蛋，在英国、澳大利亚、新西兰等国有搭便车的意思，还有侮辱的意思。又如用大拇指和食指弯曲后组成的圆圈形，在讲英语的国家里表示"好""是""行"，与 OK 有关；在法国，则表示"没有""微不足道"；在日本表示"金钱"；在中国表示"零鸡蛋""成绩很差"；在地中海一些国家里则表示一个男人是同性恋者。从事社交活动时，要注意体态语的民族差异，否则会出现信息误差。如中国人、西方人对交谈时跷起二郎腿都不觉得太无礼，而在东南亚国家，这一体态被认为是极不礼貌、极不友好的表示。与他们交谈时跷起腿，或鞋底朝向了对方，或无意中稍微碰了一下对方，都会被认为是不可忍受的举止。

（五）时代性

体态语会随着社会的变化、时代的变化而演变。如中国封建社会里，下级见上级、晚辈见长辈，应该下跪磕头；男子平辈之间则拱手作揖；女子见面施礼是双手襟前合拜、口称万福。这些体态进入 20 世纪后渐渐消失，只在古装戏里还能见到。西方国家女子在社交场合有时还会沿用封建时代的姿势，如见贵族人物时需屈膝行礼，即使是地位尊贵的撒切尔夫人也应这样做。

又如脱帽礼，源于欧洲中世纪，脱去头盔表示是自己人，后来用于路上相遇熟人都脱帽致意。有个笑话说一个音乐家应邀听朋友新创作的乐曲演奏会，听的过程中他频频脱帽，朋友问他怎么啦，他说在曲子里常遇见熟人，意思是说这首新曲子多是抄袭前辈音乐家的。脱帽礼在辛亥革命后流行于中国，稍微新派一点的人头戴礼帽，手持文明棍，学西方绅士派头。几十年过去，西方、东方都不大盛行这种礼节，只在向死者致哀时必须脱帽，表示尊敬。

四、体态语的类别

根据体态语的形式构成因素，体态语可从以下方面分类。

（一）面部表情

这是由面部肌肉和面部器官的活动、变化而构成的体态。在面部表情中，眉、眼、嘴的活动变化起着主要的作用，传输着主要的信息。面部表情的特点微妙细腻，多用于近距离交际，表达内容以情绪、态度为主。

（二）身体姿势

这是由身体（部分或全身）处于静止状态时所形成的体态，如躯干的前倾或后仰、肢体的摆放及方位等。身体姿势常随交际者的意图和话题内容发生变化，表现出交际者之间的关系和交际者对话题及对对方的态度。

（三）肢体动作

这是由身体各部位的活动、移动而构成的动作性体态。肢体动作是体态语中最主要的成分，其中又以手部动作最为丰富，所以有的书干脆把体态语称作手势语。肢体动作可分接触性和非接触性两大类，前者可分为触自身和触他人（他物）。不同的接触对象和不同的接触部位都可以使同一动作表达的意义发生变化，如"拍胸脯"和"拍大腿"；不同的动作部位和不同的动作方式也有区别意义的作用,如"晃头"和"晃身子"、"弯腰"和"扭腰"。

（四）体位变化

这是交际者在交际距离上的位置变化。由体位的变化而造成的交际距离的变化可以表现出交际者之间的亲疏关系和心理距离上的变化。一般情况下,交际距离越近,关系越亲密,心理距离也越接近。交际时,交际者双方或多方是根据交际的进展随时调节交际距离的。

（五）伴声体态

这指的是伴有非言语声音和类语声的体态。如打呵欠、咂嘴、叹气、拍手、跺脚等。伴随体态发出的这些声音,有的是情绪的自然流露,有的则表现了情感程度上的加重。同一种体态,伴声的要比不伴声的信息量大,情感性强。

（六）借物体态

这是利用身边的器物和身上的饰物进行交际时所呈现的一种体态。如赫鲁晓夫在联合国大会发言时用皮鞋敲桌子即是绝妙的一例。再如咬手绢、掐灭烟头、摆弄衣角、戴戒指等。借物体态中所利用的器物好比演员手中的道具,使体态更加丰富多彩。

▶ 第二节　体态语的辨认与运用 ◀

体态语和有声语言一样,需要交际双方在表达和理解上达成共识,在此基础上心领神会,才不会造成交际"短路"。虽然古罗马政治家、演说家西塞罗说过:"一切心理活动都伴有指手画脚等动作,手势恰如人体的一种语言,这种语言甚至连野蛮人也能理解。"但我们也应知道,体态语的表达是多种多样的,受时代、地域、民族、文化等多种因素制约,想要完整准确辨认、理解千姿百态的体态语并不是一件易事,想要恰如其分地运用体态语传情达意也是件需要下番功夫的事。

一、表情语的辨认与运用

法国作家罗曼·罗兰曾经说过:"面部表情是多少世纪培养成功的语言,比嘴里讲的更复杂到千百倍的语言。"表情不仅能给人以直观印象,而且还能给人以艺术感染。心理学家研究得出这样一个结果:人们传达信息的总量中,55%是经由面部表情传达的。所以有这样的比喻,面部就像荧光屏,就像晴雨表。

人的脸上有几个器官:眉、目、鼻、嘴,它们在面部组成一个三角区。结合肌肉、脸色的变化,成了表达内容最便当、使用最频繁的区域。如眉毛的动作就有20多种:皱眉表为难,横眉表轻视,挤眉表戏弄,展眉表宽慰,扬眉表欢畅,低眉表顺从,锁眉表忧伤,竖眉表发怒,等等。再如嘴的形状不同也含不同意思:噘嘴表不乐意,抿嘴表不好意思,努嘴表暗示,撇嘴表轻视,咧嘴表高兴,歪嘴表不服气。英国科学家(从达尔文算起)研究认为,现代人类的表情动作是人类祖先遗留下来的,因而面部表情具有全人类一致性。这种一致性使表情成为社会生活和人际交往中能超越文化和地域的少数传递信息的手段之一。所以,对表情语尤其是目光眼神和微笑的研究显得很重要,掌握好辨认和运用的技能对社会交往尤显至关重要。

(一)目光语

目光语即用眼神、目光来传情达意的语言。常言道,眼睛是心灵的窗户,这是源于意大利画家达·芬奇说的一句话。美国作家爱默生说:"人的眼睛和舌头所说的话一样多,不需要字典,却能够从眼睛的语言中了解整个世界。"俄国作家费定说:"眼睛会放光,会放火花,会变得像雾一样暗淡,会变成模糊的乳状,会展开无底的深渊,会像枪弹一样投射,会质问、会拒绝、会取、会予、会表示恋恋之意。"有的心理学家得出结论:人的视线活动概括了 70% 的体态语表达领域。具体地说,目光语的作用可表现在下面三个方面。

1. 目光能塑造自我形象,给人以鲜明的"第一印象"

一个人如是目光炯炯,别人都会认为这人充满信心,精力旺盛;如果目光迟钝,会被认为衰老虚弱;目光明彻,会给人以坦诚印象;目光闪烁,给人以心虚神秘之感;目光如炬,让人觉得威严;目光如水,让人容易接近。《诗经》中有"美目盼兮""美目扬兮""美目清兮"等描写年轻女子眼睛美丽的句子,说明古人就已知道用这些手法来刻画人物的形象,很早就懂得目光的魅力。

2. 目光能说话,能传达细微、复杂、强烈的思想感情

目光语所传达的极为细微、深邃、玄妙的思想感情,有时连有声语言也无法胜任,无法替代。《西厢记》里写张生初次见到崔莺莺被吸引时说的一段话:"饿眼望将穿,馋口涎空咽,空着我透骨髓相思病染,怎当他临去秋波那一转! 休道是小生,便是铁石人也意惹情牵。"这"秋波那一转"便引发了家喻户晓的一段爱情故事,可见目光语的价值所在。成功的舞台、银幕表演艺术家都非常重视"眉目传神",历来就有"上台全凭眼""一眼有神,满场皆青"等说法。剧中人物的喜怒哀乐、娇嗔呆傻、怨恨羞怩常靠眼神来表达。有时人到了情感顶峰时,来不及或想不出用言语表达,目光语就来传送这种极度的感情。如《史记·项羽本纪》载:"(樊)哙遂入,披帷西向立,瞋目视项王,头发上指,目眦尽裂。"描写樊哙的目光语表示他愤怒到了要爆炸的地步,就连霸王也叹为"壮士"。

3. 自然流露的目光语,能反映人的遭遇、性格和深层心理

目光语的运用分为有意识的和无意识的两种。无意识的目光语是内心世界的自然表露,孟子说:"存乎人者,莫良于眸子,眸子不能掩其恶。胸中正,则眸子了焉;胸中不正,则眸子眊焉。听其言也,观其眸子,人焉廋哉?"(《孟子·离娄章句上》)孟子这段话的最后是说听一个人说话时注意观察他的眼睛珠子,这个人的善恶本性是无法掩藏的。这真可以说是"目如其人"了,就像一则故事说的:能从资本家的眼光中辨出他的哪只眼珠是真的,哪只是假的,因那只他自己的眼珠透出了贪婪的目光。

鲁迅曾说:"要极省俭的画出一个人的特点,最好是画他的眼睛。"他笔下的祥林嫂初到鲁镇做工时,"只是顺着眼",表现出她善良顺从的性格。但是经过一番生活的磨难——夫死子亡后,已完全麻木、绝望,濒于死亡。这时"只有那眼珠间或一转,还可以表示她是一个活物"。这就把一个在生活重压下的人物的性格及深层心理点画出来了。

目光语的作用有以上提到的三个方面,在运用时(包括辨认)就应该掌握一定的方式,才能达到交际的目的。据科学研究表明:眼睛是大脑在眼眶的延伸,眼球底部有三叉神经元,具有分析综合的能力。目光语的运用就眼睛自身的动作来说,包括瞳孔的变化、眼球的活动、眼睑肌的运动、泪腺的分泌,这些都受脑神经的支配。

目光语的运用还与交际者眼睛注视的部位有关,与停留的时间长短有关,与注视的方式有关,与控制对方的眼神有关,这些都应该掌握适度。

(1)目光的投向。目光投向也就是注视的部位不同,表明双方的关系不同,注入的信息也不同。亲密关系的目光投向,是注视对方两眼与胸部之间的三角形区域;一般的社交关系的目光投向,是目光停在对方的双眼与腹部之间的三角区。不过,应注意各民族的习惯与文化背景。南欧人常把盯着对方看当成冒犯;日本人谈话时注视对方的颈部而不是脸,且目光不长久停留。因此,在目光语交往中一定要考虑文化的差别这一因素。即使是同一民族,即使是亲密关系的目光投向,对夫妻、儿女、兄弟姐妹的目光也有一定区别。

(2)目光的时长。目光投向对方的时间长短也表示不同的意义。长久不注视,被认为冷落慢待对方;长久注视,被认为失礼行为,或是侮辱行为、挑衅行为。刚看一眼就闪开,会被看作胆怯心虚或诚心不足。美国的亚兰·皮兹说:"有些人在与我们谈话时会使我们很舒服,有些人却令我们不自在,有些人甚至看起来不值得信任。这都与对方注视我们时间长短有关。若想与别人建立良好的默契,应有 60%～70% 的时间注视对方,这会使对方也开始喜欢你。因此,不难想象,紧张、羞怯的人由于目光注视不到三分之一的时间而就不容易被人信任了。在谈判时应避免戴深色眼镜,以免使对方感觉你在瞪着他。"

(3)目光的视式。目光注视对方的角度确切表明交际者的态度。中国古人对某人喜欢,则用青眼,即青睐;对某人不喜欢则用白眼。鲁迅在《魏晋风度及文章与药及酒之关系》里提到的阮籍就是这样待人的。鲁迅说:"白眼大概是全然看不见眸子的,恐怕要练习很久才能够。青眼我会装,白眼我却装不好。"交际者如对对方非常重视,或者在谈严肃话题时,一般是正视;如对对方表轻蔑、反感,则会采用斜视,即俗话说正眼都不瞧一眼;如对对方丝毫兴趣也没有,甚至厌恶,则眼皮都不抬一下。所以在演讲或上课时,都应正视听众或学生,如场面较大,要适当地配以扫视、环视,既显得庄重严肃,又照顾到每位在场的人。如果眼望上方,或紧盯讲稿,不与听众、学生有目光上正面的交流,即使讲的内容再好也是要大打折扣的。

(4)控制对方的眼神。在交谈时,特别是在向对方讲解某个问题或传授某种知识时,需要用图片、实物、手势作辅助,吸引对方视线上的注意,使对方的眼神受到控制。交谈者还主要依靠自己的注视来控制对方不走神,使对方总觉得有人盯着他,不能开小差。注视对方是为了使对方聚精会神地接收信息。

(二)微笑语

据有些生物学家分析,动物中只有人是会笑的,严格地说,只有人的笑容最复杂。任何一种语言对笑的描述都很细致,汉语里有微笑、大笑、狂笑、傻笑、奸笑、皮笑肉不笑等区分不同笑容、笑态的词语。所有这些笑态里,只有微笑是人最常用、最自然、最容易为对方接受的一种,也是体态语里常用的一种。

1. 微笑语的含义和功能

确切地说,微笑语是通过略带笑容、不出声音的笑来传递信息的体态语言,是一种跨文化的通用的体态语。即不同文化形态的人都可从微笑语感受、接收信息。其功能是多方面的,主要有以下几点。

(1)微笑能美化自我形象。俗话说"笑一笑,十年少",人总是希望自己年轻,年轻总与健康联系在一起。所以微笑既是健康的途径,也是健康的标志。一个人身体健康的话,心理上也少负担,对生活也持乐观积极态度,给人的感觉也就比整天愁眉苦脸的人好得多。微笑可以美化人的外形,陶冶人的心灵。发自内心的微笑是一个人美好心灵的外现。外国有人说:"一个人的微笑值几百万。"据调查,很多政治家、外交家、演员、公关人员在事业上能成功,除个人才华以外,具有魅力的微笑是个重要因素。如印度尼西亚前总统苏哈托,他以军人身份执政30多年,虽说到晚年陷于尴尬境地,但他还是将印度尼西亚这么一个人口众多的国家保持了稳定,促进了经济发展,他能执政这么长时间,并得到世界强国的支持,就在于他在强有力的军方背景下仍常带微笑,被人称为"微笑将军"。

(2)微笑能改善交际环境。交际环境的好坏决定着交际能否成功。交际环境的一个重要方面是人际关系。人与人的关系很复杂,并不总是良好的,有时交际双方互相反感、敌视的情况也是有的。遇到这样的交际环境,交际一方或双方都应主动地用微笑语去改善环境,这比有声语言更方便、直观、得体,因而也更有效。中国与美国在20世纪50年代处于相互敌对状况,当时的美国国务卿杜勒斯对部下有命令,禁止与红色中国的外交官来往,而时任中国总理兼外交部部长的周恩来则对部下说,可以主动与美方接近,而接近的第一步主要以微笑对待外交场合上相遇的美国外交官。而美方也不是铁板一块,有人想改善双方关系,所以对中方的微笑也回报了微笑,这就为以后的中美正式接触埋下了伏笔。

(3)微笑能委婉得体地传情达意。在某些特定场合,人们的意思只能意会,难以甚至不可以言传,一说便俗。据说,释迦牟尼在灵山会上说法,大梵天王献上金色波罗花。世尊即拈花示众,众皆茫然,只有摩诃迦叶破颜微笑。世尊遂传教给迦叶。佛祖世尊与迦叶之间的交往即脱离了语言,禅宗用来指以心传心,参悟禅理。周恩来在一次记者招待会上被外国记者问到:"你这么忙,但身体依然很好,满面红光,能否谈一下你的生活?"这样的问题也许有玄机,很敏感,尤其对共产党领袖是不大好谈的。如果过多地谈个人的生活是当时党内纪律不大允许的,如果板着面孔不回答,又不像一个大国总理应有的风度,如果装作没听见,也不符合周恩来的个性。周恩来这时采取的是微笑策略,从这微笑中传递的是友善、轻松、文雅的信息,然后不经意地答道:"我是按照东方民族生活方式来生活的。"

总之,微笑的魅力是多方面的,它能使强硬变为温和,使困难变为平易,使刁钻变为通融,使疏远变为亲近,使友好变得更友好。有人称微笑为交往中的高招、魔术,把微笑比作吸引人的磁石、息怒的灭火剂、办事的通行证、开心的钥匙、爱情的催化素和家庭的凝聚力。

2. 微笑语的运用艺术

微笑应是而且必须是内心情感的自然流露,切不可为笑而笑,或是假笑、皮笑肉不笑。那样反而给人虚假、滑稽,也就是可笑的感觉。

(1)笑得自然。微笑发自内心,是心灵美好的外现。我们平时要保持一种平静、乐观、善待他人和生活的人生观,不要总是怨天尤人,不要总是觉得他人和生活欺骗了我们,这样,我们会自然地流露出亲切、美好、幸福的微笑,会对所有相识或不相识的人以自然的微笑相迎。

（2）笑得真诚。微笑语既是愉快心情的外现，也是纯真情感的奉献。只有这么一种"我喜欢你，我很高兴见到你，与你在一起很放松、欣悦"的感觉，才会发出真诚的微笑、温暖的微笑。如果没有这份感觉，笑得肯定不会真诚。而不真诚的笑容就像不真诚的话语一样不受欢迎。

（3）笑得合适、得体。微笑并不是不讲条件、环境的。不需要、不应该笑时就别笑，笑了反而不合适，不得体。要看场合、看程度、看对象而决定是否采取微笑语。首先是看场合，如出席庄严的集会，去参加追悼会，或讨论重大问题（政治、军事、经济），自然不应笑。如与对方谈严肃话题，或告以不幸的消息，或对方已对谈话不快就不应再笑，及时收起笑容是明智的。其次是看程度。微笑是向对方表示一种礼节，一份尊重，也是自我仪容风度的展现。这里有一个程度的问题，笑得过分、过长，都不合适，会引起反感或轻视，外国人对有些中国人太长的微笑并不给以积极的评价，说起来似乎有小瞧或不以为然的味道。笑得太短，只是一闪而过，同样是不好的。最后，看对象。对不同的交际对象应使用不同含义的微笑。对长辈尊者，微笑中应透出尊敬爱戴；对同事、朋友，笑容显得友好平等；对学生小辈，应笑得有慈祥爱护之态；对敌对者有时也笑，这笑自然带有轻蔑、鄙视。

二、手势语的辨认与运用

手势语是使用频率最高、表现力最强的一种体态语，常用来弥补或强化有声语言。孔子说："说之，故言之；言之不足，故长言之；长言之不足，故嗟叹之；嗟叹之不足，故不知手之舞之，足之蹈之。"（《礼记·乐记》）这里说的是舞蹈的起源，实际也是说手势语的起源。有一位作家描写法国前总统戴高乐的手势语："当他进行公开演说时，他的习惯动作是两臂向上在空中画 V 字形。在记者招待会上，他的动作比较节制，目的是强调他的讲话，说得形象些，是要把它捏成形。'揉面'一词经常出现在他的语汇里。他正是模仿揉面的动作，小胳膊不断地在空中画着弧形，两只手微微弯成杯形，好像他真的在糅合文字和宇宙这两块面团似的。"这个例子说明，杰出的政治家在公共场合很注意使用手势语，用它来吸引民众。由于手势语使用起来灵活方便，表达内容丰富复杂，因而为不同民族的不同阶层的人们广泛使用。如在特定文化的语境中，举手表赞同，摇手表反对，搓手表为难，又手表自信等，已成了交际中的常识。从手势的内容上看，手势语可分为以下四种类型。

（一）手势语的类型

1. 情感手势

这是用来表达说话人某种情感、意向或态度的手势。如捶打胸脯表悲恸，挥舞拳头表愤怒，敲打前额表悔恨，抚摸鼻子表犹豫。这些手势的运用，应伴随表达内容的内在感情基调自然地流露，才能使对方加深理解。

2. 象形手势

这就是通过比画事物的形状特点，引起听众注意，产生一种具体、明确印象。如用手指弯曲比画鸡蛋的大小，将手臂伸开表示门的宽窄。象形手势语在表达过程中会自觉不自觉地带有夸张的意味，烘托气氛，使听众受感染。

3. 象征手势

它主要表示较为复杂的情感和抽象的概念，有特定的所指，又带有普遍性。如在欧洲,握拳伸出右手的食指和中指构成 V 字形以象征胜利,因 V 是英语"胜利"一词的首字母,这一手势已随着西方文化的传播流行于非欧洲地区;再如大拇指与食指构成一圆圈,其余三指伸直张开,象征良好、顺利、赞赏。象征手势能创造出一种有激情的语言环境,使听众产生共鸣。

4. 指示手势

它用来指明谈论的具体对象,如指明不同的人称、方位、数目、事物等。指示手势只适于在谈话时视力可及的范围,如在场的人或物,有时虽离得较远,但也应能弄清大致方向,如指称上帝时,会手指上方。一般的礼貌是不应总指着对方点点戳戳的,如果说话语气又重,就更是失礼,严重的会引起冲突。

下面再从手势语的表现形式来看几种常见的手势语类型。

(二)手势语的表现形式

1. 手指语的运用

手指的各种动作可以传递各种信息。如《三国演义》第 21 回中有一段:"(曹)操以手指玄德,后自指,曰:'今天下英雄,惟使君与操耳!'"这里的手指语是用来明确指称对象。手指语还有一种社会、民族约定俗成的传递信息的功能,这为交际带来了方便。在中国,表示称赞,是跷起大拇指,其余四指蜷曲。这里可能有两种解释:一是大拇指最大,最粗;二是人们数数时,总是先扳下拇指表第一。同样,用小指竖起伸向对方表示蔑视。

手指语的运用应注意以下几点。

(1)看语境。如在庄严的场合或气氛和谐的时候,直伸食指对着别人是不够尊重的,这时应五指并排,以手掌作指示就好些。在发怒时,以手指点着对方斥责,可增加表达力。在长辈、上级面前说话,应少用或不用手指语,免得给长者留下"此人不够稳重,爱指手画脚"的印象。

(2)勿滥用误用。与他人交谈时切忌做出不雅、不友好的手势动作。美国前总统门罗时期(1817—1825 年)曾有这样一件外交轶事。门罗招待外国外交官,法国外长塞胡赫尔伯爵坐在英国外交大臣沃恩爵士对面。沃恩发现,自己每讲一句,塞胡赫尔总要咬一下大拇指。沃恩越来越气,忍无可忍地问对方:"你在对我咬手指?""是的。"话还未说完,双方已拔剑冲向对方。就在将要交手时,门罗总统的剑架在中间制止了一场恶斗。这一外交冲突想必有更深层的原因,但直接起因则是这么一个小小的手指语。

(3)讲究使用频率和幅度。使用太少、幅度太小,自然起不到作用,反而让人觉得拘谨、不够大气。但手指语使用过多、幅度过大,则给人以缺乏涵养、不够文雅的印象,严重的会被人比作张牙舞爪的某种动物。

2. 握手语的运用

握手是一种定型化的体态交际艺术,是现代交际中不可缺少的礼节和手段,可传递很多复杂微妙的信息:友情、祝愿、谅解、合作、鼓励、欢迎、告别、感谢、挑战、言欢,等等。

握手的起源只能凭推测了。很可能是两个武士初次见面,互摊双手握拉一番,表示没有带武器,不是来争斗,而是想友好。还有人说,在古罗马时,握手被视为一种推崇对方荣誉的动作,这种动作经过几百年后才广为流传,主要原因是在工业革命后,中产阶级普遍接受而推广开的。当时的商人以握手表示"就这么定了!"便达成协议,这是由尊重对方、信任对方、加上外交含义所组成的一种非对白语言。

握手须用右手,伸出左手去握是不合礼仪的,除非是右手受伤而又非得行握手礼才会出现互握左手的情况。秘鲁前总统藤森一次出访就因右手缠了绷带而与外国首脑用左手相握。20世纪50年代在中美敌视状态下,美一外交官既想与中国外交官交往又不敢违反上级不许与中国人握手的禁令,便右手持酒杯,左手拍拍中国外交官的上臂,表示友好。也不可戴手套握手,有时太冷、人又熟、事情来得急,可以例外,但也应说声:"对不起,我不摘手套了。"

握手语的运用技巧有以下三个方面。

(1)遵守通行规定。一般在相互介绍和会面时握手。遇见朋友先打招呼,然后互相握手,寒暄致意。关系亲近的则边握手边问候,握的时间很长。一般情况则握一下即可,不必太用力。年轻的、身份低的对年长的、身份高的握手时应稍稍欠身,用双手去握更显尊重。男子握女子手时,只握一下妇女手指部分。不得体的握姿,就男子来说,常表现为伸臂过长,用力过大,过于主动;就女子来说,则表现为只牵手指尖,过于冷漠。伸手也有顺序,应由主人、年长者、身份高的先伸出手,客人、年轻者、身份低的见面时应先用话致意,等对方伸出手后即接应。多人在场要避免交叉握手,要等别人握完之后再握。握手时是右臂平伸,掌心相握,双目注视对方,流露温和诚挚的笑容。

(2)注意对方反应。握手是交际双方直接的身体接触,是一种微妙的思想感情交流,带有很强的试探性,也有很强的可感性。仅仅把它当作简单的礼仪而不知道充分发挥它的作用,是有点可惜的。因此,握手时应抓住机会敏锐地注意对方的反应,在这短则数秒、长则几分钟的身体接触中去了解对方的品性、态度,这对接下来的交际是有益处的。

(3)分辨握手的多义性。前面说了,握手能传递多种信息。当我们受到挫折、蒙受委屈时,很多人都在冷落、疏远、嘲弄的时候,如果有那么几位,甚至是一位朋友,能紧紧地握住我们的手,一句话不说,也能让我们体会到这里面包含的丰富涵义。

3. 鼓掌语的运用

中国古代就有鼓掌(也可称拊掌)这种传情达意的体态语,现代使用得更多。它有以下三个特点。

(1)表意单纯。它不像握手语的语义那么复杂,一般传递两种信息:一是正面的,表欢迎、感谢、支持、称赞等;一是反面的,表不满、喝倒彩,不过显得不大文明,这时还附有喊叫、嘘哨声,很易区别。

(2)替代口语。一般用鼓掌就传递了该传出的信息,替代口语的功能很突出、充分,鼓掌时就不用说话。如果较大声说话,则掌声也被淹没了。鼓掌本身就已表态了。

(3)群体行为。鼓掌语常用于大庭广众之中,表示群体的一种意向和态度。这种时候不需要、也不可能由某个人突出其表现:或说话,或鼓得特别响。大家都处于平等、相同的地位,也许权威人物会带头鼓掌,但也不会有特别的作用。

运用鼓掌语时要注意以下几点。

(1)根据不同情况用不同响度的掌声。一般地分为三种响度的掌声:一是应酬式的,动作幅度小、时间短,掌声也就小而又少,仅仅表示礼貌;二是激动式的,这是内心激动而自然产生的行为,动作大、时间长,掌声响亮持久,报道时常冠以"热烈"一词修饰;三是狂热式的,在看体育比赛时经常看到球迷们为精彩的场面发出一阵阵欢呼声和鼓掌声,经久不息,震耳欲聋,这是他们难以抑制的兴奋之情的外在行为表现。有的政治集会上,政治家做了鼓舞人心的报告,或受人敬仰的领袖名人仅仅是出现在群众眼前,也会爆发出这种狂热的掌声,报道时冠以"暴风雨般的""雷鸣般的"之类词语修饰。

(2)把握时机来运用鼓掌语。并不是随便什么时候都鼓掌的。讲话没有告一段落或意思没讲清时不要鼓掌,报道中说"讲话被一阵阵热烈掌声打断",并不是打断每一句话,而是整篇讲话中插入了应该有的掌声。有经验的演讲者会在需要掌声的时候停顿,或提升语调,而有经验的、与演讲者配合的听众就会报以适当的掌声。在观赏文艺表演时也应区分不同情况,流行歌曲的演唱会激发一阵阵掌声,听众会随时激动,而对古典乐曲的演奏则应在全曲终了才报以会心的掌声。惊险的杂技节目更不能随意鼓掌,因为掌声会妨碍演员表演,严重的会出危险。

(3)根据场合和对象来决定是否鼓掌。鼓掌是一种礼仪,也反映了人的道德风尚和亲疏关系。在看比赛时,观众对主队和客队都应尊重,都应用同样的掌声予以鼓励,如果不这样做就显得太小家子气了。对很亲密的人则不必大鼓其掌,除非他身处逆境、困境需要特别地为之打气。据说英国前首相撒切尔夫人的丈夫撒切尔先生在妻子刚步入政坛时常常去听她讲演,别人还没鼓掌,他会首先站起来大声鼓掌;如果有人攻击其妻,他更要挺身而出保护他的妻子。所以老话说:一个成功的男人后面有一个支持他的女人,在这里则倒过来了。

三、首语的辨认与运用

首即头,首语就是靠头部活动而传达信息的一种体态语。头部的活动是指整体的动作,不具体指头上各个部位如眼、口、鼻等动作,所以首语的种类相对说少些,无非是点头、摇头、侧头、昂头、低头。虽说动作少,但表现力仍是较强的。

点头,表示的意思有致意、同意、肯定、承认、赞同、感谢、应允、满意、认可、理解、顺从等。

摇头,表示的意思有不满、怀疑、反对、否定、拒绝、不同意、不理解、无可奈何等。

侧头,表示的意思有思考、欣赏。如是小孩,显得天真、撒娇。

昂头,表示的意思有充满信心、胜利在握、踌躇满志、目中无人、骄傲自满、赏心陶醉等。

低头,表示的意思有顺从、听话、委曲、无可奈何、想别的主意。

首语的运用要做到以下几点。

(1)动作明显。特别是不说话,完全以首语替代口语时,点头、摇头都应幅度大些,让对方看清、准确解读、领会。如果动作轻微,容易让对方误解,不但起不到作用可能还坏事。

(2)配以别的体态或口语。如点头时"嗯"一下,可加强效果,点头再弯腰,显得更突出明显。成语"点头哈腰"虽带有贬义,却也体现了体态语的性质。

(3)注意民族习惯。不同民族的体态语有不同的含义,首语也不例外。保加利亚和印度的某些地方用点头表否定,用摇头表肯定,如果与他们交往可要注意这一点。

四、体姿语的辨认与运用

俗话说："坐如钟,站如松,行如风。"又说："站有站相,坐有坐相。"意思是人们独处或交际时应有正确的身体姿态,给人留下良好印象,也传递了一定的信息。

(一)体姿语的含义及内容

体姿语是通过静态和动态的身体姿势传递交际信息的一种体态语。古往今来,东方西方,都讲究修身养性,从"修身"字面意思看,即身体姿势的修炼装饰,达到文雅体面的水平。独居时体现自我价值;交际时给人以信息。

静态的体姿语包括立、俯、坐、蹲、卧;动态的体姿语仅指步态。这里面较为重要的是立、坐、步,即古语要求的如松、如钟、如风之态,其余三种为次要的,因它们在人际交往中较少运用。

体姿语在社交活动中有极其重要的作用。比如说同样的立姿,上课演讲时应站得直,头稍昂,有鼓动振奋的效果;听长者说话则应稍弯腰低头,给对方以谦恭顺从的印象。再如坐姿,男性可张开腿,显得自信、洒脱、豪爽;女子则应膝盖并拢,要有矜持、稳重、娴静之态。

体姿语由两部分内容构成:一是交际双方的空间距离;二是各种不同的身体姿势。这里先介绍前者,后者下文分别论述。

在交际中,空间的位置和距离会产生一种媒介效果,学者称之为空间语或空间界域语。人们都有自己的个体空间。比如在公共汽车上,人少时总是尽量拉开距离坐,原因有很多,如分开坐不闻他人的汗味,不会碰撞,但从心理角度分析,这种坐法是出于一种疏离心理,在尽力维护每个人自己的个体空间。专家们把交际空间分为亲密界域(夫妻、情人)、较亲密界域(父母子女、兄弟姐妹)、社交界域(同学、同事、朋友)、大众界域(一般交往、陌生人之间)。

空间界域体现着一种人际关系,传达出一种社交信息。恋人在非正式场合以贴近距离或接触方式交谈表明了他们之间的亲密关系和友好态度;演说者和听众之间的较大距离则表明他们之间的陌生关系和演说者的郑重态度。制约因素通常是交际者之间的关系、交际场合和交际内容的正式程度。当然,在实际交往中,影响空间位置的因素还有很多。再拿公共汽车乘客来说,如在晚上11点之后上车,乘客之间也许会挨得近些,这样可以减少孤独感;也许是相反,会离得更远,害怕心和提防心更重。这与性别、年龄、长相、打扮都有关系。

在交际中,交际者根据话题的发展和信息内容以及表达意图的改变来调节交际距离。如两个彼此不太熟悉的商人谈业务时,开始时很谨慎,双方有较大距离;当洽谈逐渐深入,谈得投机时,双方会主动靠近,抱着浓厚兴趣继续谈;如果生意谈妥成交,双方的距离就调节成朋友之间的距离了。警察审讯时也会用界域语战术来逼垮嫌疑人的心理防线。开始时距离大,有种权威感;接着会逼近,产生一种压迫感、威胁感,因近距离才能看清的面部表情(包括严厉的目光)和听清的低沉尖锐的问话迫使嫌疑人说出实情;有时为缓解过分的恐惧紧张,警察可缓缓地调整距离,使之平和地说出应说的话。

界域还有民族、文化上的差别。日本人喜欢拥挤在一起表示温暖和亲热,阿拉伯人喜欢触摸,甚至用鼻子嗅同伴的气味,这样更显亲密。欧美国家、中国的交际文化中则保持适当的距离,太近了会引起一些不快。

（二）坐姿语的运用

中国自古以来讲究坐姿,词语里描写坐姿的有端坐、危坐、斜坐、跪坐、倚坐、盘坐等,这些是坐的各种方式;坐立不安、坐卧不宁、如坐针毡,这些是坐时心态;侍坐、陪坐、请坐、请上坐、排座次,这又将坐姿与坐者的身份、地位、关系联系上了。可见坐姿本身就是用不同的方式传递着丰富的信息。

坐姿的一般要求是:入座轻稳,太重会给人不礼貌、毛手毛脚的感觉;坐下后要端正、大方、自然;不管什么坐具都不要坐得太满;上身挺直,腿摆放适当,尽量少跷二郎腿;与人谈话,上身稍前倾,以示尊重和专注;需换姿势或后仰时,幅度不能太大,否则会给对方困扰、无聊、乏味的印象。

坐姿的类型有以下三种。

（1）严肃坐姿。即所谓正襟危坐,用于外交谈判、大型会议、主席台就座。要求上身挺直,精神集中,两手平放膝上或手按手,双脚并拢或略微分开。女子则双膝部靠紧,脚踝部交叉。这种坐姿传递的信息是庄重、尊重公众和对方。不过也不要太严肃,避免造成僵直呆板的形象。

（2）半随意坐姿。适用于交谈、接待、座谈会、联谊会等场合。姿势随意轻松,头稍后仰,接近靠背,背部贴椅背,手放扶手上,可跷二郎腿。这种坐姿显得宽松、自如、不拘谨,可造就和谐融洽气氛,缩短交际距离。但还应避免身子左右摇晃或抖腿。

（3）随意坐姿。即非常自由自在、轻松随便的坐姿,身子、手、腿觉得怎么适意就怎么放,只要不超过太不雅观这一限度。这种坐姿当然只在与熟人、朋友、亲戚之间用,并且不是正式交谈,只是随便聊天谈家常。

坐姿的运用需考虑以下的因素。

（1）选用何种坐姿要受环境制约。如国家政府机关人员、大公司高层经理在较严肃场合（见外宾、会客、谈判）时采取严肃坐姿;到基层视察巡访、到灾区慰问灾民,应采用半随意坐姿;在家里接待朋友则应随意而坐,总不能把工作单位上的一本正经摆在家里人跟前。

（2）具体运用中会两种坐姿结合。上面提到的三种坐姿并没有很明显的、不可逾越的界限,只是大致划分一下,不可能在某种场合一定要用某种坐姿,要根据交际环境和个人的身体适应状态予以调整和结合。比如谈判这么一种场合,如气氛不融洽、双方不太了解、目的也不明确时,双方会取严肃坐姿。随着谈判的进展,会自然取半随意坐姿。到最后谈判取得满意成果时,都会松一口气,姿势也就舒展放开了。如一直取严肃坐姿,一是人受不了这种约束,二是也不适合变化了的气氛。

（3）坐姿体现人的气质、素养和个性。得体、优雅的坐姿可以塑造一个人的社交形象,一些传世的造型艺术（雕塑、绘画、摄影）就是将历史名人的坐姿凝固下来,供世人瞻视,如林肯纪念堂里的林肯坐像、毛主席纪念堂里的毛泽东坐像,就能传达出伟人的风采。

（三）立姿语的运用

立姿语是通过站立的姿态传递信息。不同的立姿表示不同的意思,汉语中的"立

（站）"前的修饰语也有很多：静立、侍立（双手垂下）、直立、挺立、侧立、木立、肃立、伫立等。

立姿可分为以下四种类型。

（1）庄重严肃型：腰板挺直，全身直立，精神振作，表情庄重。它用于就职演说、大会讲话、被人介绍、接受奖励等场合。

（2）恭谨谦虚型：头略低，手下垂，胸稍收，有诚恳谦恭态。宋朝的杨时去见程颐，程正在睡觉，杨站在门外就以这种立姿恭候程的醒来，此时大雪纷飞，积了一尺深。杨时这事就成了典故：程门立雪，说的是一个人尊重师长、诚心求学。

（3）傲慢自负型：两手交叉放在胸前，两脚分得很开斜倚而站，目光睥睨一切，带有骄横、不可一世的态度。希特勒在德国军队取得闪电战胜利时常常以这种立姿出现在被征服的国家或城市。

（4）粗鄙无礼型：歪斜身子，一腿在前，一腿在后，或交叠双膝站着抖动脚尖，给人轻浮、放荡的感觉，正人君子无法与之交往。

上面后两种类型是一个有教养的人无论如何也不应取的立姿，即使是同自己的对手打交道，也应站得正，才有凛然之气。并不是说对手粗鄙，我也以对等方式待之。

（四）步姿语的运用

步姿语就是通过行走的姿态传递信息。不同的性格、心情、职业的人会有不同的步姿，一个人也会有自己的经常有的步姿和偶然有的步姿，从这些步姿中可以知道很多信息。

步姿语有以下几种类型。

（1）自然型：步伐稳健、步子不大不小、速度不紧不慢，上身直立，两眼平视，手自然摆动，或一手持轻物。这种步姿的含义是轻松自如、平静安详。它适用于一般性会见、访问、出席会议、走入社交场合等，是人们日常生活中使用最多的一种步姿。

（2）礼仪型：步伐矫健、上身挺直、双膝弯曲度小、步子速度适中，步伐和手的摆动有强烈节奏感，双眼正视前方。这种步姿的含义是庄重、有礼貌、严肃。最极端的例子是士兵的正步走。一般人则在领导检阅、受奖时运用。

（3）高昂型：步态稳健、昂首挺胸、眼光向上、步子较大、速度较慢。它传出的语义是愉快、自信、得意。这是人们在达到或将要达到自己追求的目标时自觉或不自觉地采用的步姿。

（4）思索型：步子时快时慢，慢的时候多。大概急速思维时走得快，俗话说像热锅上的蚂蚁团团转；处于沉思时则走得慢。慢走时头低视，偶尔抬头，辅以背手、搓手，总的步态是踱来踱去，传递的语义是焦急、心事多、集中思考。这种时候旁人最好不要去打岔，以免搅乱思索者的思路，落个被埋怨。

（5）沉郁型：低头勾脑，步伐沉重缓慢，双眼无光。这种步姿的语义是沮丧、痛苦，难以忍受。

显然，交际时不能用礼仪型和沉郁型，思索型和高昂型也少用，只有自然型是最合适的。辨认运用步姿语要与坐姿语、立姿语区别开。步姿是动态的，后两者是静态的（当然，也不是绝对静态）。比如一个工作人员听到领导宣布颁奖中有他的名字，要他上台去领奖，同伴们会带着羡慕的目光看着他，催促他，他从座位到台上再回到座位上这段路会以三种步姿表现他的心绪：最开始是高昂型，再是自然型，最后是礼仪型，又回复到自然型。

只有这样才适应交际的需要。

五、体态语运用的总体要求

总体要求是：准确、适度；自然、得体；和谐、统一；简洁、精练。

（一）准确、适度

根据交际内容准确、适度地运用体态语，除内容外，还应考虑交际环境、交际对象、交际目的等方面。运用不准确，是有损形象的。一次招待会上，美国总统尼克松对大家说："大家请坐。"手却往上举起。还有一次演讲，他手指听众，说的是"我"；手指自己，说的却是"你们"。这种错位自然会被大家当作笑话。

（二）自然、得体

运用体态语时不做作，合乎身份。无论是从审美的角度，还是从表达的角度，体态语都要做到这两点。否则给人一种刻意表演、生硬造作、轻狂浮躁的印象，肯定会影响交际的。苏共总书记赫鲁晓夫在联合国大会上听到对方言谈时大为不满，竟用皮鞋敲打桌子，被与会的各国首脑、在场的记者当作一件大事传扬。这无疑有损一个大国大党领导者的形象。

（三）和谐、统一

这包括以下两个方面的内容。

（1）体态语和有声言语的配合，两者要协调，才能准确表达思想和愿望，否则收不到效果，上面提到的尼克松的事例就说明这一点。

（2）各种体态语之间要求和谐一致。各种体态语当然不会同时都使用，但一般总有两三种搭配着一起使用。使用时要注意整体效果，表情柔和时应该配以适当的手势、体姿，互相呼应，才能真正让对方准确理解信息，否则也容易让对方无所适从，不知该怎么理解所要表达的意思。

（四）简洁、精练

体态语丰富多彩，各自都有很强的表意作用，但它毕竟是口语的一种辅助手段，使用时应少而精、简而明，不可过多过滥、喧宾夺主，否则会弄巧成拙，妨碍有声语言的表达。尼克松早期政坛生涯就因过多过重的手势而受到记者的嘲弄，说他就像在练习劈刺。而成熟的政治家都十分注意手势、动作、表情的简明精练。高尔基描述列宁的体态语时，写道：

他的动作轻巧而灵活，手势简捷而有力，与他那言语不多但思维丰富的演说完全吻合。在他那蒙古型的脸上，一双锐利的眼睛在闪光，表现出一个不屈不挠的战士对谎言的反击以及对生活的忠实；他那双眯缝的眼睛在燃烧着，使着眼色讽刺地微笑着，闪烁着愤怒，这双眼睛的光辉使得他的演说更加强烈、更加清新。

口语表达时，体态语不精练简洁的毛病有手势频繁、动作重复、表情变化太多、身子晃动，等等。它不仅分散听者的注意力，甚至会引起反感。有一个求职者语言表达很流利、很明晰，但总是不成功。经分析，原来是他的体态语配合得不好，太多太滥，用人单位面试时总不满意他这一点。可见注意体态语的简练是很重要的，就像口语表达要避免啰唆重复一样。

六、体态语辨认的总体要求

对体态语的辨认是一个重要的问题。体态语要完成信息的交流，一方是正确编码发出，一方则是正确接收解码，两方都同等重要。常言说察言观色，"观色"即辨认对方的面部表情和整个体态动作，揣摩那没说出来的部分，和"察言"一起理解对方传送的信息。英国作家笛福的《鲁滨孙漂流记》写主人公搭救"星期五"后，两人通过体态语进行交流。那野人呆呆地站在那里既不进又不退，看来逃跑的意思多些。鲁滨孙向他大声招呼，做手势叫他过来，他明白了意思，向前走了几步，在看到鼓励的手势后又慢慢往前走，每走一二十步便下一个跪，仿佛对被救表示感谢。鲁滨孙对他微笑，做出和蔼的样子，又用手招他，叫他再走近一点。最后他走到鲁滨孙跟前，再跪下去，吻着地面，把头贴在地上，看样子仿佛在宣誓终身做鲁滨孙的奴隶。作者以白人救世主的想法写这么一段，这是他辨认体态语的思路。也许黑人不会是这么个意思，这当然是另外的问题了。

辨认体态语要注意以下几点。

（一）结合对象的生活习性辨认

常言说：文如其人。其他还有字如其人、言如其人等说法，我们也可以说体态也如其人。每个人的体态也带有其个人的特有印迹，初识一个人我们当然不能马上了解他的性格，时间久了就会熟悉他的一举一动意味着什么。有人说还没等他开口就知道他要说什么，这完全是从其体态辨认出来的。《智取威虎山》这部戏里座山雕每次笑就是想杀人，栾平知道他这习性，所以跪地喊"三爷饶命"。《李自成》这部小说写张献忠的习惯动作是每遇做重大决策时便捋胡须，捋到最后紧紧一捏就是要办，捋到中途松手就是不办，他手下人常根据这一点来执行他的命令。辨认体态语就要了解具体对象，结合他们的性格、教养、文化程度、个人经历、生活习惯去理解体会。

（二）结合国家、民族、地区的文化背景辨认

这一点上面已多次提到，不赘述。

（三）结合"体语簇"综合辨认

"体语簇"是一连串互相配合传递复杂信息的体态语。交际实践表明，不能孤立地、单一地观察某一体态语，而应整体观察一连串的体态语，注意它们之间的一致性或差异，这才能准确辨认信息。因一个体态语只表一个或一些简单的意义，如不了解这个人的体语簇，没把他的前后体态语贯通起来考察，仅凭某个表情就马上下结论，难免会像听话、看文章时容易犯的断章取义的错误一样，造成误解的后果。当然，一连串体语簇并不是没有重点和非重点之分，里面某个体态语是辨认的关键，我们应抓住这个关键，并不是对每个体态语都去重视，其实这也是做不到的。

比如一个人用手或用笔敲击桌子，脚又不停抖动，脚尖触地打拍子，双眉时时皱紧，这就是一种表厌烦的体语簇。有时人们为掩饰自己的情感心绪，会装出一种轻松自如的样子，但我们如能从他的体语簇里仔细辨认就会知道他的真实情况。晋朝谢安在指挥淝水之战时正与客人下棋，捷报传来，他看一眼就放下，一言不发。客人问战况，他淡淡地答道"小儿辈大破贼"，丝毫不显欣喜。实际上他内心有按捺不住的狂喜，他下棋完了过门槛时

把鞋跟都碰断了。这一体态语倒显出了他矫情镇物的一面。

（四）领悟对方隐喻式体态语来辨认

体态语与情感外观并不是简单直线对应的。有时出现很复杂的、有隐喻含意的体态语，又叫悖逆性体态语。比如小孩或妇女看一些惊险恐怖的电影，一边用双手捂着眼，一边又将手指分出点缝，从缝里看。对这种体态语就不能只注意捂眼，也不宜只注意从缝里看的眼神，简单地说这孩子是害怕或是不害怕都是不够的。再比如两人争吵得很厉害，一方怒气冲冲地走了，可走几步又停住往回望，这说明他虽然很气愤，但又对这场争吵有点后悔，想与对方和解。

（五）关注群体体态语

在实际生活和社交场合中，交际对象通常不是单个人，而是两个或更多的人组成的群体，这给我们辨认体态语带来复杂情况，但我们只能面对正视，回避是无益的。要做到眼观六路，耳听八方。京剧《沙家浜》中的阿庆嫂就是有杰出才能的"老板娘"，在与胡传魁、刁德一周旋时，善于辨认两人的言行，沉着机智地应付他们的盘问，渡过了一个个难关。

▶ 第三节　体态语的训练要点 ◀

体态语的训练必须与有声语言的训练结合进行。当然，这是就整个口才训练而言，不排除有时候可单独地从体态的动与静方面刻意做些训练，就像学习芭蕾舞应该与音乐节拍合着练，有时也可仅仅练练体形，做无声的表演。

一、明确训练的目的和作用

体态语在交际实践和日常生活中有着非常重要的意义，是每一个有志于做有教养有能力有身份的人走向社会不可缺少的一种交际手段。因此，我们应当把它当作一种有理论色彩，但更多地是有实用价值的语言来学习、训练，以至研究探讨，不可轻视、忽视，也不该仅仅当作在好奇心理驱使下的一种活动。学习、训练好运用与辨认体态语的目的就是为了提高交际能力，适应工作与生活的需要，而不是为了探听他人隐秘、琢磨他人心理，不是为了作不正当的运用，如编黑话、密码，也不是为了显示自己的风度才华，故作姿态，卖弄风情。只有端正态度，明确目标，认清作用，才有扎实牢靠的训练基础。

二、培养自己的观察能力和表达能力

体态语是一门学问、一门艺术，更是一种技能。学习训练时要在努力掌握一般知识的基础上，坚持观察、分析别人的表情、手势、体姿，并有意识地总结自己的体态语表达和接收的经验和教训。平时应多看看造型艺术（绘画尤其是人体的，摄影，雕塑）、表演艺术（戏剧、电影、电视剧）、大型晚会的转播、知名人士的露面集会，从公认的有风采的人物身上汲取养分。还应该常读有关体态语的专门著述，看专家们如何分析某种体态语，提高理论分析鉴别水平。现在已出版了专门的体态语工具书，分门别类地、详细简明地把各种常见体态语收集到书中，翻阅很方便。总之，看得多了，感受多了，练得多了，对体态语的辨认和

运用的能力也会逐渐增强。

三、掌握一定的心理学知识和社会经验

体态语和有声语言一样是人们思维心理的外现，有时也是一种掩饰，即所谓的言不由衷。心理学知识可以帮助我们揭示体态语的真正所指，而缺乏心理学知识，虽说眼睛好好的，却会被一些表面现象迷惑，不能真正探寻到他人体态语的奥秘和玄机。社会学知识和社会阅历、生活经验，这些都是非常重要的。人是社会的动物，如果把自己关在屋里，整天看书，却不与活生生的人打交道，肯定不能成为一个成功的交际者，好比学了很多关于游泳的理论却不下水游，无论如何也不算会游泳。一个有丰富阅历的人，举手投足都显得很成熟，他的双眼也一定比初次涉世的人要锐利，他辨认、运用体态语的水平也比较高。所以，不能孤立地学知识，更不要单纯地学知识，要将多门知识融会贯通，要在积累实际的交往经验基础上不断训练。社会是个大课堂、大操场，到社会上去练吧。

思考与训练

1. 为什么说体态语很重要？

2. 体态语的特性是什么？

3. 体态语有哪些类别？

4. 分析下面几个体态语，看它们有什么语义？平时运用的情境是什么？

(1)指鼻尖(点鼻尖、指人、点人)；

(2)掠头发(拢头发)；

(3)捂脸。

5. 看一部电影，对主要人物的体态做一个比较详细的分析。

6. 请用手势来表示下列词语的意思。

号召、象形、关心、指示、数字、憎恶、热爱、反对、向往、举例；

摩拳擦掌、局促不安、跃跃欲试、无可奈何、到此为止、一笔勾销、表明心迹、心烦意乱。

7. 1988 年 9 月 26 日的《解放日报》刊登了《高敏是个爱笑的四川姑娘》一文，摘录如下。

她每跳完一个动作，从水中跃上池边，总是轻盈地转身向观众鞠躬，随之脸庞上浮起两朵甜甜的笑靥。

优雅、妩媚的风度，使这位跳水名将，在比赛中增添了印象分。在赛后的记者招待会上，路透社记者就劈头劈脑地问："在紧张激烈的比赛中，你总是面带笑容，这是不是一种战术？"高敏用又一个微笑回答："笑一笑，能使我轻松一下呀！"

"跳水皇后"高敏在比赛中的微笑，是必胜的信念、美好心灵的表现，是发自内心真诚的微笑，既包含了必胜的信心，又包含了对观众厚爱的回报。真诚的微笑令对手和观众内心产生温暖，传递美好的情感。因此，有那么多的人喜爱高敏，忘不掉她那颇具魅力的微笑。

试问：你在生活中爱笑吗？请谈谈自己的体会。

8. 节目主持人往往要进行体态训练。下面是某电视台对主持人上下台的身姿体态的要求：

(1)从座位上沉稳站起；

(2)迈步走上主持台,要精神饱满、神态自然、步履沉稳、面带微笑,不左顾右盼；

(3)上台后站直站稳,轻轻吸一口气,环视观众；

(4)问候观众,面对观众讲话；

(5)讲完话后向观众致谢；

(6)下台动作沉稳,体态端庄,走姿与上台相同。

你觉得这些要求正确吗？你还有哪些补充？

第九章　滔滔不绝的演讲艺术
——演讲训练

以上八章讲述了口语训练的基本原理,从概述,到语音、表达、读诵、思路、听力、应变、体态语等诸方面进行了科学的训练;以下四章则是探讨口才在演讲、求职、辩论、谈判等方面的具体应用,以便读者更好地把握与操作。

▶ 第一节　演讲概念 ◀

演讲活动是一种源远流长的社会现象,始终伴随着人类文明的发展而发展。古今中外,凡是历史发展的重要关头,凡是社会激烈变革之时,演讲的特殊作用就越表现得突出。当今世界,是知识激增的时代,人类正在跨入一个由信息、新能源、新材料、生物、空间、海洋等六大群体技术构成的"信息时代";信息化社会的浪潮,以其雷霆万钧之势冲击着各国经济结构和政治格局,已经或正在深刻地影响着社会一切领域。在西方,"舌头、金钱和电脑"已成为三大战略武器。在我国,随着改革开放的不断深入,随着物质文明和精神文明的飞跃发展,演讲之风也蓬勃兴起,各种类型的演讲活动广泛开展,研究和传播演讲艺术日益受到人们的重视。那么,什么是"演讲"呢?

一、演讲的含义

演讲又叫讲演、演说。"演讲"这一概念,最早见诸荷马史诗。相传双目失明的行吟诗人荷马,常年云游各地,演讲关于特洛伊战争的英雄事迹。在我国,"演说"一词较早出现于《北史·熊安生传》:"公正(尹公正)于是有所疑,安生皆为一一演说,咸究其根本。"可见"演说"是因疑作答,寻根问底,明辨是非,以期达到释疑解惑的目的。对演讲或演说,古代有的称之为"言辞",有的称之为"谈说"。《说文》上讲,演,长流也。段玉裁《说文解字》认为:"演之言,引也。故为长远之流。"转义于语言,就是语流之意。《说文》上称:"说,释也,从言,兑声。一曰谈说。"段注云:"说释者,开解之意。"可见"演说"就是通过语流进行铺陈解释发挥。对于"讲",《说文》上解释为"和解"。段注云:"不合者调和之,纷纠者解释之,是曰讲。"这说明"讲"者有剖析矛盾、解释分歧之意。现在,在人们的语感中,"演讲"一词,与"演说"同义,《现代汉语词典》上有明确的解释,专指人们"就某个问题对听众说明事理,发表见解"。

显然,演讲是一种言语表现,但并非所有言语表现都是演讲。人们的自言自语、感叹唏嘘不是演讲;日常的寒暄聊天,一般性的个别交谈,也不是演讲。望文生义,简单地把"演讲"解释为"表演+讲话",也未免失之偏颇。

所谓演讲,是指在特定的时空环境中,以有声语言和相应的体态语言为手段,公开向听众传递信息,表述见解,阐明事理,抒发感情,以期达到感召听众的目的。它是一种直接的带有艺术性的社会实践活动。

这里有必要阐释以下几点。

(一)演讲是一种具有现实性和艺术性的社会实践活动

演讲是在社会实践的直接需求下产生的,具有公共交往的性质。人们在开展政治活动、经济活动、科学文化活动以及其他种种社会交往活动中,必然要发表见解,提出主张,释疑解惑,抒发感情,以达到说服人、感染人、教育人、激励人的目的。在这种活动中,无论是演讲者、主持者,还是听众,都有自己的目标指向和心理定式,都十分重视演讲的实际效益。就演讲者来说,当然力图当场感召听众,说服听众,以达到其预定的目标。就听众而言,从社会价值观念出发,同样也希望从演讲中获得知识和启示。至于演讲主持者,本来就承担有根据特定的目的对演讲活动进行组织和安排的任务,更希望演讲活动使各方面协调、和谐,圆满成功,以达到最佳的实际效益。一场富有吸引力的好的演讲,不仅可以生动地反映生活,揭示真理,帮助人们正确认识客观规律,同时也可以培养人们美好的道德情操,促进人们奋发向上,给人以强烈的美的享受。演讲活动所发挥的认知作用、教育作用、美感作用,正是社会实践的直接需求;同时,这本身也正是实实在在的社会现实生活,具有直接的现实指导意义。

演讲,不仅是一种现实性的社会实践活动,而且是一种带有艺术性的社会实践活动,科学通过生动的逻辑思维使人认识抽象的真理,艺术往往通过形象使人认识真理。在演讲活动中,演讲者为了最大限度地达到自己的目的,使听众心悦诚服,精神感奋,必须做到"晓之以理,动之以情,喻之以利,导之以行"。为此,常常要借助于戏剧、音乐、绘画、相声、小说、诗歌等多种文学艺术手段为其服务。当然,它虽然具有多种文学艺术式样的因素和特点,但它毕竟不同于戏剧、音乐、绘画、相声、小说、诗歌等文学艺术形式。文学艺术作品常常运用典型化手法,形象地、间接地反映社会生活,其本身并不等于现实生活;而演讲则是直接地表现生活,其本身直接体现着现实生活内容。

(二)演讲必须在特定的时空环境中进行

所谓"特定时空环境",一般指的是演讲者和听众都处在一定的时间和空间环境中。如"街头演讲",演讲者与听众同时处在街头;"法庭论辩演讲",演讲者与听众同时处在法庭的氛围之中。一般来说,演讲活动都要有相应的场合、必要的听众、适当的布置、合适的讲台、良好的音响效果和一定的时限。一定的时空环境反作用于演讲,制约着演讲的内容、表达、语言及表情动作,等等。一旦时空环境发生转移和变化,演讲的内容、表达、语言及表情动作等也必须随之转移和变化,以适应新的时空环境。在科学技术飞速发展的今天,时空观念发生了离异性的变化,时间在超强度地缩短,空间在奇迹般地扩大。广播、电视、电脑及信息网络,拓宽了人们的空间范围,同时也缩短了人们的时间差距。运用广播、电视、电脑及信息网络,可以把不同时间、不同地点的演讲者和听众组合起来,使传统的演讲出现新的发展和突破。如电视演讲,从表面上看,电视观众似乎并未直接与演讲者处在同一时间、同一空间中,但从根本上说,他们仍是处在特定的时空环境中,演讲者仍然要有强烈的现场感,宛如置身于听众之中,也要考虑到听众对演讲的情绪反应和态度评价,尽管各种反应和评价不一定立即在现场流露出来。因为在设置着话筒和摄像机的演播室内演讲,本身也就是处于特定的时空环境中。从宏观的角度看,任何一个演讲者都无法逃脱他所处的时空环境对他的制约;离开了这些,演讲也就失去了它的存在价值。

（三）演讲离不开语言

语言是人们彼此交流思想感情以达到互相了解的一种极其重要的交际工具。人类社会生活的任何方面,都直接或间接以语言为工具。有声语言就是演讲活动中传递信息、表达思想感情最主要的媒介和物质表达手段,它是演讲者思想感情的载体,以流动的方式,运载着演讲者的主张、见解、态度和感情,将其传递给听众,从而产生说服力、感召力,使听众受到教育和鼓舞。离开了口语表达,就无所谓演讲。要达到以理服人、以情感人、以智育人、使听众心领神会的效果,演讲者的语言必须晓畅易懂,富有魅力。好的有声语言不仅准确清晰、和谐适宜,而且绚丽多彩、生动有趣,以其跌宕起伏、音义兼美的艺术魅力,形成一种境界,使言辞的表现力和声音的感染力均达到最佳状态,从而使听众受到德的熏陶、智的启迪、美的洗礼。

除有声语言之外,演讲还必须辅之以相应的体态语言,诸如眼神、表情、手势、体态等。恰当的体态语言,可以使演讲"戏剧化",不仅使听众的听觉器官发挥作用,而且使其视觉器官同时发挥作用,从而弥补有声语言的不足,增强表现力和感染力。

总之,演讲是一种直接的带有艺术性的社会实践活动。在特定的时空环境中,演讲者凭借有声语言和相应的体态语言,郑重地、系统地发表见解和主张,从而达到感召听众、说服听众的目的。

二、演讲的特征

演讲具有以下三个方面的基本特征。

（一）三方人物·四重联系·五个环节

演讲不同于平时交谈。人们日常交流思想、联络感情、协调行动,常常是讨论式的,你一言,我一语,往往互为前提、相互引发、交织进行。这种现实生活中你、我、他面对面的言态交际,带有许多随机成分和散漫性。而演讲则不同。它的最基本组成形式是由"演讲者"和"听众"两方面人物组成。较为庄重的场合,通常由"主持者""演讲者"和"听众"三方面人物组成。在演讲过程中,总是一人在台上系统地把自己有准备、有组织的思想观点公开传递给一定数量的听众,中间不容许七嘴八舌地插话,即使是辩论演讲,也必须是逐个逐个地讲完。在这种"一人讲,众人听"的传播格局中,人们之间的联系并不是简单的、单向式的,而是表现为一个多联系、多层次、多侧面的网络系统。演讲主持者、演讲者和听众三方面人物构成四重联系:演讲者与听众之间的联系,听众与听众之间的联系,听众与演讲主持者之间的联系,演讲主持者与演讲者之间的联系。这四重联系在演讲现场中直接显示出来,同时以其或隐或现的形式,形成反馈回路,直接作用于演讲。比如,演讲者在台上滔滔不绝地发表演讲时,他的思想感情、举止神态都直接作用于听众和演讲主持者。演讲主持者和听众接收到这些信息,或欣然赞许,开怀大笑;或心存疑义,无动于衷。或惊或喜,或悲或叹,都会在现场流露出来。显然,这种对演讲的情绪反应和态度评价,会自然地反馈给演讲者,为其所察觉。演讲者与听众如能协调适应,具有引力,演讲就可望成功。同样,演讲主持者与听众、演讲主持者与演讲者的联系对演讲现场的影响也是显而易见的。主持人若思维敏捷,善于辞令,能审时度势,随机应变,恰当地控制会场的情绪和气氛,使演讲者和听众同时受到鼓舞,就往往能使演讲生色增辉,圆满成功。反之,若主持者不懂演讲规律,安排失当,木讷迟钝,自然会有损演讲效果,令人遗憾。至于听众与听众之间的联系,对演讲的影响也不可忽视。听众之间是否融洽协调、文明礼貌,直接影响到现场秩序和气氛。良好的现场秩序和气氛是演讲成功的重要条件。

从信息传播的角度来看,如果把演讲活动从演讲者萌发演讲动机开始至演讲产生一定影响或达到一定的目的为止,看成是一个信息传播的完整过程,那么,这个全过程实际上可归纳为以下五个环节。

(1)信息源——形成演讲内容的思想;材料的收集、积累并在这个过程中萌发演讲的动机;在这种动机的诱惑下,进一步对有关内容的思想材料进行收集和积累,从而构成扎扎实实的演讲内容。

(2)传播者——演讲者,这是演讲活动的主体。

(3)媒介——口语和相应的体态语言。

(4)受传者——听众。

(5)效果——演讲的成效。

演讲是一个信息循环流通的过程,演讲者通过口语和体态语媒介将演讲信息传达给听众,听众必然会产生一定的心理反应,形成反馈信息,再传递给演讲者,从而对演讲信息的再输出产生影响。演讲的三方人物、四重联系、五个环节如图9-1所示。

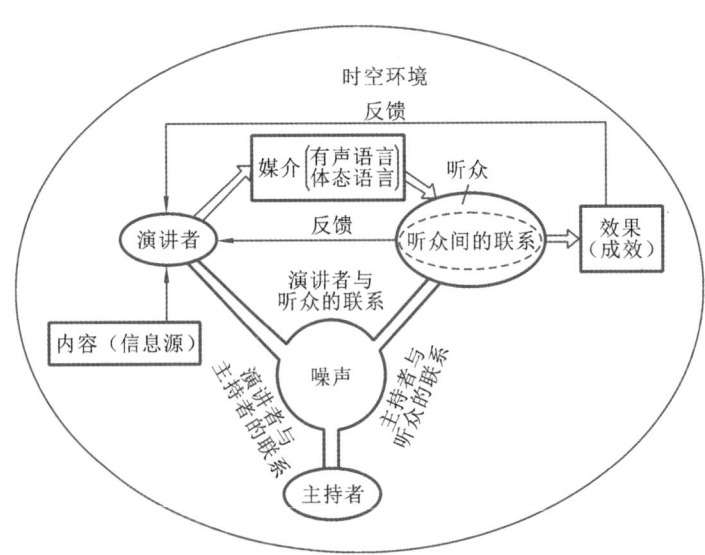

图 9-1　三方人物·四重联系·五个环节

显然,要使演讲顺利进行,必须使各方联系和各个环节有效地连接,密切配合。这中间演讲者是主体,听众是相应的另一主体;演讲内容则是客体,连接主、客体的纽带是口语和体态语这样的传播媒介。

（二）独白式的现实活动的言态表达

由于演讲是"一人讲，众人听"的口语表达方式，因而演讲者在发表见解、叙事说理时，不可能像平时交谈那样互为前提、相互引发，也不可能像平时交际时常采用某些不言自明的传神意会来代替语言，演讲者必须通过自身的有声语言材料和相应的体态语言来逐条逐款层层展开。要讲清思想观点的来龙去脉，就不是三言两语可以奏效的。因此，演讲者的语言总是独白式的，是经过认真组织、仔细斟酌、系统成篇的，有着很强的内在逻辑。开头怎样引人入胜、结尾怎样耐人寻味、中间怎样完美无疵地将自己和听众的情绪推向高潮；叙事、抒情、说理、论证怎样做到自然和谐、天衣无缝，怎样以其深刻的思想性和精巧的文采来吸引听众、感染听众，拨动听众的心弦，弹奏动听的乐章，这一切都要求演讲者苦心构思、巧妙组合。演讲者这种独白式的言态表达方式，又是有声语言和体态语言的结合体，它要求语言、声音、眼光、动作、姿态有机地结合，浑然一体，做到吐字清楚、语调动听、表情丰富、动作适度、仪态大方、感情充沛，使人产生一种"思风发于胸臆，言泉流于唇齿"的美感。因此，它必须遵循一定的美学原则，讲究音韵、修辞、气度等，具有一定的艺术色彩。总之，一次成功的演讲，其语言必须具备以下要素：措辞准确，声调清晰，体态得当，感情真挚，结构完美。

值得说明的是，演讲虽然是艺术化的、独白式的言态表达，但这种"艺术化"有一定的"度"，它是受现实活动的目的和效果制约的有限的艺术，实际上只是一种手段性的艺术，如同技能技巧一般。如果超越了这个"度"，把演讲变成评书、单口相声或诗朗诵，那就不伦不类，失去了演讲的真实性。评书、单口相声、诗朗诵虽然也是"一人讲，众人听"，但是它们属于艺术范畴，是艺术活动，是艺术活动中的言态表达形式；而演讲是现实活动，"它是现实活动的言态表达艺术，而不是艺术活动的言态表达"。

（三）适应面广，实用性强，极富鼓动性

作为社会公众交往的演讲，它的适应面很广，不管是政治、经济、军事、外交，也不管是法律、道德、宗教、学术或其他社会问题，都可以作为信息源，成为演讲的题材；无论是老、中、青、少，还是工、农、兵、学、商，只要具有听讲能力，都能成为信息的接收者，作为演讲的听众。演讲主要凭借口语表达，不需要过多的物质准备，对场地的要求也不高，礼堂、课堂、广场，甚至街头巷尾，都可以进行。因而，它能紧密地配合形势，适应现实任务的多种需要，及时地开展多种活动：宣传鼓动，就职施政，争取民众，发号施令，激励斗志，传道授业，答疑解惑，布置任务，安排生产，等等。事实上，演讲是最经济、最灵便、最直接、最有效、最实用的宣传教育形式之一。

演讲极富鼓动性。它是以政论为主体的语言实践活动，要求旗帜鲜明，主题显露；赞成什么，提倡什么，反对什么，泾渭分明，毫不含糊。它说明问题，深入浅出；阐述主张，纵横捭阖；判断、推理、论证，逻辑严密；加之辅以表情、姿态和手势，更增强了语言的表现力和感染力。它能紧紧吸引听众，产生较大的鼓动作用。在现代演讲中，其功能尤为显著。由于现代自然科学和社会科学的高度发达，演讲的信息包容量极大地增加了，大至宇宙，小至分子、原子；远至太古，遥及未来；社会机制，人生奥秘，都可以成为演讲的"热点"。演讲者可挣脱传统观念的束缚，以其新的生活体验、新的行为方式、新的知识结构和新的思

路,通过向历史和现实的纵深掘进、开拓,反映出崭新的生活真实和时代精神,具有高屋建瓴的气势。在纷繁复杂的生活中,演讲显示出导向功能,激励人们为实现宏伟目标,坚韧不拔,开拓前进。

▶ 第二节 演讲的类型 ◀

在演讲活动中,演讲者的身份各不相同,演讲的目的多种多样,演讲的内容包罗万象,演讲的方式各有特点,演讲的场地千差万别,演讲的听众形形色色,使演讲活动品类繁多,异彩纷呈。为了全面地认识和掌握演讲艺术的本质特征及社会功效,以便更好地组织演讲活动和充分地发表演讲,可以把演讲按一定的标准区分为若干小群进行研究。

由于着眼点不同,演讲分类的标准自然会各不相同。从演讲的全过程来看,信息内容是联系演讲者与听众的关键所在。内容决定形式,不同的演讲内容决定着演讲者的口语和体态,影响着演讲的风格和气度,是决定演讲成败的重要的因素。因此,演讲的内容理应成为演讲分类的重要标准。而演讲内容的涉及面十分广泛,政治、经济、军事等无所不包。再说演讲的内容与演讲的目的联系紧密。我们根据演讲的内容和目的,把演讲分为政治演讲、经济演讲、军事演讲、学术演讲、法律演讲、道德演讲和礼仪演讲等几种主要类型。

一、政治演讲

政治演讲,是指人们针对国家内政事务和对外关系,表明立场、阐明观点、宣传主张的一种演讲。它是政治斗争的重要武器,其内涵丰富,适应面广。诸如政府首脑的竞选演讲、施政演讲、就职演讲,各级领导宣传大政方针和实施计划的演讲,以及人们在政治集会上代表一定阶级、政党或个人发表的演讲等。

美国著名政治家帕特里克·亨利的《在弗吉尼亚州议会上的演说》是政治演讲的典范。18世纪中叶,北美人民反对殖民主义、争取自由独立的呼声日益高涨;而美国一些资产阶级领导人却主张与殖民者妥协和解,英国趁机调集大批军舰,企图镇压北美人民的反抗。在这紧急关头,帕特里克·亨利发表了这篇蜚声世界的演讲,它像炽烈的火炬,照亮了美国人民争取独立的道路。他首先采取欲擒故纵、以退为进的表现手法,缓和会场紧张气氛,然后展开凌厉的攻势,以大量铁的事实,揭露英国殖民主义者的贪婪,指明妥协退让的危害,划清是非界限,旗帜鲜明地提出必须"拿起武器"与英国殖民主义作斗争;他运用了一连串的排比句和反问句,增强了语言的气势和论辩的力量,具有强烈的鼓动色彩,充满了炽热的爱国激情和献身精神。

政治演讲有以下三个主要特点。

(一)旗帜鲜明的政治观点

政治演讲的目的在于宣传自己政党、集团或个人的政治见解和主张,借以说服和鼓动听众,使其接受并付诸行动。因此,好的政治演讲,总是具有巨大的思想容量、精辟的政治见解、旗帜鲜明的立场观点。不仅如此,好的政治演讲,其观点总是先进而健康的,符合历史发展的规律,起着推动社会前进的积极作用。

（二）雄辩严谨的逻辑威力

充分而雄辩的说理，严谨而有力的逻辑论证，是成功的政治演讲的又一特征。特别是在论辩性的政治演讲中，要克敌制胜，单有真理是不够的，还要求有辩证的思维、严密的逻辑、高明的策略和犀利的语言等。因此，为了圆满地达到政治演讲的目的，演讲者对其所要表达的观点总是经过深思熟虑，使其具有很强的说服力：提出问题的前提背景、分析问题的材料依据、解决问题的方法步骤，逐条逐款，环环入扣，布局合理，结构严谨，概念明确，判断恰当，推理合乎逻辑，始终保持思维论断的确定性和明确性。

（三）刚劲强烈的鼓动力量

成功的政治演讲，都具有刚劲强烈的鼓动力量。特别是一些政治集会演讲，其内容往往意义重大，为人们所共同关注，演讲者或动员，或宣传，或批驳，或声讨，不仅旗帜鲜明、观点明确、逻辑严谨、论证有力，而且感情真挚、以情动人，以引起听众的强烈共鸣，产生"共振效应"，因而极富鼓动性和号召力。政治演讲的鼓动力量不是游离于演讲内容之外的豪言壮语，也不是脱离实际的声嘶力竭的呼号，而是来自于政治观点和主张的正确性，来自演讲者的真知灼见和真情实感。

二、经济演讲

我国正处于改革开放时代，现代经济发展要求企业家不断扩大自己的横向联系和纵向联系，以便顺利地传递信息、指挥生产和开展经营活动。经济演讲就是指这类具有经贸内容性质的演讲。这类演讲大致可分为公关型、总结型、动员型、经济介绍型等几种类型。

1997 年 6 月下旬国务院副总理朱镕基在河南、安徽农村考察，关于"如何搞好今年的夏粮收购工作"的讲话，就是典型的经济演讲。他强调"以保护价敞开收购粮食，保护农民的生产积极性"，观点明确，内容实在，说理透辟，深受全国广大农民的欢迎。

经济演讲有以下三个主要特点。

（一）高度的求实性

经济演讲服务于经济效益，因此，演讲的各部分和所有论点都要深思熟虑，严密论证；所提建议、所发号召应具有充分的根据；除了出于某种策略考虑之外，引用的数据要求准确无误，且有说服力；目标明确而具体。所提出的措施在企业内部常常具有行动纲领的性质，最终要在工作中得到落实。所以，经济演讲既要有鼓动性，能鼓舞士气，使职工看到希望，又要实事求是地把企业的困难和问题告诉职工，使职工对现状有清醒的认识，从而以主人翁的姿态主动为企业服务。

（二）重视信息，讲究策略

信息在经济领域中起着越来越重要的桥梁作用。它沟通经济实体、经济单位之间的联系，能起到启迪、诱发、激励、协调经济活动的作用。因此，经济演讲特别重视信息的传播。一方面，它要通过准确的信息传播促进经济活动的开展；另一方面，它又出于以盈利为目的的策略考虑，对于部分信息实行严格的保密。总之，有关经济情报对于经营活动是至关重要的，经济演讲十分重视信息，又特别讲究策略。

（三）语言明确，以解说为主

解说就是用明确的语言把事物的形状、性质、构造、成因、关系、功用等解释清楚，把人物的经历、特点等表达明白。经济演讲中企业家常常要将企业的现状、发展情况、产品，以及生产计划等向听众做介绍。这些主要依赖解说进行，特别是关于经验介绍和科学总结更要求做详尽的解说，多举实例，尽可能把经验上升为理论，从中找出规律性的东西，以便推广。

三、军事演讲

从广义看，军事演讲也属于政治演讲，但它又带有军事性质的特点，所以另立一类加以介绍。军事演讲是指以战争为中心内容的各种形式的演讲。这种演讲常常用于战前誓师，介绍战争形势、任务、战略、战术等；或用于战地鼓气，激励战士同仇敌忾，勇猛向前；或用于战后庆功，宣传战绩，表彰战斗英雄，推广战斗经验，等等。

1941年12月8日，日本帝国主义偷袭珍珠港，美国总统罗斯福获得消息后，在参众两院联席会议上发表了《1941年12月7日——一个遗臭万年的日子》的著名演讲。这篇军事演讲仅用6分半钟的时间，短小精悍，既陈述了事实真相，又分析了战争性质及胜负条件，把激昂愤懑之情融入冷静的分析、判断之中，句句都是有力的论据，句句都是炙人的烈火，产生了巨大的反响，参众两院分别以绝对的多数通过了美国和日本之间存在战争状态的联合决议。

军事演讲有以下三个主要特点。

（一）唤起紧迫感，极富鼓动性

军事演讲与其他演讲比较，更富鼓动性和号召力，这是由其特殊的目的和时空环境所决定的。特别是战地演讲，听众本来就是一个群体，有着共同的群体意识，有着拥护和服从的心理定式，军队首领所发表的讲话，很大程度上都带有命令性质，只要稍加点染，就会形成燎原之势，产生巨大的号召力。军事演讲这种极大的鼓动性和号召力，往往取决于演讲所唤起的共同的反抗意识、复仇情绪和紧迫感。

（二）感情显露，充满"火药味"

军事演讲一般是在阶级矛盾和民族矛盾的白热化阶段进行的。这时，只要不是局外人，谁都会产生强烈的感情冲动。对于事实真相的陈述，对于问题性质的分析，必然要受到各自所属的民族和阶级的制约，因而演讲者的立场十分鲜明，感情总是直接外露，或召唤，或斥责，斩钉截铁，慷慨激昂，有着强烈的"火药味"。篇幅一般不太长，语言简洁有力，掷地有声，如号角，如战鼓，扣人心弦。

（三）具有及时性和隐秘性

由于军事斗争的特殊需要，军事演讲总是紧密配合军事行动进行，非常及时地为军事行动服务。军事信息的时效性决定了军事演讲的及时性；同样，军事信息的保密性又决定了军事演讲在一定时间、一定范围内具有一定程度的隐秘性。在军事演讲中，涉及具体的保密内容，多用较笼统的原则性、号召性的语言来代替。

四、学术演讲

学术演讲,是指介绍科学研究成果、传授科学知识、表述学术见解的演讲。它是一种高层次的演讲,通常在学术研讨会、学术报告会和学术讲座上进行。从传授知识的角度看,它与授课相近,但在表达上则与课堂教学不相同。它很少有课堂教学那种相对固定的程式,也不像课堂教学那样受教材和教学大纲的约束。随着人类科学文化事业的不断发展,学科门类愈分愈细,学术交流活动愈加频繁,学术演讲在内容方面,其深度、广度日趋丰富;在形式方面,其发展变化也日趋多样。学术演讲对传播文化、普及科学知识、促进科学发展,起着积极的推动作用,因而世界各国都利用它来兴办教育、启迪民智。

鲁迅先生 1927 年在广州所作的《魏晋风度及文章与药及酒之关系》的演讲,就是学术演讲的典范。他运用历史唯物主义的观点,以大量历史事实为依据,详细论证了魏晋文风形成的原因,并且对曹操、何晏、王弼、嵇康、阮籍、陶渊明等人的思想发展的内在矛盾进行了深入的探讨,做出科学的评价;他所提的见解和所做的分析具有独创性,令人耳目一新;他运用古今通变的手法,把遥远艰涩的历史事实与现实社会紧密相连,进行巧妙的不协调的类比,产生出强烈的幽默讽刺效果。这篇演讲具有重要的学术价值。

学术演讲有以下四个主要特点。

(一)科学严谨的内容

学术演讲要求内容具有科学性,所谓科学性是指所阐述的理论能正确反映客观事物内部联系及其发展规律,形成完整、全面、连贯、系统的体系。这就要求从实际出发,实事求是,有正确的观点、翔实的材料、充分有力的证据。可以说,内容的科学性是学术演讲的生命,学术演讲离开了严谨科学的内容,就毫无价值可言。一切片面的、支离破碎的、前后矛盾的主观臆断,都不能登大雅之堂。

(二)真知灼见的创造

有独到见解,具有一定的独创性。所谓独创性,是指对原有理论有所突破,能提出新的问题、新的观点,构成新的理论体系,等等。独创性是推动科学前进的动力。如果只有简单的继承,而无突破性的发展,科学将难以前进。学术演讲最忌人云亦云,即使是介绍某一学科领域的发展状况或科学普及教育的演讲,虽然对独创性的要求不高,但也必须尽可能从讲述角度、讲述重点、讲述方法上多做文章,力求讲出一点新意来。可以说,独创性是学术演讲的价值所在。

(三)平易准确的语言

这是由学术资料的科学性和独创性所决定的。为了确切地表述概念、判断和推理,遣词造句必须严谨,表达必须简明,例证要求典型。学术演讲是高层次的演讲,有时不可避免地要使用一些专业术语、独特的符号,以及独特的表达形式,等等。这对于内行来说,它们是熟悉、生动、有趣的;而对于一般听众来说,又可能是艰涩、枯燥、乏味的。因而,演讲者应力求使语言平易、生动,有时还须使用趣味语言来阐释艰涩的学术观点,做到深入浅出。

(四)多种多样的辅助手段

为了增强听众的直观效果,使深奥抽象的道理具体化,学术演讲往往借助多种辅助手段,如幻灯、投影、录音、录像、挂图、板书、实物,以及实际操作、演示,等等,以达到事半功倍的效果。

五、法律演讲

法律演讲,就是指以法律为内容的各种形式的演讲,包括法庭演讲、法律咨询、仲裁活动,以及普及法律知识的报告、讲座,等等。法律演讲在对公民进行法律、道德及思想教育等方面有着很大作用。特别是法庭演讲,它是实现各种诉讼职能的必要手段,对诉讼活动的质量有着直接影响。法律工作者利用法律演讲可以具体形象地宣传国家的法律,鞭挞违法犯罪行为,维护公民的合法权益,协助法庭实现司法目的和对公民进行教育。

1933年2月27日,希特勒党徒焚烧了当时的德国国会大厦后嫁祸于共产党人,当时恰在德国的保加利亚政治活动家季米特洛夫等被诬为纵火犯而被捕。该年的9月21日至12月23日,在德国莱比锡法庭对季米特洛夫进行审判,季米特洛夫据理批驳,发表了著名的《在莱比锡法庭上的演讲》,他运用有力的事实和严密的逻辑,戳穿了敌人的阴谋,成为法庭演讲的典范。

法律演讲有以下三个主要特点。

(一)鲜明的政策性

法律演讲是一种诉讼活动,必须严格依照法律进行,以法律为准绳,不能信口开河,敷衍了事,更不允许进行非法的人身攻击。国家的法律是神圣的。它是统治阶级意志的反映,是方针政策的条文化和具体化。法庭演讲要保证法律的正确实施。因此,它必然具有鲜明的阶级性和政策性。演讲者(含公诉人、辩护人、审判人)都必须对法律有准确深刻的理解,实事求是,公正坦诚,不偏不倚,尊重法律,尊重个人,体现出鲜明的政策性。

(二)材料的准确性

法律演讲不是简单地引用法律条文,也不是不加分析、不加评价地复述案件事实。法律演讲要广泛地运用逻辑推理、论据和论证。无论是公诉人还是辩护人,演讲时都必须有确凿的证据。叙述案件的实际情况,分析和评价证据,是法庭演讲的主要内容,是它的核心所在。事实胜于雄辩,与论题有关的事实的总和是最为有力的无法反驳的论据。所以法律演讲必须确保材料的绝对准确,不能有任何主观臆断或猜测揣度。因此,法庭演讲总是首先证明诉讼证据是确凿无疑的。

(三)言辞的严密性

准确、鲜明、严谨、字斟句酌、无懈可击,是法律演讲的语言特色。这是由法庭的特定环境、辩论的特定内容和法律语言的特定功能所决定的。一字之差,人命关天,不能稍有差错;含混模糊的词语在法庭上被禁止使用。无论是以立论方式发表的公诉演说,还是以驳论方式发表的辩论演说,都必须用词准确严密,具有雄辩的力量。

六、道德演讲

道德演讲,是指以思想品德教育为目的的一种演讲。它是一种宣传教化手段。演讲者通过对社会生活中的意识形态问题进行分析、说明和评论,可以宣传赞扬真善美、揭露鞭挞假恶丑，支持进步，批评落后，帮助人们认清形势，分辨是非，明白事理，陶冶心灵，促使人们树立正确的人生观和世界观，培养人们高尚的道德品质和优美的情操。

当代演说家李燕杰1981年所作的《国家、民族与正气》的演讲，就是成功的道德演讲，曾在广大的青年中引起过强烈的反响。演讲采用爱国之心、民族之魂和正气之歌三个小标题，将性质相同的事例、问题归为一类，以其鲜明的故事性、知识性、哲理性和抒情性，深深地感染听众，震撼读者的心灵，对青年进行崇高的爱国主义教育。

道德教育有以下三个主要特点。

（一）题材广泛，形式多样

思想道德教育演讲涉及的内容非常广，因为社会生活本身就是丰富多彩的，人生各个方面——理想、前途、爱情、幸福、荣誉、耻辱，社会各个领域，都可成为道德演讲的内容和对象，在众多的内容中，爱国主义教育是基本内容。思想道德演讲所涉及的听众面也很宽。不同年龄、不同职业、不同层次、不同文化程度的听众，各有不同的要求，差异很大；演讲者必然要"因人施教""因事施教""因时施教""因地施教"，必然导致演讲形式的多种多样。

（二）贴近生活，洋溢时代感

道德教育演讲不仅要从理论上分析探讨，还要贴近生活，选择与现实相关的内容加以阐释，选择听众感兴趣的真实感人的典型事例进行解说。演讲者应把握时代的脉搏，捕捉最新信息，以新形势、新思想、新观点来教育启迪听众。

（三）疏导指教，充满亲切感

思想道德教育是一种感情的艺术，成功的思想教育是"三分含情，七分叙理"，情中有理，理中含情，以情感化。演讲者理应采用循循善诱的疏导说服方式，摒弃训斥口吻，语言亲切平易，感情真挚动人，充满亲切感。特别是对待青年听众，热情诚恳尤其显得重要，青年对指手画脚的训斥，感情相悖，即使是金玉良言，他们也无动于衷。

七、礼仪演讲

礼仪演讲，是指在公众节令或重要典礼上发表的演讲。它是调节人际关系的重要手段。主要有凭吊和庆贺两种类型，意在表达感情和表示礼节。演讲者往往借对死者的哀悼或对喜庆的祝贺，以真挚感情打动听众，起到宣传和交际的作用。礼仪演讲使用范围较广，凭吊演讲不仅在葬礼上使用以寄托哀思，还往往在周年祭或纪念会上发表，借以歌功颂德，激励后人；庆贺演讲的适应面更广，婚礼、寿诞、立功受奖、佳节纪念等都需要前往祝贺，可以发表热情洋溢、催人奋进的演讲。

美国黑人运动领袖马丁·路德·金1963年8月28日发表的《在林肯纪念堂前的演讲》就是凭吊演讲的典范。演讲的中心议题是号召黑人群众为实现自由与平等，为争取公民权而共同斗争。演讲结合群众游行示威的实际行动，言群众之所想，极富号召力。这正义的呐喊，征服了当时在场的所有听众，对社会产生了巨大影响。

礼仪演讲有以下三个主要特点。

（一）强烈的感情色彩

凭吊演讲感情深重，语调沉缓悲切，与丧事的悲痛气氛相协调；庆贺演讲情绪昂扬，语调高亢热烈，与喜庆的欢乐气氛相统一。不管是悲是喜，演讲者的感情总是明显外露，声情并茂；表达充分自然，扣人心弦；在修辞上，比较接近文学语体。

（二）符合礼节规范

礼仪演讲是在特定的社交活动中进行的，特别要注意礼节规范，不可贸然行事。表情、动作都要有讲究，要适应现场气氛，尊重民族习惯和民间风尚，彬彬有礼。

（三）由此及彼，借题发挥

礼仪演讲不是单纯地为纪念而纪念，为庆贺而庆贺，往往是借题发挥，通过凭吊或庆贺而达到某种预定的目的。

▶ 第三节 演 讲 稿 ◀

演讲准备的重要一环是写好演讲稿。所谓演讲稿，就是指演讲者在演讲之前，根据口头发表的需要写出的文稿。它是进行现场演讲的主要依据。事实上，选题立意、组织材料、安排结构、编列提纲等，都是撰写演讲稿的探讨范围。

有人认为，演讲无需演讲稿，写个提纲，打个腹稿就行；还有人认为有了成文的演讲稿，就会囿于文辞，照本宣科，使演讲失去生动性和灵活性。显然，这些看法都是片面的，这是由于对演讲的特点和演讲稿的作用缺乏全面了解的缘故。诚然，照本宣科的、念稿式的演讲会使听众厌烦、反感，是拙劣的，不可取的。但是，我们决不能因此而忽视了演讲稿在讲演中的积极作用，它的作用至少有四点：第一，能对选材和提纲的实践性进行检验，进一步保证内容的完善；第二，能避免临场字斟句酌，增强语言的感染力；第三，能保证思路畅通，帮助消除怯场心理；第四，能帮助限定时速，避免时间松紧失当。一般来说，成功的演讲，大都备有完整的演讲稿。本节主要就演讲稿的主题的确立、材料的选择、结构的安排等几方面来加以探讨。

一、演讲议题与主题的确定

（一）演讲议题的确定

萌发了演讲的动机，拟定了演讲的最初目的，就必然要选择议题、确定中心。这个环节非常重要，直接决定演讲的主题和价值，影响演讲的成败。

所谓议题，就是演讲的内容。选择议题就是选择话题，确定谈哪方面的内容。演讲者总是通过阐述、分析、论证话题来表情达意的。那么，究竟怎样选择话题呢？其基本原则如下。

1. 体现时代精神，顺应历史潮流

演讲的目的在于宣传、教育、组织和激励群众。因此，选题一定要有时代意义，必须紧紧抓住人们普遍关心的问题，抓住社会现实中急需解决的问题。比如思想政治方面的重大问题、与现实社会息息相关的社会风气和道德修养问题，以及反映科学文化发展动态、推动科学文化事业发展的问题,等等。要讲出时代感,讲出新意,演讲者必须考虑演讲的场合、环境、现实状况,以及自己对该问题的历史、现状的了解程度,并给以科学的分析、综合和解释,符合历史发展的规律。

2. 适合听众需求,内容有的放矢

选题要有针对性,要能深刻影响听众,极大地感染听众。由于民族不同,性格各异,职业有别,年龄差距,以及生活环境和文化修养的不同,演讲的听众存在着很大的心理差异、风格差异、感情差异等。选题时应考虑不同类型听众的需要。根据不同民族、不同职业、不同层次的听众的知识水准、兴趣爱好、风俗习惯等来确定选题。只有选题适合听众的心理、愿望,才能调动听众的注意力,唤起听众的热情和兴趣。例如,对青年人谈男女恋情,谈怎样看待流行歌曲等问题便合他们的口味,但对中老年人则未必合适。显然,如果对山区老农大谈高能物理,谈得再好恐怕也不会受欢迎;倘若换成水土保持,情况则大不一样。

为了适应不同类型听众需要,选题要考虑到"适应度"。议题的"适应度"较大,适应的听众面就较宽;反之,"适应度"较小,适应的听众面就较窄。一般来说,议题的专业化程度越高,其"适应度"就越小。

3. 切合自己的身份,不妨"驾轻就熟"

选择演讲议题,应切合自己的年龄、身份、气质,适合自己的知识水平和兴趣。这样,演讲者便能自然地融入自己的思想感情,"得心应口",措辞、语调、口气也就自然、生动、有声有色、富有活力,给人以新鲜感和亲切感;否则,如果硬要去讲那些不切合自己的身份、气质、年龄和知识水平的议题,就必然是力不从心,即使勉强讲了,也必然是生吞活剥、生硬呆板、无法感人。

演讲者不妨"驾轻就熟",选择自己比较熟悉、最感兴趣的议题,这样容易讲深讲透,讲出水平,讲出风格。

4. 注意演讲场合,考虑预定时间

演讲者应考虑演讲的时空环境,包括现场的布置、时间、背景、组织和听众等因素。在喜庆的场合大谈悲凉,在悲凉的氛围中大讲欢愉都是荒唐的。演讲者设置议题还应考虑提供给演讲的时间,努力做到不超过规定的时间。

(二)演讲主题的确定

选定了议题,就有了演讲的大方向,但仅有大方向还不行,还必须确定一条具体的途径,必须确定主题。主题是演讲的灵魂,它决定着演讲思想性的强弱,制约着材料的取舍和组织,影响到论证方式和艺术调度。它是选题的具体化和明朗化。没有明确的主题,演讲就如同没有灵魂的偶像,即使讲得天花乱坠,也会让人不知所云,不得要领。

演讲的主题要集中。一般来说,一篇演讲只能有一个主题,必须围绕这个主题展开阐述;否则就容易出现焦距模糊、思想枝蔓的毛病。主题要求鲜明、正确、新颖、深刻。鲜明,是指主题要贯穿于全篇,能够给听众留下深刻的印象,引起强烈的反响;正确,是指其观点、见解具有积极意义,能使听众受到教益,取得良好的社会效益;新颖,是指见解独特,给人以醒目之感,对听众具有诱惑力和吸引力,能激起听众的兴趣和注意;深刻,是指提出的主张和见解能揭示事物的本质,能使听众受到启迪,从感性认识提高到理性认识。而要做到这些,必须在选定角度和发掘深度上下功夫。庄子云:"语之所贵者,意也。"元代陆辅之云:"命意贵远。"都是说明立意的重要。

曾经荣获1984年"全国18省市演讲邀请赛"一等奖的林波的演讲《不倒的碑》,最初确定的主题是"缅怀先烈,悼念先烈"。这个主题虽然鲜明、正确,但很一般,缺乏新意,也不够深刻。后来几经讨论,大家认为,作者的外祖父(革命烈士)宁死不屈,死而无憾的精神,同她外祖母("双枪老太婆"原型人物之一)蒙冤受屈、矢志不移的精神都说明了一个问题:因为他们有纯正的入党动机,所以才会洒热血仰天大笑,历万劫不改初衷。特别是其外祖母自新中国成立以来便受到不公平待遇,甚至被劝退党,而她仍旧按时交纳党费,仍然努力为党工作。这种信念是多么坚定!几经讨论,最后把主题确定为:"端正入党动机,矢志不渝为党奋斗终生。"这样一提炼,角度改了,主题深化了,当20世纪80年代金钱观冲击着人生观和价值观的时候,特别是在当时有部分人产生信仰危机的时候,其针对性和教育意义就显得更突出了。

二、演讲材料的选择

(一)收集材料的意义

从材料与主题的关系来看,材料是观点形成的基础,观点从材料中来。这种从材料中抽象出来的观点一旦形成,就成了进一步收集材料的依据。同时,思想观点的阐述,也以材料做支柱,离开了真实、具体、生动、新颖、典型、充分的材料来阐明思想观点,演讲就会像瘦骨嶙峋的"小瘪三"。只有大量地广泛地收集材料、占有材料,才能使演讲获得成功。概括地说,材料与观点的关系是:信源材料萌发动机,并形成观点;广泛收集材料以观点为统帅;利用生动典型的材料阐述观点。

可见,善于收集材料对演讲是非常重要的。美国第16任总统林肯,经常戴一顶当时流行的高帽子,随时将所见、所闻、所感的材料记在碎纸片、旧信封及破包装纸上,然后摘下帽子,放进里面,再把帽子戴上,闲暇之时,便分门别类,加以整理,抄进本子以备用。这种做法的好处是收集材料十分及时。维德摩迪是美国19世纪的大演说家,他准备了许多大信封,信封上标着醒目的标题,倘若遇到好材料,便及时抄录下来,放入相应题目的信封内,分档储存有用材料。他们的成功演讲与平时"做有心人",注意收集材料密切相关。

当然,收集材料的过程,本身就是一个鉴别筛选的过程;要慧眼识宝,善于识别,确定材料的性质、价值和作用。否则身在宝山不识宝,即使有好的材料,也会熟视无睹,轻易放过。

(二)收集材料的途径和方法

获取演讲材料的途径很多,主要有二:一是获取直接材料;二是获取间接材料。所谓直接材料,是指演讲者自己的经验和思想,留心观察收集身边所见所闻所感的、真切感人的材料;也是指亲自调查得来的材料,对事情产生的背景、经过、结果了解得一清二楚,讲起来得心应手。所谓间接材料,主要是指从书籍、报刊、文献、网络中所得的材料,这是广泛的材料来源。借鉴这些材料要以敏锐的洞察力进行思考、琢磨,从中发掘新意,使之具有自己的特色。

收集材料是一项琐碎的基础工作,必须常记不懈、持之以恒,同时也要得法。收集的材料可以记摘要、大意,也可摘录;一般记在笔记本上、卡片上或存储在手机或计算机里,以记在卡片上和存储在手机里为好,这样,便于整理归类,使用灵活。对所收集的材料,要精于筛选,归档整理,使之条理化、系统化,使用时力求从中发掘新意。

（三）收集材料的原则

一般说来,收集演讲材料可有以下七条原则。

1. 定向

收集材料要把握方向,防止盲目性和随意性。生活千头万绪,书、报、刊浩如烟海,时间和精力不容我们有见必记,有闻必录;我们必须把准方向,有计划、有针对性地收集。所谓把准方向就是围绕论题进行,根据论题划定的区域范围,按计划、有重点地工作。选择的论题要大小适中,不宜太窄,也不宜过宽。太窄,往往会漏掉与之相关的材料,使用时没有回旋余地;太宽,往往难抓住主线和重点,造成内容芜杂臃肿,削弱和冲淡主题。

2. 充分

演讲要求大量地、详尽地收集和占有材料,既要从纵向了解事物发生、发展的经过,又要从横向了解事物各方面的联系;不仅了解事物的正面材料,还要了解事物的反面材料,以便多方位、多角度进行分析、比较,这样可以避免认识上的主观性和片面性。材料越充分,思路就越开阔。论据越充分,就越能正确而有力地阐明观点,产生令人信服的雄辩力量。

3. 真实

所谓真实,是指材料的客观性,即所选材料是客观世界确实存在的,符合历史实际的。只有真实的材料才最有说服力,才有利于人们形成坚定的信念。倘若臆造或虚构材料,势必与事实发生撞击,势必被揭穿。为了保证材料的准确性和可靠性,必须交代材料的出处,以增强材料的可信度。要知人论事,既不夸大事件的意义和拔高人物的思想,也不低估事件的价值和贬损人物品德。对于选做论据的书面材料,要严格检查、核对;要善于鉴别,去伪存真;切忌抄转讹传,张冠李戴,引起哄笑。

4. 新鲜

新奇感是促使人们注意的心理因素。演讲者立论高妙,演讲材料新鲜,就能较好地激起听众的新奇感,引起注意。这对深化主旨、充实内容都有着十分重要的意义。演讲者人云亦云,重复使用别人用滥了的材料,就会令人感到乏味。因此,要尽力防止和避免材料的雷同,要造成新鲜感。这一方面要留心收集现实生活中新近发生的事情,同时也要善于收集那些过去早已发生但并不为人所知的事例。此外,还要善于观察分析,抓住现实中看似一般的材料,从中发掘出新意来。

5. 典型

典型由于其深刻揭示事物本质,具有代表性,有较强的说服力。演讲的目的在于说服人、鼓动人,因而要认真审慎地收集那些能说明主旨、具有代表性的事实材料和事理材料,防止和避免材料的平淡化。在与众多材料进行比较时,要发现典型材料,关键在于演讲者的观察分析能力和思想认识水平。

6. 具体

具体,是相对抽象笼统而言的。有些材料虽然真实、新鲜、典型,但由于详略处理不当,尽管讲清楚了来龙去脉,也使人感到"不够味""不解渴"。这往往在于叙述太简略笼统所致,出现这种情况的原因,对于事例性的感性材料来说,常常是忽视了对重点材料做必要的渲染;从记叙的诸要素看,常常是对"为什么"和"怎样"两个因素交代不够。

7. 感人

在演讲活动中,要注意选取能提高听众兴趣、能打动听众感情的材料。在现实生活中,许多感人的事情都是看似违背常理,出人意料,不可思议,但又是在情理之中,往往能表现人的高贵品质。此外,演讲要感人,讲人们的奋斗经历,讲与听众切身利益相关的事,容易达到目的。

总之,收集演讲材料要力求做到定向、充分、真实、新鲜、典型、具体、感人,才能充分表达主旨,促使演讲的成功。

三、演讲结构的安排

演讲的文稿,不是主题和材料的简单相加,而是它们严谨巧妙的结合。人们常常用健美的人来比喻完美的演讲词,高尚的灵魂好比演讲的主题,丰满健壮的血肉如同演讲的材料,而支撑这个血肉之躯的骨骼则是演讲稿的结构。这里有一个巧妙安排结构的问题。

演讲文稿总是由开头、中间和结尾三部分组成。这三部分必须配合恰当,形成有机的整体。开头如何勾勒提要,定好基调;中间如何逐层分析,形成高潮;结尾如何自然收束,发人深省,都必须认真揣摩。元代乔梦符说:"作乐府亦有法,故曰凤头、猪肚、豹尾六字是也。"他虽然说的是乐府诗的做法,其实,演讲词结构的安排亦可参照此法。

（一）开头

凤凰头,小巧美丽。演讲词开头应该短小精巧,新颖诱人。古人云:"善于始者,成功已半。"演讲的开头,在通篇演讲中处于领先的特殊位置,在演讲者与听众之间架起一座沟通思想情感的桥梁,为演讲的成功开辟道路。出手不凡的开头,能唤起听众的兴趣和求知欲,产生巨大的吸引力,紧紧抓住听众的兴头,使听众非听下去不可。好的开头,能为全篇演讲定下基调,一开始就给人以清晰的印象。精巧的开头,画龙点睛,勾勒提要,能自然顺畅地引领下文,把听众带进声情并茂的演讲情景中去,造成有利于接受演讲观点的心理定式。

那么,究竟怎样设计和安排演讲的开头? 这主要取决于演讲的内容、环境和听众的情况。内容和时空环境的多样性决定了演讲开头的多样性。常见的有下列几种。

1. 设问式开头

聪明的提问是智慧的标志,是通往知识宝库的桥梁。演讲者一开始就提出一个或几个出乎意料的问题,触发听众神经元的亢奋,迅速地唤起听众的兴趣和注意力,引起人们的深思,自然地激发听众的参与意识,缩短演讲者与听众的距离,使两者的思想感情得以迅速沟通。同时,提问能加深听众对问题的记忆和理解。

1980 年复旦大学举办的"青年与祖国"的演讲比赛,当时由于种种原因,会场嘈杂难静。这时有位同学上台,他刚讲个开头,就立即扭转了混乱局面,紧紧抓住了听众的心。他说:"我想提个问题。"台下听众立即被他这种新奇的开头形式所吸引。他顿了顿,继续说:"谁能用一个字来概括青年和祖国的关系呢?"这时,台下听众议论纷纷,情绪活跃。他立即引导说:"可以用'根'字来概括这种关系。"接着,他讲述上海男人名字喜欢用"根"字的原因,并归纳说:"我们青年有一个共同的姓,就是'中华';有一个共同的名,就是'根'。'中华根'应该是中国青年最自豪、最光荣的名字!"话音刚落,全场顿时掌声雷动。这样的提问开头,新颖别致,出人意料,让人耳目一新,激起听众浓厚的兴趣。

2. 叙事式开头

演讲者一开始就讲述新近发生的奇闻怪事、令人震惊的重大事件或生动感人的故事。这种开头,由于故事具有情节生动、内容新奇等特征,容易赢得听众的关注,并能造成悬念,激起听众的兴趣。

一篇题为《救救孩子》的演讲,就是叙述两件具体事开头的:

去年5月24日的《新民晚报》披露了这样一个事实:一个四年级小学生每天要带父母亲手剥光了壳的鸡蛋到学校吃。有一次,父母忘了给鸡蛋剥壳,差点憋坏了孩子。他对着鸡蛋左瞅右看,不知如何下口。结果只好原蛋带回。母亲问他怎么不吃蛋,回答很简单:"没有缝,我怎么吃!"无独有偶,据某杂志载,一个将要留学法国的地质学院研究生,因为害怕出国后,没有人照料自己的生活而吓得全身痉挛,有时竟连续5个小时。神经学专家的结论是:"病人发病的根源在于社会生活能力差,出国造成了极大的心理压力……"这个结论,我想不应该只是针对这位患有"出国恐惧症"的研究生,所有的教师,所有的家长,是否也应该考虑一下我们的学生的社会生活能力究竟怎样?今后他们能自立于社会、贡献于社会吗?

演讲者选用两件看来酷似笑话、令人啼笑皆非的事实开头,十分生动,富有吸引力,引人深思。听众很自然地被引入"教育改革势在必行"的议论中去。

3. 解题式开头

这种开头扼要地解释、说明演讲题目的含义,能自然顺畅地转入正文的论述。

在某次"演讲与口才培训班"结业典礼上,一位民警紧接着在一位营业员之后发表演讲,他借营业员演讲的结尾,引出自己的开头。承接顺畅自然,显得生动有趣。他说:

同志们,刚才那位营业员同志说,欢迎大家到她的商场来,可我呢?却不欢迎大家到我那里去,因为我是长春市公安局交通警察大队的。提起交通警察,有人给我们送了个雅号——"马路槭子"。好吧,今天,我就专题讲一讲"好一个马路槭子"。

这样风趣的开头,不仅扼要地说明了题目的含义,也具有即兴的特点。

4. 明旨式开头

这是常见的开头方式。这种方式开宗明义,概括主要内容,直接揭示主题,说明意图。

"战士的爱"的演讲,开头简洁明快:

听到这个题目,在座的许多同志也许会联想到爱情。是的,爱情是神圣的,也是美好的。可是,我今天所要讲的,却是一种更高意义、具有更强生命力的爱。这,就是战士的爱。

明旨式的开头,常常使用名言、警句、谚语等,因为这些话言简意赅,富有哲理性,对演讲内容能起提纲挈领、画龙点睛的作用。

5. 抒情式开头

这种开头意在渲染气氛，以情感人，使听众迅速受到情绪感染，注意聆听演讲内容。这种开头多采用排比、比喻、比拟等修辞手法，形象生动，引人入胜。

"我是夜幕的一颗星"的演讲是这样开头的：

> 水兵喜欢把自己比作追波逐浪的海燕，飞行员喜欢把自己比作搏击长空的雄鹰，而我们警卫战士却喜欢把自己比作夜幕上闪亮的星。不是吗？当皓月当空，万籁俱寂的夜晚，疲劳的人们已进入梦乡，祖国大地的每个角落里不都闪烁着警卫战士一双双警惕的眼睛吗？它就像天上的星星一样，不知困倦地注视着大地，搜寻着每一个可疑的目标……

这段类似散文诗的开头，构思巧妙，比拟得当，语言形象，创造出诗一般的意境。

6. 示物式开头

这种开头方式多在军事演讲、法庭演讲或学术演讲中使用。它通过展示实物，首先给听众一个感性的直观印象，然后借助具体实物，提出和阐述自己的见解。

演讲词《拼搏——永恒的旋律》的开头是这样的：

> 今天我给大家带来了一样礼物。（举起一个小铜盒）我珍藏它已五年多了。它不仅使我改变了自己的命运，更使我明白了自己肩上重担不止千斤。你们一定想知道它是什么？那就请听一个关于我自己的真实的故事……

这样示物开头很自然地给听众留下悬念。接着，演讲者便以铜盒为线索讲了下去。讲到关键处，激动地打开铜盒，拿出里面装的用血书写的"拼搏到底"四字，使听众产生强烈的感情冲动。最后，演讲者说："历史、时代坚信我们会用钢铁的意志，坚实的行动勇往直前！因为我们共同拥有一个永恒的旋律——这就是拼搏！"再次高举血书。

（二）主体

主体是演讲稿的主干部分，篇幅较大。要使演讲的观点站得住、立得牢，就必须做到内容充实丰满，有血有肉，要围绕中心论点，处理好论点与论据之间的关系，合乎逻辑地逐层展开论述，做到结构有力、层次清楚、过渡自然。在这一部分中，要组织和安排好演讲高潮，使演讲者和听众在情感上产生强烈的共鸣，达到使"快者掀髯，愤者扼腕，悲者掩泣，羡者色飞"的出神入化的境界。

1. 安排好讲述层次

层次是结构的基础，是作者传递信息、表达主题过程中形成的相对完整、相对独立的思想单位。撰写演讲稿、安排层次的过程，实际上就是对所选材料进行归类的过程。要根据客观事物内部联系的特征和共性来合理安排层次。事件一般有发生、发展、结局等几个阶段；问题一般有提出、分析和解决等几个过程；人物有成长变化的历史；场景有空间位置的特征等。因而，层次安排常以时空为序，以逻辑线索为序，或以认识过程为序，形成时空结构层次、逻辑结构层次和心理结构层次。

安排层次要注意通篇格局，统筹安排，给人以整体感；要主次分明，详略得当，给人以稳定感；要互相照应，过渡自然，给人以匀称感。同时，演讲稿主要是用来讲给人听的，是转瞬即逝的，结构层次不宜太复杂，要给人以明朗感。

演讲稿的层次排列形式可分为纵向组合结构、横向组合结构和纵横交叉结构。

（1）纵向组合结构。它是指按照时间的推移来排列层次，包括直叙式和递进式两种。

第一，直叙式。即是以时间先后为序，或以事情的发生、发展或变化过程为序。这种结构层次比较单一，事情的来龙去脉很清楚。运用这种方法，要注意突出重点，兼顾一般，切忌平均用力，平铺直叙。

第二，递进式。即是按事理的展开或认识由浅入深的递进过程来安排结构层次，或按演讲者感情发展的脉络来安排层次。按事理展开，多采用"叙事—说理—结论"的模式，即摆情况，做分析，下结论，也就是提出问题，分析问题，解决问题。按认识由浅入深的递进过程来安排层次，其内容则呈螺旋式层层深入，由表及里。这样的安排，说理透彻，说服力强。按照演讲者感情发展的脉络来安排层次，内容起伏跌宕。

徐良的《血染的风采》演讲稿就是采用纵向结构安排层次的。他以自己的成长经历为线索，按时间先后顺序逐层展开：1982 年考入西安音乐学院→1985 年底申请入伍→最初的军旅生活→血与火的考验→负伤之后→军人亲属的贡献。在叙述中适当抒情议论，声情并茂，展示了 20 世纪 80 年代军人的风采。

（2）横向组合结构。这种组合结构，或按事物的组成部分展开，或按空间分布展开，或按事物的性质归类关系展开。按照不同的排列展开方式，横向组合可分为简单列举式和总分并列式。

简单列举式就是围绕主旨，把选取的材料逐条逐项并列排出，它们从不同角度来表现演讲中心。总分并列式则常遵循总分思路辐射式地展开，并列的各部分按事物的逻辑关系分类安排，分别围绕主旨阐述一个问题，或说明事物的一个侧面。

演讲者王理《人贵有志》的演讲稿就是采用横向组合结构。其主体部分采用的是横向的、并列的结构：列出四个小标题，分别论述目标高、立志坚、生活俭、惜分秒；有的小题中又分出小层次，引用经典名言和动人事例加以论证。由于组织得当，过渡自然，衔接紧凑，使得全篇演讲稿结构完整，充分阐发了主旨，给听众留下了很深的印象。

采用横向组合结构，要力戒开中药铺似的罗列现象，要注意发掘各部分材料间的必然联系，发挥整体效应。

（3）纵横交叉结构。有些内容丰富、容量较大、时间较长的演讲，常采用此种结构。它以时间顺序为主线，穿插横向组合材料；或者以横向组合为主，其间穿插纵向组合材料。先按纵向组合容易看出事物发展的全过程，先按横向组合则易于分析出事物各部分之间的联系和区别。采用这种结构，不宜太复杂，否则听众难于理解。李燕杰的《爱情与美》演讲稿采用的就是纵横交叉式结构。

2. 组织和安排演讲高潮

演讲最忌平铺直叙，必须有波澜起伏，要在感情上紧紧抓住听众，在理论上说服听众，在内容上吸引听众。在演讲的主体中，要组织和安排一个或几个演讲高潮，形成强烈的"共振效应"。演讲高潮实际上就是演讲者和听众感情最激昂、精神最振奋的地方。它是运用典型的事例、恰当的议论、深刻的哲理、巧妙的修辞、生动的语言、真挚的情感和得体的动作所组成的强烈的兴奋点。它是崇高美、哲理美和诗意美达到的高度和谐统一。有一篇题为《在血与火的征途上》的演讲稿，演讲者在介绍了一位烈士腹部中弹，毫无畏惧地把肠子压在腰带下而继续冲锋，最后用自己的身体滚雷，为战友开辟通路的英雄事迹后，深情地说：

这些风华正茂的青年战士,如果活到将来,有谁敢说他们之中不会有将军、部长、博士? 可他们刚刚活到新中国的好时辰,就告别人间,把蓬勃的生命和美好的理想,托付给活着的人们,化作向"四化"进军的足音和号角,化作一对对倩影在湖面荡舟的安宁和温馨……

这扣人心扉、感人肺腑的叙述和议论,为听众创造了一个动人的意境,把演讲自然地推向高潮,使许多听众不禁潸然泪下。

(三)结尾

结尾是演讲稿的自然收束。"豹尾"正是形象地说明结尾要雄健有力,言止意长,回味无穷。如果演讲的开头和高潮很精彩,结尾又出人意料,耐人寻味,则是锦上添花,给人以美的享受。

怎样设计和安排演讲的结尾呢? 常见的有以下几种。

1. 总结式结尾

这种结尾,扼要地总结演讲内容,能起到提醒、强调的作用,给听众留下完整的总体印象。在 1986 年吉林省青年电视演讲赛中荣获命题一等奖的权红,其演讲稿《世界也有我们的一半》是这样结尾的:

……听听我这个没当成的女记者的心声吧! 我相信,女性是伟大的! 我也相信,男性是伟大的! 我更希望我们都相信,伟大的男性和伟大的女性加起来才是伟大的人民! 他们的自信、自尊、自爱焕发出来的巨大搏力才是伟大的文明!

这个结尾恳切、热情、概括,点化主旨,给听众留下了清晰、完整而又深刻的印象。

2. 感召式结尾

这种结尾多是提希望,发号召,表决心,立誓言,祝喜庆,贺成就,以激起听众感情的波涛,给人以心志的激励。古希腊著名演说家德摩西尼发表的"斥腓力演说"这样结尾:

敌人正在对我们铺设罗网,四面合围,而我们却还呆坐着不求应付。同胞们,我们究竟要到什么时候才能采取行动? 当雅典的航船尚未覆灭之时,船上的人无论大小都应该动手救亡。一旦巨浪翻上船舷,那就一切都会同归于尽……即使所有民族同意忍受奴役,就在那个时候我们也要为自己而战斗。辞令的灵魂就是行动,行动,再行动!

这个结尾慷慨陈词,号召人们拔剑奋起,反抗马其顿王腓力二世的入侵。

3. 抒情式结尾

这种结尾往往是演讲者在叙述典型事例后,油然而生的激情,以抒情方式结尾,言尽而意未尽,留有余韵,给人启迪。郭沫若的《科学的春天》的演讲,就是这样结尾的:

春分刚刚过去,清明即将到来。"日出江花红胜火,春来江水绿如蓝。"这是革命的春天,这是人民的春天,这是科学的春天! 让我们张开双臂,热烈地拥抱这个春天吧!

这样结尾,热情奔放,以诗一般的抒情语言激励人们向科学进军,拥抱科学的春天,具有很强的鼓动性。

4. 警言式结尾

这就是通过引用谚语、成语、格言、警句、诗词等方式结尾。这种结尾言简意明,多有韵律,使内容显得充实丰满,具有哲理性和启发性。李燕杰《国家、民族与正气》的演讲稿,其结尾是：

> 青年朋友们，爱我们的国家吧，爱我们的民族吧。同心协力，把我们民族的正气，把我们中华民族奋发图强的爱国主义精神极大地发扬起来！最后，用句名人名言作为结束语：
>
> 谁不属于自己的祖国，他就不属于人类！
>
> 爱国主义的力量多么伟大呀！在它面前，人的爱生之念，畏苦之情，算得什么呢？
>
> 我无论做什么，始终在想着，只要我的精力允许我的话，我就要首先为我的祖国服务。
>
> 真正的爱国主义不应该表现在漂亮的话上，而应表现在为祖国谋福利、为人民谋福利的行动上。

李燕杰的演讲寓理于事，攫取力强，最后采用名人名言结尾，恳切热情，紧扣演讲题旨，升华主题，字字句句掷地有声。

5.呼应式结尾

这种结尾与开头呼应，使整篇演讲首尾圆合，结构完整。演讲者王友厚《井下工有颗金子般的心》的演讲稿的开头是这样的：

> 你了解井下工吗？井下工，顾名思义，是在矿井下作业的工人。这是当前最危险的工种……他们不仅承受了人们种种误解，还以自己有力的臂膀擎起了整座矿山！可以自豪地说：在我们招远金矿，有多少井下工，就有多少颗金子般的心！

接着，讲述三个生动感人的事例，歌颂了矿工无私无畏的奉献精神。演讲者这样结尾：

> 朋友们，黄金是宝贵的，比黄金更宝贵的是井下工那颗颗金子般的心！如果我们的整个社会、行行业业的每个人都能在自己的岗位上竭诚尽力，无私奉献，那么"四化"何愁不成？……

最后，演讲者用一句既是祝福也是希望的话作结：

> 愿我们都有一颗金子般的心！

这篇叙事性演讲，题目很"实"很"俏"，开头、结尾，处处照应，首尾圆合，增强了演讲的鼓动力和激奋力。

综上所述，结尾一定要有深度，如异峰突起，要韵味深刻，使听众情绪激动感奋；切忌虎头蛇尾或画蛇添足，努力避免陈词俗套或语言干巴。

▶ 第四节　演讲的谋略与文采 ◀

一、演讲的谋略

从某种意义上说，演讲稿的主题确定之后，演讲的构思或谋略就成为十分重要的问题了，它是促使演讲者达到演讲目的的总的策略。即怎样使理义和感情发挥其独特的作用，征服听众。而要拨动听众心中的"琴弦",直言往往不及巧说为妙,巧说既出人意外,又入人意中,令人折服。演讲的策略和技巧很多,归纳起来,主要有如下几种。

(一)欲擒故纵,出奇制胜

所谓欲擒故纵,就是首先故意避开目标,使人放松戒备,然后抓住要义,一举擒拿,达到目的。它往往异峰突起,获得出奇制胜的效果。一些演讲中所用的西门豹治邺的故事,就是运用擒纵法的典型事例。西门豹要破除迷信,却不明言,反而故意装成十分虔诚的样子,与大家一同为河伯送女,等到看过河伯妇之后,他突然对三老、巫祝说:"是女子不好,烦大巫妪为入报河伯,待求好女,后日送之。"便相继把巫妪及弟子、三老一一投入河中。西门豹巧妙地借神权迷信来打击神权迷信,以出其不意的突然一击,严惩了害人者,挽救了受害者,使广大群众猛然惊醒,陋俗得以破除。

在演讲中,特别是在论辩性较强的演讲中,擒纵之法经常被采用。其原因在于它符合"情随境迁"的心理活动过程,易于收到事半功倍的奇效。演讲者往往把基本主题组织到另外一些能为听众接受的主题中去,使听众产生一种印象,似乎演讲者与听众在观点方面是相近的,造成演讲者与听众心理吻合的情境,使演讲者的观点自然被听众接受。

林肯在伊利诺伊州的演讲中就采用了擒纵法。19世纪中叶,美国维护奴隶制与反奴隶制的斗争空前激烈,1858年,伊利诺伊州南部奴隶主对废奴主义者十分愤恨,声称林肯来演讲,必置之于死地。林肯并没被吓倒,他十分自信:"只要他们给我谈几句话的机会,我就可以把他们说服。"他一开始演讲,就运用了擒纵法:

南伊利诺伊州的同乡们,肯塔基州的同乡们,密苏里州的同乡们……让我们大家以朋友的态度来交往。我立志做一个世界上最谦和的人。我现在对你们诚恳要求的,只是请你们允许我说几句话,并请你们静心地听。你们是勇敢而豪爽的,这一点要求,我想一定不致遭到拒绝。现在让我们诚恳地讨论讨论这个严重的问题吧。

面对强悍的反对者,林肯开头没有直接批评,而是以"纵"的手法,先颂扬他们勇敢豪爽,和他们套近乎,给他们唱赞美诗,渐渐地消除他们的戒备心理和敌对情绪,使演讲得以顺利进行,最后竟赢得喝彩大潮。

(二)悬念吸引,呼应作答

叙事性较强的演讲,往往设置悬念,紧紧地吸引着听众,使听众对事物发展和人物命运产生强烈的关切心情,急切希望能得到解答。悬念能调动听众的想象力、思维力,使听众从质疑、释疑中受到启迪。没有悬念,难以激发听众的兴趣。

悬念的设置在演讲中也需要呼应,往往是先把疑问悬置起来,引起听众对某一事态的密切关注,演讲者却引而不发,故意暂不理会,让听众念念不忘,进行种种猜想;在蕴蓄一段时间后,再行作答,与开头呼应,揭开谜底,产生一种出奇制胜的效果。

悬念往往带有一定的偶然性和突发性,既要新奇,又要真实;解除的过程必须入情入理,交代清楚。没有根基的悬念,无异于空中楼阁,自我否定。

从某种意义上讲,严谨的逻辑推理,首先设置疑问,然后逐层剖析,也是一种"悬念吸引"。演讲者常常喜欢用设问开头,实际上就是对"悬念吸引"的青睐。

《含泪的忏悔》这篇演讲稿，主旨在于用具体事例来说明孝敬父母是我们民族的传统美德，是社会主义精神文明建设的一个组成部分。演讲者一开头就说：

> 朋友，我站在这个演讲台上，像被押上"良心"法庭的被告席，忏悔，羞愧，无地自容，心在绞痛。

这几句饱含感情的话，立即在听众的心里引起疑问：为什么忏悔、羞愧、无地自容、心在绞痛？犯了什么严重错误被押上"良心"的法庭？听众急于想得到解答。而演讲者没有立即正面回答，只是以大量事实讲述母爱；然后话题一转，讲述仅仅 10 天，自己的"孝情都起了质的变化"的情况，与开头"像被押上'良心'法庭的被告席"相呼应，给听众留下了深刻的印象。

（三）主动出击，先声夺人

演讲者事先估计听众可能从某方面质疑、反问，在演讲时先主动引出疑问，并加以驳斥，这样便形成了主动出击、先声夺人的局面。这种策略可以从多方面帮助树立自己的观点。演讲者周光宇"请看看我们头顶的月亮"的演讲，有力地批判了那种崇洋媚外的民族自卑心态。演讲者在列举了时下又兴起的颇为走俏的"买卖"——免费推销外国人的"最高指示"后，摆出了那些崇拜"外国月亮"的人可能提出的"质疑"：

> ……说到这里，恐怕那些正在目不转睛观看"外国月亮"的先生们又要转过来教训我们：你这是严重的讳疾忌医，阿Q！各位，这能说是讳疾忌医吗？这能说是奉行阿Q主义吗？不！我们没有必要这样做，我们非常迫切需要外国朋友真诚的批评，公正的评价，但决不是歪曲和侮辱！

接下来，演讲者列举了我们奋扬国威于世界的典型事例，并且说：

> 大量雄辩的事实足以证明：中国，不但有骄傲的昨天，更有自豪的今天；中国不但可以面无愧色地屹立于世界民族之林，而且也有能力，也有信心为全人类的发展，贡献出自己的力量！
>
> ……

演讲者就这样采取主动进攻的手法，先声夺人，批判了民族自卑感，赞扬了民族自尊和自信，显得十分有力。

（四）委婉风趣，曲径通幽

同一个道理，在不同情况下，可以有不同的表达方式。一般来说，直径近，曲路远。然而，有时候人们往往避直就曲，采用"以迂为直"的谋略，诚如英国军事理论家哈利所说："在战略上，那漫长的迂回道路，常常是达到目的的最短途径。"这种谋略，也常在演讲中运用。明明目标在东而先向西选取一种"抵触情绪"最弱的方式，打开说服的"突破口"，避其锋芒，迂回诱导。比如，直接讲"天才是在民众中产生的，没有民众就没有天才"，可以讲得理直气壮，也可以讲得委婉风趣。请看鲁迅先生在"未有天才之前"的演讲中是怎样讲的：

> 有一回，拿破仑过阿尔卑斯山，说："我比阿尔卑斯山还要高！"这何等英伟，然而不要忘记他后面跟着许多兵；倘若没有兵，那只有被山那面的敌人捉住或者赶回，他的举动、言语，若离了英雄界线，要归于疯子一类了。所以，我想，在要求

天才的产生之前,应该先要求可以使天才生长的民众。

鲁迅借用一个比喻,不仅从正面说明了民众是天才产生的基础,而且从反面说明天才离开了民众,就要"归于疯子一类"。这种批评,委婉风趣,很有说服力。

演讲策略还有很多,诸如抑扬并举、波澜起伏、巧妙穿插、绵里藏针,等等。总之,要因时、因地、因人而异,不可机械套用。

二、演讲的文采

古人云:"言而无文,行之不远。"演讲也是这样,没有文采,就缺乏吸引力。

演讲稿具有较强的逻辑性,也具有一定的艺术性,对语言艺术有较高的要求。有了好材料,有了好结构,还必通过优美动人的语言来表达;深刻的思想,精工的结构,最终还要靠优美感人的语言文字物化,才能得以体现和传播。总起来说,要使演讲富有文采,就必须讲究修辞。

修辞,包括选词炼句和合理运用辞格。

选词炼句一般指词语的锤炼、语音的调配、句式的选择等。演讲稿的语言应准确、鲜明、生动;音节和谐,上口入耳;语句精练,晓畅易懂。要使演讲"上口""入耳",一般来说,句子不宜过长。句子过长,讲起来费劲,听起来吃力。宜把长句改为适合听的短句,把倒装句改为一般主谓句,把生僻的词换成常用的词。同时,要慎用文言和方言词语;对于艰深的专业术语和抽象的科学概念,要尽可能用浅显明白的语言进行解释,做到深入浅出。在语音方面,要避免因同音词而产生的误解,应把单音词换成双音词。因为单音词声音短促,容易出现同音异义的现象;选用双音词,声音较长,词义明晰,留给听众的印象较深。这些都是演讲语言最基本的要求。

恰当合理地运用辞格,是美化语言的重要途径。所谓辞格,是用以表达一定的思想内容、具有特殊的修辞效果和某种语言形式的修辞方法。辞格,不仅表达通顺、准确,而且生动形象,音韵和谐,表意深刻,富有艺术性和审美价值。它能使枯燥变生动、抽象变具体、平凡变神奇。因此,演讲中恰当使用辞格,能为演讲增辉添色。演讲中常用的辞格有比喻、比拟、排比、层递、对比、设问、反问等,这里择要介绍主要的几种。

(一)比喻

比喻就是打比方,它是运用具体、通俗、浅显的事物或道理来说明抽象、深奥的事物或道理的一种修辞方式。它具有生动形象、幽默深刻的特点,可以增强语言的表现力和感染力,也能增强语言的抒情色彩和喜剧效果,它把精彩的论述与模型拟象的描绘糅为一体,既给人以理性上的启迪,又给人以艺术上的美感。比喻可以说是语言艺术中的艺术。这种辞格运用范围很广,在演讲中恰当使用能收到理想的表达效果。

演讲者吴希有《我的理想之路》,热情地歌颂了人民教师,结尾处用了一连串的比喻:

作为未来教师的我,没有太高的奢望——只求用知识的雨露去浇灌幼苗。

像红烛,将全部心血化为光焰,去照亮青少年一代那美好的心灵;像春蚕,为谋求人类的幸福,吐尽最后一口丝。

这里把传授知识比喻为用"雨露去浇灌幼苗",把"教师"比喻为"红烛""春蚕",比喻贴切,赞颂了人民教师的无私奉献精神,表达了对人民教师的无比崇敬的情怀。

运用比喻要贴切得体。要根据对不同本体的爱憎感情，恰当选择具有不同褒贬色彩的喻体，决不能用假恶丑的事物来比喻真善美的事物。当然，也不能用真善美的事物去比喻假恶丑的事物。比喻要有生命力，不在于量而在于质，在于推陈出新。

（二）比拟

比拟是拟人和拟物的合称。把物当作人来描写，赋予人的行为和思想感情等，叫拟人。把人当作物来写，或把甲物当作乙物来写，叫拟物。比拟富有形象性、生动性。在演讲中，恰当地运用比拟手法，能寄情于物，托物言志，引起听众的共鸣和深思；能表达强烈的爱憎感情，增强语言的感染力和战斗力；能渲染气氛，起烘托作用。

《大学生演讲选评》一书中有楼炳文的演讲词《信念的力量》，其中有这样一段：

> 翻开中国的历史看看吧，中华民族经历了多少深重的灾难……长江在哭泣，黄河在哀号。广大的中国土地上，多少人流离失所，妻离子散；多少人逃荒要饭，家破人亡。

"长江""黄河"是中华民族的象征，说"长江在哭泣，黄河在哀号"是震撼人心的拟人手法，形象生动地表现出祖国灾难深重的历史，发人深思。

运用比拟手法一定要正确恰当，要抓准被比物与比拟物之间的相似点，特别是褒贬色彩要恰当，做到爱憎分明。

（三）排比

三个或三个以上结构相同、字数相近、语气一致、意义相关而互相平行的词语或段落，连续排列在一起，就构成了排比。排比可分为短语排比、句子排比和段落排比三种类型。它在演讲中运用广泛，既可以用来铺陈描述，又可用来议论说明，还可用来抒发情怀，使演讲增强语势，增强节奏感和旋律美，增强条理性和严密性，提高演讲的说服力和感染力。

周青、罗会江的演讲词《镶嵌彩灯的女性》就成功地运用了排比手法：

> ……从地质队诞生的那一天起，"献身地质光荣，找矿立功光荣，艰苦奋斗光荣"就与地质队员融为一体，谱写了一曲动人的凯歌。……我相信，只有那些曾经或正在致力于献身地质这项伟大事业的人们，才会有那么一种冲动，一种自豪，一种喜悦，一种激情——如大海翻腾，如群山呼啸，如岩浆喷发，如涓涓溪水……

其中四"如"、四"一种"、三"光荣"均是排比手法，抒发了地质队员的豪迈情怀，节奏鲜明，旋律优美。

运用排比手法，在形式上要做到结构相同，句式整齐，字数相近，音节匀称；在内容上要表意确切明了，各句间语意平行，不可因词害意，重复、啰唆。

（四）层递

层递与排比相似，两者都能使语言富有条理性和感染力。不同点在于：排比的词句之间，语意是平列的；而层递的词句之间，语意有层次和级差，它是按照所表达的语意轻重、程度深浅、数量多少、范围大小、时间先后，逐层依次排列在一起的。恰当运用层递手法，能使言语富有层次感和条理性，能产生层层深入、步步推进的修辞效果。

白雪、张本刚的演讲词《矿山魂》就成功地运用了层递手法：

朋友们，当你想写一首诗，想唱一支歌，请别忘了那高高的井架，那飞旋的天轮，那 800 米深处的一片赤心，那湛蓝天下的巍巍矿山魂，那就是——可贵的主人翁精神！

井架→天轮→赤心→矿山魂，由具体形象到精神世界，语言逐层加深，表达了对矿山主人翁精神的热情赞美。

运用层递手法，要注意在内容上的锤炼，要精心选择在语言上确有轻重、在范围上确有大小等层次差别的词句，根据表达思想内容的需要，按照递升或递降的顺序来排列，次序不可混乱。

（五）对比

把两种不同事物或一事物的两个不同方面放在一起进行比较，就是对比。从内容上分，对比可分为两体对比和一体两面对比。对立统一的两种事物或概念的对比叫两体对比；存在于同一事物中的两个对立面之间的对比，叫一体两面对比。演讲中恰当地运用对比手法，能使形象突出，能较全面地表现演讲者的观点，深刻揭示事物的本质特征。正义与邪恶，英勇与懦怯，伟大与渺小，一经对照，泾渭分明，给人印象极深。

河北省一位中学生所作的"祖国需要奉献"的演讲，中间有这样一段：

一位年近古稀、身患绝症的老人，主动拿出 250 元钱认购了三年才能归还的公债；一个年轻有为，在改革大潮中涌上浪尖的经理，竟贪污受贿达 17 万元。

我哭了，是对奉献者的爱，对索取者的憎！

这里把奉献者与索取者摆在一起，进行了鲜明有力的对比，泾渭分明，爱憎之情溢于言表。

人们在表达某种思想感情、某层中心意思时，往往不是单独运用某种辞格，而是两种、三种甚至多种辞格在一起综合运用，以便取得多方面的修辞效果。覃林顺的"到军校去"的演讲，就同时运用了多种辞格：

亲爱的同学，您想成为一名能征善战的勇士吗？到军校去！年轻的战友，您想成为一名叱咤风云的将军吗？到军校去！敬爱的首长，您想把握未来战争的脉搏吗？到军校去！

这里把"设问""排比""层递""反复"等修辞手法融在一起，使之具有不同的辞格的特点，有着多种表达功能："设问"引人入胜，"排比"气势磅礴，"层递"使感情逐步强化，"反复"更突出了"到军校去"的题旨。几种辞格融为一体，言简意赅，具有很强的鼓动性。

▶ 第五节　即兴演讲 ◀

一、即兴演讲的含义

即兴演讲，又称即席演讲或即时演讲，它是演讲者在某种特定景物或某种人物、气氛的激发下而产生的一种临时性的演讲。这种演讲方式，是在事先无准备、事先没有拟稿的情况之下进行的演讲活动。早在 20 世纪 30 年代，我国演讲家杨炳乾曾有论述："即时演说者，演说家事先无为演说之意，而忽遇演说之时机，不能不仓促构思，以即时陈述也。"作即兴演讲,确有一定难度,最见功力,一般人难以把握。随着时代的发展,即兴演讲的范围越来越广,使用频率越来越高,诸如主持会议、宴会祝酒、婚丧嫁娶、答记者问等均少不了即兴演讲,我们不可等闲视之。

二、即兴演讲的特点

(一)具有临场性

即兴演讲不能像命题演讲那样事先拟好草稿;也不能像论辩演讲那样事先进行调研,模拟训练。演讲者往往是当即打腹稿,临场发挥。

(二)具有敏捷性

演讲者必须在短短的时间里,迅速选择话题,进行构思,组织材料,针对具体的对象和情景,发表适宜的演讲。即兴演讲的敏捷性是由临场性这一基本特征决定的。

(三)具有简练性

这是就演讲者所使用的语言来说的。演讲者要以简洁、生动、形象的语言去征服听众。这也是由即兴演讲的临场性这一基本特征所决定的。

三、即兴演讲的技巧

在一般情况下,即兴演讲事先并不准备,更不可能预先写好演讲稿。但是,没有准备并不等于演讲者在对讲什么和怎样讲都心中无数的情况下便登台演讲,更不等于可以信口开河,随意胡诌,而是心中有"数",心中有"底"。这个"数"和"底"就是指腹稿。即兴演讲准备时间再仓促,也有一定的打腹稿的时间。即使是"命题测赛式"即兴演讲,通常至少也要给一分钟的准备时间。那么,有一分钟,就可以进行一分钟的准备。就要充分利用这一分钟来迅速构思腹稿。脑子再灵活的人,反应再快的人,进行即兴演讲也要构思腹稿。即使是想一句讲一句,也是在构思了讲话的基本框架、思路和要点的基础上随想随说的。想一句讲一句,指想一句语言,表达一句语言。"想"的是语言,而不是思路。

腹稿构思是进行即兴演讲的基础,也是必不可少的最关键步骤。但即兴演讲的腹稿构思,与一般文稿构思相比,有很大的特殊性。最为突出的是构思时间非常短,有时甚至只有一分钟,来不及,也不可能反复思考、反复修改、反复斟酌,而需要迅速构思,一气呵成。因此,即兴演讲的腹稿构思,比一般文稿构思的难度要大得多。但是,任何事情,有内涵就有特点,有特点就有规律,有规律就有诀窍,即兴演讲的腹稿构思同样如此。根据人们即兴演讲的实践经验总结,即兴演讲的诀窍主要有以下几点。

(一)借引媒介　引出话题

即兴演讲中的"媒介",是指与场景、主题有紧密关联的,能迅速沟通演讲者和听众心灵的人,或事,或物,或名言,或警句。所谓借引媒介,是指借引这些人、事、物、名言、警句来开头,从而引出话题,并达到沟通演讲者和听众心灵的目的。

借引媒介、引出话题的方法有三种:一是根据具体的场景、主题来借引媒介,确定话题;二是选择听众所熟悉、易理解的事物为媒介,以激发听众的共鸣,迅速沟通演讲者与听众的心灵,引出话题;三是选择与演讲主题有关、能充分表达演讲者此时此地特定思想感情的事物为媒介,做到客观媒介与演讲主题和谐一致,从而托出话题。

借引媒介、引出话题时,还要注意如下几点:一看宗旨,即看场景的主题、会议议题、邀请人的意向等来就题发言,不说外行话,不说题外话;二看听众,即看听众的年龄、职业、文化程度等,有针对性地借引媒介,引出话题,比如听众都是学问渊博的儒雅之士,就不妨引经据典,旁征博引,以此引出话题;三看需要,即了解自己讲话之前有谁讲过什么,还有什么没有讲或讲得不充分、不完善,需要拾遗补缺,补充发挥的,要弄清楚需要自己讲什么,自己可以讲什么,不要讲起来云天雾地,不着边际;四看自己,主要是看借引的媒介要适合自己的身份。

(二)展开联想　搜集材料

在即兴演讲的腹稿构思过程中,在借引媒介、引出话题后,接下来是构思该讲些什么内容,这就需要材料。演讲者要在大脑里快速搜集储存的信息。演讲者的大脑在搜集信息材料时,联想便是最基本的思维形式。它由某一事物联想到另一事物,发生连锁反应,源源不断地再现储存的信息,提供所需的材料。因此,即兴演讲的腹稿构思,必须展开丰富的联想。实际上,每一个正常人都能迅速展开联想。因为,在即兴演讲的腹稿还未成形之前,一般来讲,演讲者的大脑中都有一个短暂的内部语言的运动过程。在这个内部语言的运动过程中,即兴演讲者在具体环境的各种有关信息的刺激下,都会迅速地展开联想。只是不同的人,因储存信息量的多少和优劣,决定了信息提供的速度和质量。但是,不管平时积累、储存信息的多寡与优劣,在即兴演讲场合,通过展开联想,恢复记忆的方式提供演讲的材料,无论如何比临时编织、现场组织要快得多。并且,虽然任何联想都是建立在记忆基础上的思维运动,但由于即兴演讲的联想,是在演讲主题的氛围中进行的,是借助即兴情感的推动,把演讲主体的感知(体验)和理解联结在一起,将现场场景、氛围、主题、环境所提供的特定条件跟自己记忆中的同演讲主题有着内在联系的各种富有感情色彩的生动事例、幽默故事、风趣话语、名人警句、哲言隽语、诗词、歌赋等材料自然结合起来的。因此,这种联想的表象,就不再是曾经感知过的旧存表象的简单重现,而是经过加工、组合和改造了的新的信息形象。这种新的信息形象,就可成为此时即兴演讲的材料源或材料本身。

构思腹稿中联想的主要方式有两种:一种是接近联想;另一种是自由联想。所谓接近联想,是指因事物在性质上或形态上相似而产生的联想,比如,若话题是"你心目中的男子汉",则由此联想到毛泽东、陈毅、孙中山、项羽、拿破仑、高仓健;联想到巍巍昆仑、滚滚长江、滔滔黄河、苍松翠柏、金戈铁马,等等。所谓自由联想,指围绕话题进行的无拘无束的畅想,不拘泥于眼前场境,超越时间和空间,一任情感驰骋,接连不断地展开想象,从而在最大的范围发现事物与事物之间联系的联想。这两种联想的方式,既可以单独使用,也可以交叉使用。

(三)布点连线　理脉成文

在展开联想时,演讲时大脑里所显现的信息材料,大多是与话题有关而独立的、零乱的、散碎的、互不联系的材料。这些互不联系的、似乎无关却又有关的事物,比如一个表述观点的核心词语、一两句能概括观点的格言警句、一两个小典故,等等,我们称之为腹稿内容的"点"。所谓布点,就是将这些互不联系的、独立的、零乱的、散碎的"点"的材料,迅速地略加筛选后,选择出自己所要采用的部分,作为组成演讲词腹稿的内容的"点"。然后围绕主题,并考虑到各"点"之间的联系,合理布局,快速组合,最后连贯成文,即所谓的连"线"。因为布点时的联想是快速思考,思考中所布各点往往是零星散乱的,不是有序和有机联系的,需要合理组合。连线的任务,就是把所布的各点,根据一定的逻辑关系放在恰如其分的位置上,使之成为一个有机的系统,从而理脉成文。

布点连线、理脉成文的方式,主要有三种:一是串珠式,即用横缀的方式把各点的内容连接起来,使之成为像"项链"或"门帘"那样,一线串珠,串联一体;二是楼梯式,即用直进深入的方式,把各点连缀起来,使之成为步步高、层层深的一体;三是网式,即指将各点内容有纵有横地连缀起来,使之既有时空顺序,又有逻辑层次,形成纵横交错的"网式"结构体。第三种方式较为复杂,只有思维能力很强、思维品质特别优异的人,才能纯熟地驾驭此法。

四、即兴演讲的训练

即兴演讲是演讲活动中一个较高的层次,虽然不是高不可攀,但初学演讲者要把握这种演讲形式确有一定的难度,这就需要反复训练。下面着重提示两种训练方法。

(一)注意积累演讲材料

这就要求我们平时要做有心人,"家事、国事、天下事,事事关心",广泛收集演讲材料。平时多思考,即使临场上台演讲也不会紧张。要注意收集历史资料,对那些重要的历史事件、人物的有关情况要熟记,并分门别类地进行整理;注意收集当今的资料,对当今国内外发生的重要事件、人物的有关情况要了如指掌,到即兴演讲时方可信手拈来,恰当用上;注意收集现场的材料,设法熟悉演讲对象,注意观察现场的所见所闻,增加演讲的即兴因素,从而征服听众。

(二)加强思维能力训练

即兴演讲对一个人的思维能力的要求是很高的,要做到思维敏捷,需要平时加强训练:要快速思维,反应灵敏,随机应变;要联想丰富,联想相关的人和事,使演讲内容丰富;善于发散思维,解决问题时能在同一个方向上流畅地想出多种不同类型的方案,能在不同的方向上想出多种不同类型的方案,增强演讲的说服力和统摄力。

在第二次世界大战期间,英国前首相丘吉尔在美国欢度圣诞节,发表了题为《我谨祝各位圣诞快乐》的即兴演讲。在这战争最严峻的时刻,丘吉尔要讲的内容实在太多了。可是,丘吉尔既没有谈两国的外交友好,也没有谈可恶的战争形势,也不是简单地谈及对人们和孩子的祝福,而是巧妙地解释了三个方面的矛盾心情,别开生面,获得了强烈的反响。

各位为自由而奋斗的劳动者和将士:

我的朋友,伟大而卓越的罗斯福总统,刚才已经发表过圣诞前夕的演说,已经向全美国的家庭致友爱的献词。我现在能追随骥尾讲几句话,内心感到无限的荣幸。

我今天虽然远离家庭和祖国,在这里过节,但我一点也没有异乡的感觉。我不知道,这是由于本人的母系血统和你们相同,抑或是由于本人多年来在此地所得的友谊,抑或是由于这两个文字相同、信仰相同、理想相同的国家,在共同奋斗中所产生出来的同志感情,抑或是由于上述三种关系的综合。总之我在美国的政治中心地——华盛顿过节,完全不感到自己是一个异乡之客。我和各位之间,本来就有手足之情,再加上各位欢迎的盛意,我觉得很应该和各位共坐炉边,同享这圣诞之乐。

但今年的圣诞前夕,却是一个奇异的圣诞前夕。因为整个世界都卷入了一种生死搏斗之中,使用着科学所能设计的恐怖武器来互相屠杀。假若我们不是深信自己对于别国领土和财富没有贪图的恶念,没有攫取物资的野心,没有卑鄙的念头,那么我们今年的圣诞节,一定很难过。

战争的狂潮虽然在各地奔腾,使我们心惊胆战,但在今天,每一个家庭都在宁静的、肃穆的气氛里过节。今天晚上,我们可以暂时把恐惧和忧虑抛开、忘记,而为那些可爱的孩子们布置一个快乐的晚会。全世界说英语的家庭,今晚都应该变成光明的和平的小天地,使孩子们尽量享受这个良宵,使他们因为得到父母的恩物而高兴,同时使我们自己也能享受这种无牵无挂的乐趣,然后我们担起明年艰苦的任务,以各种的代价,使我们孩子所应继承的产业,不致被人剥夺;使他们在文明世界中所应有的自由生活,不致被人破坏。因此,在上帝庇佑之下,我谨祝各位圣诞快乐。

丘吉尔注意选择适合当时环境,并与听众息息相关的话题,巧妙构思和选材,从而引起强烈的共鸣,沟通情感,深深地征服了听众,显示了他高超的外交才能和不同凡响的演讲风范。

思考与训练

1. 演讲的主要特征是什么?根据演讲的内容和目的,演讲的主要类型可分哪几种?各有什么特点?

2. 怎样确立演讲的主题?确立演讲主题的基本原则是什么?

3. 怎样收集演讲材料?收集演讲材料的主要途径和方法是什么?

4. 下面这段开头是斯大林1941年6月22日所发表的广播演说的开头。斯大林采用了怎样的手法?取得了怎样的表达效果?

希特勒德国从6月22日向我们祖国发动的背信弃义的军事进攻,正在继续着。虽然红军进行了英勇的抵抗,虽然敌人的精锐师团和他们的精锐空军部队已被击溃,被埋葬在战场上,但是敌人又往前线调来了生力军,继续向前推进。希特勒军队侵占了立陶宛、拉脱维亚的大部分地区、白俄罗斯西部地区、乌克兰西部一部分地区。法西斯空军正在扩大其轰炸区域,对库尔曼斯克、奥得沙、莫吉廖夫、斯摩棱斯克、基辅、敖德萨、塞瓦斯托波尔等城市大肆轰炸。我们的祖国面临着严重的危险。

5. 下面是沈钧儒老人于 1936 年 10 月在鲁迅先生安葬仪式上的即兴演讲。试分析这篇即兴演讲的艺术特色。

像鲁迅先生那样的人，应该有一个"国葬"，无论在哪一个国家都应该这样，比如在苏联，高尔基死的时候，是由斯大林亲自抬棺。而今天在这许多人里面，就没有一个代表政府的人，中国的政府到哪里去了？

6. 某地举办"爱我神州"演讲赛。演讲者个个激情满怀，把我们伟大祖国上下五千年的辉煌历史尽情讴歌，几乎无一不谈及雄伟的万里长城、领先世界的四大发明，以及文明卓著、地大物博，等等。一个一个如此讲下去，观众和评委都感到有些疲劳和厌倦。轮到最后一个上台了，他一开口，便把会场气氛改观了。他说：

同志们，前边的同志对我们伟大祖国悠久的文明史，雄伟壮观的长城和给世界文明带来飞跃发展的四大发明进行了充分的讴歌。听着这些，我们不能不承认，我们祖国拥有这一切，的确令人自豪，感到神圣和可爱。（说到此，他突然把声音提高八度）但是，我认为，只有这些还不够！因为，长城尽管又高又长又厚，却没能挡住侵略者的铁蹄！指南针是我们祖先的发明，却引来了武装到牙齿的侵略者，引来了帝国主义的战舰，引来了毒害中国人民的鸦片！火药是我们中华民族智慧的闪耀，但却使外国强盗刀剑换枪炮，夺我家园国土，奸杀我华夏同胞！至于洁白纸张的创造，正好方便列强与我签订种种不平等条约，写下丧权辱国的几十上百条……（此时，他开始激动了）是的，我们的祖先，曾是何等荣耀！我们的祖国，曾是怎样的富裕、强大！但是我们又清楚地知道，这一切终归是祖先的，是祖先的骄傲！我们，后世的炎黄子孙们，绝无权利在祖先的功劳簿上沾沾自喜，大吹大擂！古话说，好汉不提当年勇，我们怎能忘记自己肩上的重任！（掌声）祖国，只有在我们的辛勤劳动中，在我们粗糙的大手中，变得在全世界范围内领了先，变得强大、富裕，才遂了我们的意，才称了我们的心！（热烈鼓掌）

这段演讲之所以受到热烈欢迎，就在于演讲者在众口一词的结论中挖掘了新意，具有自己独到的见解。

试问：这位演讲者运用了怎样的思维方式？你是否有过精彩之举？请谈谈自己的体会。

7. 白岩松，既是央视名嘴，又是即兴演讲的高手。他曾应邀到哈尔滨工业大学做了一场即兴演讲，旁征博引，妙语连珠，赢得了听讲师生的交口称赞。现节录如下，请谈谈自己的读后感。

白岩松：在哈工大的即兴演讲（节选）

有这么一对儿夫妇，吃完饭就坐那里看电视，看完了，就洗漱一下睡觉，日复一日、年复一年就这么过着。也许有的同学会说：太枯燥了吧，该离了吧？但真正的生活就是这样，就是这样平常，生活如此，创业如此，大学生们走入社会之后注定要花大部分时间做平平常常的事。那对夫妻在年老的那一天会彼此含着热泪感谢对方与自己携手相伴一生、彼此温暖一生，而同学们也会在平平常常的生活中等来生命中只占百分之五的激情与辉煌时刻！（掌声）因此，同学们要做好准备，毕业后准备好迎接平淡。

　　同学们在大学里一定要多做梦,甚至可以梦游,(笑声)比如现在一谈爱情我脑子里只会闪现我爱人的照片,而你们则可以设想一千位俊男靓女的样子……这就叫作虚位以待。我年少时看了三毛的书也想周游列国,没准还能碰上个女荷西。(笑声)但是所有这些梦想都属于你们这个年龄段,我现在没有资格做这样的梦了,我现在所处的是人生的舍弃阶段,而你们所处的是人生的选择阶段,不要放弃做梦!(长时间的掌声)更别忘了替这个社会、替这个国家做梦,能全身心地做这种梦,一个人一生中没有几次这样的机会,等你人到中年上有老下有小时,想做梦你也力不从心了,因此趁现在抓紧做梦!

　　有人说现在大学生找不到工作,怎么会呢? 我有时候就想不通,真的如此,那我国岂不是比美国更发达了……因为我们的大学生都在待业呀!(如雷的掌声)其实大学生不是找不到工作,而是找不到一步到位的最满意的工作! 实际上你就是一个骑手,毕业后你就应该先骑上一匹马,只要你优秀,你就能找到更棒的马!(长时间的掌声)

　　季美林老先生的一席话给我印象很深,采访他时,他说:"我已经如此老了,但我的道路前方仍有百合花的影子,人生的前方要永远有希望、有温暖才行。"再举个例子,狗赛跑怎么比? 怎么让狗跑起来、跑得快? 每个狗嘴前边都吊着个骨头,我们每个人也要给自己放块骨头,(笑声)精神的骨头!(热烈的掌声)

第十章　逻辑严密的辩论艺术
——辩论训练

▶ 第一节　辩论概念 ◀

一、辩论释义

关于辩论的定义,站在不同的角度有不同的看法。如果从行为科学来分析辩论现象,对辩论概念就有一种新的认识:辩论,是用语言辨明是非、探求道理的行为。其中有以下几层意思。

第一,辩论是一种行为。这种行为是通过语言来实施的,它以此来区别吃饭、打球、开机器、盖楼房等其他行为。语言可分为书面语言和口头语言,辩论行为可利用其中的一种,也可两种同时都用。

第二,辩论是一种争辩的行为。行为主体不能只有一方,只有一方是争不起来的,至少还有对立的一方。进而分析,这种争辩可能是对立的两方,也可能是对立的多方。

第三,因为是争辩,就必然有同一的争辩对象。这个争辩对象也就是辩题;倘若没有同一的辩题,各说各的事,各谈各的理,那就争辩不起来了。

第四,辩论是判是非、明道理的行为。这行为有一个复杂的过程。根据需要激发了辩论的动机,辩者就要着手进行辩论的准备,然后有开始、展开、终结的行为过程,争取胜利是辩论的目标。一般来说,准备阶段是目标导向行为,辩论的开始、展开、终结是目标行为。

第五,辩论行为的最终目的是辨明是非、揭示真理。所以对辩者来说,谁的见解和观点符合真理,谁就有了获胜的基础。当然,我们也不能忽视辩论技巧对获取胜利所起的重要作用。

我们分析了这个定义的内涵,就会清楚地认识到,"辩论学"的研究对象是辩论行为,因此它应属广义行为科学学科群中的一员。所以,它不可能与已经被确认的这个学科群的其他成员,诸如心理学、社会学等脱离关系;而且,语言既然是辩论行为实施的媒体,那么它也就不能不与语言运用的规律、技巧和表达艺术等发生联系了。

二、辩论的要素

所谓要素,是指辩论所必备的因素,即构成辩论行为必不可少的组成部分。根据辩论定义的内涵,辩论有以下四个要素。

(一)主体,即辩论行为的实施人

因为辩论是争辩的行为,参与辩论的持对立观点的辩者,必然是两方或两方以上,人数至少是两人或两人以上，所以辩论行为的主体是复合的。

有的人认为还有一种"自辩"的情况，也就是指自己的对立的看法在头脑中进行争辩，这是内在的无声的"辩论"。其实，这种依赖于"内部语言"而进行的"辩论"，我们只能称之为"考虑""思考"或"思想斗争"，是不能称为辩论的（如果非将它称作"辩论"，也只不过是使用这个词的比喻意义而已）。辩论，是行为，是形之于外的，它是借助于"外部语言"，即口头语言或书面语言而实施的。"自辩"不是形之于外的，不是实施行为，故不能视其为辩论。唯其如此，辩论主体不可能是单个的，只能是复合的。

（二）客体，即辩论行为实施的对象

我们所说的客体并不是指辩论的对手，对手是辩论行为的参与者，辩论对手（或多方对手）共同构成一种辩论行为，所以他们都是行为的主体，是复合主体的成员。辩论行为实施的对象，是指复合主体辩论行为共同指向的争辩焦点，也就是辩题。这辩题必须是同一的，不然的话，无法展开"争辩"。但对立的辩方对同一辩题所持的观点是不同的、对立的，不然的话，也就不存在"争辩"了。

（三）媒体，即辩论行为实施的媒介

辩论行为是通过语言，包括口头语言和书面语言来实施的，所以语言即为辩论行为的媒体。

（四）受体

在大多数情况下，辩论是一种开放的行为。也就是说，除辩论的主体以外，还会有一些并不参与辩论、却主动或被动地接受这一辩论行为的听众、观众、读者，我们称这些人为受体，或称为受者、受众。只有在极特殊的情况下，辩论行为严密地局限在主体的范围之内，没有一点儿开放余地。辩论成为完全封闭的行为时，才会没有受体。

上述四个要素中，主体、客体、媒体是构成辩论行为必不可少的内部要素。而受体，是游离于辩论行为之外的，缺少这个要素并不影响辩论行为的构成，似乎可以不把受体看成要素。其实不然，因为有无受体存在直接影响辩论行为的社会功能发挥的程度。有受体的存在，就能使辩论行为产生更大的社会效益。这个道理是不言而喻的。因此，我们不应把受体排斥在辩论的要素之外。

三、辩论的功能

自古以来，人们在社会生活中就长期地、广泛地运用辩论作为一种传播活动，它已经成为人际交往的重要方式之一。我们所处的当代社会，人们交际范围进一步扩大，辩论活动也更加频繁，它已经渗透到政治生活、经济生活、文化生活、社会交往乃至家庭生活的方方面面。因此，辩论的社会功能也就显得更加重要了。

辩论的社会功能，概括起来，表现在以下五点。

（一）有助于认识真理

由于主、客观两方面的原因，人们对同一事物或事理，往往形成正确与错误、本质与表面、全面与片面、深刻与肤浅等种种不同的理解与看法；将这些诉之于语言的交锋，就形成

了辩论。反过来,辩论也能帮助辩者明辨是非、认识真理。

虽然辩论的形式多种多样,方法也五花八门,究其实质都是为了分清优劣,辨别真伪,判明是非,探寻真理。辩论的过程就是批驳谬误、证实真理的过程。可以这样说,辩论与科学实验、科学考察一样,也是人们认识真理的重要途径之一。人类历史充分证明,凡是一种新的正确的思想推倒旧的错误的思想,一种更加科学的更加完备的理论体系取代陈旧的不合时宜的理论体系,无不伴随着一场激烈的辩论。这样的事例在自然科学和社会科学发展史上,俯拾即是。

(二)沟通人际关系

辩论的参与者,都会使尽全身解数,各用各的技巧,各讲各的道理,各自发挥自己的特长。这样,辩论的主体之间、主体与受体之间,在见解观点上就可能一致、认同,或是矛盾、对立,由此造成合作、支持、反对、斗争等种种人际关系。其实,辩论者不论是石破天惊的怒吼,捶胸顿足的吵嚷,还是文质彬彬的探讨,娓娓动情的交谈,都是竭尽全力地探察对方或袒露自己,所以辩论可以使人们增进相互了解;如果对立的辩者(兼带受众)能够以诚相待,彼此谅解,求同存异,取人之长,补己之短,就可以实现高质量、高层次的思想沟通,这样就可以运用辩论去扩大、调整、改善人际关系。

(三)培养竞争观念

辩论本身就是竞争,辩论参与者要比认识水平、比智谋技巧、比心理素质、比语言表达能力,等等,谁在这些方面更突出、更优秀,谁就会在辩论中占有优势;而且还必须勇于进取,不屈不挠,敢争善斗,才有可能取得胜利。没有竞争意识,或竞争意识不够强,就不能参与辩论。人们若能经常参加辩论,不仅能培养和锻炼辩论才能,无疑也能培养和增强竞争观念。在改革开放的新时代,要求我们勇于为真理、为新生事物去奋争,积极参与辩论活动,以增强竞争观念。

(四)促进民主意识

辩论是竞争,也是探讨,不论对方人数多寡,攻击强弱,也不论方式如何激烈,气氛如何紧张,都必须以理服人。在这个意义上说,辩论是平等的、民主的。倘若不平等,以力服人,也就失去了辩论的真正意义。我们坚持以理服人的原则,广泛地开展辩论活动,一定会促进民主意识,增强民主风气。大家平等地交流见解,开诚布公地发表意见,互相学习,互相批评,互相理解,互相信任,久而久之,也就会形成浓厚的民主气氛。

(五)利于社会改革

改革,就是要推陈出新。新与旧必然会有激烈的撞击。新事物、新观念的出现,必然会受到旧事物、旧观念的阻挠、抵制,甚至扼杀。辩论是探求真理的活动,通过辩论可以分清谁是谁非,孰优孰劣,哪个先进哪个腐朽,哪个充满生机哪个趋于没落;通过辩论可以宣扬先进的观点、新生的事物,揭露和批驳落后的观点、陈旧的事物。在正常的情况下,辩论既可以冲破旧的樊笼,也可以促进新的成长。通过辩论活动,去培养人才,激发改革精神,推进改革进程,也不失为一种好办法。

第二节　辩论主体

一、辩论主体的构成

辩论的主体是由辩者组成的辩方,而且至少要有两个辩方才能构成,所以我们说辩论的主体是复合的。

(一)辩者与辩方

辩者,指参加对同一事物或事理同与自己持不同观点的对立面进行辩论的人。最简单的辩论行为,至少要有两个对立的辩者参加。

辩方,指由观点相同或相近的辩者组成的辩论营垒。每一个辩方,至少有一个辩者;在大多数情况下,往往有若干个辩者。构成一个辩论行为,要有两个或两个以上对立的辩方参加。由辩者组成辩方的条件就是对同一事物或事理必须持有相同或相近的观点。他们的组成方式约有以下两种。一种是关系紧密的联合体。比如辩论比赛,每一个辩方都是有组织、有计划的,有统一的谋略,有严密的分工,其内部的各个辩者在辩论中都有意识地主动配合,共同对“敌”。另一种是关系松散的联合体。有一些学术方面的论战往往是这种情况。甚至一些互不相识的辩者,只因观点一致或近似,在辩论中就相互认同、支持,他们之间并没有形成严密的组织,也没有统一的步骤,大多是各自为战,有时他们承认已经组成一个辩方,有时他们自己也没有意识到他们实际上已经成为同一个辩方。在辩论活动中,有些辩方自始至终不发生变化,辩论比赛就是这样。有些情况则不然,不论是紧密的联合还是松散的联合,随着辩论的展开、深入,原来某一辩方的组成会发生变化、瓦解或重新组合,辩方的数目也会随之增加或减少,不少的学术争鸣往往会发生这种情况。

(二)辩论主体构成形态

1. 双方辩论

这是只有两个对立的辩方进行的辩论。由于辩方中组成的辩者人数有多有寡,又分以下几种情况。

一是一个辩者对一个辩者的辩论。对立的两个辩方各自只有一个辩者这是一种比较简单的辩论。因为在对阵中,双方辩者都无须分神去考虑与同盟者的协调和关照,也没有什么干扰,只要临场果断,就可以我行我素,或守或攻,双方都容易集中自己的注意力,辩论的火力也集中。我国辩论史上著名的“濠梁之辩”就是这种形态的辩论,只有庄子和惠子两个人,各据一方,一对一地开展舌战。

二是一个辩者对若干辩者的辩论。对立的两个辩方,其中一个辩方只有一个辩者,另一辩方则有两个或两个以上的若干辩者。这样的辩论就较为复杂一些。

辩者多的辩方,人多势众,气势上容易压倒对方。只要步调一致,组织有序,大家一齐上阵,摆全观点,论透道理,森严壁垒,众志成城,大家对付一个人,力量大,攻势猛,对方是难以招架的,这是有利于取得辩论胜利的。但是人多也会有不利的方面,倘若组织散漫,步调不一,疏于照应,相互掣肘,也容易露出破绽,给人以可乘之机。所以人多的一方,要想充分发挥人多的优势,就必须注意相互之间的呼应与配合,不时调整步伐,使自己一方的所有辩者攻守得法,配合默契,井然有序,方有取胜的可能。

而只有一位辩者的辩方,势单力孤,要与众人对阵,就需冷静沉着,处变不惊,坚定克"敌"制胜的勇气和信心,从容攻守,兼顾多面。必须既充分摆清自己的观点见解,又能以充足的理由去驳倒对方,并且善于抓住主要矛盾,擒贼先擒王,集中力量攻倒对方的核心,其余的也就容易攻破。攻击中还要善于抓住对方的薄弱环节作为突破口,陷"敌"于被动。总之,一人战众人,必须做更多的艰苦的拼搏。如果认识正确,充分发挥个人的勇气和智慧,以少胜多、以弱胜强的事例也并不罕见。《三国演义》中诸葛亮舌战群儒,便是一对多辩论获取胜利的脍炙人口的例证。

三是众多辩者对众多辩者的辩论。这是更为复杂的辩论活动,双方对阵各自都有两个或两个以上的辩者。这样的辩论,双方都要有严密的组织、精心的安排,充分发挥自己辩方每一个辩者的作用,群策群力,努力去争取胜利。这样的辩论要求双方在辩论前各自都要做好充分准备,统一见解,确定基本观点,明确内部分工;在辩论中,双方的辩者都要扬长避短,相互关照呼应,步调一致,攻守有序;在辩论的关键时刻,双方都要确保己方的核心或首脑人物的攻守,使其力挫对方,置"敌"于死地,以争取胜利;在辩论中倘若己方的某一位或某些辩者陷入危急境地,大家要合力救助,堵塞纰漏,弥补裂缝,不给对方留下任何可乘之机。像辩论比赛、外交谈判、贸易洽谈等大多是这种形态的辩论。

2. 多方辩论

围绕同一个辩题,形成三个或三个以上对立的辩方,这就是多方辩论。这种辩论活动非常复杂,它又可表现为以下形态:

对阵的多个辩方中,各自只有一个辩者;

对阵的多个辩方中,有一个辩方只有一个辩者,其他辩方各自有两个或两个以上的辩者;

对阵的多个辩方中,某些辩方(不只一方)中各自只有一个辩者,另外的辩方(也不只一方)中各自都有两个或两个以上的辩者;

对阵的多个辩方中,各自一方都有两个或两个以上的辩者。

这样的辩论,不同的观点多,参战的辩者人数也多。每一个辩者都必须熟悉各方的观点,并能以充足、确凿的论据和逻辑严密的论证方法将不同于己方的观点逐一驳倒以后,方能获取胜利。

这样的辩论,对每一个辩者的要求都很高,尤其是一个辩方只有一个辩者,他所遇到的困难会更多,处境会更为不利。所以参战的辩者必须有足够的知识、很强的攻守能力,还要有严密的组织、同心协力的配合,才能对更多的对手应付自如,以确保自己观点的胜利。

之所以会出现多方辩论的情况,多是因为一个复杂的辩题,具有多方面的意义,参战的辩者的立场和认识角度、方法又不相同,于是各执一端,相持不下。各种学科的学术争鸣中出现多方辩论的情况较多,这种辩论情况相当复杂,有时可以分清是非,有时很难分清对错。所以有时不能立见胜负,或相持日久,或求同存异。

二、辩论角色及其扮演

"角色",是戏剧中的一个名词,其意思是指演员在舞台上(银幕、屏幕上)依据演出脚本所扮演的某一特定的戏剧人物。社会心理学借用了这个名词,并且形成了社会角色理论。

人在社会中生活,每个人必然要承担一定角色的责任。角色是社会对个人职能的划分,它明确标示出每个人在社会中的地位,并由此确定他在其社会关系中的位置。说得通俗一些,社会角色代表了每个人的社会身份,以及他为了体现这一身份所应该有的行为准则。比如说某人是某厂的厂长,这就是他的社会身份,而他要体现这一社会身份,就要担当起厂长的责任,要指挥全厂的生产与工作,并且要与上下左右各方面进行联系,做好本厂的有关人、财、物、产、供、销等方面的决策与管理工作,对国家、上级领导和本厂全体职工负责。这样就会有明确的岗位职责来规范他的一切行为。所以"厂长"就是这个人的社会角色。

社会角色具有多重性。每个人在社会中必须扮演的社会角色不止一个,他在不同的环境和情景中,扮演不同的角色。还是说那位厂长吧,他是厂长,对全厂的职工他是领导,对他的领导他是下级;在他的家庭里,他是他父母的儿子,他是他妻子的丈夫,他是他子女的父亲;在医院就诊,他是患者;在商店购物,他是顾客,等等。他在扮演着一系列的社会角色,而且他还必须扮演好这些角色。

辩论主体构成中的每个辩者,都是处在一定社会关系中的人,他们每个人都是一定的社会角色。

(一)辩论角色

参与一定辩方的辩者,就是辩论角色。

辩论角色是社会角色的一种,是在辩论环境和情景中的社会角色。辩论角色是指在辩论活动中,辩者所处的地位,比如正方、反方、攻方、守方,主动方、被动方,等等。当然,辩论还有不同的具体形式,构成具有不同特点和要求的辩论环境与情景。例如:在法庭辩论中有公诉人、被告辩护人;辩论比赛中有主辩、助辩,等等。在不同的辩论环境与情景中的辩论角色,必然会有符合背景所需的辩论角色行为的规范与标准,每一个扮演不同角色的辩者,都要按照这些行为规范与标准,努力扮演好自己的辩论角色。

(二)辩论角色的扮演

辩论角色的扮演,可分为两种形式:一种可称本色的;另一种则可称为乔装的。

1. 本色的扮演

这种辩论角色的扮演具有两个特点:一是辩者保持自身真实的社会身份;二是辩者保持自己真实的观点和主张,不须借助任何乔装打扮,直接进入辩论角色。

例如,一位进步作家参与有关文学的某一课题的社会性辩论。在这场辩论中,他主动反驳另一位文学评论家的错误观点。那么,这位辩者即以其真实的社会身份——进步作家参与辩论,并在辩论中处于主动进攻的地位,发表自己真实的观点和主张,从而完成了他自己的辩论角色。在辩论中,他并没有乔装打扮,而是直接展现他自己的本来面貌。

2. 乔装的扮演

这种辩论角色借助于乔装打扮,隐蔽了自身真实的社会身份和真实的观点与主张,而乔装成另外的社会角色,故意地展现不是自己真实的观点与主张。这在辩论角色扮演中,是一种真正具有戏剧性的扮演方式。

马克思和恩格斯,在《资本论》出版后不久,也曾故意安排过一次乔装的辩论,来打破当时学术界对此书出版漠然处之的沉闷状态。1867 年 9 月 11 日恩格斯致函马克思,提出为了扩大这部书的影响,他打算伴装资产阶级分子去攻击《资本论》,马克思回答认为这个计划是最好的战斗方法。于是,恩格斯扮作资产阶级学者"抨击"《资本论》这部著作,马克思则写文章进行申辩和反击。这样乔装的辩论,很快引起当时的学术界和公众的广泛关注。这对扩大《资本论》的影响,宣传无产阶级革命理论起了很好的作用。

三、辩论角色的特征与必备能力

(一)辩论角色的特征

在辩论中,不论在什么样的辩论背景下,只要是辩论角色,一般都具备以下的特征。

1. 强烈的对立性

辩论要争,要论是非,要决定胜负,辩论角色都要与对手争高低,所以辩论角色必然具有与对立方的强烈的对立性。

这种对立性主要表现为对立的辩论角色在观点、主张上的相互分歧。这分歧的产生,是人们对客观事物内部的本质与规律的不同认识之间矛盾的反映。这矛盾就是辩论活动的客观基础。

辩论角色的强烈的对立性,是以其同一性为前提的,对立存在于矛盾统一体中,对立辩方的辩论角色必须以同一个辩题为辩论焦点,围绕着它展开辩护和辩驳。倘不是针对同一辩题,各说各的观点,必然是"风马牛不相及",也就无所谓辩论了。

辩论角色强烈的对立性,建立在相对意义的基础之上。这就是说,辩论角色之间只在一定的时间和空间中存在着对立关系。在某一时间内,对某一问题的见解、观点是对立的;在另一时间内,对同一问题也许就不存在对立了。对某一问题的见解、观点是对立的,而对另一问题的见解、观点就不一定是对立的,甚至还可能是完全一致的。就是对存在对立见解和观点的问题的辩论中,对立也会随着辩论形势的变化而发生变化。

2. 鲜明的攻守性

因为辩论角色具有强烈的对立性,当然一方面要竭尽全力阐明己方观点、主张的正确,另一方面要千方百计地去驳斥对方观点、主张的错误。所以辩论角色都要维护自己,防止对方的攻击,时刻采取守势,同时又不断出击制"敌",让对方落败,不停地采取攻势。攻守是辩论角色对立性的表现形式,辩论中攻守相济、交替运用,这是辩论角色在任何辩论背景中都必须使用的方法。

3. 明显的策略性

辩论是"争",有"战"的意味,也要讲究用兵之道。既然如此,就要研究策略。正面攻击、长驱直入、侧面迂回、步步进逼、故布疑阵、诱敌入瓮、投石问路和进行围剿等种种战略战术,在辩论中皆可运用。

除日常辩论更多地需要临场发挥外,辩论的策略性,一般表现在辩论前的准备阶段,在摸清"敌"我双方各方面情况的条件下,就制订好防御策略、攻击策略、配合策略、攻心策略等方略,在辩论开始后逐步实行,并不断地调整这些策略。

辩论的胜负,主要取决于辩方是否真正掌握真理。但实际情况,并非如此简单。每个辩者都有不同的观念、素质、经历、性格、语言修养和辩论技巧。这些因素在辩论过程中交错搅扭,相互影响。它们在不同角度、不同程度上对辩论的进行发挥潜在的作用。掌握真理的辩方,想要获取胜利,并非唾手可得,他们必须排除上述种种因素可能产生的对己不利的影响,使对方的错误观点充分地暴露出来,这样才能一举击溃。这也就是辩论需要实施策略的重要原因。

4. 突出的临场性

临场性,就是指临场变化的难以预料。在辩论准备阶段已经计划好的立论步骤、反驳方法、攻守策略,以及材料选择、语言安排等一切准备,都必须灵活地运用于辩论实践中。因为任何事先的准备,都不可能不遇到临场的变化,所以这种临场性,就要求辩者必须具备较强的应变能力。

这里的应变能力,是指在辩论进程中,辩者应能根据现场形势的变化,立即做出相应的反应。根据辩论形势发展的实际需要,对原计划使用的部分论点、论据材料、论证角度、论证方法、论证语言和语气、感情色彩,以及己方辩者的配合谋略和对另一方的攻心措施,等等,进行必要的增添、删减、改动、调整,以争取辩论的成功。

(二)辩论角色的必备能力

人们对不同的社会角色抱有不同的期望,期望他们能很好地扮演各自的社会角色。这种期望感构成了社会与社会角色之间的联系纽带,意味着这个角色所处的集体,希望他完成一系列与其社会角色相适应的特殊行为。人们对辩论角色也存在着期望,突出表现为期望他能尽力施展自己的辩才来获取胜利。

其实,获取辩论的胜利,也正是每个辩者的预期目的。因此,为了满足社会的期望同时又达到自己参加辩论的目的,每个辩者都希望自己成为一个能说善论的高明的辩论角色。这样的辩论角色必须具备以下几种能力。

1. 正确认识的能力

辩者要使自己的辩论具有很强的说服力,首先必须能对辩题提出全面、深刻、正确的观点,同时必须掌握充足的、真实的、典型的论据材料,以有力地论证自己的观点、有力地批驳对方的观点,这就必须具备正确认识的能力。

正确认识的能力,指科学地、合乎认知规律地认识客观世界,包括自然界和人类社会的各种现象的本质与规律的能力,具有这种能力,就有了正确地认知客观世界,了解并掌握真理的基本条件。

我们所说的正确认识的能力,包含三层意思:一是直接认知能力;二是间接认知能力;三是掌握认知规律的能力。我们要培养正确认识的能力,就要不断培养、建立正确的世界观,掌握科学的认识方法,不断地去实践(观察、体验、调查、实验……),不断地去阅读(读书、赏画、看影视……),不断地去思索,将已获得的认知进行分析、综合、归纳、概括,形成见解、观点,并得到实践的检验,证实其正确性。

有了正确认识的能力,就能不断地认识、掌握真理,不断地积累正确的认识,就能具有广博精深的知识,这样在辩论中就能应付自如,游刃有余,也就有了取胜的首要条件。

2. 严密论证的能力

辩论,有了全面、深刻、正确的观点,有了充足的、真实的、典型的论据,还必须有严密的逻辑推理,才能有力地证明己方的正确,批驳对方的错误,也就是说要具有严密论证的能力。

严密论证的能力包括两方面内容:论证过程必须具有严密的逻辑性;表述论证的语言也要准确地体现出这种严密的逻辑性。前者是指思维的逻辑性,后者是指表达的逻辑性。思维是表达的基础。在辩论中,辩者的辩护与辩驳的全部思路清晰严密,论证语言不出现纰漏,不留有破绽,做到推理正确,阐述严谨,天衣无缝,无懈可击,这才能具有很强的说服力。

3. 敏捷思维的能力

这是指对辩论的一切情况,能够敏捷地进行思索、分析、判断,找出问题的症结,迅速确定解决途径的能力。

敏捷思维的能力,不论是在口头辩论还是书面辩论中,都是十分重要的。它是适应辩论临场性这一特点的。这种能力不仅表现为辩论过程的应变能力,同时也表现为辩论准备阶段的决策能力。辩者参加辩论,不会有很长的思考时间,他必须迅速分析辩题,确立观点,拟定论证方法和论证角度,决定攻守策略,以便尽快投入辩论,争取主动。任何辩论,都会不断地出现新问题、新情况、新形势,辩者必须有能力对此敏锐地做出反应,立即意识到存在的问题,及时找到解决问题的正确方法和途径,并且果断地加以实施。这种应变能力,可以使辩者掌握主动,遇到危机时可以转危为安,处于不利地位时可以变不利为有利。倘已取得有利的形势则可以发展这有利的形势。总之,具有敏捷思维的能力是获取辩论胜利的重要条件之一。尤其是口头辩论,临场性更强,对敏捷思维能力的要求,显得更为迫切和突出。

4. 猛烈攻击的能力

辩论是语言的论争,因此它的攻击力量主要表现在语言上,辩者运用语言向对方进行猛烈攻击的能力,主要表现有以下三个方面。

(1)善于捕捉战机。捕捉战机,就是要把握住进攻的有利时机。这时己方掌握主动,置对手于被动,此时以迅雷不及掩耳之势,摧枯拉朽,对"敌"施以语言的猛攻,对方不及招架,就容易陷入困境,使己方取胜有望。

(2)善于攻其要害。要害就是置人于死地的关键所在。抓住要害,攻击论"敌",就是抓住矛盾的主要方面;解决了要害问题,其他问题就会迎刃而解。所以猛烈的攻击力量,并不表现为面面俱到的全面出击,那样反倒容易分散攻击力量,而应该集中全力,猛攻要害。这样收拢拳头打击一点才显得更加有力,而且又是致命的一击,就会置"敌"于死地。

(3)语言犀利。语言犀利,要求论证己方论点时,画龙点睛,突出中心,表现本质,深刻清晰;语言犀利,要求反驳论"敌"时,直刺要害,一语破"敌",揭示错误,痛快淋漓;语言犀利,要求用词准确,句式恰当,简洁凝练,气势贯通,或生动有力,或幽默诙谐,或泼辣俏皮,或稳重深刻。

5. 深刻感染的能力

辩者深刻感染的能力,表现为充分利用自己各方面的优势,使用各种方法吸引和慑服对手和受众,使他们信服、倾倒,为自己获取胜利奠定基础。感染对手,使他们对己方的观点、见解心悦诚服,对己方的论证力量无法招架,甘拜下风;感染受众,使他们积极支持己方的观点、见解,赞赏己方的辩论技巧与才华。这一切都有助于获取胜利,发挥辩论的影响。

辩者深刻感染的力量,主要体现在以下四个方面。

(1)思想的感染。辩者的观点、主张必须正确、全面、深刻、新颖,使论"敌"与受众对其深感兴趣又心悦诚服。

(2)谋略的感染。辩者有能力出其不意,克"敌"制胜。出奇兵,打奇仗,使对手既无还手之力,又无招架之功,令人耳目一新,另眼相看。

(3)语言的感染。辩者的语言文字有个性,独具异彩,使人爱听爱看,引人入胜。

(4)气质的感染。辩者良好的心理素质、惹人喜爱的性格、恰到好处的举止、优美脱俗的服饰,能给人以美感,令人倾慕。这些因素也会在辩论中发挥作用,在一定程度上帮助辩者去夺取胜利。

▶ 第三节　辩论客体 ◀

一、辩论客体的基本特征

如前所述,辩论主体是复合的,至少有分属于两个对立辩方的辩者。辩者之所以分成对立的辩方,其根本原因是辩者所持观点的对立。唯其如此,才能构成辩论行为。因此可以说,辩论行为就是对立观点的辩护和辩驳。这种看法,在表述上隐含着一个重要的因素,那就是对立观点必须建立在同一辩题上,同一辩题是辩论行为产生的前提。有了这个辩题,不同辩方的辩者才有可能产生对立的观点;只有产生了对立的观点,才能进行辩论。这同一辩题,就是辩论行为所指的对象。我们把这种能引起辩论行为的辩题叫作辩论客体。

(一)辩题的形成

辩论总是针对辩题而展开的,辩题又是怎样形成的呢? 一般有以下两种形成方式。

1. 自然形成

由于人们对同一事物或事理,存在着不同的认识,自然形成了不同的观点或主张,并由此构成争辩的对象。这就自然形成了辩论的辩题,如某些学术争鸣、日常辩论的辩题就是这样形成的。

2. 人为形成

有时,人们对同一事物或事理,本不存在认识上的分歧,出于认识上的挖掘与探索,并不会引发辩论,但为了某种特定的目的,却故意人为地造成辩论,比如辩论比赛的辩题形成就是较为典型的人为形成的。

这是两种基本的辩题形成的方式。还有一些辩论活动,其辩题形成的方式可能是两种因素兼而有之,或是自然形成因素为主、人为形成因素为辅;或是人为形成因素为主、自然形成因素为辅。比如:购销的商务谈判,买者杀价,卖者抬价,这是自然形成的对立;而谈判当中涉及的许多问题,像商品质量问题、包装问题、交货时间、运输方式,等等,都可能围绕价格这个中心,故意人为地设置许多争辩的焦点,形成辩论,通过这些辩论,买者达到压价、卖者达到抬价的目的。一般来说,针对自然形成的辩题展开辩论的主体,其角色"扮演"多为本色的;针对人为形成的辩题展开辩论的主体,其角色"扮演"多为乔装。辩题形成人为因素的增加,与其主体辩论角色"扮演"乔装因素的增加成正比。

(二)辩题的基本特征

并不是所有的题目都能引起辩论,只有当这个题目具有成为辩论客体的基本特征时,它才能成为辩题。辩题,也就是辩论客体,应该有以下两个基本特征。

1. 值辩性

值辩性是指这个题目要有辩论价值。一般来说,有值辩性的辩题,都是对社会、对人生、对事业有意义的问题。或者说,无论什么类型的辩论,都有认识和教育作用,都能产生一定的社会效益。

有值辩性的辩题,大致可以归纳为以下五种类型的辩题。

(1)重大意义型辩题。这类辩题内容涉及国计民生的重大问题,凡有关制订重大方针政策的辩论,以及事关重要的外交、政治、军事、经济、文化等的谈判均属此类型。

(2)专业型辩题。这类辩题内容涉及某学科的专门知识。学术争鸣、论文答辩、法庭辩论都属此类型。

(3)"热点"型辩题。这类辩题内容多涉及当时人们最关心、最敏感的热门话题。比如1987—1988年北京走向2000年电视辩论竞赛的"物价上涨的总趋势是可以抑制的"等辩题。

(4)哲理型辩题。这类辩题的内容所涉及的都是社会普遍存在的、又容易引起疑惑的问题。比如"理想是奋进的动力""愿望的满足就是人生的幸福"等。

(5)生活问题型辩题。这类辩题的内容多涉及日常生活问题。比如"孩子常看电视是弊多还是利多"之类。

以上五种类型的辩题,其界线有的是不清晰的,有的辩题既可属于其中的一种类型,也可属于另一种类型。但是,综观这些不同类型的辩题,各自确实有相同的性质,即通过辩论,可以提高人们的认识,对人们具有教育意义,均有辩论价值。

2. 可辩性

可辩性是指这些题目可以引起辩论。这要从以下两方面来分析辩题的可辩性。

(1)辩题清楚准确。辩论的题意不能含混不清,不能让辩者的理解产生歧义,不能在题意范围上不着边际;否则就无法进行辩论。

(2)辩题必须能展开根本对立的观点。辩题必须包含两个(或两个以上)针锋相对的互相否定的论断的问题,才有可能展开辩论。无法设置对立面的问题,就是不可辩的,诸如是非早有定论、依据常识就可判断是非、目前尚无法确认是非等问题。

可辩的题目必须同时具备共识点与争论点。所谓共识点,即对立双方对辩题的题意、范围、要点、概念等要有一致的认定,对这些内容无须解释也无须限定,对立双方的认识大体是一致的。比如1986年亚洲大学生辩论会复赛的辩题是"贸易保护主义可以抑制",对立双方的所有辩者,对"贸易保护主义""抑制"的概念都有大体一致的理解,于是对题意有了共识，就可分清对立观点分歧的确切所在。所谓争论点，就是对立观点产生分歧的焦点。像上述辩题就包含着"可以"或"不可以"或"不完全可以"等争论的焦点，这样才能设置对立面，可以产生包含针锋相对、相互否定的论断，这样也就可以进行辩论了。

二、论点及其表述

对辩论客体展开辩论，就是对立双方的辩者对辩题提出不同的主张和观点，也就是争辩论点。争辩论点，一般包含两方面，即既要阐明、论证己方的主张和观点，还要驳斥对方的主张和观点。确定己方的辩论地位、动摇对方的辩论地位靠的都是论点，可以说，论点是辩论的旗帜。

（一）论点的确立

在辩论中，确立论点的必备条件是科学性、创见性、针对性和鲜明性。

1. 科学性

科学性是指所辩的论点必须是对客观事物的本质及其规律的正确、全面的反映和阐发。论点必须符合客观事物的本质和规律，切忌主观、片面、形而上学，这就是论点的科学性。

要使论点具有科学性，最根本的在于辩者要树立科学的世界观和方法论。辩者只有掌握辩证唯物主义和历史唯物主义的立场、观点、方法，才能在辩论中提高分辨是非的能力，增强自觉性，减少盲目性，从而提出并坚持正确的论点。

科学性，表现在三个方面：一是论点正确，即正确地反映客观事物的本质和规律；二是知识运用和材料选取的准确，这对专业型辩题的辩论尤为重要，有关的专业知识、专业资料、专业术语等应准确无误；三是论点表述的准确，所用语言应恰如其分地将论点表述清楚，使论点不生歧义，一目了然。

2. 创见性

创见性是指论点要新颖，有独创的见解，不人云亦云。不拘泥前说，也不主观臆断，能提出新主张、新观点，解决新问题，表现出远见卓识。

创见性，主要表现在两个方面：一是提出新论点，即能提出别人没有提出过的见解和主张；二是提出论点的新角度，即虽然论点不新，却能使用前人从未使用过的新视角，能提供解决问题的新途径。

3. 针对性

论点的提出，必须与对立方的观点、主张针锋相对，要紧紧扣住争论的焦点，对方是正，我方必反；对方是反，我方必正。这就是论点的针对性。

具有针对性，主要要求有两个：一是要求提出的论点必须集中，抓住主要矛盾和矛盾的主要方面，抓住本质和核心问题；二是要求提出的论点，必须切中对立方的要害，以便集中力量，驳倒对方。

4. 鲜明性

论点的鲜明性，是保持针对性的需要。因为要与对立方展开攻守，就必须丁是丁、卯是卯，来不得半点含糊，也不能闪烁其词。

我们所说的鲜明性，是指提出论点必须做到：一是清楚明确，不含糊其词，不产生歧义;二是论点中的概念、判断应始终保持同一;三是态度鲜明,该肯定就肯定,该否定就否定,不模棱两可。

(二)论点的表述

既然针对辩题展开辩论,主要是确定和论证己方的主张和观点,所以论点的表述就很重要了。辩者在表述自己的论点时,应注意以下问题。

1. 明确定义

在辩论中,如何明确定义是十分重要的问题。无论是辩护还是辩驳,论点上的分歧,往往表现在对概念的理解上。有时理解上仅有细微的差别,也会成为相互对立的焦点或相互攻击的靶子。为此,在辩论时首先要明确定义,弄清概念。

1986 年亚洲大学生辩论复赛的辩题是"贸易保护主义可以抑制",正方北京大学的一辩就是紧扣定义来阐述论点的:

> 我们认为贸易保护主义是可以被抑制的,一切悲观和失望的观点是完全没有必要的。这里我们理解保护主义主要是指西方发达国家为了保护国内生产而采取的限制进口的措施或意向。我们所说可以抑制,不是说在一个早上保护主义就会烟消云散,也不是说保护主义今后不再出现,而是说经过各国的共同努力,我们可以抑制它的发展势头,使它不至于继续恶化。

辩者抓住"贸易保护主义""抑制"这关键词语来明确定义。

2. 优选角度

表述论点,要选择最优的角度。角度好,可以避开难点,还可以别开生面,增强论点的说服力。

1986 年亚洲大学生辩论决赛的辩题是"发展旅游业利多于弊"。按照常理推论,"利多于弊"容易理解,而"弊多于利"就很难找到实例,很难讲清道理。正方香港中文大学代表队列举了事实,说明发展旅游业"利多于弊",担任反方的北京大学队是这样来确立和表述己方的论点的,辩者说:

> ……至于谈到发展旅游业,对方同学更是偏得太远。我们主张发展旅游业,这种发展,应该是健康的、有效的,有利于人类未来的发展。要做到这一点,除了具备许多客观前提,比如:第一,自然条件;第二,一定的社会基础设施;第三,良好的生活环境;第四,政治稳定等等之外,更重要的是一国政府要有发展旅游业适当的政策和规划。如果像对方同学所说,发展旅游业就可以无条件的、无节制的发展,那么肯定是弊多于利,甚至可能是有弊而无利。我们所说的利,不仅考虑到局部的和眼前的利,更重要的是考虑到长远的利和整体的利……

辩者选择了发展旅游业需要一定的物质的和社会的条件这一角度,确立"弊多于利"的论点,确实有一定的说服力。

3. 概括适当

概括适当是指由个别事物或现象概括出普遍性的道理,要使这种推导具有必然性,能由个别必然推出一般,既不扩大,也不缩小,要恰好合适。扩大了就会以偏概全;缩小了就会以全概偏;倘若根本没有必然性而要硬推,这就会扣帽子,论点与其依据脱节。

例如,曾经有一位老人摔倒后,一位年轻人主动将老人扶起,立即送往医院医治,并自行垫付医药费,结果反而被这位老人诬陷。有人据此得出结论,老人摔倒后不能上前帮助,否则就会惹祸上身。其实这只是极个别的现象,由此得出的结论是典型的以偏概全。

4. 合乎事理

确立、表述论点,要合乎事理,这才是正确地反映客观性。倘若与事理不合,此论点即失去了正确性、科学性。

据载有两国外交人士洽谈石油贸易问题,输出国要求每桶石油额外加价的金额超出一桶石油的全部价格,购买国对此深为不满:

"先生,如果我们理智地讨论问题,就必须共同遵守一些原则。"

"什么原则呢?"

"例如,没有一件东西的局部比它的整体还要大。"

"这个原则嘛,站不住脚。好吧,我打比方,狐狸的尾巴不是往往比它的身子还要长吗?!"

这是一段狡辩。双方辩论的理由都不合事理。购买国的原则是局部不能大于整体,其实商品的额外加价与本身的价格,并非局部与整体的关系,这两者与最后成交价的关系才是局部与整体的关系。输出国以"狐狸的尾巴往往比它的身子还要长"为由,来说明局部可以大于整体,也不合乎事理。因为狐狸的整体应该是身子与尾巴之和,尾巴再长,也长不过身子加上尾巴这样的整体的。这种不合事理的论证,是无法做出正确、科学的论断的。

5. 谨防矛盾

表述论点不能自相矛盾。如果出现矛盾,就不能自圆其说。这样的论点自己也可以否定自己,是无法站住脚的。

请看《庄子·秋水篇》中一段精彩的对话:

庄子与惠子游于濠梁之上。庄子曰:"鲦鱼出游从容,是鱼之乐也。"惠子曰:"子非鱼,安知鱼之乐?"庄子曰:"子非我,安知我不知鱼之乐?"

庄子十分机智,敏锐地抓住惠子论点中的矛盾进行驳斥,惠子无言以对。

6. 语无歧义

歧义,是指语言,或者是词或者是句,其含义不是单一的,既可解释成这种意思,也可解释成另外的意思,这时它的语义就不确定了。如果表述论点的语言产生歧义,论点的含义就不确定了。

数学家华罗庚上中学时,有过一件往事。一次国文课老师要求学生针对胡适为他自己的诗集《尝试集》所写的序诗写一篇文章。华罗庚就此写了一文《"尝试"的概念不能混淆》,文中说,胡适的序诗曰:"尝试成功自古无,放翁此言未必是。我今为之转一语,自古成功在尝试。"这诗中两个"尝试",其概念的含义根本不同。前者指第一次试验,后者泛指一切的试验,既可能指第一次试验,也可能指多次反复的试验。华罗庚辨析了"尝试"的两种不同的语义,揭示序诗中的错误,从而对其进行了批驳。

三、辩论过程

辩论就是针对辩题展开的辩护与辩驳;而辩护与辩驳,都是围绕己方的论点进行的。

辩论过程,就是论证己方论点的正确性,并用己方论点的正确性去批驳对方论点的错误的过程。简言之,辩论过程,就是表述与论证己方论点的过程。论点,都有一个形成、建立、展开以及最后能否确立的过程,这也就构成了辩论过程的准备、开始、展开、终结四个阶段。

（一）准备阶段

准备阶段是辩者论点的酝酿、形成阶段。这是针对辩题的辩论尚未展开之前的准备工作,它是保证辩论质量和效果的重要条件之一。此阶段至少要完成两项工作:一是形成论点;二是确立表述论点的谋略。

1. 形成论点

首先要分析辩题。要辨清题意,把辩题中的概念的内涵与外延都搞清楚,同时还要了解辩题提出的背景,分析双方的共识点与争论点,准确地找出双方的分歧所在。还须收集论据。要收集充分的论据,包括理论材料、事实材料或是比喻、类比材料等,而这些论据材料是必需的、真实的、典型的、新颖的,在辩论时方能应付自如,得心应手。

2. 确定谋略

主要是安排攻守策略。所谓"攻",就是确定论证己方论点的方法与途径、反驳对方论点的方法与途径。所谓"守",就是确定抵御对立方的批驳的方法与途径。为此必须做到知己知彼。一是要了解己方:论点是否正确,论据是否充实可靠,论证是否充分严密,防守与进攻的方法是否得当,整体配合是否紧密,与辩题有关的资料准备是否充分,等等。二是要了解对方,不仅了解对方的辩论观点与策略,而且了解对方的个人条件,诸如心理素质、知识素养、兴趣爱好、生活经历、优缺点,以及对方整体配合的强弱环节,等等。这样,可望百战不殆。

（二）开始阶段

此阶段要正式对辩题提出见解,建立各自的论点,引发辩论。辩者亮明论点的方法多种多样,常用的方法有五种:一是单刀直入、开门见山地摆出自己的论点,然后直接进行论证;二是先摆出对方论点,有了放矢之的,再直取要害;三是将己论与他论正反两面同时摆出,两相对照,正误分明;四是列举例证来引发己方的论点,由实入虚,由感性认识上升到理性认识;五是分总相济,或先分后总,或先总后分,以亮明自己的观点。

（三）展开阶段

此阶段是决定辩论胜负的关键。对立双方(或多方)都要竭尽全力地比知识、比智慧、比意志、比辩才。这是整个辩论过程中最激烈、最富于变化、最精彩、最具攻击力的阶段。

此阶段对辩题全面展开辩论,各个辩方都围绕各自的论点,全面铺开,进行辩护与辩驳。辩护和辩驳的对象都是己方和对立方的论点、论据、论证,其中论点是关键。辩护是证明己方正确,从而抵制和否定对立方驳论的错误;辩驳则是反驳对立方的错误,从而说明和肯定己方立论的正确。

（四）终结阶段

从理论上讲,某一方的论点可以使辩题得以解决,辩论也就终止了。我们所说辩题得以解决,是指辩题所涉及的内容取得了正确的认识,判明了是非、优劣,在一定程度上掌握了真理。但事实上,终止辩论并非如此简单。我们将所有可能发生的情况归纳起来,终止辩论大约有三种情况:一是辩题得到解决;二是辩题部分得到解决;三是辩题没有得到解决。这三种情况的具体表现形式又各不相同。

就辩论终结的种种情况分析,最理想的终结方式,是解决辩题,辩明了真理。但这毕竟受主客观多种因素的影响。只有客观上存在解决辩题的可能,辩者主观上也具备解决辩题的条件,这种理想的终结方式才可能出现。但就辩论行为实施的实际情况而言,辩者参辩的直接目标是获取胜利,而获取胜利并不等于就代表了正确认识,代表了真理,所以就存在上述种种情况。但从全社会而言,从辩论的发展趋势而言,人们毕竟要求解决辩题,以探求真理。所以部分解决辩题或没有解决辩题的辩论,用社会的发展的观点去分析,这种辩论的终结,仅仅是一次辩论行为的结束,这类辩题势必在条件具备时还会引起辩论,直至这一辩题得到解决为止。

▶ 第四节　辩论媒体 ◀

辩论是通过语言进行的活动,语言是辩论的媒体。

语言分为内部语言和外部语言。内部语言指人们用来思维的语言,它是无声的、心理的、不行之于外的;外部语言是有声的,有物质形态的,行之于外的,是人们进行交际的工具。辩论所借助的是外部语言。

外部语言又有口头语言与书面语言之分。运用口头语言进行的辩论,叫口头辩论,或称舌战;运用书面语言进行的辩论,叫书面辩论或称笔战、论战。

一、辩论技法

辩论是斗智,辩论语言充满了智慧。辩论语言不仅承载着丰富的内容,而且也表现出高超的技巧。学习和掌握辩论语言所表现出来的各种技巧,是进行辩论的每个辩者所应具备的重要条件。

一般来说,适合于书面辩论使用的各种技巧,在口头辩论中可以使用。而只适宜于口头辩论的某些技巧,就不一定能在书面辩论中使用,因为口头辩论是面对面的口语互动,可资利用的条件较多,有其特定的语言环境。这里择要介绍若干在口头辩论和书面辩论中共同使用的常见技巧。

(一)征引证理

在辩论中,运用征引权威性言论、成语、典故、俗语、谚语等来进行立论或反驳,就是征引证理。征引有诠释性征引、归纳征引、演绎征引等几种形式。

在北京走向 2000 年电视辩论竞赛中,关于"物价上涨的总趋势是可以抑制的"辩论,反方北京大学队的一位辩者在发言中说道:

……那么,让我们看看,何为抑制呢? 翻开辞海、辞源、现代汉语词典。抑制就是约束、扼制,抑制就是压下去。……翻开《史记·评准书》,司马迁对抑制就做过经济学上的解释。他是这样写的:"抑天下物为评准。"这里的抑就是抑制,天下物就是商品,而评准,它的经济学意义就是价格不动,可见这里的抑制就是指保持物价总水平不变的意思。

这是诠释性征引例，是引用《史记·评准书》来解释"抑制"，具有一定的权威性，比起一般的释义说理更有说服力。

（二）托物喻理

这是一种以人们熟知的事例进行比喻来论述道理的方法。讲道理一般都比较抽象，用这种托物喻理的方法就可以把道理讲得具体生动。

抗日时期"七君子事件"中的史良，在法庭与法官、检察官的论辩中，有过一段精彩的对话：

检察官：在西安事变前，你们给张学良、宋哲元、韩复榘、傅作义发过电报，因此可以说，西安事变的发生与你们发电报是有联系的，你们应该对此负责。

史良：一个刀店，每天都会卖出许多把刀，多数买了刀的人是用来切菜，也不排除有人会用买来的刀杀人的可能性。照检察官的意思，难道凡是杀了人都要由刀店负责吗？

史良就是用托物喻理法，说明西安事变要由发过电报的人负责同买刀者杀人要由刀店负责同样荒谬，既指出了检察官的推论不能成立，又讽刺了他们的蛮横与愚蠢。

（三）比较论理

这是把要议论的道理，与相近或相反的材料进行比较，来进行说理的方法。这种方法较为灵便，易获实效。比较论理有求同比较和求异比较两种形式。

1986 年亚洲大学生辩论复赛，其辩题为"贸易保护主义可以抑制"，正方北京大学队的辩者有这样一段发言：

……你们刚才在概念上犯了一个小小的错误。你们把保护主义说成发达国家与发展中国家都具备的一个现象，实际上发达国家与发展中国家保护主义是不同的。发展中国家的保护措施是保护本国民族工业，以达到经济发展的目的；而发达国家的保护主义是保护本国的传统落后农业……

这里用的是求异比较的方法，发言者将"贸易保护主义"放在不同对象、不同条件下来进行比较，比出发达国家与发展中国家的不同，从而突出地论述了己方的主张和观点。

（四）多方议论

辩论，当然要分析道理，如果能多方面多角度地展开分析，一定能将道理说得更深更透，更令人信服。

恩格斯在《德国维护帝国宪法的运动》一文中有一段关于小资产阶级的议论：

这个阶级在它还没有觉察出任何危险的时候，总是吹牛，爱讲漂亮话，有时甚至在口头上坚持最极端的立场，可是一旦面临小小的危险，它便胆小如鼠，谨小慎微，躲躲闪闪；一旦其他阶级郑重其事地响应和参加由它所发起的运动，它就显得惊恐万状，顾虑重重，摇摆不定；一旦事情发展到手执武器进行斗争的地步，它为了保存自己的小资产阶级的生存条件，就预备出卖整个运动，最后由于它的不坚决，一旦反动派取得胜利，它总是特别受欺骗和受凌辱。

恩格斯的这段议论，把小资产阶级在各种不同情况下的表现分析得一清二楚，从而讲透这个阶级对于革命的软弱性、动摇性，深刻揭示了它的阶级本质，把道理说得集中、深刻，说服力很强。

（五）主动制人

这是在辩论中掌握、利用战机的技巧。辩论中能够争取主动，才可驾驭对立方，从而最终将其制服。或先发制人，或后发制人，不论怎样，都要把握好战机，及时出击。

1986年亚洲大学生辩论会上，新加坡国立大学队对香港中文大学队的一场比赛，辩题是"外来投资能够确保发展中国家经济高速发展"。香港中文大学队是正方。显然，他们的难度是相当大的，因为在这个命题中，"确保"这个概念，如果按照一般的理解是"完全保证"的意思，就很难讲通这个道理。香港中文大学队的辩者采用了先发制人的战术。一开辩，他们就对"确保"的概念进行分析，指出"确保"并不是"百分之一百的保证"，并援引中国内地公共汽车的服务员常说的"为确保乘客安全，请不要手扶车门"为证。这样他们先声夺人，牢牢把握住辩论的主动权，为己方立论开辟了比较广阔的回旋余地，为争取胜利打下基础。

（六）以退为进

在辩论中，有时不便于或不利于直接地正面冲突，应以某些让步作为缓冲，实际上是调整策略、变换方向来进行攻击，以克敌制胜，这就是以退为进。

著名作家萧伯纳的剧本《武器与人》首次公演获得成功。剧终时许多观众要求萧伯纳登台讲话，并接受大家的祝贺。当萧伯纳走上讲台时，突然有一人大声喊道："萧伯纳，你的剧本糟透了，谁要看！收回去，停演吧！"观众以为萧伯纳会很生气，而他反而笑容满面地向那人鞠了一躬，彬彬有礼地说："我的朋友，你说得好，我完全同意你的意见。"说着，他指了指剧场中的其他观众说："但遗憾的是，我们两个人反对这么多观众有什么用呢？我们能禁止这剧本演出吗？"萧伯纳话音刚落，全场笑声一片，接着是暴风雨般的掌声。那挑衅者不好意思地溜出了剧场。萧伯纳大度从容，以退为进，获得成功。

（七）金蝉脱壳

在辩论中，当你发现自己处境不利，不能恋战时，不妨虚晃一枪，转移对方的注意力，借以迷惑对方，以便隐蔽地转移或撤退，这就是金蝉脱壳。

1972年5月，美苏举行最高级的会议。27日凌晨1时，美国国家安全事务特别助理基辛格在莫斯科的一家旅馆里，向随行的美国记者团介绍美苏关于签署限制战略武器的四个协定的会谈情况。

"苏联生产导弹的速度每年大约250枚，"基辛格微笑着透露道，"先生们，如果在这里把我当间谍抓起来，我们知道该怪谁啊。"

敏捷的记者们于是接过话头，探问美国的秘密。

"我们的情况呢？我们有多少潜艇导弹在配置分导式多弹头？有多少'民兵'导弹在配置分导式多弹头？"一个记者问道。

基辛格耸耸肩："我不确切知道正在配置分导式多弹头的'民兵'导弹有多少。至于潜艇，我的苦处是，数目我是知道的。但我不知道是不是保密的。"

记者说："不是保密的。"

基辛格反问道:"不是保密的吗? 那么你说是多少呢?"

记者傻了,只好"嘿嘿"一笑。

基辛格诱使记者落入自己的圈套,让记者说出"不是保密的";既然如此,那你自己就知道数目多少了。于是就得以顺利脱身。

(八)反唇相讥

反唇相讥,是指受到恶意的攻击或挑衅时不服气而反过来讥讽对方。这种方法用于辩论,应顺着对方攻击的话题,抓住对方的要害,巧妙地给予有力的回击,但要适度,掌握分寸。

日本总理大臣吉田茂被人们称为铁石心肠的人,他性格刚毅,言辞锋利。他是在大多数人早该退休的高龄上台执政的,他晚年丧妻。有一次,一位女记者问他:"阁下对女人有什么想法?"

显然,在公众场合向一位国家领导人提出这样的问题是不礼貌的。吉田茂看了这位女记者一眼后,冷冷地说:"过去想法很多,但自从看到你以后,我对女人就没有想法了。"

这位女记者被当众奚落,自讨没趣。

吉田茂反戈一击,回击切中要害,但仍不失分寸。

(九)釜底抽薪

论点都是建立在论据之上的。如果我们反驳对立方的论点时,能够证明其论据的虚假和错误,做到釜底抽薪,他的论点自然站不住脚而倒台了。

釜底抽薪的方法很多,最基本的有以下两种。一是指出对立方论据的虚假。其论据倘是事实,则可以指出其事实是伪造的;其论据倘是理论,则可以指出其引证的理论是不确切的。这样其论点自然倒台。另一是指出对立方论据存在问题,不足以支持其论点,这样,其论点也无法成立。

20世纪30年代,有个叫汪懋祖的人著文反对白话文,提倡对中小学生进行古文运动。鲁迅先生曾著文反驳:

"此生或彼生"。

现在写出这样五个字来,问问读者:是什么意思?

倘使在《申报》上,见过汪懋祖先生的文章,"……例如说'这一个学生或是那一个学生',文言只须'此生或彼生'即已明了,其省力为何如? ……"的,那就也许能够想到,这就是"这一个学生或是那一个学生"的意思。

否则,那回答恐怕就要迟疑。因为这五个字,至少还可以有两种解释:一,这一个秀才或是那一个秀才(生员);二,这一世或是未来的别一世。

文言比起白话来,有时的确字数少,然而那意义也比较的含胡。我们看文言文,往往不但不能增益我们的智识,并且须仗我们已有的智识,给它注解、补足。待到翻成精密的白话之后,这才算是懂得了。如果一径就用白话,即使多写了几个字,但对于读者,"其省力为何如"?

我就用主张文言的汪懋祖先生所举的文言的例子,证明了文言的不中用了。

鲁迅先生在反驳时,就是抓住对立方论据中的问题、漏洞、矛盾,抽去了这个不足以证明其论点的论据,从而也就驳倒了他的论点。

二、舌战技巧

舌战是口头辩论,前述种种技法当然可以使用。但舌战是面对面进行的,即时的特点非常明显。故此,切合这种特点,又有许多只切合舌战使用的技巧。这种口头辩论的过程,总要包含着说和听两个方面,而说则又有讲述和问答。这里,就分别介绍。

(一)听

在口头辩论中,听很重要。互动的语言,你来我往,互相传输信息。说出来的,必须听进去;说要准,听也要准;听完后还要有反应,这样才可能有语言的互动。所以我们谈语言的互动,并非仅指互相不停地说,而是指辩论的双方(或多方)相互交替地进行说和听。故此,听是组成辩论的重要方面;或者说,在开展辩论时,听是说的基础。有人风趣地说,一个人只长了一张嘴,却长了两只耳朵,所以听比说重要。我们分析辩论中听与说的重要性时,也无须过分强调听比说重要。但是不很好地听,也就不可能很好地说,所以千万不能忽略听的作用。听与说是统一在辩论过程中的一对矛盾对立物,是缺一不可的。只是一味地说,而不去听,这是无法进行辩论的。那么,在辩论中应该如何听,听什么,这就是听的技巧了。

在辩论中,至少要听三个方面:听内容,听特点,听漏洞。听内容,就是要把对立方的发言内容完全听清、听懂,没有遗漏;掌握住对立方的论点、论据和论证方法,以便对症下药,确定己方的应答、攻守。听特点,就是要听深入,要进入到对立方最隐蔽的深处,要能听出他们的话中之话,话外之音,要把握准其发言的底蕴、真谛;要听其社会背景和文化背景,听出其性格特征。听漏洞,就是要在分析中去探究,探究对立方发言的所以然;这样便可探究到对立方的对与错、是与非、严密与破绽,从而明确己方的攻击目标,把握住战机,适时地开展进攻,克"敌"制胜。

1972年9月,田中角荣作为战后日本第一位政府首脑来到中国,为改善日中关系同中国政府首脑举行正式会谈。周恩来总理于9月25日在人民大会堂设宴招待田中角荣。尽管气氛是诚恳友好的,但宾主都密切关注着相互间祝酒词的内容。田中在祝酒词中谈道:"过去几十年间,日中关系经历了不幸的过程,其间我国给中国国民添了很大的麻烦,我对此再次表示深切的反省之意。"听到这里,周总理立即发问:"你对日本给中国造成的损失怎么理解?"田中马上意识到"麻烦"一词用得不妥,连忙解释。……由于周总理极其敏锐的语感能力,维护了我国的外交立场和国家尊严。同时我们也可以看到田中的语感能力也较强,他对周总理的提问能迅速做出反应,意识到自己用词不妥,立即加以解释,使对方达到谅解,为日中友好扫除了一些不必要的障碍。

周总理反应机敏,听出田中角荣讲话中的问题,针对所谓"麻烦",旗帜鲜明地提出质问,辨明是非,维护了国家的尊严。

(二)说

口头辩论,就是要说。说,当中有问、有答、有讲述。问和答的技巧,下面要专题讨论,这里主要是谈讲述。

讲述是指讲解道理,述说事实。讲述的技巧包括讲述方式的选择和语调、停顿、重音的安排。

1. 方式

选择说的方式,这与通过说要达到的目的密切相关。比如我们直截了当地说,往往不能说服人,于是就要换个方式;倘若改用迂回曲折的方式去说,也许人家就接受了。说话的方式与诸多因素有关,不同的语调、停顿、重音的运用,神情、姿态、动作,以及词语的选用、所用语言技巧等都可以构成不同的说话方式。对这些因素有必要进行综合分析,从而准确把握说话方式。

2. 语调

这就是说话声音的高低强弱、疾缓张弛、抑扬错落。它与重音、停顿密不可分。语调在口头辩论中非常重要。相同的内容,运用不同的语调来表达,可以表现出不同的情感、态度和倾向:铿锵有力、贯流直泻的语调可以表现出理直气壮、咄咄逼人的气势;抑扬顿挫、涓涓细流地娓娓道来,可以表现出思维敏捷、对答从容的风度;双方的语调突转高亢,往往能展示舌战正酣的情景;双方的语调渐趋徐缓,大多表现出攻伐的稍缓或已形成巧妙的斗智。总之,语调的变换转化,特别能烘托舌战的气氛,增强辩论表情达意的效果,体现出辩论语言的雄辩美。

3. 停顿

说话总要有停顿,其作用在于:保持语意明晰,突出重点,给听者以思考和领会的余地;同时也可使自己便于调节声音、气息。停顿有三种形式:语法停顿,逻辑停顿,心理停顿。在舌战中,辩者为增强语言的雄辩力量,可以使用一些技巧,来对这几种停顿巧作安排:或欲说未说先停顿,或说的中间停顿,或激人赞赏的停顿,或造成悬念的停顿……各有各的神奇效应。

4. 重音

说话时,在词或句子中必须特别加重的音叫重音。多音节词里读得重的音叫词重音;句子里读得特别重的词,需要突出强调它的语意,就是句子的重音。辩论的发言总要表达比较完整的语意,所以我们谈重音,主要是指句子的重音。句子的重音可以分为语法重音和逻辑重音,应根据辩论的需要与具体情景巧作安排。

(三)问

一般谈话的问,是有疑而发;作为辩论技巧的问,从严格意义上来讲,并不是指这种有疑而发的问。辩论的问,是无疑而问,是无须答疑的特意的问,它只是辩护和辩驳的一种手段,它总是为使辩论达到某种目的或强化己方立论的力量,或抨击对立方的要害。这样就有许多种问的技巧。根据舌战"面对面"的特点,更强调问的临场效应,下面着重介绍问的四种技巧。

1. 反问

把已经肯定的思想观点放在问的形式里来表达,这是明知故问,无需回答。这种临场中面对面的反问,总是具有一种逼人的气势,表现出锐不可当的力量。反问可分为顺势反问、厉声反问、委婉反问等不同形式,各有各的妙用。

2. 曲问

这是拐弯抹角的问,迂回曲折的问。通过曲问,逐步引出自己的正确观点,使对立方自然而然地愿意接受和承认这种论点,或者引导对立方渐渐意识到其观点的错误,去否定自己的观点。

3. 诱问

这是引诱对方落入己方圈套的问。发问者心中有藏而不露的埋伏,故意引诱对立方陷入这埋伏之中,这样就可出其不意地获取胜利。诱问有诸多形式:或暴露矛盾的诱问,或获取首肯的诱问,或揭露谎言的诱问……各有各的功用。

4. 巧问

问者问得非常巧妙,其问可以封锁住其他回答的可能,只给回答者留下一种可能,即只能答出有利于问者、而不利于答者自己的那种答案。这样,问者肯定处在主动的地位,而答者则处在被动的境地;问者会稳操胜券,而答者往往败北。

下面这则故事,很能说明这种巧问的奥妙。

> 有一个聪明的人在皇宫里做官,一天上朝时,对众大臣说:"各位大人,我可以知道大家心里想什么,不信的话,我可以和大家打赌。"众大臣虽然知道他足智多谋,但都不相信他能完全猜透大家的内心活动,于是纷纷出钱和他打赌。一方面是想要赢他的钱,另一方面也是想让他在皇上面前出一出丑。大家又把此事禀奏皇上,皇上也很感兴趣,想试试他的智慧,于是传旨,命打赌的双方都上殿一试,那个聪明人对众大臣说:"在座的诸位大人心里怎么想的,我都知道,我说出来你们看对不对。你们大家现在心里正在想着:'我这一辈子始终都要效忠皇上,永远也不会背叛朝廷。'各位大人是不是这样想的?如果有哪位能指出我猜得不对,请立刻站出来。"众大臣听了,面面相觑,张口结舌,没有人敢站出来说他猜得不对。大家只得认输了。

这个聪明的官吏就问得很巧,大家只能按他规定的意思来回答。因为大家也都知道,承认他猜对了,只是输点钱而已;倘若否认他猜对了,那就等于说自己不忠于皇上,要进行谋反。权衡利弊,大家只能承认他的胜利,免得拿生命当儿戏了。

(四)答

在口头辩论中,问是想要控制对方,自己来掌握主动,以达到立论或驳论的成功。答是对问的回复,所以在口头辩论中研讨和运用答的技巧,就是要用答来冲破问的控制,摆脱问所设的圈套,使问的目的落空,设法变被动为主动,转危为安,从而陷问话方于被动,以达到利于己方立论或驳论的目的。

答有以下不同的方法。

1. 仿答

仿照问话的方式来回答叫仿答。或仿照问者的句式,或仿照问者的词语,或仿照问者的语气,或仿照问者的语意,来表达自己的意旨与见解。答者也许是娓娓道来,幽默风趣;也许是旁敲侧击,含沙射影;更多的是直言不讳,猛烈回击,"以子之矛,攻子之盾",极力驳倒"敌"论。

2. 曲答

这是转弯抹角、迂回曲折的回答。这往往是在不能或不便直接回答时使用的方法。这种回答往往到最后能使对立方自己找到答案,这似乎比答话人自己答出来还有力,让对立方说出己方要说的话,这不就是己方的胜利吗?

3. 谬答

问者故意设谬刁难,而回答却以谬对谬,这就是谬答。这种"以毒攻毒"的办法,可以使对立方无地自容,失去招架的能力,自然要败下阵去。

4. 闪答

在口头辩论中,对一些不便回答,又不得不回答的提问,可以采用一种闪避的方式来回答,这就是闪答。闪答,可以答非所问,也可以故意转变话题。

5. 引申

在答话中归谬,将问话的判断加以合理引申,自然显示其荒谬,也就否定了对立方的问话,这就是引申。

6. 巧答

针对对立方的提问,选择一个非常奇妙的角度来进行回答,就叫巧答。这种从奇妙的角度的答话,往往与问话形成因果关系,要么把问话当作因,答话是它的果;要么把问话当作果,答话就追溯它的因。当然,这种奇妙的角度是有利于己方立论的,而设法使之不利于对方。

7. 趣答

问的本身带有戏谑的性质,答得也风趣,显得诙谐幽默,令人喷饭,从中能看出问者和答者的机智灵巧。

8. 限定

有一些问题,在不同的条件下,可能有不同的答案;所以回答时,就不能忽视它的条件,否则就会出现错误。因此,要先限定好条件,才能回答,做到万无一失。

据载美国前总统里根访问中国时,曾参观访问了复旦大学,并与大学生们见了面,有一位学生问里根:

"您上大学时,是不是就期望过能有一天成为美国的总统?"

里根总统对此感到出乎意料,耸耸肩膀慢慢地答道:

"我学的是经济学,我也是个球迷,可是我毕业时,美国大学生有四分之一的人失业,所以我只想先有个工作,于是就当了体育新闻广播员,后来又在好莱坞当了电影演员,这已经是50年以前的事了。我今天能当上美国总统,我认为早先学的专业帮了我的忙,体育锻炼帮了我的忙。当然,一个演员的素质也帮了我的忙。"

里根的答话,对原问题(是否曾想当美国的总统)是闪答,实际上是答非所问;但不能不说,由于里根的机敏,他确实圆满地应付了大学生提出来的难题。

▶ 第五节　辩 论 受 体 ◀

辩论行为的受体,是指那些虽不直接实施辩论行为,但对辩论主体之间的辩论感兴趣、关心辩论情况、注视辩论行为的进展、接受辩论的影响、有时又反过来施加影响于辩论的发展变化的听众、观众或读者。简言之,受体是不实施辩论行为,却参与别人辩论活动的听众、观众或读者。因为受体往往是许多人,所以又称为受众。

前面研究的辩论的主体、客体和媒体,这些构成要素在任何形式的辩论中都必须具备;倘若缺少这些要素中的任何一个,就无法构成辩论行为。而受体则不然,因其不直接实施辩论行为,所以有些辩论有受体,有些辩论则没有受体。根据是否存在受体的参与,我们可以把辩论分为开放辩论和封闭辩论两种类型。大凡有受体存在的辩论,我们称为开放辩论;大凡没有受体存在,辩论的影响仅仅局限于参辩的辩论主体范围之内的辩论,我们称为封闭辩论。在许多情况下,都是有受体的,均属于开放辩论。我们有必要对它进行认真的研究。

一、受体的作用

当我们研讨受体的作用时,就自然要把没有受体存在的封闭辩论排除在外,专门来探讨开放辩论了。事实上,大量的封闭辩论都逐渐变成开放辩论了。我们平常知道的(听到的、看到的、读到的)辩论都是开放辩论。

无论书面辩论还是口头辩论,都有开放辩论。书面辩论的受体是读者;口头辩论的受体是听众或观众。受体在口头辩论的现场,既能听得到辩者的声音,又能看得到辩者辩论实况的,一般称为观众,如辩论比赛的观众、法庭辩论的旁听者等。这些受体的反应,如鼓掌、喝彩等,也可以使参辩者直接感受到。如果把这些辩论比赛或法庭辩论由广播电台作实况转播,那么受体只能听到而不能实地看到,他们也无法与辩论主体直接沟通交流了。即使是由电视转播或放映电影,受体能听到并看到辩论情况,而辩论主体却不能直接感觉到受体的反应;换句话说,此时的受体与辩论主体无法直接沟通交流。

这里需要明确两个概念——直接受体和间接受体。直接受体,是指与辩论主体能够直接双向沟通与交流的受体。此时的受体能够直接听到、看到辩论主体的辩论,而辩论主体也能够直接感受到其反应与影响。间接受体,是指与辩论主体不能够直接双向沟通与交流的受体,此时的受体能够听到看到辩论主体的辩论,而辩论主体不能够直接感受到其反应与影响。在讨论受体的作用时,我们不能忽视直接受体的特殊效应,间接受体所能发挥的作用直接受体全都具备;而直接受体所能发挥的那些特殊作用,间接受体却不能具备。因此,我们应当分成两种情况来讨论受体的作用:一种是受体(包括直接受体和间接受体)普遍具有的作用;一种是直接受体所独具的那些特殊的作用。

(一)受体普遍具有的作用

这是直接受体和间接受体全都具有的作用。

1. 辩论的社会效益的体现者

学术争鸣中所获取的科学的发展——新理论、新观点、新发现、新发明等,都是通过受体才能进行社会性的传播,去扩大影响,从而推广到社会。倘若是一种新科技,也必须由受体广泛传播、掌握并运用到生产实践中,才可能形成新的生产力,从而产生社会效益和经济效益。法庭辩论、赛场辩论、各种谈判等,也必然是通过受体去进行传播、推广,使当今社会乃至未来社会更多的人能增长知识,掌握信息,分清是非,明确道理。因此,辩论行为发挥其社会功能而产生的社会效益(和经济效益)主要由受体来体现。

2. 辩论主体的后备力量

受体在接受辩论的影响后,势必要对不同辩方的见解与主张,进行选择,产生倾向性。赞成什么、反对什么,支持什么、否定什么,都可能有自己的态度。受体绝不是消极被动地处于辩论活动之外的旁观者,他们虽然不实施辩论行为,但他们往往会积极地、主动地去干预和影响辩论主体的辩论行为。在赛场辩论中,观众为某一辩者热烈鼓掌,表示支持和赞许,往往会鼓励辩者去拼搏。法庭辩论中的旁听者,为某律师的辩护喝彩,是对律师业务水平、精彩辩护的肯定和赞誉,这往往会鼓舞律师去为捍卫真理而奋斗。由此可见,受体的作用是积极主动的,不可忽视。倘若受体认同、支持某辩方的观点与主张,同时又具备参辩的必备条件,而且对参辩具有浓厚的兴趣和强烈的责任感,那么他将会涉足辩论,亦成为辩论主体,实施辩论行为。

3. 辩论主体的支持力量

在辩论的整个过程中,辩论受体始终处于受体的位置上,没有转化为辩论主体,不直接实施辩论行为。这是一般受体最常见的情况。在这种情况下,受体也会对辩论行为产生重要的影响,这往往会表现为对辩论主体的支持。这种支持体现在以下两方面。一是理性支持,这是受体通过思考,在分析的基础上产生的理性支持,这是一种受理智支配的行为。它又可以表现为对整个辩论行为的理性支持或对某一辩方(或某一辩者)的理性支持。二是感情支持,这种支持主要是受体出于情感上的喜爱,所以多指向具体的辩者。在一般情况下,两者总是保持一致的:感情支持往往是在理性支持的基础上产生的,而理性支持也会进而呼唤出感情支持。这样,我们在具体分析辩论受体对辩论主体的态度时,应该把理性支持与感情支持结合起来考虑。

(二)直接受体独具的作用

直接受体是处于口头辩论的现场,可以直接与辩论主体沟通交流,因此直接受体除了具有上述受体普遍具有的作用以外,还有其独具的以下作用。

1. 受体在场效应

直接受体处在辩论现场,他们已经构成辩论环境的有机组成部分,而且是最活跃的一部分,这些受体往往直接影响辩论主体的心理反应。这种心理反应有两种可能:一是正反应,这是辩论主体积极的心理反应,主要表现为,有直接受体在场,能够促使辩者更好地临场发挥;二是负反应,这是辩论主体消极的心理反应,主要表现为辩者怯场。

2. 非语言沟通效应

直接受体置身于口头辩论现场,可以直接与辩论主体进行交流与沟通。辩论主体除了使用口头语言之外,还可以使用非语言符号与直接受体交流、沟通,增强表达与感染的效果,以争取直接受体的支持。而直接受体对辩论主体的反应也主要是利用非语言因素来传递的。非语言因素,一般是指无声的动姿、无声的静姿、有声而无固定语义的"类语言",以及辩论主体、受体的仪表等。受体的认真倾听或无精打采,鼓掌喝彩或嘘声怪叫,都会给辩者带来强烈的心理影响。

二、争取受体

在辩论中,某一辩方的辩者要认真对待的,实际上有两类人:一类是与己方对立的辩者,就是论"敌";另一类则是读者、听众、观众,即受体。对论"敌",要攻伐,使之败北;对受体,则要争取,使之成为自己的知音,能支持己方去获取胜利。

为了争取受体的支持,辩者必须使自己的观点与主张正确、深刻,具有说服力和感染力;也必须使自己的辩论技巧高超巧妙,辩论风格优美动人,对受体具有诱惑力和吸引力,对论"敌"具有攻击力和震慑力。

在这里,我们需要探讨争取受体的办法。辩论主体对受体的争取,主要是对受体的理性和感情两方面进行激励与诉求,有时对某一方面有所侧重,有时两方面同时进行。目的在于使受体在理智上与己方产生共识,在感情上与己方发生共鸣,使受体进行接受选择,从而获取支持力量。其方法主要如下。

(一)借助权威

由于存在权威效应,一个尚无威望的普通辩者,要想在辩论中争取受体,威慑论"敌",就要充分利用权威效应,向权威靠拢。在辩论中引进权威的观点、言论,甚至权威用过的事例,以此作为自己辩论的依据或材料。借助权威,可以增强自己辩论的说服力。

借助权威的种类很多,归纳起来,不外乎借助本国权威、借助外国权威、借助职务地位高者等几种情况。利用权威效应,既可以立论,也可以驳论。借助权威时要注意适可而止,防止逆反心理,掌握时效,以充分发挥权威效应,充分地争取受体。

(二)主动接近

在辩论中,辩者应尽力接近受体,缩短距离,使受体感到辩者是自己人,产生亲切感,从而乐于支持辩者。辩者可以利用地域、亲缘、年龄、职业、社会地位等的近似去接近受体,使受体感到这个辩者属于或者接近自己的社会群体,产生心理学上的"我群感"或"自己人效应"。

主动接近,可分空间接近、时间接近、心理接近、语言接近等几种类型。

1. 空间接近

辩论场合必然处于某一空间,受体也处于同一空间。这一特定空间中的受体的生活、工作等也必然有其特点。辩者在辩论选材上所涉及的人和事,在考虑其典型性的同时,还要注意接近受体生活、工作等的特点,使受体感到亲切,产生"自己人效应"。

2. 时间接近

这主要是指讲求选材的时效,尽量使用最近发生的新情况、新问题,最近出现的新人物、新经验、新成就。这样就能靠近受体的生活、工作,使受体感到辩论所涉及的就是现在的自己,自己所处的环境,从而产生一种亲近感。

3. 心理接近

在社会生活中,属于同一社会群体的人们,他们的思维方式、价值取向和心理定式等大体上是一致的,在心理上存在着相容的特点。在辩论活动中,辩者如能紧紧抓住与受体心理上的相容点展开自己的辩论,就可以达到心理上的接近和情感上的交融,使受体产生"我群感",从而全力支持自己。

4. 语言接近

在日常生活中,使用语言进行交际,语言越亲切,越容易被人接受。辩者在辩论中尽可能使用贴近生活、接近受体思维表达习惯的语言，而这语言又通俗易懂、生动活泼，那么受体会觉得亲近无比，从而乐于支持辩者。

（三）非语言因素的吸引

在口头辩论中，辩者常常运用非语言符号，在增强表达效果的同时，应特别注意对在场受体的吸引，这主要侧重于情感方面的激励与诉求。辩者非语言因素的吸引表现在以下两个方面。

1. 仪表的吸引力

服饰打扮能使辩者具有仪表美，使受体愉悦的同时，还能给人以精神鼓舞。辩者的仪表要大方庄重，色彩和谐，服饰得体，才能给受体以美感，才具有吸引力。

2. 体态语的吸引力

良好的体态语更能充分展现辩者的气质和风度，良好的身体姿态会给受众留下很好的第一印象。无论是使用无声的静姿还是无声的动姿，辩者都应努力做到：第一，所表达的含义要明确，使受体一看就懂，即使这体态语的含义复杂、丰富，比较朦胧，也应当让受体能把握其基本含义；第二，要符合受体的习惯，使他们易于理解，乐于接受；第三，辩者的姿态要美观，使人感到英姿勃发、智慧过人、理直气壮、充满信心，使受体一看便心悦诚服，从而唤起他们的情感支持。

思考与训练

1. 辩论角色的基本特征是什么？作为一个合格的辩者必须具备哪些基本能力？

2. 确立论点的必备条件是什么？表述论点应遵循哪些基本原则？

3. 本章介绍了若干种基本的辩论技法。根据自己的学习与实践，请另说出两三种辩论技法。

4. 参辩的双方都应重视己方的立论，必须有严密的逻辑。辩题"艾滋病是医学问题还是社会问题"，下面的正方与反方的立论各不相同，你同意哪一方的立论？为什么？

正方对立论（艾滋病是医学问题不是社会问题）的分析：

艾滋病是英文 AIDS 的译音，是"获得性免疫缺陷综合征"的英文首字母缩写的译音，是一种严重的综合征。艾滋病病人易患其他多种罕见的疾病，这些都是医学常识。

医学问题：用医学可以治疗或预防的问题。从起源、传播、治疗的角度看艾滋病属于医学的问题。

社会问题：多数人视为违背社会规范的严重行为。（《中华百科全书》）

是：属于的意思。

反方对立论（艾滋病是社会问题不是医学问题）的分析：

艾滋病是获得性免疫缺陷综合征，由 HIV 病毒感染引起，无论从病因、性质和治疗途径看，都是医学上的一种典型疾病。

医学问题：从产生、性质、根本解决途径看都属于医学的问题。

社会问题：从产生、性质、根本解决途径看都属于社会学的问题，在社会上达到一定广泛程度和影响。

是:属于的意思。

5. 在"温饱是谈道德的必要条件"的辩论中,反方对正方的反驳采用的是那种技巧?取得了什么效果?

正方:我方的论点对方没有任何的批驳,所以我方的定义已经成立了。

反方:你的论点不是自己说成立就成立了,不然还要评判干什么?

6. 关于"敏感有利于/不利于成功"这个辩题,以下有几个材料,请分析一下对各方有利的分别是哪些?

(1)敏感:生理或心理上对外界事物反应很快。

成功:达到预期的效果或目的。

(2)在迈向成功的道路上会有很多因素的阻碍和影响。要达到目的,坚持是很重要的,如果一个人容易受外界影响,信心和决定易受动摇,顾虑重重,不能专心奋斗,关键时刻在众多纷扰中如果不能坚定立场,就容易导致失败。

(3)对市场走向的敏感。

(4)"敏感"不是"过于敏感"。

(5)把敏感改为神经过敏、过度就是神经质。如果过敏的话就不利于自己客观地认识事物,而没有客观、冷静的分析,又如何轻而易举达到成功呢?

7. 下面是"生命诚可贵,爱情价更高/爱情诚可贵,生命价更高"这个辩题的一些材料,看看你会怎样立?怎样破?

(1)生命没有价,不是说其价格不可衡量,也不是生命的长短,而是其可利用性,用其可创造的价值,也就是说生命只是个可能性而已。相当于一张白纸,上面画上了杰作就有了巨大的价值,否则可能是无用的废纸。生命的意义在于发挥生命的价值。

(2)尼采说:"价值依照什么标准来衡量自身呢?仅仅依照提高了的和组织好了的强力的份额多少。"也就是说,生命价值的大小,是以生命所包含的强力量的大小来衡量的。

(3)在作文课上,老师出题《生命的价值》。一个家里做水产生意的学生写道:活鱼每公斤40元,死鱼每公斤10元;活虾每公斤50元,死虾每公斤15元;活蟹每公斤20元,死蟹只能丢进垃圾桶。这就是生命的价值。

8. 辩论战术有一种是吹毛求疵,见漏洞就抓,例如:

请对方注意,李白的那句诗是"疑是地上霜",而不是"疑是地下霜"。

请对方注意,二月份没有三十号这一天。

请对方注意,中国的成语只有"唾手可得",而没有"垂手可得"。

请对方注意,腰下边是"臀部",而不是"殿部"。

请分析一下经常使用这种战术的利与弊。

第十一章　出奇制胜的谈判艺术
——谈判训练

▶ 第一节　谈判的展望 ◀

谈判活动的推广和谈判效率的提高，能够反映一个时代、一个国家或地区人民物质生活和精神生活的水准。随着信息时代的到来和科学技术的飞速发展，在我们这个星球上，人与人之间的接触交往拓开了新生面。五洲四海，"天涯"变为"咫尺"，地球村的居民互相间直接的交流、对话和谈判，就会经常发生，如同家常便饭。新世纪的人才，要把培养、训练自己的口才特别是谈判能力，置于十分重要的位置。

一、呼唤和平，呼唤友谊，呼唤谈判

我们祖辈曾经饱尝人际隔绝之苦，政治分歧、战争、经济文化的封闭，没能很好享受人类的和平与友谊，没能向全球同类说一声"你好！"今日东方巨人已迈开大步走向世界，世界亦向中国走来。中国人民为世界的和平、友谊、发展已经和正在做出巨大的贡献，我们的国际交往日益频繁，每日每时在世界各地都有我们的学术界人士、经济界人士、政治和外交人士在为和平、友谊和经济发展奔走，与各国朋友进行对话、谈判。许多重大国际会议、国际谈判活动也选定在我国举行。

我们期望今后世界的一切利益角逐与纷争都将通过对话、谈判来解决。我们预期国家内部的一切事务，也是当然地通过对话、谈判得到妥善解决。其中，经济活动，除了规范经营，更需要规范的经济谈判。

我们期望民间的一切纠葛——包括感情的、物质的，也能通过对话、谈判得到皆大欢喜的解决。

我们展望，文明谈判活动的特点——沟通性、普遍性、合作性、行为性、竞争性，在我国人民日常生活中得到良好的实践。遇到人际纠纷，需要先想到对话和谈判。恩恩怨怨，在铺着绿呢的谈判桌上通过良言巧语，融化创造，绘成友谊和睦的动人画卷。士农工商，各行业、各阶层的人都学会谈判，运用谈判。谈判学术的研究，我们起步晚了一点，特别是对现代谈判学的系统研究，我们须不断努力，使谈判从书斋走向广大百姓家庭。

美国谈判学会主席尼尔伦伯格1968年在《谈判的艺术》一书中对"谈判"下的定义是："只要人们为了改变相互关系而交换观点，或为了某种目的企求取得一致而进行磋商，即是谈判。"美国有关专家还断言，谈判"从古至今一直是人们生活中的一个组成部分"。需要补充的是，这个组成部分是最具文明特色的，而一直未能得到很好的总结、提高和规范化。当然，需要认定，家庭谈判、社区谈判这种由来已久的"谈判"（有的是简单的"对话"）是应受到一定重视的组成部分。

谈判是文明生活的重要标志之一。谈判的特点,可以更进一步明确起来。

(1)增进交流、沟通。从家庭来说,父母供养孩子,给孩子钱和衣物,这是单方面的"施"与"受",而缺少的是心灵的交流、沟通。"施"者无怨无悔,"受"者心安理得,至于"施""受"的时限、施者的能力限度、受者的应有义务等,双方何曾好好谈论并取得共识?上下级之间,领导与被领导之间,何曾圆桌交谈?而不难发现,双方常常或隐或显地存在着隔阂甚至对抗。

(2)谈判必须具有合作意向与愿望,以此来消减或冰释不同程度的隔阂和冲突。

(3)谈判是互惠的、是平等的,又是不平等的。今天,我们缺乏正常的家庭谈判,个别家庭年老力衰的父母被挤到最差的空间去住,甚至极少数的让老人住楼梯间,这里只有"不平等",没有"互惠"。如果推行"家庭谈判",两代人(或三代人)分享条件,这些个别现象就会得到改善,这便有了"互惠"……

(4)谈判是公平的。因为它是通过交换意见——心灵沟通,从而谋求一致协议。在谈判过程中,各方都有否决权,一旦取得共识,做出让步,形成决议,其结果应该确定为自愿的,无论有多大的"不平等",将乐于接受。所以谈判是"公平"的,首先是"公平"地履行了权利和义务。

由此可以看到,谈判也是一种道德与法的教育过程,更重要的是道德与法的切实陶冶与滋养。

我国古代思想家倡导"修、齐、治、平",即"修身—齐家—治国—平天下"这样的报国、济世程式有其合理性,第一是个人修养为重,接着要使家庭优化,然后才可以谈"治"和"平"。

我们提倡的"家庭谈判",实行起来应该是不难的。家庭成员之间,无论是两代人之间还是兄弟姐妹之间,相互间有了摩擦、隔阂、不调和,为了改善关系,为了明确各自的利益需求和责任,就应该果断地举行家庭谈判。

家庭谈判可以选在节日或家人生日举行。当事人双方冷静陈述意见和要求,其他亲友充当观察员或受聘为调解人、仲裁人。调解人、仲裁人不轻易发表意见。双方把话说透之后,进入自省,并表述谅解和让步意见,形成一致协议,这时调解人或仲裁人可以代为书写《家庭谈判协议书》,双方签字,调解人或仲裁人亦应签字。

民间社区谈判,这里是指由社区(基层的村、组或街道的居委会、居民小组)的代表人士主持,帮助居民解决互相间争端的谈判,以及本社区与其他单位的经济纠纷、事务矛盾的谈判。有的家庭谈判无法进行或协议难成,社区也理应劝说、协助。

现代谈判,本应从宏观说起。这里先提家庭谈判、社区谈判,以示我们对优化我国城乡居民的人际关系、有效促进文明进步的热烈愿望。

二、谈判的要素与分类

谈判是一个满足需要的沟通合作过程。自有人类社会便有了谈判。只是古代的谈判没有对等、平等可言,它是统治阶级的专利,习惯于尔虞我诈,谈判的议题也比较简单。

谈判的模式,可以分为传统的自利型谈判和现代互惠型谈判。

自利型谈判强调自己的立场,即从主观出发,把自己需要这一客观性很强的方面,有意无意地遮遮掩掩，以求图穷匕见。因此，这样的谈判以势压人，缺乏效率，并且伤害了人际关系。

现代互惠型谈判已成为主流，特别是进入电子信息时代以来。互惠型谈判所追求的目标是：从自身的切实需要出发，重点放在利益上而非立场上，是一种价值谈判和价值交换的过程；把对方视为合作伙伴，采用友好的态度，借助微笑和解争端，以适当妥协取得心理平衡；谈判中努力寻找能同时满足各方需要的途径，谈判只满足需要而不满足贪欲；讲究谈判策略，坚持以理服人。

凡是放弃自利型谈判、选择互惠型谈判，往往能取得积极的效果——每一次成功的谈判都是这方面的实际例证。比如，中、美建交的谈判，巴、以和解的谈判，虽历经艰难曲折而终得求同存异，都是值得探讨的好例。许多成功的谈判并非开始就进入了互惠姿态，而是经过一定时间的艰难曲折的探索，最后满足了各方在不同层次、不同程度上的需要。

（一）谈判的要素

谈判的要素，就谈判产生的条件看，它包括客观需要、可谈判性、谈判意愿和谈判环境。

需要是谈判的基础和根本前提，需要是引发谈判的动机，对"谈判主体"（谈判人）来说，引发动机的主要因素包括：内部条件——内部引力；外部条件——目标引力，外界压力。

这里需要简要介绍一下现代欧美谈判学"需要理论"的构建基础，即美国心理学家马斯洛 1954 年提出的"需要层次论"。他把人类的需要分为七个层次，即①生理的需要、②安全的需要、③社交的需要、④尊重的需要、⑤自我实现的需要、⑥认识和理解的需要、⑦美的需要。

他原以为这七个层次（后来又提出发展的需要）是递进的，后来细加考察，也有交叉、相容现象。这一理论有其科学性，所以受到各方面的重视。

就谈判活动构成来看，则有以下要素。

（1）谈判主体——参与谈判的当事人。

（2）谈判客体——谈判的议题与内容。

（3）谈判目的——与"谈判意愿"紧密相关。目的明确，策略技巧相当，以求制胜。

（4）谈判结果——完整的谈判必然讲求效果。没有结果的谈判称为"不完整谈判"。有一种谈判只是"掩耳盗铃"，如果只就一方看，也可以说是效果。

（二）谈判的分类

谈判的分类一般按空间关系和谈判内容两个标准来划分。

按空间关系，谈判可分为：①民间谈判，即民间个人之间、家庭成员之间、个人与组织之间的谈判；②组织谈判，即企业之间、团体单位之间的谈判；③政府谈判，即政府各机构各部门之间的谈判；④国际谈判，即国际间关于全局性问题，如禁毒、环境保护等的谈判。

有必要指出：民间谈判的内容丰富、意义深刻、前景广阔，应引起我们足够的重视，更需要予以积极引导和良好的规范。如公民个人之间的谈判，其内容主要有以下几个方面。

（1）婚姻谈判。尼尔伦伯格说："婚姻是一个历史悠久的谈判主题。"规范的婚姻谈判大有希望。

(2)财产谈判,如财产分割、借贷、债务、转让、房产、租赁、索赔的谈判等。

(3)赡养及监护谈判,如对父母老人、幼年子女的赡养,通过谈判、沟通,至为有利。

(4)事故(纠纷)的谈判:坐下动口,远胜站着动手。

遇事(日常事务)找法庭,不如当事各方坐下来对话、沟通,取得共识,形成协议。

谈判按内容分,有两个范畴:①统筹性谈判——涉及多个互相制约的问题;②单一性谈判——只涉及单一问题。

按业务内容划分,谈判则有①政治谈判、②军事谈判、③经济谈判、④文化谈判、⑤科技谈判、⑥公民事务谈判。

其中经济谈判、科技谈判日益显示极为重要的地位。

经济谈判的类目如下。

(1)有关财产的经济谈判有:①产品购销谈判;②财产保险谈判;③财产租赁谈判;④投资谈判;⑤借贷谈判;⑥电力供应谈判等。

(2)有关工程劳务的经济谈判有:①建设工程勘测设计谈判;②建筑安装工程谈判;③货物运输谈判;④仓储保管谈判;⑤加工承揽谈判等。

(3)涉外经济谈判有:①商贸(货物买卖)谈判;②补偿贸易谈判;③合资经营谈判;④引资谈判;⑤引进设备谈判等。

科技谈判有:①技术开发谈判;②技术转让谈判;③技术咨询与技术服务谈判等。

技术转让谈判分为国内和国际的两种。国际技术转让合同中,最主要的是许可证协议,它有五种类型,即普通型、独占型、排他型、可转让型、互让型。而专利技术与非专利技术的转让都有严格的规定。

政治谈判、军事谈判也是常见的重要谈判,限于篇幅,不做阐述。

谈判活动按其性质和方式,还有不同的分类,如对抗性(争议性)谈判与非对抗性(非争议性)谈判、实质性谈判与非实质性谈判(事前磋商)、正式谈判与非正式谈判、直接谈判与间接谈判、受调停谈判与无调停谈判、有形谈判与无形谈判、真实谈判(中心谈判)与非真实谈判(陪衬谈判)、公开谈判与秘密谈判、约定性谈判与偶遇性(机遇性)谈判,以及长期谈判与中、短期谈判等。

按谈判地点的影响,又可分客座谈判、主座谈判和第三地谈判。

至于谈判的规模,如果各方出席的人数在 4 人以下,为小型谈判;各方在 4～12 人之间,为中型谈判;各方 12 人以上,为大型谈判。

三、谈判者的素质与能力训练

现代生活需要人们都能养成一定的交际能力、谈判能力,需要培养大批的谈判能手、谈判家。作为谈判者,素质要求的标准是较高的,其反应能力、感觉、行为方式、思维能力等应该受到很好的陶冶与训练。

(一)谈判者的基本素质

谈判者的基本素质集中表现在以下几个方面。

(1)思路清晰,有敏锐的识辨能力。在谈判中能始终认清目标、抓住重点;能很好地掌握进与退的辩证关系；善于针对对方的心理动态设置蓝图，以造成对方思维障碍。

（2）具有出奇制胜、巧妙运用谋略的能力。能力分为一般能力和特殊能力。前者即常说的"智力"，后者指从事特殊职业、特殊活动的能力，包括纯熟的技术、行业艺术、组织管理能力、协调人际关系的能力。谈判者必须博闻强记、厚积薄发，对古今中外的谈判谋略烂熟于心，并能恰到好处地运用于实践。

（3）谈判者要有坚定的意志、主动的进攻意识和娴熟的斗争艺术，要有防御对方软硬兼施的能力。

（4）谈判者要有较强的心理平衡能力和角色扮演意识：谈判中倘出现新的情况或对方人员变动，要能及时识别对方的意图，见微知著或早有预测，相应地调整己方的策略和姿态，以免陷于被动。

（5）谈判者要有良好的职业道德，要有坚定的爱国心，忠于祖国，努力维护国家主权和民族尊严。要讲大节，廉洁奉公、正直守信即属于大德大节。牺牲精神尤为可贵，1928 年济南发生五三惨案，我国公使蔡公时先生忠于职守，直趋虎穴，据理抗争而壮烈殉国；在 1936 年西安事变时，西安形势险恶，周恩来同志力挽狂澜，在各派势力间奔走调停达 60 余日，将个人安危置之度外，为民族利益披肝沥胆。

（二）谈判者的素质体现和能力准备

1. 知识结构形成完整的、有机的体系

具有厚实的基本知识和基本理论，如语言学、数学、外语、哲学、经济学、历史与地理，以及谈判心理学、行为科学、情报学、法学等方面的知识、理论和能力越厚实越好；谈判的宏观知识烂熟于心；谈判的专业知识能力融会贯通；谈判的实务知识技能得心应手。

谈判的专业知识越精深越好。例如作为经济谈判人员，必须熟知对外贸易的方针政策和涉外法律法规，有关商品的性能，商品的国内外生产情况和市场情况，商品的技术要求、质量标准，商品的生产潜力或发展可能性，国外的有关法律知识，如贸易法、技术转让法、外汇管理法、税法等，可能涉及的其他业务知识，如金融，尤其是汇率情况等，国外有关公司的情况……

2. 能力结构有显著的优势

谈判者除了具备良好的观察力、记忆力、想象力等能力之外，还要具备以下五种能力。

（1）交际能力。交际首先要知人，并采用适当的姿态、礼节、语言等交际方式树立良好形象。谈判中需要循循善诱，因势利导，以期水到渠成。

（2）判断能力。要善于辨别信息的真伪，如采用淘汰选择法、排除法等。站在谈判的最高战略这个制高点上，立足于合作与竞争、索取与给予、冒险与固守的生存空间，富于洞察力和预见力。

（3）决策能力。决策首先必须占有确切的信息，知己知彼，并有宏大的胆略与气魄，通过对各种方案的论证、比较、选择，然后采取果断的进取行动。

（4）表达能力。谈判语言，一是口头语言，一是书面语言，都要有精湛的修养。谈判的书面语言以客观叙述为主，多有格式性和证据作用，不重视感情色彩。口头语言要准确、严密，层次分明，有逻辑力量。

（5）应变能力。应变能力包括劝说对方的能力、处理意外事故的能力、化解谈判僵局的能力和巧妙进击的能力，等等。要善于积极进取，敢于创造，敢于冒险，沉着应战，化险为夷。这些对于谈判者是难能可贵的。

艺术家有"台上一分钟，台下十年功"的说法，谈判家的造就也应是这样。

3. 谈判者的气质与性格

气质是典型的稳定的心理特点，它主要表现在心理活动的强度、均衡性和灵活性方面。心理学研究认为：人的气质有多血质、胆汁质、黏液质、抑郁质四种类型。它们的特点如下：①多血质的人活泼好动，反应灵敏；②胆汁质的人直率热情，精力充沛；③黏液质的人安静沉稳，情感内向；④抑郁质的人动作刻板，情感深沉。

这些划分只是相对的，很少有单纯为某种类型的人，一般都是混合类型，只是在某一类型方面的表现更突出而已。

性格是一个人对现实稳定的态度，以及与之相适应的习惯化了的行为方式。如：有的人性格刚毅，有的人则比较柔韧；有的人坦率，有的人狡猾；有的人沉稳，有的人浮躁……但人的气质和性格是可以培养和改变的。

谈判是运用智慧进行文明竞争的过程。谈判者需要自觉陶冶、锻炼自己的性格，使之在任何情况下，能反应敏捷、轻松幽默而又机智勇敢，以不变应万变，显示刚毅、坚定而机警敏锐的性格力量。

4. 谈判者的风度仪表

谈判者给人的第一眼印象应该十分好。而服饰得体、仪态自然、表情持重和彬彬有礼能给人良好的第一眼印象，这是无声的交流。有时无声的交流所产生的感情力量超过语言的力量。谈判者的姿态必须端庄文雅，气宇轩昂，步履稳健，英姿飒爽。

语言谈吐落落大方，适当运用表情、手势以增强讲话效果。见面、对话时注意用目光直接与对方接触（一般对视约 1 秒钟），以表示对对方的尊重。谈话语速疾徐有度，音量适中，音调抑扬顿挫，语流热情洋溢，节奏悦耳。这些看似外部的表现，实乃形于外而动于中，是内功、外功的统一，要经过艰苦磨炼方能得到。

四、谈判的基本原则与基本方式

现代谈判，从需要出发，各方都拥有控制信息的手段，并掌握一定量的信息，所以必须有友好合作的诚意，互谅互让，求大同存小异，容不得尔虞我诈，而极需要开诚布公。

（一）谈判的基本原则

从思想基础、出发点着眼，谈判有以下几个基本原则。

1. 友好合作原则

各方应抱改善关系、促进交流、发展合作和寻求友谊的诚意。个人之间、组织之间、国家之间的交往，应把公共关系、交际准则放在前置地位。交际各方"你中有我，我中有你"。谈判活动应力求保持对应各方的友好合作关系，并延续下去。

2. 求同存异原则

这里首先要求大同——"求得一致"的准则，各方首先要正确看到各方所具有的共同利益，谅解对方利益要求中的合理成分，适时地做出相应的让步，这就是求大同。存小异，可以做两层理解：一是亮出己方利益要求与对方利益要求不一致的地方，在可能范围内做出让步；二是大体求得一致之余，还有某种历史的或特定情况制约的而不影响大同的枝节方面，暂时不便抛弃，只好在协议中回避或予以保留。求同存异，没有必要的妥协就没有成功。

3. 平等互利原则

各方在政治地位、法律地位等方面应该相互平等。彼此相互尊重，切忌用胁迫、欺骗手段强加于对方，而要和衷共济，相互谋求共同的利益，互利互惠。有关经济利益，通过耐心洽谈协商，以求得等价有偿，各取其益。平等互利，没有给予就没有收获。

4. 真诚、尊重与信誉原则

参与谈判者必须待人以诚，有诚挚、坦率的姿态和行动，通过各方之间的双向信息交流，建立和维护相互间的信任关系，树立良好的形象。诚挚，表示友好尊重。坦率，就是根据谈判需要将己方的目标、设想坦率地与对方交流，以增进了解。言行一致，讲求信誉。没有诚意就没有效率。

从操作方法上着想，谈判还有如下的原则。

5. 客观标准原则

谈判中要面临交换条件，表现方式为妥协或让步。妥协、让步有出于友好愿望，有屈服于对方的压力，更多的是基于一定的客观标准，如以往的惯例、科学依据、通用准则、道德习惯、市场价格走向，等等。客观标准具有普遍性、公正性、适用性的特点。

6. 确定与灵活相统一的原则

谈判的目标是确定的，谈判的策略技巧的运用是灵活的。谈判中可能碰到不同的对手——其中有精明的或狡黠的，可能碰到艰难棘手的情况与问题，需要始终保持清醒、理智的头脑，要善于找出问题的症结，洞察对方的致命弱点或欺诈行为，及时予以揭穿，以化险为夷、稳操胜券。

7. 出奇制胜原则

控制主导地位，阻止对方进攻。并在对方发动进攻之前，便出奇制胜地予以制止。

8. 最低目标原则

谈判目标有大目标与小目标、总目标与分目标、长远目标与近期目标，以及最佳期望目标、可接受目标和最低目标。目标只能一步一步实现。为了最后实现最佳期望目标，双方在不违背总体利益的前提下，达到最低目标的时候便可以举行阶段性签约，这是最终获得成功的前奏。

9. 时间效率原则

时间就是金钱，效率就是生命。谈判不能搞无谓纷争，不能拖拖拉拉、疲疲沓沓。

10. 遵守法规原则

在经济谈判、科技谈判及一切涉及法律法规的谈判中，必须遵守国家的有关法律和法规，否则将不受法律的保护，甚至受到法律的制裁。

按照上述谈判原则，谈判成功的标准是：①每一方都是胜利者（首先是取得了相互间的了解，特别是对各自需求的了解……）；②各方的需求都得到满足或基本满足；③谈判结局符合谈判者的整体利益和长远利益；④符合现代社会效率观念的要求。

谈判的基本原则可以用"有理、有利、有节"来概括。周恩来的政治、外交活动堪称是实践这些原则的典范。1954 年日内瓦会议,中、苏、美、英、法代表齐聚,是全世界关注的焦点。周恩来对接待外国记者的工作,有五条原则指示。

(1)来者不拒,区别对待。

(2)谨慎而不拘谨,保密而不神秘,主动而不盲动。

(3)记者提问,不要滥用"无可奉告",凡是已经决定的、已经公布的、经过授权的事,都可以讲,但要言简意赅;一时回答不了的,记下来,研究后再回答。

(4)对于挑衅,据理反驳,但不要疾言厉色。

(5)接待中,要有答有问,有意识地了解情况,有选择、有重点地结交朋友。

这些,显然也是一切谈判活动的良鉴。

(二)谈判的基本方式

谈判的基本方式主要有以下七种。

(1)纵向谈判。将确定的谈判议题逐个洽谈,第一个议题条款解决了,再解决第二个。

(2)横向谈判。共同确立涉及的所有议题,然后循环往复地讨论每一个议题。

(3)独立式谈判。双方各有自己的议题,各自为自己的议题提出理由。

(4)从属式谈判。议题由一方提出,又导致各方对每一个议题都进行洽淡。

(5)软式谈判,又称温和式谈判。一方姿态友善,委曲求全。

(6)硬式谈判,又称立场式谈判。一方采取强硬态度,把另一方当作敌人而不是当作谈判伙伴。

(7)原则式谈判,又称"原则谈判法"或"事实谈判法"。这是由哈佛大学谈判研究中心最早提出的,因此又叫"哈佛谈判法",可以说是一种软硬兼施、最具实效的谈判法。

谈判的方式还有电话谈判、信函谈判等。

▶▶ 第二节　谈判的决策 ◀◀

谈判是双方"给"与"取"兼而有之的双向沟通活动,是一项"合作的事业和工程"。谈判的决策必须以公共关系状态的维护为基准,力求在谈判活动中,使谈判目标、谈判效率、公共关系这三者处于最佳的均衡状态。现实的谈判永远没有结局,双方应十分重视结成长期的友好合作关系,不能因为一次谈判不理想而断送未来一系列成功谈判和友好合作的机会。

一、谈判的目标与方案

(一)谈判的目标

谈判决策的首要工作是确定谈判目标。确定谈判目标,应遵循以下原则。

(1)实用性原则。根据自身的实力和有关条件来确定切实可行的目标。

(2)合理性原则。即谈判目标的时间合理性和空间合理性。

(3)合法性原则。谈判目标的确定与实施,必须符合一定的法律准则和道德准则。

(4)可行性原则。一要符合国家法律及所属地区的法规与道德要求,二要符合谈判人的实际权限与职能。

(5)灵活性原则。情况在不断变化,确定目标时需有限定目标和弹性目标的安排。

(6)保密性原则。不能轻易将己方的目标泄露给对方,尤其是最佳期望目标和最低限度目标,所谓"底线"和"死线"要严格保密。

按照利益实现的要求,实际目标可分为以下三类。

1. 最佳期望目标

这是谈判者最有利的理想目标,它除了满足实际需求利益之外,还会得到额外利益。由于谈判双方对目标都会有严密的预测,如果最佳期望目标只是单方面的期望,则很难实现。但如果双方各具优势,信赖程度大,最佳期望目标也不是完全不可能实现的。根据美国谈判专家卡洛斯的调查研究,一个优秀的谈判者必须坚持"喊价要狠"的准则。在商贸谈判中,卖方喊价较高,往往能以较高价格成交;倘若喊价低,一般成交价也低。

2. 可接受目标

这是根据各种主、客观因素和种种具体情况,经过科学论证、预测和核算之后确定的谈判目标。谈判中以实事求是的态度、灵活机动的措施,经过努力,这一目标是可以实现的。不能遇到困难就束手无策、畏葸不前;或者采取"谈不成,出口气"的态度,要有部分目标实现也是成功的观念。

3. 最低限度目标

这是谈判必须达到的目标,也是经过多方论证确定的。最低限度目标的确立可以为谈判者创造良好的应变心理环境和思想准备,可以为谈判双方提供可供选择的突破性方案和成功契机。最低限度目标与最佳期望目标都要成竹在胸,一开始往往提出的是最佳期望目标,喊价很高,这对最低限度目标、可接受目标有保驾作用。经过反复讨价还价,可能在最低限度目标与最佳期望目标之间达成协议,实现可接受目标。

(二)谈判的方案

谈判目标确定之后,接着要建立目标的系统规划,拟订谈判方案。

1. 目标规划的步骤

(1)减少目标数目。分清主次,妥善排序。

(2)使目标具体化、形象化,并确定理想目标和最低限度目标。

如企业组合经营的谈判,须提出具体目标:

①经营决策计划目标,如产量、产值、品种、上缴利税额等;

②市场目标,如市场覆盖率、市场占有率;

③企业形象目标,如知名度、美誉度等。

(3)建立分层目标系统:确定总目标、分目标;分目标的解决顺序应规划出来。

2. 谈判方案的拟订

各项目标确定后应着手拟订方案。拟订方案的原则如下。

(1)多样原则。多一项方案便多一条通往成功的道路。

(2)制约原则。必须考虑制约实现目标的各种条件、各种因素,考虑双方力量的对比。

(3)创新原则。情况千变万化,不能照搬老套路。

（4）时空原则。所谓"天时、地利、人和"，均要善于选择，争取有利条件，回避不利条件。

拟订方案的依据：一是资料信息；二是目标系统；三是结果预测。

方案的类型如下。

（1）积极方案。对最佳期望目标、最低限度目标的实施策略技巧，均应有具体方案。

（2）应变方案。包括预防性应变方案和善后性应变方案。

（3）临时方案。对谈判中出现的未曾料到的情况采取应急方案，以控制局势，赢得时间。

3. 决策、方案的分析评估

（1）实施条件评估。排除那些与目标缺乏联系、与本方案无关的条件，考察目标实现的依据是否真实可靠，理论依据是否充分，事实依据是否充足。对己方条件与对方条件进行对比，权衡各种条件的利弊优劣。

（2）应变程度评估。对应变方案的适应程度进行评估，看它在什么情况下可以发挥作用，在什么情况下将失去效用。

（3）效益评估。用概率来评估产生每一种结果的可能性；对具有明显风险的决策方案，应用期望值来评估。

（4）危害性评估。己方对从国家到社会组织（集体）、个人是否有失有害，可用模拟谈判等方法预先进行慎重的分析评估。如果危害性接近或等于效益，则此方案不可行。如果引进某些化学药品、特种商品之类，则应更加审慎。

二、谈判的调查与主体行为

（一）谈判的调查

对谈判前的准备工作、决策和确定方案等，都需要调查先行，做到知己知彼，百战不殆。

1. 谈判调查的内容

（1）对谈判环境的调查。对双方的政治环境、经济环境进行全方位而有重点的调查了解，如对方针、政策、法令、制度等的了解。商贸谈判还要深入了解市场情况。

（2）对谈判项目内容的调查。收集有关谈判问题的多方资料和信息，寻找说服对方的理由。

（3）对谈判对手的调查。一要了解对手所代表的实体的各方面情况，如实力、信用等。二要了解对方谈判人员的性格、爱好、谈判模式、风格、习惯等，如：有的人是进攻型，有的人是合作型；有的人好胜，有的人自负。对好胜的对手可采用"激将法"，对自负的对手可采用"推崇法"。了解了对手的特性，便可以接上关系，甚至成为入幕之宾。

2. 谈判调查的方法

（1）检索调研法。对文献资料、档案资料、电脑存储资料及其他各种传媒的有关资料进行收集整理研究。

（2）直接调查法。直接进行人员访问、函电访问，以及非正式的初步接触等。

（3）实地观察法。或在特别的时空进行横向观察，或在不同的时空进行纵向的观察分析。

3. 谈判调查的要求

谈判调查的要求是：①目的明确,资料搜集面要宽;②资料真实可靠,防止信息失真;③收集资料要保持系统性、连续性。

（二）谈判者的主体行为

谈判的调查与决策、谈判方案的确定与实施都是通过人的主体行为来完成的。谈判者的主体行为是谈判者为了满足某种需要、达到某一目标在环境影响下表现出来的所有行为的总和。

1. 谈判者主体行为的期待特征

根据心理学、管理学的研究,谈判者主体行为的期待特征明显表现在以下六个方面。

（1）主动性。他们的行为是自动、自主、自发、自觉的。人的价值认识决定其行为的自动自主,人对价值的评价和追求决定其行为的自发自觉。

（2）目的性。谈判者行为的目的性特别清楚,从而确立其合理的目的、目标。

（3）因果性。行为的起因是内在的需要。内在的需要越高,外部条件的作用就越重要。主体的行为可以被激励,这也就说明了其因果性。

（4）持久性。谈判者求胜心不能过急;否则,欲速则不达。

（5）外在性。谈判者一方面可以通过外在行为去了解对方的内在需要与动机,另一方面又可以通过内在需要与动机去考察对方行为的真伪,还可以把握内在因素与外在行为的关系来设计自己的行为、预测对方的行为。

（6）合理性。谈判者的行为既然目的性十分明确,因而其行为方案是经过选择的,具有合理性。对应一方不能轻率地断定其某种行为不合理,而要将其行为表现与其所追求的谈判结局联系起来,从而采取适当的对策和主体行为。

2. 谈判者要善于发挥主体的能动作用

（1）认识优势,利用优势,创造优势,巩固优势:"对方的需要就是自己的优势",要好好把握优势。

（2）以我为主,自由选择:不能坐视对方占据主导地位,而要设法牵住对方的鼻子。

（3）掌握信息,足智多谋;掌握规律,因势利导。

（4）要精细严密,堵塞漏洞,防止失误。为此要做到:①认真听,准确理解对方发言的意图和真实动机,如有误解,必然带来麻烦和损失;②己方有切实可行的方案,不能随便提出不切实际的条件;③对对方的意见、要求不要随意拒绝,而要认真对待;④协议草案慎之又慎,反复推敲,中美《上海公报》的文字推敲双方绞尽脑汁终使双方认可,便是一例;⑤谈判中有关法律问题、技术问题要严格把关,要发挥法律顾问、技术专家的作用。

（5）抓住每一个关键环节,确保不偏离谈判的主要目标或中心议题。

（6）要有耐心,既能静待机会,又能创造机会。

（7）头脑清醒,正确评估己方与对方,避免不恰当的让步。

（8）有胆有识,不屈服于压力,避免错误选择;要随机应变,努力进取。

三、谈判的结构与进程

（一）谈判的结构

谈判的实施,对谈判班子（谈判小组或代表团）的结构、人选,以及谈判的时间、地点、进程等方面均应有审慎的安排。决策既定,便物色谈判人选,做进一步的调查策划。

1. 谈判的人事结构

谈判有一线谈判代表(或称谈判出场当事人)和二线指挥、配合人员。谈判的授权者是幕后当事人,应避免出场,这样可以使主谈人集中精神,自主发挥,游刃有余。

谈判代表可以分为主谈人(首席代表)和协谈人。谈判的一方可以有两名主谈人——一名主帅,一名副帅。如果是商务谈判,可以是一名商务主谈人,一名技术主谈人。主谈人的文化素质、气质、风度必须是高水平的,仪态、身体状况都应有一定的考虑。协谈人一般不在正式场合充当本方的发言人,而是积极配合主谈人发挥作用,倾听对方的陈述、询问,给主谈人提供信息材料和参考意见。经主谈人授意,可以回答对方有关专门问题。

比较复杂的谈判,须有一个完善的谈判班子,如引进成套设备的谈判,谈判人事结构应有如下人员:业务能力强的谈判负责人(首席代表),主要技术专家、配套技术专家,外贸经济方面的高级会计师(经济师),工程设备专家,原材料、零配件专家,市场营销专家,以及译员、统计、打印、资料整理人员等。

2. 谈判的议题结构

谈判的议题结构是:①主要议题(或称议案);②一般议题;③主要议题之下的分议题;④以主要议题为中心的多个并列议题;⑤互相包含或互相影响的复合议题。

3. 谈判时空的选择

应考虑双方的兴趣需要和风俗习惯。在基于对己方有利的时间范围内,主动与对方磋商。对每一次谈判的时间都要在谈判程序中规定下来,以便有充分的思想准备,生理上也做适当的调节。

时间选择更有一个抢时机的问题,特别是商品交易谈判,须看准商品价格的涨跌趋势,采取相应的姿态和策略,加速或推延谈判的结局。

谈判时空的选择,自古以来人们就很重视。我国先秦的《礼记》中就说:"居丧不言勇,祭事不言凶,临丧不笑,临乐不叹。"

谈判地点的选择更须慎重。古人强调"天时、地利、人和",这三方面的交相为用,实在高明。选择谈判地点——地利的原则是什么呢?

(1)尽量选择在己方地域或己方熟悉的地方。科学研究发现,动物在自己的"领地"最有办法为自己防卫。心理学家从试验中发现,很多人在自己的客厅谈话比在别人的客厅谈话更容易说服对方。这说明,谈判的地点可以造成"制人"或"制于人"的不同态势。在己方地域谈判,谈判者不需要分心适应环境,却能增强进取心理、成功欲望;主人的身份,也增添了自豪和几分严谨。

当年肯尼迪与赫鲁晓夫双方曾为会晤的地点争执不下,最后选择在具有中立色彩的维也纳举行;然而后来艾森豪威尔还是把赫鲁晓夫邀到了美国戴维营,秉性傲慢的赫鲁晓夫到底还是被艾牵住了鼻子。又如,日本人不惜破费礼金把澳大利亚商贸人士请到日本来谈判,而在贸易往来上名利双收。

(2)选择"我可以往,彼可以来"的地方。这样的地点,我国春秋时期写成的《孙子兵法》上叫作"通形"之地。

《史记·廉颇蔺相如列传》中描述,战国时期的秦王约见赵王,地点选在渑池,一是"我可以往"，二是考虑赵王"可以来"，如果强秦把地点定在本土内部，赵王则不敢去。

1943 年，二战同盟国决胜在望的时刻，美、英、苏三国首脑决定会晤，各自都希望把地点定在自己国土，争执不下，最后选定在伊朗的德黑兰。斯大林感到方便，罗斯福、丘吉尔也愿意前往。

（二）谈判的进程

谈判的进程一般可分为探询阶段、准备阶段、接触阶段、交流阶段、磋商阶段、终结阶段。

1. 探询阶段

在此阶段主要是寻找和确定谈判人选，同时可以进行访问考察、技术交流、学术会议、人员互访、函电往来、广告招商、新闻发布、委托第三方代理等，以确定谈判伙伴并为此搜集情报、扩大交流、广交朋友。

寻求谈判伙伴时，即使与对方陌生或长期隔绝，为了需要，也可以寻找契机，如中、美接触第一局竟是以"小球"（乒乓球）为媒介。

2. 准备阶段

在确定谈判人选、明确谈判任务之后，侧重于谈判布局的考虑，调查对手或对手委托人的政治经济背景，进行谈判方案的研究。

3. 接触阶段

这也称为"开局阶段"。谈判者，尤其是主谈者要努力营造一种易于使各方相容的开场气氛，创造轻松愉快、友好和谐的氛围。

4. 交流阶段

这也叫"探测阶段"。探讨各种合作途径，一般不互相询问细节问题，更不纠缠具体问题。

5. 磋商阶段

这也叫"交锋阶段"，是谈判活动的高峰，为谈判的主体阶段。各方都为掌握谈判的主动权而大显神通。谈判者要力争获得尽可能多的利益，又要以尽量少的让步使对方得到一定程度的满足。

6. 终结阶段

终结除了成功达成协议，还可能是中止或破裂。签订协议要做细致的工作，对后两种情况更需要认真对待，不要把路堵死。

四、应变决策与效益评估

（一）谈判者的应变决策

前面提到谈判的终结除了成功达成协议，还可能有不测的情况发生：有僵局、有中止、有趋于破裂或已经破裂。因此谈判者必须对此有应变决策。

在谈判的准备阶段后期，为了慎重起见，可以进行谈判的预演，或称模拟谈判，如采用即兴讨论和议事会等形式，来探索谈判计划如何实施，检验其可行性。模拟谈判不搞形式主义，要多听不同意见，其中反对意见最有意义。任何时候，"一个人说了算"或"一致赞成"害多益少,要善于发现问题。

谈判如果出现僵局,一要设法对对方人员施加影响,有效地引导其对问题的看法,使对方改变态度;二要充分利用外部形势或时间上的有利影响,重点突破对方的薄弱之处。

考虑到谈判可能出现的僵局或已形成的僵局,可以设想诉诸调停者、仲裁者协助解决。善于利用调停和仲裁的谈判者,可以有效地减少谈判的复杂性,避免一些不必要的来回角逐和由此造成的精力和时间上的浪费。

谈判的调停、仲裁必须是争执各方都愿意接受的,这不同于司法诉讼。

调停者和仲裁者多是谈判专家,而且具有一定威望,或是某方面的权威,有很强的斡旋能力和丰富的谈判经验。调停者应该是公正的局外人。谈判学告诉我们,谈判调停者应具有耐心的精神、真诚的行为、高度的自制力、幽默的口才、机敏的洞察力、灵活的技巧、高尚的人格和良好的体力等素质。

仲裁者的素质要求与调停者相类似。仲裁者还需要借助法律、规定、制度、惯例、伦理道德、舆论等多方面的调节作用。

许多国家已有一些具有权威的调停、仲裁机构。除了专业的调停、仲裁专家,一个国家、地区的权威人士,包括总统、离任总统,也可以充当调停人、仲裁人。巴勒斯坦与以色列宿怨难解,终在 1993 年 9 月,在国际形势推动下,经美国总统克林顿等多方面的斡旋、调停,阿拉法特和拉宾终于在华盛顿的绿草坪上握手言和,调停者巧妙地为他们提供了一种家庭式的氛围,让双方、让全世界发现和记忆那里的一个小孩、一片绿草坪。

中外谈判家经过长期的实践探索,已总结了许多调停和仲裁的基本方法,有些方法已广泛地被人们采用,有的已形成完整的理论,成为经典之作。这些基本方法更应该是谈判者所熟悉的。

如"分割-挑选"法,它实质上是利益的划分权和利益的优先选择权分离开。几个小孩分水果,水果大小、优劣不一。为了使各方满意,一个乖巧的孩子将大小优劣的水果搭配分成几摊,让各人自取,而他自己最后拿。基辛格博士在国际海洋公约谈判中为解决海底矿藏开发问题设计了"平行开发制度",运用的便是"分割-挑选"法:每一个预定矿址的申请开发者首先要探明一块有足够资源的较大区域,至少可供两家采矿公司开发,并要求这家开发公司(多来自富国)将这一区域划分成两块,联合国国际海底管理局有权优先从中挑出一块,以留作发展中国家今后进入该地区开采。这样,便基本上满足了发达国家和发展中国家各方的需要。

谈判的应变决策还应提到谈判的重建。谈判终结之后,由于某一方的主动,或几方协商,谈判重新进行,也叫重建谈判。

重建谈判有以下几种情况。

(1)有约期中止后的重建谈判。

(2)单方提出的重建谈判。日本厂商多有这一举动,他们以"热情、诚意、豁达"表现了积极进取的意向,使对手有兴趣有信心,为达成协议打开新局面。

(3)原订的契约条件有的改变,无法维持而重建谈判。

(4)契约代表的变更而重建谈判。

(5)不可抗力(如自然灾害、战争、罢工等原因)所致重建谈判。

（二）谈判的效益评估

谈判活动十分重视效益。效益评估过程分为探查、询问、讨论、总结等四个阶段。评估的内容主要有以下三个方面。

1. 谈判内在效益的评估

这方面的测评需要核定"谈判成本"与"谈判机会成本"，同时要兼顾近期效益与长远效益、经济效益与社会效益。

2. 谈判经济效益的评估

这可以具体测算。

3. 谈判公共关系效益的评估

具体观察以下三个方面的比率：谈判费用分别与己方公众好感人数的增长、与己方知名度的增长、与己方美誉度的增长的比率。

第三节　谈判的法则

一、创造性思维方式

谈判思维是创造性很强的思维。由于谈判活动的特殊性，它受谈判背景和谈判者个性特征的影响。

谈判思维活动中最基本、最重要的思维方式是"发现需要，寻求对策"，通过观察、理解、分析、判断、推测、诱导对方的需要，对照己方的需要，以确立谈判策略、原则、方法与技巧，优化谈判条件，以求实现或变相实现己方的谈判目标。

思维活动的优化固然与实践不可脱离，但对其与心理素质的密切关系应予重视，尤其是与气质性格的关系。

就人的理智、意志、情绪所占的优势来观察，一般又将气质性格分成三类：一是理智型，以理智判断事物，支配行动；二是意志型，有明确的方向目标，行为主动，有毅力；三是情绪型，对事物的情绪体验较深，行动受情绪支配。

就心理活动的内倾性、外倾性来看，可将性格分为以下两类。

一是外向型性格。心理活动外在表露，开朗、活泼、善交际。

二是内向型性格。心理活动内在隐含，深沉、文静、不喜合群。

就人格独立程度的强弱来看，可将性格分成以下两类。

一是独立型。自主性好，善于发挥自己的能力，不受其他因素干扰。

二是顺从型。顺应性强，易受暗示，容易接受他人意见，随大流。

无论哪一种划分，都不是绝对的。实际上，气质也好，性格也好，多是交叉、混合状态，只是某方面的特征表现强一些，都能通过后天加强修养、陶冶，以及环境的影响而有所改变。

谈判者对于自身性格以及习性应有一定的审察，抑制某些消极方面，发挥某些积极方面的作用。

对谈判者气质、性格、心理状态的要求，主要是理智、深沉。

理智是理性因素、智力因素,包含辩证思维、形象思维、系统思维等各种思维活动,形成创造性的谈判谋略思维和谋略行动。

深沉属于非理性、非智力因素,包括意志、情感、直觉、灵感、动机等。

谈判者的智商固然重要,而情商将在谈判中发挥更显著的作用。情商包含:认识自身情绪;妥善管理情绪;自我激励;认识他人的情绪;对人际关系的管理。有专家说,现代人的成功,20%靠智商,80%靠情商。情商为非理性因素,传统谈判往往忽视非理性因素,从而影响谈判的成功。

关于谈判者的创造型思维,值得注意的有以下几种典型的思维方式。

(一)以取得谈判实力为主的思维方式

这种思维方式的主要内容如下。

(1)通过接触,及时对谈判各方的实力进行假设或判断。

(2)通过适当途径在对手面前树立己方良好形象。

(3)采取措施增强己方实力。

(4)以合作的态度投入谈判。

(二)反询问思维方式

这种思维方式的目的是"刺探"对方需要,揭露对方圈套,摆脱谈判困境,其思路如下。

(1)先找出达到己方谈判目的的必要条件。

(2)分析对方的需求,并与己方的谈判目的联系起来,设计所谓"诱导方案"。

(3)研究对方可能提出的理由,制订对策,设法让对方暴露矛盾。

(4)注意制造谈判气氛,了解对方内部的意见和分歧。

(三)因势利导思维方式(牵鼻子思维方式)

这种思维方式在合作型谈判中广泛采用,其内容如下。

(1)态度友好,倾听对方陈述。

(2)找出双方的共同点以作为谈判基础。

(3)通过说理沟通认识,对暂不能统一的分歧理智对待。

(四)以我为主的思维方式

这种思维方式以我为主,沉着镇定,跳出圈外,寻找矛盾,重点突破,其内容如下。

(1)倾听对方陈述,并通过反问来证实其陈述的真实意图。

(2)避免陷入对方设置的思维陷阱,阐述己方对对方陈述的不同认识或异议。

(3)事先准备若干最乐观的(合作性)方案、最可能的(建设性)方案和最悲观的(抵制性)方案,到一定火候相应提出。

(4)寻找对方的矛盾和弱点,重点突破。

在采取"以我为主"的方式时,切忌:干扰对方的陈述;提前暴露己方的需求;纠缠老大难问题;人身攻击;失去理智,决策时感情用事;出现逻辑错误。

(五)佯假设思维方式(迎合式思维方式)

有的谈判者出于自尊的需要,过于自信。作为对手为了达到己方的需要,采取迎合奉承的手段,使对方就范。"佯假设",指当对手一意按照自己的假设行事时,不妨假戏真唱,他自称内行就承认他为内行,他把我当外行就算外行,他越是自信我越"吹捧"。因此也有人称这为"迷魂汤"思维方式。谈判时要留意给要"面子"的人以"面子",或者"递梯子",使其体面地下来。

(六)先进后退的思维方式

这种思维方式的思路如下。

(1)采取比较极端的手段造成对己方有利的事实,打破对方的心理平衡。

(2)当对方感到几乎无可奈何时,做出某些象征性让步,以改善关系。

(七)"晕轮效应"思维方式

这种思维方式的目的主要在于干扰对方的知觉,使其判断失误,从而赢得有利的谈判地位。其思路如下。

(1)探测对方了解问题的信息量,控制其获得有利信息的渠道。

(2)利用对方的思维障碍造成其错觉或失误。

(3)做出愿意商榷的姿态,谨慎地让步。

上述七种思维方式在谈判活动中的运用往往是很灵活的,多是以一两种思维方式为主,兼及其他思维方式。

二、谈判的文明准则与职业要求

谈判的文明准则是谈判成功的基石。谈判活动的总体原则前面已介绍,主要是:平等互惠——没有给予就没有收获,求同存异——没有妥协就没有成功,不欺骗胁迫——没有诚意就没有效率,以及友好合作的原则、尊重与信守的原则、用和平方式解决一切争端的原则等。

(一)谈判者个人的文明准则和职业要求

这包括以下内容。

(1)平等、友好、热情地待人。

(2)刚柔相济,威而不猛,锋芒不过于外露。

(3)注重社交礼节,重视仪表、仪态。

(4)法律观念强。对己方法规和对方法规以及国际法规、惯例熟悉了解。

(5)守时、守信用。

(6)稳重、保密,不在公共场所谈论谈判内容。

(7)谈判者的能力结构(一般包括观察力、记忆力、注意力、创造力、思索力和想象力)应该是完整的、上乘的。比如观察力,要求能准确地观察谈判伙伴,判别对方是基本属于关系型还是进取型或权力型,并考虑好对策。

(8)不但要善于观察对方,更要善于观察自己。善于发现自我的长处和短处,严格要求自己,努力充实自己的知识结构,提高文化素质和业务能力。

(9)谈判者要善于设身处地替别人着想,或站在对方的角度来看待事物。许多分歧并非是本质的、绝对的,有因文化差异或价值观念的差异而造成的误解偏差,这要善于理解;有时对方有些"面子"障碍,就需要给他找个合适的"台阶",或递去一把"梯子"。

(10)谈判者要具备很强的协调人际关系的能力,并能具体运用于应付和突破僵局方面。善于跳出圈外看问题,善于洞察形势的变化,善于分清事物的主次、矛盾的主次,予以妥善处理。善于把问题与当事人恰当地分开,在实质性的冲突中表现出理智与教养,在非实质性或枝节问题上表现出大度和洒脱。

要成为高明的谈判家,关键在于具有创造性的思维、解决问题的能力和高尚的职业道德与情操。

(二)谈判实施中的三戒

1. 戒轻慢浮躁

(1)要严肃慎重地对待谈判。如果轻视对方,或攻击对方,势必把谈判推入危局。

(2)准备不充分时,不要与对方探讨任何问题。要警惕"不妨尝试"的引诱,防止误入圈套。

(3)谈判负责人不要轻信他人对己方人员的非议。

(4)用人谨慎。

(5)不要一个劲地纠缠某一问题。

(6)不要喋喋不休。

(7)要使对方明确他从谈判中得到的好处,以便其做出自我评估和向上级汇报交代。

2. 戒错误的自我评估

(1)不低估自己(以及己方)的能力。

(2)不要假定对方了解自己(己方)的弱点。

(3)不要过早地显露自己的实力。

(4)不要被对方的身份、地位所吓倒,贵在迎难而上。

(5)不要被某些原则、规定、先例、统计数字所吓倒,贵在正确对待。

(6)不要被无理或粗野的态度吓住。

(7)不过分计较得失或过分强调困难。

3. 戒不恰当的让步

(1)不要一开始就降低目标。

(2)不要假定自己已经了解对方的要求。

(3)不轻易接受对方提出的最初条件。

(4)不在重大问题上先做让步。

(5)不要轻信对方声称的某些原则或"某个问题没有讨论余地"。

(6)没有某种交换条件,不做轻易让步。

(7)不要忘记自己让步的次数,这关系到己方讨价还价的理由。

(8)不把自己讨价还价的余地全部让出去。

(9)让步的意图不要表现得太明显。

(10)不做纯交换式的让步。

(11)不要纠缠于某个问题的让步。

(12)卖主让步时,买主不应做对等的让步。买主应坚持要卖主率先做出让步。

（三）谈判实施中的注意事项

（1）善于与对方的个人交朋友。

（2）尊重对方的风俗习惯。

（3）理智地对待社交中的不友好现象及突发性事件。

（4）尽量将重要数据、方略要点记在脑子里，谈判桌上的谈判方案只是提纲性的，以防止泄密。

（5）文件随身带，一般不借用对方的通信、复印设施，不委托对方人员代办电报、电传。

三、"原则谈判法"的操作

"原则谈判法"是一种求实的谈判法，因而又称"事实谈判法"，是由美国哈佛大学的谈判专家总结而成的谈判模式，所以又叫"哈佛谈判法"。它是由"价值谈判法"发展而成的。

（一）"原则谈判法"的四个理论要点

"原则谈判法"针对谈判的四大要项有以下四个理论要点。

（1）关于人与问题——它将人与问题分开。只争执问题，不攻击人；只击败问题，不击败人。它认为人都是"有一定情感的人"，要将谈判者与他们所代表的组织区别开来，谈判者是伙伴、是朋友。

（2）关于利益与立场——它将重点放在利益上，而不是在立场上，应以满足双方利益为目标。每个谈判实体都有两种利益——实质性利益和关系利益。如果只在立场上争执，便把这两种利益置于冲突状态中。它主张把这两种利益分开。

（3）关于意见与选择——它主张先构思各种选择，努力寻求多种有益的解决办法，把意见和主张放在次要地位。

（4）关于标准（原则）与公平——它认为谈判是否成功的标准不应该是某方所取得的利益，而应该是谈判的价值。它坚持谈判所取得的结果必须依据客观标准。不屈服于压力，只屈服于原则。谈判的协议不是某一方意志力影响的结果，而应该是各方公平协商的体现。

（二）"原则谈判法"重视对心理问题的处理

重视对心理问题的处理，也就是重视对对方"看法"的引导，对"情绪"的疏通，对"本意"的沟通。

1. 对"看法"的引导

（1）谈判者要注意首先设身处地地审视对方的"看法"。

（2）不以自己的猜想去推测对方的意图，而要注意核实。

（3）重视讨论问题而不去责怪人。

（4）如果对方对己方已有成见，应寻求机会采取与对方看法不同的行动，以表明诚意。

（5）让对方参与己方的行动，使之成为伙伴关系。

（6）给对方留面子。

2. 对"情绪"的疏通

（1）了解对方和自己的情绪，正视它的存在。这样有助于减少敌对情绪，增强疏通的积极性。

(2)要容许对方发泄情绪。

(3)不要对情绪性宣泄作情绪性的反应。

(4)要善于抓住时机,利用象征性姿态,如握手、拥抱、赠花、致慰问信函等,尽可能化解"敌对"情绪。

3.对"本意"的沟通

谈判者越能很快地把一位陌生人转变为熟识的人,谈判就越容易进行。要把"问题""利益"放在一旁,直接处理人的问题。处理"人的问题"的最佳时机,是在它变成问题之前。

(三)"原则谈判法"注重调和双方的利益

"原则谈判法"认为:调和双方的利益比调和彼此的立场更为有效。其原因有以下三点。

(1)立场通常只是某种利益的表象,而利益是其根本。

(2)每一种利益的满足途径和方式是多方面的,调和利益比较容易找到为各方所愿接受的办法。

(3)对立立场的背后所存在的共同性利益常常多于冲突性利益。各方利益之间的互补性,便是达成明智协议的诱因。

在讨论利益时要尽量具体化,增强吸引力。

关心自己利益的同时,注意到对方的利益。

(四)"原则谈判法"注重问题的价值

"原则谈判法"主张依照原则,而不是根据压力来进行谈判,注意力放在问题的价值上。谈判各方应设法引入尽可能多的具有科学性的客观标准,为产生明智的协议打下基础。客观标准包括国际标准、国家标准、行业标准、企业标准、法律条文、社会惯例、有关先例、政策规定,等等。

"原则谈判法"在运用客观标准进行谈判时,强调把握以下三个基本要点。

(1)每个问题都由双方共同寻求的客观标准来决定。

(2)要以理性来确定标准以及标准的应用。

(3)绝不屈服于压力,而只屈服于原则,只承认客观标准。

"原则谈判法"建议对任何一方提出的标准,都要请对方说明理由,考虑其可靠性。

"原则谈判法"提醒要防止冒充的"原则"——有的谈判者常把自己的立场看作是一个原则问题。至于对客观标准,也需要各方认可。

(五)"原则谈判法"在操作上的注意点

(1)强调参加谈判者都是问题的解决者,而不是敌对者。

(2)强调的目标是有效地达成明智的谈判结果,而不是单方面的获胜。

(3)对人温和,对事强硬,而不是对人对事都强硬。

(4)不把对对方的"相信"与否置于谈判过程中(不是不相信任何人)。

(5)重点放在利益上,而不是放在立场上(不是坚持立场)。

（6）探求彼此利益而不是相互威胁。

（7）认为存在具有共同利益的多种选择，而不是要有所获才愿意达成协议。

（8）坚持客观标准，根据客观标准达成协议，而不是坚持自己的要求，或设法赢得毅力的较量。

（9）理由开诚布公，屈服于原则而不是屈服于压力。也不向对方施加压力。

（10）避免有某一底价（不是故弄玄虚）。

四、经济谈判的操作

改革开放以来，我国经济领域的谈判无论是国内还是对外都空前活跃，经济往来的谈判活动与日俱增，因此有必要对经济谈判加以介绍。

经济谈判常称为经贸谈判（或称为贸易谈判、商务谈判、供销谈判等），它的种类多样。这里，根据经济谈判的需要，特别介绍以下 6 种经济谈判形式。

（一）投资谈判

投资谈判有生产性投资和非生产性投资的谈判，有各行各业的投资谈判；按资金来源又可分为国内投资和国外投资的谈判。

投资谈判必须考虑的议题是投资目的和投资双方的实力，以及投资回收期、利率、风险、利润等。

投资谈判一般又分为单独投资谈判和联合投资谈判。

联合投资谈判的内容以及合同的主要条款有：投资各方情况，包括名称、地址、电话、身份、履约能力等；投资内容，如固定资产、货币、技术、劳务、房地产等；各方的地位和权利义务，包括各方对共同投资经营所得利益的分配比例和各自承担的责任等。

（二）借贷款谈判

谈判时作为贷款方一般要对借款方的借款理由进行审查，如借款方不符合贷款条件，可由第三方作为担保人，担保人负有履行合同规定的责任。

借贷款谈判的内容及其合同条款主要包括用款项目、贷款种类、数额、利率、借款期限、还款方式、保证条件、违约责任等。

（三）商品购销谈判

这又称为购销业务谈判或商品供求谈判，一般分为工矿产品购销谈判和农副产品购销谈判。

工矿产品购销谈判的主要内容为：产品的名称、品种、型号、规格、等级、花色；产品的技术标准、质量要求；产品的数量、计量单位；产品的包装标准和包装物的供应与回收；产品的交货单位、交货办法、运输方式、到货地点；接（提）货单位或个人；交（提）货期限；验收的方法；产品的价格；结算方式、开户银行、账户名称、账号、结算单位；违约责任等。

农副产品购销谈判又可分为预购谈判、采购谈判、购销结合谈判。

农副产品的成交要特别重视季节性特点，在交货期限、包装、运输等方面应有审慎条款。

（四）建筑安装工程承包谈判

合同的约定或修改均须有书面手续。其合同的主要条款有：工程名称、地点；工程的范围与内容;开工、竣工的日期及中间交工日期;工程质量、保修期及保修条件;工程造价;工程价款的交付、结算及交工验收办法;设计文件及概、预算资料的提供日期;材料和设备的供应及进场期限;双方互相协作事项;双方违约责任,以及其他特殊规定等。

主建单位叫发包方,承建(施工)单位叫承包方。

发包方的职责是:做好施工的各项准备工作;按合同要求供应材料、设备;组织设计单位与施工单位共同审定施工组织方案、工程价款和竣工结算;组织竣工验收。

承包方的职责是:做好开工的各项准备工作,及时提出开工通知书、施工进度表,提出应由发包方供应的材料、设备的供应计划;严格按规定施工,确保工程质量;对已完工的建筑以及安装的设备在交付前应负责保管;及时提出竣工验收技术资料,办理竣工验收;在保修期内,应对工程质量问题负责无偿解决。

(五)加工承揽谈判

这方面的谈判主要包括加工、定做、修缮、修理、印刷、广告、测量、测试等项目的承揽谈判。

谈判内容及其合同条款主要有:加工承揽的项目或品名;定做物的规格、质量、数量、加工方法;原材料的提供及其规格、数量、质量;价款或酬金;加工期限、加工地点、交接方式;验收标准与验收方法、结算办法,以及双方的违约责任等。

(六)涉外经济谈判

涉外经济谈判的合同条款有严格的要求,每项规定应有详细的说明,其商务合同的基本条款如下。

(1)品质条款:包括规格、等级、牌名、商标、标准、产地名称、说明书等。

(2)数量条款:明确交货数量,注明计量单位,并说明是按毛重还是净重计算。

(3)价格条款:有单价、有总值。要求货币一致。

(4)包装条款:对包装材料、包装方式、包装规格要求、包装费用和运输标志都要明确规定。

(5)装运条款:对装运期、交货期、装运港、目的港、装卸时间、装运通知需要准确规定。

(6)保险条款:明确规定何方保险、投保何种基本险与附加险、保险金额等。

(7)支付条款:包括支付的地点、时间、途径、方式和货币名称等。

(8)检验条款:规定检验的地点、时间,以及检验机构、检验证明等。有时还包括检验标准和检验方法。

(9)索赔条款:包括索赔依据、索赔期限、索赔办法等。

(10)不可抗力条款:包括不可抗力事故的范围、处理不可抗力事故的原则、出具不可抗力事故证明的机构,以及发生事故后通知对方的期限等。

▶▶ 第四节　谈判的策略 ◀◀

策略是根据交际对象的情况和形势的发展而采取的行动方针和斗争方式。谈判策略是施策者认识、意志、思维等多种心理机能的综合体现。

谈判策略在创造良好开端、掌握进程、促进合作、保证理想结局等方面均起着十分重要的作用。策略不同于谋略。谋略是主导动机、推动思维而完成的心理活动,是使动机转化为行动的关键一环。谋略中包含决策和策略。策略是谋略实施的表现形式。谋略一般有四种,即常规式、利导式、迂回式、冲击式,而策略的表现形式多种多样,至少可以举出百余种。

一、策略的类型

谈判的策略表现千姿百态,渗透于谈判的每个环节。从信息战到人员组合、议程安排、场地选择,无不具有策略性。谈判场中的劝导、说服术也具有很强的策略性。这里对谈判场中的进攻策略和防卫策略予以分别介绍。

谋略和策略的运用要以知人为前提,知己知彼方能百战不殆。首先要善于观人,历来中国谋略家都重视观人术,其中最古老的兵书《六韬》中的观人法尤其著名:

> 问之以言,以观其详。穷之以辞,以观其变。
>
> 与之间谍,以观其诚。明白显问,以观其德。
>
> 使之以财,以观其廉。试之以色,以观其贞。
>
> 告之以难,以观其勇。醉之以酒,以观其态。

对谈判的攻守策略,为了便于考察,我们可依托谋略的四种类型予以归类,并且在前面增加沟通传播策略。

(一)沟通传播策略

谈判活动首先进行"本意"的沟通、"问题"的交流、"情绪"的疏通,营造良好的谈判对话环境气氛。这需要"造势""治气""治心""治力""治变",其遵循的基本原则是"示形""诱导""暗示"等,基本策略如下。

(1)造势夺声:如中美建交的谈判前期工作即产生这种效应。

(2)巧借媒介:媒介有多种,尼克松要巴基斯坦总统向中国传话便是一例。

(3)明暗结合:明由巴基斯坦等国传话,暗中则由基辛格应中国之邀秘密访华。

(4)借人之力:抗战时,陕甘宁边区借助斯诺、史沫特莱、斯特朗之力使全世界知道红星闪耀在中国西北。

(5)"钓语"诱鸣:一方特意发出某种姿态的谈话,引发对方的回话反应。

(二)临场谈判策略

1. 常规式策略

①姿态诚挚　②联络感情　③发掘需要

④示形以利　⑤有利有节　⑥刚柔相济

⑦掌握筹码　⑧援引先例　⑨私下接触

⑩趁热打铁　⑪以逸待劳　⑫亦张亦弛

⑬欲速不达　⑭利用期限　⑮不开先例

⑯巧用局限　⑰从优选择　⑱顺水推舟

⑲合理妥协　⑳沉默是金

2. 利导式策略

①以退为进　②投其所好　③略施小惠
④抛砖引玉　⑤化敌为友　⑥化虚为实
⑦将计就计　⑧以伪制伪　⑨逆向行动
⑩适当让步　⑪假装撤退　⑫舍卒保车

3. 迂回式策略

①声东击西　②避实击虚　③欲取姑予
④巧布疑阵　⑤浑水摸鱼　⑥移花接木
⑦绵里藏针　⑧以假隐真　⑨出其不意
⑩恭言卑词　⑪兵不厌诈　⑫大智若愚
⑬以静制动　⑭引而不发　⑮拖延时间
⑯围魏救赵　⑰暗度陈仓　⑱欲擒故纵
⑲假痴不癫　⑳哀兵制胜　㉑空头支票
㉒幕后交易　㉓严加防范　㉔釜底抽薪

4. 冲击式策略

①合理冲撞　②针锋相对　③先入为主
④先声夺人　⑤取矛制盾　⑥后发制人
⑦以奇制胜　⑧反客为主　⑨既成事实
⑩狮子开口　⑪火上加油　⑫软硬兼施
⑬步步为营　⑭车轮战术　⑮"人质"战略
⑯疲劳战术　⑰蚕食鲸吞　⑱最后通牒

常规式策略和利导式策略在互利型谈判中有良好发挥。而迂回式和冲击式的许多策略则在利己型谈判中表现多一些,流传已久的"三十六计"几乎全面被利用。

策略是活力对抗的产物,策略的运用是心理的争强比胜。它的应用规律表现在以下几个方面。

(1)针对对方的判断失误、心理错觉、认识偏差而使用。

(2)它依据人们心理活动的曲线发展,常用逆向思维以求制胜。

(3)它的应用必须符合客观事物的发展规律和竞争规律,因而常常不露痕迹地出奇制胜。

有一位著名的史学家说:"每一部历史都是现代史。"也可以说,现代事物、现代谈判的策略也是历史的再现。岳飞说:"运用之妙,惟存乎一心。"谈判者运用策略,惟善于审情度势,以期水到渠成,甚至可以做到天衣无缝。

二、策略运用例说

谈判策略运用原则大致是示形、击虚、迂回、让步、出奇、威慑、共鸣等。有些策略的运用具有交叉、相容特色,效应也具有多重性。以下选取数例探索其操作性,以期举一反三、由此及彼,其中有的事例令人回味无穷,值得反复咀嚼借鉴。

(一)绵里藏针

1956 年美国总统艾森豪威尔与苏联领导人赫鲁晓夫会谈。赫鲁晓夫自恃聪明,旁若无人,而艾森豪威尔则不管赫鲁晓夫怎么说,都故意装糊涂,不时看看他的助手国务卿杜勒斯,等杜勒斯递过条子来以后,才不慌不忙地回答问题。赫鲁晓夫竟当场讥讽地问道:"究竟谁是美国的最高领袖? 是杜勒斯还是艾森豪威尔?"

其实,艾森豪威尔这样做正是绵里藏针,以柔克刚。艾森豪威尔是大智若愚,赫鲁晓夫是大愚若智。会议的最后结局便是证明。

（二）以退为进

一家大航空公司在纽约建航空站,请爱迪生电力公司以低价优惠供应电力。电力公司不同意,并推诿说要经公共服务委员会批准。航空公司索性声称自建发电厂,这样一来,电力公司主动请公共服务委员会从中说情,遂达成协议。从此以后用电大户都享受了优惠价格。

（三）以假隐真

《史记·滑稽列传》记载的西门豹治邺惩治腐恶故事,是将计就计、以假隐真的千古传扬的名例。

> 魏文侯时,西门豹当了邺的县令,问民疾苦,民众告知最苦为河伯娶妇,当地三老、官吏借此向百姓勒索,到时候把民家有模样的女孩经过收拾打扮,弄到漳河边,说什么给河伯(河神)送新妇……勒索的钱大部分被这些鼓捣的人中饱私囊了。西门豹等到这场戏开场时,早早来到漳河边。他审视一番,说选的"新妇"不漂亮,要主持其事的大巫婆告诉河伯一声,"待再选好,过一天送来",于是令人抬起大巫婆扔进河里。
>
> 过一阵,西门豹说:"大巫婆怎么还不回来,派人去催催!"又把这帮人里的一个扔进河水……以催的名义,前后扔了三人。
>
> 西门豹恭候河边一阵,又说:"还是请一位三老去吧!"过后,他更是毕恭毕敬静候着,长老、官吏都恐惧起来,西门豹向他们瞟了一眼,说:"他们都不回来,还是请更有面子的人去催吧!"这时,那些官吏、豪绅面色如土,扑通一声全跪在地上磕头求饶。……从此以后,再没有人提给河伯娶妇了。

西门豹以伪制伪,假装敬奉神明,实为惩办腐恶,做到了无痕迹,使受惩者有口难言。

（四）掌握筹码

对方迫切需求的东西,往往是己方可以利用交换的条件——筹码。

上海向日本引进汽车技术资料的谈判中,日方开价极高,他们深知我们很需要这些资料,而这些资料又是日商独家所有,他们以此为筹码要高价。我方自我控制,不急于求成,而是耐心窥测时机。后来机会来了,日商希望向中国推销汽车配件。而汽车配件的供应商很多,是否接受日货,主动权在我方手里。我们以此为筹码,使日方在技术资料价格上做了较大的让步。

（五）沉默是金

对方急于要求己方表态,己方则"高筑墙,缓称王",一言不发,迫使对方在急切中做出了对己方有利的行动。

著名发明家爱迪生发明发报机之后,不知能卖多少钱,与妻子商量,妻子说:"卖两万元!"爱迪生说:"两万元太多了吧?"妻子说:"我看定价两万元。要不,你卖时先套套口气,让他先说。"买方来了,货看准了,问货价,爱迪生一直不好开口,商人耐不住了,说:"那么我说个价格,10万元,怎么样?"

爱迪生的沉默难道不是黄金吗?

(六)取矛制盾

抓住对方的不利因素及其确凿证据,或者论辩的漏洞,以子之矛,攻子之盾。

1985年中国与日本三菱公司有一起罕见的特大索赔谈判。我方对所进口的5800辆三菱汽车,用无可否认的质量检测证据使日方百辩莫解,日方开始只松口赔我方加工费7600万日元。谈判间接经济损失时,日方逐条理账使用"大约""预计"字眼,每报一次,看一看中国代表的反应,并报赔30亿日元。我方抓住那些"大约""预计"等含混的字眼,以精确的测算为依据,索赔70亿日元。日方代表惊呼:"差额太大! 差额太大!"经过反复磋商,最终以日方赔偿间接损失50亿日元,并承担另外几项责任而结局。

(七)釜底抽薪

周恩来总理的谈判活动同他的各种政治、外交活动一样,显示了他高尚的人格力量和卓越的才华。他常能在瞬息万变的情况下力挽狂澜。1936年"西安事变"的妥善解决,促成了第二次国共合作,一致对外,他劳碌斡旋达两个月,伟功著于青史。这中间他与宋美龄的交锋更显示他胸怀全局、游刃有余的谈判策略和技巧。宋美龄当时很焦急,竟然倨傲地说:"这次委员长蒙难西安,据说是贵党背后策划的……"周恩来右手轻轻拍着沙发,随即回答:"水能结冰,是因为天寒……这次西安事变完全是蒋先生自己逼出来的。如果蒋先生坚持抗日,这不愉快的事情能发生吗? 至于说是我党背后策划的,有什么根据呢? 完全是不合事实的无稽之谈。"运用比喻、假设、反问,变守为攻,打乱了对方的精神准备和心理优势,把对方置于尴尬境地。

当宋美龄提到南京方面的实力时,周恩来立即揭示南京方面的内部矛盾,反问:"究竟谁是真心救蒋先生呢?"取矛制盾,釜底抽薪。当宋美龄提到:"……我怀疑贵党的真诚。"周恩来一针见血地说:"我把夫人的话,不妨挑破了吧! 你的意思是说,我们党乘这个机会想向你们要点什么,是吗?"宋用外交辞令:"我敬佩阁下惊人的坦率。"周恩来坦然一笑,激切而庄严地说:"我前面已经说过,我们是来求同存异的。什么是我们求同的基础呢? 那就是我们都是中国人,都是轩辕黄帝的子孙! 面对日寇的步步进逼,中华民族到了生死存亡的关头,我们不愿做亡国奴!"他起立,字字千钧:"所以,在此民族存亡时刻,我们中国共产党别无所求,亦不需要别求,此话可以公诸天下的!"宋无言以对,周恩来顺水推舟,逼其就范:"蒋先生甘愿受南京亲日派的摆布吗?"宋拿出夫人的气派:"这由不得他,我们能把他拧过来!"

以上仅举七例,便可粗知策略运用的巨大威力。

三、子贡、诸葛亮、基辛格策略

谈判活动是综合性很强的创造艺术,优良的素质、品格、作风是它的灵魂,智谋策略是保证成功的必要手段。周恩来的人格魅力,在谈判活动中求同存异、游刃有余的佳话将永为流传,是中华民族的骄傲。

我国历代著名的政治家、外交家(一度还有纵横家、游说名士)、谈判家史不绝书。如春秋时的晏婴、范雎,战国时的著名纵横家苏秦、张仪,汉代的张骞、班超等可谓"一人之辩,重于九鼎之宝;三寸之舌,强于百万之师"。

这里选取中外古今三个声名贯耳的谈判家,略做阐释。子贡、诸葛亮的游说谈判,直接关系到当时的大局利益,他们的谈判策略也特具光华;基辛格的外交谈判活动推进了当时国际社会的沟通稳定。

(一)子贡的游说谈判策略

子贡是春秋末期孔子的大弟子。他游说四国,阻齐伐鲁,保卫家邦,传为佳话。在齐国田常为相,他力图扩张势力、陈兵鲁国边境时,孔子为阻齐伐鲁,急切召弟子商议派使说齐,子路、子张、子石愿往,孔子未准,而选定子贡。

子贡至齐,田常没好气地说:"先生此来,莫不是为鲁游说?"子贡回答:"不是,实为齐国而来!"反客为主,地位大变,居高临下。接着来个正话反说:"鲁国弱,难攻;吴国强,易攻。"田常被激怒:"先生为何如此辱我?"子贡请屏退左右,小声进言:"相国不曾听说忧在外者攻其弱,忧在内者攻其强吗?"以诱导术提示,你田常想实现野心,但你的对手在内而不在外。如攻强吴,可借强国之手,剔除异己:胜则功归于你,败则将士死于外、大臣空于内。如攻弱鲁,功成,齐之诸大臣皆有功。田常说,现在移师向吴,不便兴议。子贡表示愿去吴说吴王夫差救鲁伐齐,这时齐攻吴自成其理。

子贡抓住了田常的根本需要,来个移花接木。子贡立奔吴国,告诉吴王,前次吴、鲁击齐,构恨于齐。现在齐将先攻鲁,后伐吴。齐败鲁之后,拥两国之众而来,吴必败,大王应趁齐兵未动,先救鲁。吴、鲁联合,齐必败。吴得齐、鲁,入主中原,霸业可成。

吴王夫差动了心,却又想先平越后伐齐,以解后顾之忧。子贡说:"此为逐小利而忘大患,非智也。此何以争霸?大王虑越,臣为王说勾践,使其亲率士卒从大王伐齐,如何?"

于是子贡说越王勾践,说服他向吴王献厚礼并派兵三千助吴伐齐。

子贡深谋远虑,考虑吴伐齐得胜而鲁危,于是又奔晋,请晋抗吴,又引吴向晋,吴、晋相遇于黄池,吴军大败。

子贡准确地掌握了齐、吴、越、晋四国各自的需要,纵横捭阖,辩才无碍,大获全胜。

(二)诸葛亮的游说谈判策略

诸葛亮(181—234 年)生逢东汉末年,群雄争霸,兵连祸结时代,这位胸怀壮志鸿猷的政治天才,有愿使当时时局得到暂时平衡,然后逐步谋求国家的统一。他出山前刻在襄阳隆中与刘备的对策——《隆中对》,体现了他的总体战略思想。

公元 208 年,曹操统兵南下直取荆州。当时的荆州拥有现在的湖北和湖南省的大部分地域及河南西南部,是膏腴之乡,更是战略要地。此时寄身荆州刘表属地新野的刘备南逃,携民渡江(汉水),在今湖北省当阳市被曹军追上,经激烈厮斗,因寡不敌众又败走,沿江而至夏口。情况危急,但诸葛亮早有良策。虽然处境十分不利,而他毅然只身来到江东——浔阳柴桑(今九江市)孙权的驻地,进行艰难的联吴抗曹的游说,亦即谈判活动。

孙权见来客就讥笑说:"先生来此,是因刘使君被曹操逼得走投无路了吧?"诸葛亮从容回答:"我此次来不仅是为了刘皇叔,更重要的是为了你们东吴的安全。"地位顿时由被动变为主动。接着先声夺人:"曹军从江陵东下,如果攻占了夏口,下一个目标便是东吴。"请将不如激将:"如果你能率吴越之众抗曹,就应早下决心;如果你无力抗曹,不如早早投降。若是犹豫不决,祸在眉睫。"分析利害,又将曹、孙、刘各方的力量及其消长趋势做了比较,论定只要孙、刘协力作战,必能破曹。

孙权已为所动,然东吴群臣中主和派甚有市场。于是诸葛亮对以张昭为代表的妄言蜚语来了个釜底抽薪,驳得对方体无完肤,最后又说服了东吴主帅周瑜。他导演了公元208年孙、刘联手于赤壁击败曹操之壮举,诸葛亮时年27岁。《三国演义》中"诸葛亮舌战群儒"历来为世人津津乐道,读者可仔细鉴赏,体会其策略运用之妙及诸葛亮的大智大勇。

(三)基辛格的谈判策略

基辛格,是1969—1977年美国第37届总统尼克松、第38届总统福特的智囊、国务卿(国务院首脑、主管外交),犹太后裔,德国移民。以大学教授、学者身份任此要职只有他了。他在局势动荡多变的20世纪70年代,成为世界外交舞台上举世瞩目的人物。中美关系谈判,美苏关系谈判,越南问题、中东问题的谈判,他都是显要角色;他穿梭于五大洲各国,在调整美国与它的西方伙伴以及与发展中国家之间的关系中,都起了重要作用。

基辛格外交谈判的特点是审时度势、陈说利害、投其所好。针对对方(游说的各国)的需要,各送一个"锦囊",让他们互相保密。这样,他自己就可纵横捭阖、左右逢源,预期的目的以及本国的利益便得以实现。如他对中东问题的努力斡旋:他对埃及总统谈一套秘计,对叙利亚总统又授一个秘计,对沙特阿拉伯国王赠另一个秘计,对伊朗国王则是另一个妙策。这被称为绝妙的"基辛格法则"。如此授计,对被授计一方的近期利益都有用处(有的也涉及远期利益),为对方所乐于接受。

"基辛格法则"的通畅,在于基辛格对世界整体形势进行了深入的观察研究,全面掌握信息,洞悉各方的需要。

四、商业谈判策略

在市场经济时代,商业谈判的地位愈见显要。前面介绍的数十种谈判策略几乎都会在商务谈判中运用。而适应商贸的特点,商业谈判中频繁使用的策略可以特别举出以下一些:

①掌握筹码　②投石问路　③货比三家

④吹毛求疵　⑤趁热打铁　⑥利用时限

⑦移花接木　⑧既成事实　⑨集团行动

⑩巧妙发盘　⑪漫天要价　⑫抬价压价

⑬虚假出价　⑭幕后交易　⑮浑水摸鱼

⑯得寸进尺　⑰亮出先例　⑱一揽子成交

⑲虚拟证据　⑳激发成交　㉑沉默是金

㉒以退为进

商业谈判的基本原则为平等自愿、协商一致、有偿交易、互利互惠、公平合理和注重时效等。

商业谈判也有互利型与利己型的区分及其不同的操作方法。

（一）创造良好气氛

开局需要创造良好气氛，以友好合作态度进行沟通。力争避免无谓的争论；削弱对立意见；改变对方立场。

这一阶段重在诱导劝说，其方法如下。

（1）先讨论容易解决的问题，再讨论容易引起争论的问题。

（2）向对方传递信息，把对方乐意听的信息先讲，较不合其心意的后一步讲。

（3）强调双方有相同的处境，比强调彼此处境的差异，更能使对方理解和接受。

（4）强调合同中有利于对方的条件，使对方较易于签订合同。

（5）讲清一个问题的两面，比单单谈一面更有效。

（6）重复地说明一个信息，更能促使对方了解、接受。

（7）注意谈话的头尾部分，结尾比开头更重要。

（8）与其让对方作结论，不如先用自己的话陈述出来。

（9）不要轻易许诺。

（10）不要把对方逼进死胡同，不把话说绝。

（二）商业谈判的进攻策略

（1）双方都要对特异情况有思想准备，有关的特异情况如下。

令人惊异的问题：新要求、新让步、新风险、新包装、新地点、新角逐……

令人惊异的行动：休会、推托、退出谈判……

令人惊异的时间：截止日期、缩短谈判时间……

令人惊异的表现：不信任、人身攻击、愤骂等。

令人惊异的权威、专家。

令人惊异的人物——谈判人员的改变，买主、卖主的改换等。

令人惊奇的地点和资料等。

（2）对谈判中所谓"好人""坏人"策略，双方都应善自处之。

（3）也有针锋相对、强硬对强硬的情况。

（4）时限的策略：谈判中，当争执不下时，处于主动地位的一方，可以提出解决问题的最后期限和解决条件——这是一种时间性通牒，既给对方造成压力，又给对方一定的考虑时间。提出最后期限的一方也要有适当让步，使对方在接受最后期限时有所安慰。

（5）最后通牒——"如不接受，谈判告吹"。对付最后通牒的反策略：可以有新的试探——增加或减少订货，改变对质量或对服务的要求，改变商品种类的比例及送货快慢的要求，增购新项目或新商品，然后再和对方谈新的底价；继续寻找降低对方商品价格的理由和办法。

（6）拖延攻势：这也是对"欲速不达""欲擒故纵"的运用。"拖延"的表示要委婉，不伤害对方。也不要拖"死"对方，要给对方一个"还有机会"的感觉。

（7）以退为进——慎重的让步。其方法如下。

不做无谓的让步，每次让步都要从对方那儿获得某些益处。

替自己留下讨价还价的余地。

让对方在重要问题上让步。经过考虑,己方也可以在较小的问题上先做些让步。

不要让步太快,对方等待愈久,就会愈珍惜它。

同等级的让步是不必要的,对方让 60%,己方可让 40%。如果对方相求,可用"我方无法负担 60%"来推脱。

有时不妨做些没有损失的让步,如说"这种事我方会考虑一下",这也是一种让步。一个承诺也是一种让步。

不要不好意思说"不"。

如果做了让步想反悔,在没有签约前,可以重新再谈。

要注意记住己方让步的次数,以便讨价还价。

(8)声东击西,转移视线,其方法如下。

为以后有高效的谈判做铺路工作。

一面谈判,一面另找途径。

保留商品或存货。

暂时拖住,以便取得更多的资料。

延缓对方所要采取的行动。

等待第三方介入。

摆出愿意妥协的姿态,转移对方的注意力。

造成冲突,再请仲裁人公断。

(三)商业谈判的防守策略

(1)多听少讲,沉默是金。

(2)情感沟通,软化对方。

(3)心理沟通,以柔克刚。

(四)价格策略

在商业谈判中,价格谈判是核心任务。这也就是人们常说的讨价还价,在要价、议价、让步几个方面都需要讲策略。

1. 要价策略

要价有定价、喊价两步。其策略注意点如下。

(1)标价要设上下限:让对方提出他的最高价和最低价,并写明成本(人工、物料费、工时)的计算法。

(2)让对方感到便宜:强调商品的质量、性能、使用价值、经济效益等。

不同客户不同对待。可以把客户划分为大客户、老客户、普通客户、不理想客户和潜在客户,对不同客户采取不同的经营方法。

介绍产品要针对对方最关心的项目:给予附加服务;价格比较;价格分割;心理价格(十进位以下的心理价格及吉祥数价目等)。

2. 抬价与反抬价的策略

抬价的策略是,卖方用来使买方相信他的要价相当合理。反抬价的策略是,固守阵地,有自己的最高还价限度;签约时,尽可能要对方签字人多一些,防止翻盘;签约前可要求对方作出某些保证,包括不抬价保证。

3. 议价策略

议价要注意以下三点。

(1)投石问路,试探对方。买方可以从订货数量的多少、交易合同的时限长短、资金是否供给、付款方式等方面投出"石头",试探对方,从而探明虚实和多种情况。卖方的策略是,对对方投来的"石头"——"假如"等的回答要慎重,有时不忙于回答,有时要对方立刻订货才回答。

(2)以攻为守,喊价、还价都要狠。卖主、买主都要有耐性。一方喊价高,让步慢;一方多挑剔,吹毛求疵,提出一大堆毛病和要求。

(3)不要轻易预付款项。

4. 让步策略

让步要注意以下两点。

(1)让步必须步步为营。

(2)一方可能采取逼迫让步的策略,其做法是:利用对方(买方或卖方)竞争对手的办法;分化瓦解对方的办法;乘虚而入的办法;软化对方的办法;以毒攻毒的办法。

▶▶ 第五节　谈判的语言 ◀◀

谈判要谈,要用语言交流和情感沟通,要判断,要判定,而且是价值的评判和价值的交换,需要形成协议(契约、合同),因此谈判语言必须是高水平、多层次、高效能的。

谈判语言的大致分类如下。

口头语言:谈判中口头语言涉及面广,如外交语言、政治语言、法律语言、科技语言、商务语言等。

书面语言:包括方案、信函、契约、合同、公报等。

无声语言(体态语言):包括头面语、手势语、目光语、微笑语、姿势语、界域语等。

谈判语言不但要求准确、明晰、生动,而且要富于论辩性,富于逻辑力量。

下面从三个方面阐述谈判中的语言艺术。

一、倾听与问答

(一)倾听

倾听在任何交际场合都显得十分重要,在谈判活动中,善于倾听可以说是已经"登堂",以下便是"入室"。下面看看几位名人关于"倾听"的见解。

富兰克林(美国开国元勋之一、政治活动家、科学家)说:

"与人交往取得成功的重要秘诀就是多听,永远不要不懂装懂。"

松下幸之助(日本著名的企业家),他总结自己的经营秘诀是八个字:

"细心倾听,集思广益。"

卡洛斯(美国著名谈判家)说:

"倾听是你能做的一个最省钱的让步。"

尼尔伦伯格(美国著名谈判家)说:

"倾听是发现对方需要的重要手段。"

我们通常有这样的感觉:自己在发言,或者一位自己敬佩的人在讲话,对在座的那些细心倾听者,心中不无感激和尊重;而对那些毫不在意,或肆意打扰的人总是很厌烦。

不能耐心倾听的原因多在主观方面,这就要求:①充分认识倾听对下面的咨询、答问、说服、劝导和一系列谈判策略的运用有着紧密的关系,是促进谈判成功可贵的第一步;②不要先入为主,或抱什么偏见;③不要陷入思维定式,不愿听别人的意见;④不要急于想反驳对方,要静听别人讲完,自己的"表现欲"要克制;⑤不要因"权力(地位)显示欲"妨碍倾听;⑥不要没听完就过早下结论。

怎样提高倾听的效果呢?

(1)思想要高度集中。特别在实质性谈判场合,不妨做扼要的笔录(经对方同意也可录音)。

(2)注意对方的措辞、表情、语气,那里面有很多线索,隐藏着种种"需要"。

(3)不探究发言者的权力地位,只要是谈判代表,其发言都大可研究。

(4)没有听清或听懂的问题,可以向对方或同事核对一下,作为谈判备用。

(5)运用恰当姿态,如点头、目光、赞许,鼓励对方把话说透一点。

(6)学会忍耐。即使是刺耳、攻击的语言,也要耐心倾听。如果当时反击,很容易上"钩"、上当。

总之,现代谈判重在击败问题而不是击败人。为此就需要把问题弄清楚,就需要先听清楚。从对方口中透露出来的东西比其他任何信息资料都显得更重要。

(二)问答

要真正了解一些事物,特别是事物的底蕴,必须学会"问"。做学问要"不耻下问",谈判活动中的"问"尤其显得重要。

要借提问了解对方的意向或者"底牌";可以借提问向对方传递一定的信息;也可以借提问了解对方的谈判方案和风格;还可借提问引导对方趋向同一,促进共识。

提问的类型不外乎以下两大类。

一类是闭合型提问——回答可以控制,针对性强、方向可调、节奏较快、气氛紧张、应答受控。

一类是开放型提问——回答不可控制,随意性强、方向难测、节奏较慢、气氛活跃、应答自由。如意大利著名女记者法拉奇习惯使用开放型提问,而且提问凌厉,妙趣横生。

两种类型提问常常是交相为用。

提问要注意考察场合,了解对象,把握有利时机,选择恰当的方式。

提问的方式要因时因地而异,这需要很好掌握。提问的方式有一般性提问、直接性提问、间接性提问、诱导性提问、启示性提问、婉约性提问、选择性提问、核对性提问、多主题提问、探索性提问、跳跃性提问、模糊性提问、协商性提问、反诘性提问、攻击性提问、限制性提问、强迫选择性提问等。

回答要更加谨慎,更加讲究技巧。提问不准确,可以补充提问,而应答失误,补救就十分困难。

应答的技巧和方法要因人因时因地而异,应答时要注意以下三点。

(1)掌握问话者的心理动态和实际需要。

(2)应答要慎重思考,决定哪些该正面回答,哪些该侧面回答,哪些该明确回答,哪些该模糊回答,哪些暂不回答……

(3)应答具有伸缩性。有时回答越准确,就越显得愚笨。因此,可以运用不彻底回答、抵制性回答、反问理由的回答等。

谈判中除了提问、应答的频繁使用外,在情况介绍等方面,陈述的技巧也要很好注意。

陈述的语言尽可能是客观的、礼貌的、中性的,避免主观的、粗俗的、偏激的语言。陈述时要辅以体态语言,并注意对方的反应,不要单方面陈述过多。如属专业性内容,可用录像来进行介绍。

谈判结束时,一般有礼节性陈述,此时应该注意对对方予以正面的评价,以增进友好气氛。

二、沟通、劝说的艺术

谈判活动中语言沟通的方式和艺术是多方面的,除了前面说的叙述、提问、应答,比较重要的方式还有说服、劝导、论辩、调侃、合契等,下面仅就沟通和劝说的有关问题做扼要介绍。

(一)沟通的程序及其技巧

1. 抓好开头

开头对话一般有以下四种方式。

(1)单刀直入式。开门见山,直截了当地、诚实地说出自己的想法和目的。

(2)比喻引入式。如孔子拜见老子,老子张开嘴巴让他先看看牙齿怎样,再看看舌头怎样? 引出"齿以刚亡,舌以柔存"的哲理。

(3)借题发挥式。如《战国策》中记触龙说赵太后,先求赵太后为自己的幼子补一名宫中警卫,太后问:男人也这样爱子吗? ……彼此间冲破了心理防线,触龙一步一步地实现了劝导的目的。

(4)寒暄对话式。"寒暄"就是彼此拉冷暖闲话。

2. 重视谈判过程中语言沟通的功利性

应遵循的原则是合契性、共鸣性、有益性和相酬性。

3. 注意结尾的干净利落

结尾的言语沟通要防止:草草收场,不了了之;拖泥带水,含糊其词。

(二)谈判言语沟通的策略技巧

1. 坦率直言

有的国家和民族不习惯客套,喜欢直言表达,如美国人、德国人。直言表达时要注意适当的语调、语速、表情、姿态。在表示拒绝或反对时,要诚恳地陈述原因,说明利害关系。

2. 委婉而谈

(1)灵活使用否定词。如"我不能认为你这种说法是对的",比"我认为你的说法不对"

使人容易接受。

(2)用一些语气词冲淡语言的生硬性。如"别唱了,好吗?"比"别唱了!"要好。

(3)缓和气氛,托词避开锋芒。

3. 幽默风趣

幽默不是插科打诨,哗众取宠。幽默来自对生活百态的洞悉,对语言多彩效果的娴熟,它给人以开颜一笑后的思索和友善的启迪。中华民族很喜爱和运用幽默语言,如大量的歇后语,便是精炼的幽默语。

幽默的作用如下。

(1)幽默能打破尴尬局面,是一种良好的缓冲剂。

(2)幽默能活跃气氛。如刘吉在1987年4月的一天与中国科技大学学生记者团交谈,学生记者问:"你同我们一样喜欢跳舞吗?"答:"青年时期喜欢跳,现在喜欢看青年跳。"

(3)自我解嘲,摆脱窘境。

(4)使用幽默巧妙地拒绝对方的某种要求。如罗斯福当海军军官时,一位朋友向他问到新建潜艇基地的情况,罗斯福反问:"你能保密吗?"对方答:"能。"罗斯福笑着说:"我也能!"

(5)可以提高批评效果。如批评某人好自吹,说"你老兄别学老鼠跳进盘秤里(自称自)!"

(6)对欺侮可用幽默作为十分有力的反击武器。如有一商人从塔希提岛来,对身为犹太人的海涅说:"塔希提没有驴子和犹太人。"海涅说:"我同你一起去,不是都有了。"

4. 含蓄深沉

含蓄深沉可以美化语言,暗示心迹,曲折表现观点,避免分歧。

周恩来总理1972年在尼克松访华宴会上致词说:"由于大家都知道的原因,中美两国隔绝了20多年……"含蓄地回避了令人不快的分歧事实。

5. 模棱两可——答非所问,不置可否

语言策略技巧还有反语、沉默、自言自语的运用,等等。

谈判语言总的表达要求是文明礼貌、清晰易懂和文明大方。

(三)劝说的艺术

谈判中说服和劝导是寻求心灵共鸣的艺术。从理解入手,深层发掘对方的需求,借微笑来沟通。

第一,要以心换心,从心理上突破对方的心理防线。如触龙说赵太后,为了突破赵太后断言"有劝说我将幼子长安君送往齐人质(使齐发兵救赵),老妇必唾其面"的心理防线,交谈的第一回合,触龙请求赵太后为自己的小儿子安排做个宫廷警卫……进而在爱子问题上取得了第一个"共鸣点"(开始时问候健康也是寻求共鸣点)。

第二,劝导对方进行自我评判。如触龙提起赵太后对已为燕后的女儿的疼爱……在她远嫁时何等伤感,而现在在祈祷时,却祈求"千万别让她回来"。这是希望她子子孙孙相继为燕王。赵太后欣然说:"正是这样!"这就找到了第二个共鸣点。

第三,用无可否认的事实开导对方。如触龙讲,赵国立国到现在,"赵王的子孙封侯的还有几人在?"赵太后说:"没有。"触龙进一步指出,其他诸侯的子孙也再无人封侯,这是因为他们位尊而无功,禄厚而无勋,坐享锦衣玉食的缘故。这就发掘到第三个共鸣点。

第四,用信念激发对方,并给对方提供"机会"。如触龙这时对照事实,提醒赵太后——您对幼子长安君疼爱有加,如果不趁现在让他为国建功,您百年之后,长安君倚仗什么在赵国安身立命?您不如像疼爱女儿燕后那样,为了爱心,让他远行赴齐……赵太后终被说服,备车百辆,送长安君赴齐做人质,齐遂发兵救赵。

劝说时提示"机会",并认真说明"机会"的意义,促使对方把握时机。

劝说中要以情感人。解说利益时要强调利益的一致性,淡化互相间的对立。提出对方赞同的意见作为"名片"引荐,随之阐说观点,从而取得"名片效应"。

三、谈判语言的逻辑力量

这里所说的谈判语言的使用范围比较宽泛,贯穿从决策到协议的全过程;所说谈判语言的逻辑力量,是在谈判的各个环节得到显示和加强。法国学者皮埃尔·吉罗说:"逻辑学是关于关系的科学。"逻辑学给我们提供了正确思维和有效交际的理论和法则。谈判中思维与表达的确定性、一贯性、明确性和论证性,要求我们纯熟地运用逻辑方法,从而显示逻辑力量。

逻辑是谈判各环节的锚链:从决策——目标的确立、方案的选择,到谈判中的策略技巧的交锋,到终局——目标的实现,都必须渗透逻辑的活力。

选择方案要用淘汰法、综合法,主要是运用选言排除法。

谈判目标要通过论证和反驳等各种逻辑方法的具体运用来达到。其中,既要遵守有关推理方法的特殊规则,又要遵守逻辑的基本规律。如其中信息的预测与收集,就需要运用多种逻辑方法,如类比法、归纳法、因果法、演绎法、统计概率法、分类法,等等。

逻辑更在谈判实施时"摆事实、讲道理"——"破"与"立"的过程中显示力量。确立谈判方案、谈判目标是"立"、是"守",发动攻势是"破"、是"攻"。整体来说,"立"和"守"的基础"摆事实"就是归纳论证,"讲道理"就是演绎论证。所以说,逻辑是谈判各环节中强有力的锚链。环节的落实定位于"锚",环节的启动得力于"链",这样,谈判之航才能畅通。

(一)谈判中应遵循的逻辑准则

(1)思维和表达的确定性准则。如"货物几车皮",就得限定每车皮的装载吨位(如60吨)。

(2)思维和表达的一贯性准则:不自相矛盾。

(3)遵循充足理由准则:前提真实,推理方式正确。

(二)谈判中常用的逻辑方法

1. 明确概念法——正名法

逻辑学正名法有以下四种。

(1)定义法——揭示概念的内涵,即揭示事物的特有属性来明确概念。

(2)划分法——揭示概念的外延,即划分事物的小类来明确概念。

(3)概括法——通过减少概念的内涵来扩大概念的外延。

(4)限制法——通过增加概念的内涵来缩小概念的外延。

比如他人在前使用过的一些命名,就要尽量避免照搬。如美国《读者文摘》命名在前,我国的《读者文摘》便易名为《读者》;卓别林的作品《独裁者》因他人作品在前有此命名并提出异议,他于是改题为《大独裁者》。

2. 喻证法——类比法、比喻法

类比是同类相比;比喻是异类相比。喻证法的说服力很强,因此常得到很好的应用。

3. 对比法

横向对比较多采用,也可用纵向对比。

4. 反证法

春秋时代,管仲谏齐桓公不能用烹子献媚的易牙、父死不奔丧的开方、割己肉弄诡的竖刀,用反证法指出他们无父、无子、伤身,岂有真情事君!可惜管仲死后齐桓公还是被这些专事献媚弄诡的奸人所愚弄。

5. 归谬法

在谈判中,为了反驳某一个论题,先假定这论题是真的,并且从这个假定中推出一个或几个荒谬或虚假的判断,再运用充分条件假言推理否定后件式,由这些判断的荒谬或虚假,必然推出原论题的虚假或不成立。

古希腊哲学家苏格拉底善于运用归谬法,他常用以诱导对方把错误的前提推论到显然荒谬的结论,而使对方不得不承认错误,一步一步通向"我"所主张的观点。这被称为苏格拉底"接生婆术"(对学生来说则是知识接生)。

例如,一名外国游客在我国境内用猎枪猎杀我国法定保护的野生动物而被制止。对方辩说,猎枪是经许可带的。……执法者驳斥:假如许可带手枪,岂非可以随意伤人?

6. 转移论题法

如果己方想谈价格,就与对方谈质量;如果己方想谈质量,就与对方谈服务;如果己方想谈服务,就与对方谈条件;如果己方想谈条件,就与对方谈价格。

7. 巧换法

巧换概念、判断,这可以回避对方提出的问题,或者为了活跃谈判气氛。

8. 淘汰法

这是选优法,"货比三家不上当"。

9. 条件法

这是把条件与结果联系起来进行判断的方法。有人对阿凡提说:"你很聪明,可知道这一池水可以装几桶?"阿凡提答:"如果那桶和这池子一般大,就只装一桶;如果桶只有池子的一半大,就只装两桶;如果桶只有池子的三分之一大……"问者不得不服。

10. 二难法

"二难"也叫双重假定。1986年美国发生"伊朗门事件"(背着国会向伊朗出售武器)。记者问里根:"您作为总统,是否事前知道'伊朗门事件'?"里根瞠目以对,正反两面都难回答:若答知道,总统要受追究;若答不知道,则总统失职仍当受斥。

此外还有例证法、区别法,等等。

谈判活动中也有人使用诡辩术,如偷换概念、歪曲语境、无中生有,等等,或一时掩人耳目,或无理取闹、自我暴露。现代正常谈判应涤荡这些做法。

思考与训练

1. 一位优秀的谈判高手应该有怎样的素质和能力？

2. 怎样的谈判决策才是正确的决策？在谈判决策做出的前后，应该进行怎样的前期调查、中期调查和后期调查？

3. 子贡、诸葛亮和基辛格三者的谈判策略有哪些共同点与不同点？根据你的所见所闻，什么谈判策略最优秀？

4. 应该重视自己发言的开场白和结束语，它们会给谈判对手留下深刻的印象。为此，有关人士对这个问题拟订了如下 30 条法则，你同意哪些条？不同意哪些条？为什么？

(1)寻找对方注视的东西。

(2)让对方知道你很感激他的帮助。

(3)如对方有重大困难，应帮助解决。

(4)让他想到这个计划的惊险和兴奋。

(5)与计划一样，自身必须有足够的魅力。

(6)答应给予的报酬尽量多一些。

(7)告诉他这个方案的成果和效益。

(8)自始至终清楚地展现魅力。

(9)告诉对方对其协助绝不吝惜支持。

(10)给他将来必定成功的承诺。

(11)采取有自信的态度。

(12)让对方知道这计划非他不可。

(13)将对方置于最具吸引力的位置。

(14)绝不对计划做类似辩解的事。

(15)对对方从心底保持兴趣。

(16)给对方制造快乐的气氛。

(17)采取要得到首肯答案的行动。

(18)把拒绝当成重新尝试的机会。

(19)让其看出你的亲切。

(20)给对方承诺，这计划马上就有收获。

(21)打动对方喜欢新事物的心理。

(22)让对方了解，不光是取得，同时也要给予。

(23)让对方自由地发表意见。

(24)不要强迫对方。

(25)自始至终站在对方立场上着想。

(26)自然地行动。

(27)态度不要生硬。

(28)证明你的赞成，因为它是最好的决算。

(29)让对方知道,你愿意与他建立长期关系。

(30)让对方认为,你并非是"取",而是在"给"。

5. 在谈判活动中,处理同一问题可能会有甲、乙两种不同的说法。试比较下列四例中的甲说与乙说,你认为哪种好?哪种不好?为什么?

例1,介绍本公司产品。

甲:本公司的产品品质优良,世界一流。

乙:本公司的产品先后获得经贸部荣誉证书、部优产品称号和国际"尤里卡"金奖。

例2,促使外商决定投资。

甲:我认为,中国的投资环境将进一步改善。

乙:中国的领导人讲过,中国的投资环境会进一步改善。

例3,宣传本公司的经济实力。

甲:本公司资金雄厚。

乙:中国人民银行把本公司信用等级评为 AAA 级(特级)。

例4,促销本公司产品。

甲:本公司的饮料是现代饮料。

乙:本产品是曾被美国宇航局特选的太空饮料。

6. 试析下面案例中制造僵局及灵活变通的策略。

制造僵局 灵活变通

①制造僵局,摆脱被动。

我国C公司谈判代表出国洽谈业务。当我方要求与对方谈判时,对方以主谈人工作繁忙为借口采取拖延战术,一拖再拖,等到我方人员回国日期临近时又应用疲劳策略,以车轮大战的方式夜以继日地与我方洽谈。对如此日程安排我方多次提出过反对意见,但对方却一意孤行,对我方的意见置若罔闻。在这种情况下,我方人员表示:"我们本次来访是经双方事先商定的,而就贵方目前的日程安排来看似乎是毫无准备,我们不愿意白白地浪费时间,因此,我们决定提前离开。"对方弄不清我方这番话的真实用意,担心我方会与其他卖主签约成交,所以,关键人物立即接踵而至,一再表示歉意并按我方意见修改了议程。

②灵活变通,柳暗花明。

我国D外贸公司在与英国F客户洽谈出口某商品时,双方对价格、数量、交货、支付方式等条款都已取得了一致意见,但在使用何种货币支付的问题上却存在着严重的分歧。当时国际市场上英镑疲软,大有下跌趋势,我方为规避风险,坚持要求对方以美元支付。但对方为了维护本国货币的信誉和地位,一直坚持以英镑支付,因此谈判出现僵局。为了打破僵局,促使谈判顺利进行,我方提出了以下几个方案,供对方选择。A.同意全部用英镑支付,但考虑到英镑疲软,可能因汇率变化给我方造成损失,所以将原议价格提高5%。B.合同总金额的50%用英镑支付,另外的50%用美元支付。C.用美元计价,以英镑支付,即合同中的价格计算以美元为准,付款时按当时美元与英镑的汇率,把美元折算成英镑进行支付。经过协商,英商出于对本国货币的特殊感情,最后决定采用我方提出的第三种方案——按美元计价，以英镑支付的方法进行结算。我方为了确保稳妥，又坚持在合同中专门订了一条"外汇保值条款"，对此加以明确规定。

7. 试析下面案例中阿里森是如何说服对方的。

阿里森的成功之路

阿里森是美国的一家电器公司的推销员。一次，阿里森到一家公司去推销电机。这家公司的总工程师一看到他就不客气地说："阿里森，你不是想让我多买你的电机吗？"原来，这家公司认为不久前从阿里森手里购买的电机发热超过了正常指标。阿里森仔细了解了情况后，知道对方的说法是不对的。但他没有跟对方强行争辩，他决定以理服人，让对方自己改变态度。于是，他对这位总工程师说："好吧，斯宾塞先生，我的意见和你的一样，如果那台电机发热过高，别说再卖，就是已经卖出去的也要退货，怎么样？""好的！"斯宾塞先生作出了肯定的回答。

"当然，电机是会发热的。但是，你当然不希望它的热度超过全国电工协会规定的标准，是吗？"对方又一次作了肯定的回答。

在得到对方的两个肯定回答之后，阿里森开始讨论实质性的问题了。他问斯宾塞："按标准，电机温度可比室温高40 ℃，是吗？"

"是的，"斯宾塞说，"但是你们的电机却比这个指标高出许多，简直让人无法用手摸。难道这不是事实吗？"

阿里森没有与对方争辩，而是继续问道："你们车间的温度是多少？"

斯宾塞稍微想了一下，回答说："大约 41.7 ℃。"阿里森兴奋地拍拍对方的肩膀说："好极了，车间温度是 41.7 ℃，加上应有的 40 ℃，一共是 81.7 ℃。而目前电机的温度只有 77.8 ℃，请问：要是你把手放进 77.8 ℃ 热的水里，会不会把手烫伤呢？"对方不情愿地点了点头。

阿里森接着说："那么，你以后就不要用手去摸电机了。放心，那热度完全是正常的。"

最后，阿里森不仅说服了对方，消除了对方的疑虑，而且还做成了一笔生意。

第十二章 有效沟通的求职艺术
——求职训练

在竞争日益激烈的现代社会,就业市场上所表现出来的压力越来越大,大学毕业生想找一份满意的工作绝非易事。在就业市场供过于求的情况下,主要是求职者接受用人单位的考察。就业市场竞争激烈,强手如云,求职者要成功地推销自己,就需要做好充分的准备,根据所求职业对人才的要求,有针对性地展示自己的知识、能力、性格、特长,树立良好的形象,成为用人单位所满意的人。

▶ 第一节 寻求理想的职业 ◀

孙子兵法云:"知己知彼,百战不殆。"对于求职者来说,这一格言同样适用。在求职中,正确认识自己,了解招聘单位招聘的目的,了解招聘单位的用人观,弄清招聘单位的情况,确立自己的求职定位,是求职者求职成功的重要保证。

一、认清你自己

所谓"知己",对于求职来说,就是要认清你自己。这点很重要。

我们经常看到一些大学生在现场招聘拿着个人简历到处投,这样看起来好像就业的成功率很高,其实这样漫无目的地投放往往是无效的。我们应当摆脱这种盲目的状态,要了解自己的优势在哪里,自己适合哪类工作、哪些岗位,做到有的放矢。在投放简历之前,我们应当好好问问自己:我希望找到一份什么样的工作? 我为什么要找这份工作? 我的专业、水平、能力、性格等是否能胜任这项工作? 明白了这些问题,很自然地就会有目的、有选择地去应聘,也许会大大地提升竞争力。

然而,人们要正确地认识自己,客观地评价自己,看清自己的长处与短处,往往是十分困难的:有的人妄自尊大,总是过高地估计自己,大事做不来,小事又不想做,于是牢骚满腹,怨天尤人,一副怀才不遇的样子;有的人妄自菲薄,将自己定位太低,使自己的才智得不到充分的发挥;有的人缺乏主见,面对众多的择业机会无所适从,结果让机会擦肩而过,白白错失良机。而善于"知己"的人能够客观地认识自己,正确地估价自己,找准自己的所长所短,并且恰如其分地做到扬长避短,在竞争激烈的人才市场上才有可能成为求职的胜利者。

有的求职者,大学刚毕业就想拿高工资,把眼睛紧紧盯着党政机关、大城市、沿海地区、效益好的国有企业、外资企业等,不考虑自己的专业、水平、能力等实际情况,结果让众多的就业机会与自己擦肩而过,我们当以此为戒。

二、了解用人单位需求

求职者不仅要"知己",即认清自己,还要"知彼",要了解用人单位及其需求。从宏观上看,就是要对社会现实的职业市场有全方位的了解;从微观上看,就是要对招聘单位的现状与发展前景及面试的目的、录用标准有所了解。唯有这样,才能消除面试的陌生感与恐惧感,才能有针对性地做好准备,在竞争激烈的人才市场上把握机会,成功地推销自己,让用人单位感到满意。

（一）了解用人单位面试的目的

一般来说,用人单位对求职者面试的目的是在短时间内通过对求职者的衣着打扮、仪态容貌、待人接物、语言表达、知识水平、业务能力等各个方面的观察了解,对他的整体素质做出综合考评,从众多的求职者中挑选出比较优秀的人才,以确定招聘录用人选。具体来说,招聘面试主要是考察求职者的思维能力,看他是否反应敏捷、思路是否清晰、逻辑判断力是否强;考察求职者的口才能力,看他的语言表达是否得体流畅;考察求职者的专业知识技能,了解其特长;考察求职者的性格品质,测试其道德品质,是否诚实可信、能否吃苦耐劳、有无进取心等。

（二）了解用人单位的用人观

现代社会,求职竞争异常激烈。毕业生数量逐年上升,就业率却逐年下降,求职的难度越来越大,这样,用人单位对求职者的条件要求也越来越高。从各地人才招聘洽谈会获悉,用人单位对求职者的以下几项条件十分看重。①专业对口。这是用人单位录用人才的首要标准,一专多能、多专多能的求职者更有优势,多种资格证书也有参考价值。②实用性强。学历已不再成为唯一的衡量标准,用人单位更加关注求职者的实际操作技能。③敬业精神。用人单位都重视这一点,对工作尽职尽责、具有奉献精神的求职者更受欢迎。④应变能力强。用人单位要求求职者面对不断变化的情况,能及时调整心态积极应变。⑤团队精神。用人单位要求求职者能与上司、同事和睦相处,善于合作,协调一致。

（三）弄清用人单位情况

求职者应当对用人单位多方面的情况都进行了解。应积极思考怎样争取应聘成功。要解决这些问题就必须弄清用人单位的基本情况,其中最主要的情况有以下五个方面。①单位状况。如用人单位的机构规模、发展潜力、经营状况、对外声誉等。②工作性质。单位是全民所有制还是个体,是事业单位还是企业单位,是合资还是独资,工作单位的隶属关系、工作范围、工作责任、自主性与创造性等。③工作环境。如工作节奏、工作设备、人员情况、工作在室内还是在户外、工作时间、安全程度、环境状况等。④工作待遇与发展机会。包括工资、奖金、保险、住房及其他待遇,晋升机会与个人发展的可能性。⑤职业对从业者的要求。包括对从业者学历、专业与知识结构的要求,对从业者体力、性格、身高、相貌、健康等生理素质的要求,对从业者性格、气质、能力、兴趣等心理素质的要求,对从业者职业道德、思想作风等思想素质的要求。此外,还可以尽可能地了解求职面试的规则、要求,面试考官的身份、性格、兴趣等相关情况,以及竞争对手的相关情况等。

在广泛收集上述信息的基础上,再结合自身的情况进行对比分析,做到知己知彼,扬长避短,以便在面试中做到胸有成竹,语言"有的放矢""对症下药",变被动为主动,给主考官留下良好的印象,成为成功的求职者。

第二节 做好求职准备

巴斯德曾经说过："机遇总是降临到那些做好准备的人身上。"现在，在就业市场供过于求、强手如云的背景下，求职者要成功地推销自己，就需要做好充分的准备，根据所求职业对人才的要求，有针对性地展示自己的知识、能力、性格与特长，使自己成为用人单位所满意的人。

一、做好心理准备

一方面，要努力克服消极的心态。许多求职者对面试存在着不同程度的恐惧感，总觉得自己这也不行，那也不行，唯恐用人方看不中，情绪十分紧张。这是不必要的十分有害的情绪，怎样克服这种消极的心态呢？①不要把面试当成包袱，而要把面试当成展示自己的才能、自我推销的好机会，不必刻意追求一步到位和一次成功。②多看自己的长处与优势，不要总拿自己的弱点与别人的长处比，也不必将竞争对手想象得过分强大。③向有经验的求职者请教，要从有求职经验者的经验与教训中了解应聘的相关知识，让自己在面试中少走弯路。④必要时先进行自我演练，请同学、好友、家长当主考官，由他们提问，自己回答，并共同总结经验教训，以利实践。

另一方面，要保持自信的心态。怎样建立自信的心态呢？①要沉着自信。要相信自己的实力，相信自己的水平，相信自己终将能干出一番事业。唯有表现出这样的自信，显现出从容不迫的风度，才能赢得用人单位的赏识。②要具有竞争意识。人才市场竞争激烈，它给强者带来机遇，使弱者面临危机，必须抓住机遇，奋力拼搏，驶向成功的彼岸。③要具有顽强的意志。目标明确，坚韧不拔，不达目的誓不罢休，坚信"有志者事竟成"的哲理。

二、写好求职信

求职信是求职的第一阶段，是求职者的自画像，其目的主要是引起用人单位的注意，让该单位了解自己，争取面试的机会。求职信应简明扼要，并有针对性地概述自己的简历，突出自己的特点，努力使自己的表述与所求职位的要求相一致，重在告诉用人单位"为什么你是这份工作的最佳人选"。语气要诚恳，有礼貌，格式要规范。

一封完整的求职信可以从以下四个方面入手。

（一）开头

开头一定要开门见山地阐述你对该公司有兴趣并想担任公司所空缺的职位，以及你是如何得知该职位的招聘信息的。例如：获知贵公司 2020 年 10 月__日在_____网上招聘_____的信息后，我附上简历敬请斟酌。

（二）推销自己

求职信的第二部分简短地叙述自己所学的专业以及才能，特别是这些才能将满足该公司的需要。没有必要具体陈述，详细内容可引导对方查看你的简历。此外，推销自己要适度，不能夸大其词。

（三）写清楚联系方式

在求职信中给出你的电话号码、预约面试的可能时间范围，或表明你希望迅速得到回应，并标明与你联系的最佳方式。

（四）收尾

感谢招聘人阅读你的求职信并考虑你的应聘申请。

请看某新闻专业大学毕业生的成功求职信，全文如下。

> 尊敬的领导：
>
> 您好！
>
> "天下无难事，只怕有心人"是我的座右铭；
>
> "艰苦奋斗，自强不息"是我的人生观；
>
> "如临深渊，如履薄冰"是我的态度。
>
> 我自幼长在一个依山傍水、风光秀丽的小山村，在家乡读完高中后，考上了××大学新闻系。我自幼喜爱文学，所以在大学期间常爬格子，系里的报刊上经常出现我的文章。大学三年级时，我被聘为校学生会刊物《新一代》的编辑。由于我的工作表现令人满意，四年级的时候被任命为该刊主编。
>
> 我们的学生刊物与社会上的报纸杂志相比，自然不能同日而语。但"麻雀虽小，五脏俱全"，在有限的人力、物力、财力情况下，我们曾在省高校刊物的评比中荣获一等奖。
>
> 三年级暑假，我很幸运地经人介绍到《大学生之友》杂志编辑部担任校对一个月。校对工作看起来比较简单，但做起来并不轻松，稍有疏忽，便会贻笑大方。这样一个月的实践，使我基本掌握了校对技能。
>
> 四年级的下学期，由于学业优秀，我被派到本市晚报去实习。学习期间，我采访、校对、编辑、发行……样样都干过，使我领略到，一份报纸必须经过千锤百炼才能送到读者的手上。只恨实习的时间太短，没办法从头到尾彻底实习一遍。
>
> 昨日见报，欣闻贵社招聘编辑，于是怀揣简历，特来应聘。我一向敬业乐观、负责任、守纪律，何况编辑工作是我的志趣所在，倘蒙录用，必当献身工作，为贵社兴旺发达效微薄之力。
>
> 此致
>
> 敬礼
>
> ×××
>
> ××年×月×日

某报社招聘编辑，应聘此职位的将近 300 人，结果只有 5 人被录用，其中包括刚从大学毕业的这位学生。除其他条件外，她的求职信也写得很有特色。

一般来说，求职信可分两类：一类是自荐信，是求职者自己写的；另一类是推荐信，像大学里的辅导员、系主任、院长、教授、专家等为求职者写的推荐信。据 2013 年百度文库网载，河南大学生命科学学院一位辅导员为学生写了如下一封推荐信。

尊敬的上海植物所的各位老师：

你们好！

我是河南大学生命科学学院 2009 级学生的辅导员,很高兴能以这样的方式向你们推荐我校优秀的学生李雨爽。希望我的这封推荐信能够帮你们更好地了解李雨爽同学,同时期望李雨爽同学能有幸进入上海植物所得到锻炼和提升。

雨爽同学在学习方面,系统地学习了学校安排的专业知识,学习期间认真刻苦,以优异成绩完成各科学习任务,获得河南大学一等奖学金、优秀学生荣誉称号。初步确立了完善的知识框架,为以后科学研究奠定了扎实基础。她积极参加每一次上海植物所、中国科学院等专家老师们的专题讲座,时常为老师们在植物学领域里的渊博学识和儒雅风采而感动,进一步激发雨爽同学对植物学的浓厚兴趣和对植物所的美好憧憬。作为一个已送走许多优秀毕业生的老师,我认为一个好的研究者要有长久的发展,不光要有扎实的知识和浓厚的兴趣,也要有创新、勇于探索、立足现实的科研精神。雨爽同学在暑期的专业实习中,在深山里能吃苦,勇于拼搏,获得优异成绩。他们实验团队的创新性实验——菊花嫁接多倍体青蒿,实验成果结合现实,解决实际问题,因此团队被推荐参加了第八届"挑战杯"中国大学生创业计划竞赛。

雨爽同学在工作方面,作为院学生会干部、班级的团支书,以身作则,热情工作,在她的带领下班级有很强的凝聚力。在院学生会工作中认真负责、耐心细致,为老师排忧解难,从团员成长为学院的团委副书记,为学院团的建设做了大量的工作,积极组织各项活动,作为总策划人领导各部门开展一系列的活动。她表现优秀,连续获得优秀团员、优秀班干部、优秀共青团干部的荣誉称号。作为篮球队主力,带领院女篮球队在学校女篮比赛中取得优异成绩。

相信系统的科学知识加上全面的科研素养,李雨爽同学在这个优秀的平台,会有一个很好的发展前景。若能获得贵单位的录取,定不辜负你们的期望,希望你们能优先考虑她的申请。谢谢！

特别说明,我院没有对外推荐免试生名额,请见谅,谢谢！

顺致

敬礼

推荐人：　　　　（辅导员）

××××年××月××日

这位辅导员为上海植物所推荐所带的优秀学生李雨爽:着重介绍了她的优异学习成绩,以及获得一等奖学金和优秀学生称号等荣誉;肯定了她扎实的科研基础,对菊花嫁接的创新性实验和吃苦耐劳、勇于探索的科研精神;赞扬了她的领导能力与协调能力。这些内容给上海植物所的专家留下了深刻的印象。

三、学一点求职礼仪

这里主要介绍面试礼仪。求职者参加面试,望能注意以下几点。

（一）准时赴约

应邀赴约时，一定要按通知的时间到达面试地点，或不妨提前一刻钟到达面试场所附近，熟悉情况，做好面试准备。

（二）尊重接待人员

应主动向接待人员示好。轮到你面试时，应先敲门，得到允许后方可进去。进门后要有礼貌地问候主谈（考）人，随手轻轻关好门，待主谈人请你就座时，先道谢，然后再按指定位置落座。尽可能保持坐姿的优美，表情宜亲切、自然，不可趾高气扬。

（三）彬彬有礼

进门后，如果主谈人向你伸出手来，你要同他热情握手。若对方向你敬茶，应用双手接过，并致谢，不要推辞不喝。

（四）讲究谈话礼仪

寒暄完毕，通常让招聘者先开口，你的答话应吐字清楚，把握重点，准确客观，态度要热情、坦诚。答话时，眼睛看着主谈人及其助手，应自信、冷静、沉着，不要浮躁、紧张、胆怯。在面试过程中，应仔细倾听对方的提问，对答如流，但不要夸夸其谈、炫耀自己。更不要喧宾夺主，随意插话或打断主谈人的谈话。

（五）适时告辞

当主谈人说"感谢你来面谈"等诸如此类的话时，意味着面试结束，你应从容不迫地站起来，面带微笑地表示谢意，与主谈人握手道别，然后走出房间并轻轻带上门。出场时，别忘了向接待过你的接待人员道谢。

（六）致信道谢

面试之后，求职者可以给主谈人写封邮件，感谢他花时间同你亲切交谈。可在信中再次表达你乐意进入该单位工作的愿望。

江丽萍待人彬彬有礼，很讲究面试礼仪，如愿以偿，成功地当上了某销售部经理秘书，请看江丽萍参加面试的全过程：

上午10时20分，江丽萍迈着轻盈的步子准时走进了销售部经理张吉的办公室。此时的江小姐身着银灰色西装套裙，内衬红白碎花衬衣，显得格外端庄、典雅、职业化。这一天，江小姐是前来接受面试的。在此之前她已经递交了个人简历和推荐信，并填写了求职申请书，她拟求的职位是销售部经理秘书。

　　张吉（点头微笑并示意江小姐坐下）："江丽萍小姐，你好！"

　　江丽萍（微笑回应）："您好！张先生。"（然后轻缓地坐下，并把手提包轻轻地放在椅边。）

　　张吉（以下简称张）："江小姐，我们这儿不难找吧！"

　　江丽萍（以下简称江）："没问题。您知道我对这儿很熟。"

　　张："不错，（翻着江小姐的《求职申请书》）我这儿有你的《求职申请书》。看来，你的各方面条件都很不错，尤其是外语。你在审计局能用上你的英语和……（看江的《求职申请书》）日语吗？"

江："用得很少,这也就是我为什么要来这儿应聘的原因之一。我希望能更多地用上我的外语。"

张："噢,好! 你有速记和打字的结业证书,而且你的速度很不错。"

江："张先生,您知道,那都是我一年前的成绩。事实上我现在的速度快多了。"

张："嗯。江小姐你为什么想来这儿工作呢?"

江："主要想用上我的外语专长。当然我从秘书做起的另一个原因,是想逐步地积累一些做贸易的经验,以便将来能独当一面地从事贸易工作。"

张："噢! (这时电话铃声响起,张对江)对不起。(接着对话筒)对不起,这会儿很忙,我一会给你打过去。(放下话筒,对江)实在抱歉,嗯,你对计算机很感兴趣。这上面说……(张查看江的《求职申请书》)。"

江："是的。事实上,我哥哥在一家大的外贸公司里从事无纸贸易。我对此很有兴趣。在家哥哥也经常帮助我。"

张："那很有趣! 好! 江小姐你有什么问题要问我吗?"

江："主要是工资问题。广告上说'待遇优厚'……张先生,您能给我具体讲一下吗?"

张："噢,是这样。我们职员的待遇在外企中属中等偏上。例如,一个新入公司的秘书每月工资 7000 元人民币。因此,我也想从 7000 元给你起薪,你看怎么样?"

江："张先生,我希望你们对像我这样具有专业背景、实际经验及外语水平的人能给予恰当的评估及合适的月薪。顺便说一下,我在审计局的月工资包括奖金近 8000 元。"

张："一周之后你会得到我们的消息。到时候我们再具体谈谈。"

江："好的,谢谢您,张先生。"

张："再见,江小姐。"

江："再见,张先生。"

一周后,换了一身装束的江小姐又神态自若地走进了张经理的办公室。这一次他们具体地谈了工作、待遇及其他。

大约 10 天后,江丽萍兴致勃勃地开始了她的秘书生涯,月薪 8000 元人民币。

你看,江丽萍不但彬彬有礼、举止优雅、热忱亲切,而且善于沟通,表述得体有效,自己提出的诉求,不知不觉间顺利得到解决,拟求的职位也如愿以偿。

▶▶ 第三节　设计好个人简历 ◀◀

设计好个人简历是求职准备的重要内容。个人简历是求职者的资历和工作情况的反映;是求职者的"名片",它就像人的"脸面"一样,起着举足轻重的作用。正因为个人简历这项内容重要,所以我们将它从"求职准备"中抽出来作为一节来加以探讨。

一、个人简历的一般写法

个人简历的撰写都离不开一般情况、教育背景，以及个人性格、爱好、专长和工作经验等内容。写作结构一般可分为以下三个部分。

（一）开头

概括介绍自己的一般情况，包括姓名、籍贯、性别、年龄、学历、政治面貌、身体状况、住址、电话等。也可写上你的应聘意向。这部分应简洁明了，文字不宜多。

（二）主体

这是简历的主要部分，重点是陈述个人的教育背景以及资格与能力等。教育背景主要说明自己毕业于哪所大学、哪个专业、主要课程以及自己在其他方面所受的教育培训情况。资格与能力主要是通过介绍自己的社会实践活动或工作经验来体现。个人技能、特长和爱好一笔带过。

（三）结尾

适当提供一些能证明自己资格和能力的单位鉴定、获奖证书或其他荣誉，附在简历之后。

这里介绍的是个人简历的一般写法。现在，我们在招聘会上或网上见到许多有特色的表现自己鲜明个性的简历，让人耳目一新。

二、个人简历的写作要领

1. 目的明确，言简意赅

自己求职的意愿是什么，围绕这一点来组织语言文字，力求简洁明了。

2. 重点突出，针对性强

根据用人单位和职位的要求，巧妙地突出自己的优势，给人留下鲜明的印象。

3. 文字准确，文风平实

不用生僻的字词和拗口的语句，不能有病句和错别字。文风要平实、沉稳，以客观陈述、说明为主。

4. 版面美观，不落俗套

建议使用电脑打印的文稿。如果你的字写得好，不妨再附上一篇工整、漂亮、简短的手书应聘信，效果或许更好。

5. 突出技能，详细说明

用人单位都关注求职者所掌握的相关技能，要具体细述，不可用概括性的抽象语言。

6. 自我评价，客观公正

要实事求是地评价自己，既不夸大，也不贬低。如果有别人的评价或资料证明，效果或许更好。

根据 WPS 文字网载，我们选择了李某某的个人简历，全文如下。

照　片

李某某/男/1992.10.08/178cm

湖南××××学院/会计电算化/专科

1524368××××/

51602××××@qq.com/lwoh@live.cn

求职意向：会计、财务相关

教育背景

专业课程：基础会计|中级财务会计|成本会计|管理会计|财务管理|高级财务会计|会计电算化|财务管理电算化|审计学|经济法|统计学|财经写作。

系统学习并较全面地掌握了会计及相关专业理论知识，参加并通过学校手工会计模拟实习、电会模拟实习、财务管理电算化实习，熟悉财务政策、法规及银行相关业务，能较熟练地处理会计电算化业务。

接受了全方位的大学基础教育，受到良好的专业训练和能力的培养。

社会及在校实践

学校实践：手工会计模拟实习，电会模拟实习，财务管理电算化实习。

社会实践：常做兼职。务实工作，热忱待人。

工作经历

湖南媲美印刷有限公司　2015年10月至2016年5月任职统计员，薪资3000～4000元/月。

工作职责：车间在产品、产成品实时统计分析，仓库货物收发记录，发货开单，材料、产品收发存放清点。

湖南黄花集团　2014年4月至2015年10月　任职财务/会计助理，薪资2000～3000元/月。

工作职责：处理日常业务并填制凭证，核算利润成本、编制报表。

专业技能

会计：熟练使用各种办公软件、财务软件，熟悉财经公文写作；熟悉国家及企业会计制度、法规，熟悉经济法规及税务法规，了解税务规划知识，熟知银行各种结算方式及相关法规，能熟练进行相关账务处理。

计算机：能熟练操作office、财务软件；能快速安装win/linux/apple操作系统，熟悉局域网路架设调试，具备一定的硬件知识，能快速处理电脑网络系统故障。

英语：听说(一般)、读写(良好)。

普通话：表达清晰流利，说话风趣幽默，易于沟通。

专业证书

会计从业资格证/计算机二级/英语四级/普通话二乙。

兴趣爱好

金融、阅读、写作(熟悉财经应用写作)、电脑软硬件及网络。

自我评价

沉稳严谨，勤勉上进，自信乐观，开朗豁达。诚于沟通，精于协作。工作细致,责任感强,具有较强的沟通能力和承压能力。

在学习和工作中,积极学习钻研专业所必需的基本理论、知识、技能和方法,在此基础上,结合专业特点及工作实际,自觉加强会计、计算机应用能力的锻炼,能熟练将会计相关专业理论知识灵活运用到财务办公中,为更好地从事财务工作、提高工作效率及质量打下了坚实的基础。

渴望为您创造价值,希望在您的平台来提升和完善自我,挚待您的认可!

这是一份比较规范的个人简历,介绍项目比较齐全,尤其可贵的是介绍了工作经历和专业技能,且有专业证书做证,让用人单位觉得实在可信。

▶ 第四节 如何应对求职面试 ◀

面试,主要是应聘者与面试官面对面的语言交流。对应聘者来说,语言是他展示自己的知识、智慧、能力与综合素养的重要工具。恰当得体的语言无疑会增加应聘者的竞争力;相反则会损害求职者的形象,导致求职面试的失败。因而,应聘者参加求职面试,既要重视面试礼仪,更要重视得体有效的语言表达。

一、自我介绍的艺术

面试时的自我介绍,虽然只有一两分钟的时间,却给了应聘者一个充分展示自己的机会。应聘者可以针对所求职位的需要,把自己最美好的一面,毫无保留地展现出来。面试开始之后,面试官多半会要求应聘者做自我介绍。虽然面试官已经通过个人简历和求职信对应聘者的个人情况有了个初步印象,他还想通过应聘者的自我介绍,通过应聘者的口头表述获得更多的信息;应聘者也可以通过自我介绍,发挥自己的口语表达优势,有针对性地介绍自己,突出自己与应聘职位相应的知识、能力、水平、经验与素养。应聘者的口头表述应力求真实,不能与书面简历相矛盾。要注意说好第一句话,开门见山,简明扼要。要突出自己的长处,且与申请的职位相关;善于运用具体生动的实例、材料与证书来证明自己,不能泛泛而谈;要注意表述的语气、语调和语速,以表现自己良好的气质、性格与修养,给面试官留下鲜明深刻的印象。

下面是一位大学毕业生在面试现场的自我介绍:

我是来自××的×××,大家所看到的我的内在就像我的外表一样,敦厚和实在是我对自己最好的概括。我不飘,不浮,不躁,不懒。我内心充实,物质享乐和精神刺激都不是我的嗜好。

我待人诚实,从没有花言巧语,但真诚和厚道使我总能赢得朋友的信赖。我专业扎实,看书是我最大的享受,钻研电脑让我感觉其乐无穷。我做事踏实,再小的事情我也要一丝不苟地完成。我会修电脑,能管网络,网络经营和网上销售也没问题。重要的是,我有一种执着钻研的精神,一种不弄明白绝不罢休的劲头。我叫春雨,春天的雨润物细无声,我希望我能默默无闻地、悄无声息地给我的团队装扮一点点绿色。给我一个机会,我会给您一个惊喜。谢谢!

这位应聘者的自我介绍怎么样?总体看来还是不错的,比较充分地展示了自己,语言生动活泼、幽默风趣。这里,有两点值得改进:一是要突出与应聘职位相关的长处;二是适当运用具体的实例来证明自己。倘如此,将会锦上添花。

再看××工艺品总公司招聘业务员。主考官说:我公司主要是经营有地方特色和民族特色的工艺品,这次招聘的对象主要是能开拓潮州抽纱、刺绣的海内外业务的业务员,现在,先请你介绍自己的情况。于是,求职者开始介绍自己:

我叫×××,1995年生于潮州市,今年毕业于××学校,是读市场营销专业的。我一直生活在潮州,在我读小学时,放学后就帮妈妈、奶奶做抽纱活,先是学勾花,再学刺绣、抽纱。以后寒暑假也都做抽纱,帮家里添点经济收入。上了中专,两年的专业学习,使我掌握了营销方面的专业知识,这是我将来搞好业务的资本。我爱说爱笑,善于交际,口才较好,曾参加省属中专学校的口语竞赛,得了二等奖(递上奖状)。我这个人平常爱看报纸,对国内外的经济发展动态很感兴趣。

你看,这位求职的中专毕业生的自我介绍,清晰明确,简洁明了,有针对性,介绍的内容符合招聘者的心理和要求,便顺利地被录取了。

应聘者的自我介绍,应极力避免以下几种情况:一是语言空泛;二是不着边际;三是"我"字连篇;四是故意卖弄;五是得意忘形。

有一位学中文的毕业生,到某报社去应聘编辑,他很想在介绍自己时把自己的文学才华和能力显示出来,他在介绍自己时,清清嗓门用抑扬顿挫的声调说:

二十年前一个大雪纷飞万籁俱寂的夜晚,我的啼哭声把北国的一座城市闹醒了。我懵懵懂懂度过童年,我又迷迷糊糊度过了少年,热热闹闹地度过了青年,潇潇洒洒地读完大学,我有许多欢乐,也有许多痛苦,我自然也长了许多见识。我爱好黑色,包括黑咖啡;我讨厌红色,包括红樱桃、红纽扣儿,因为我幼年时,曾大病一场,那时,吃樱桃吃腻了——好了,再说我上大学时,我担任团支部书记,我具有非凡的组织能力、超人的交际能力,我有强烈的好奇心,协调能力强,我很果断,善社交,朋友多,我有韧性、有耐力、有魄力。

这位中文系毕业生的自我介绍毛病多,以上五种禁忌条条均有。如果你是主考官,你愿意录取这样的毕业生吗?

二、怎样回答面试官的问题

回答面试官的提问,应聘者应注意以下几点。首先,面试官提问时,要注意倾听,抓住提问的要点,面试官未说完,绝不能打断他的话。其次,面试官问完之后,应聘者先不要急着回答,不妨稍等两三秒钟迅速思考一下再开口回答。最后,在回答过程中要不时留心自己讲话的速度,密切关注面试官的反应:发现面试官未听清楚时,要及时重复一下;当面试官表示困惑时,要加以解释或补充说明;如果面试官流露出不耐烦的情绪,应聘者应及时有策略地结束谈话,不要等到面试官叫停。

一般用人单位选录求职者均会安排面试,许多单位不仅安排初试,还要安排复试。初试提出的问题相应简单容易些,只涉及带有共性的背景信息,诸如求职者的学历、专业、成绩、经历及求职意愿等常识性问题,只要针对提问简明扼要回答清楚就行了,一般来说过关并不太难。而复试的要求相应高一些,复试是在经过初步筛选之后,进而对求职者的学识、水平、才能、进取心、责任感、秉性人格等做深层次的测试与审视,为单位的最后决策提供依据。求职者在复试中会遇到多种多样的未曾思考过的难题。这就要求求职者在复试之前要做好准备,做到胸有成竹;在复试过程中要沉着冷静、灵活巧妙地回答面试官的问题,树立良好的形象,从而取得求职的成功。

（一）面试中常见问题含义简析

在面试中面试官所提的问题多种多样、千变万化。下面我们将大学生求职面试中经常遇到的问题提出来,并做简要的分析,与大学生求职者共勉。

（1）请你简单地描述一下自己,好吗?

简析:此题旨在考察应聘者能否客观辩证地看待自己,既谈优点,也谈缺点,而且要"简单",不宜太长。不少应聘者喜欢大谈特谈自己的"闪光点",对缺点只字不提,结果适得其反。

（2）你为什么要应聘我们公司?

简析:此题要求求职者对该公司有较多了解,让面试官感到你应试的决心与信心。回答时要显示你对公司的兴趣以及你对应聘岗位的认识,客观地谈谈你的印象;还可以介绍你必要的专业知识、职业技能、个人素质与该岗位的吻合度,以及可能将为公司所做的贡献。

（3）你最喜欢的大学课程是什么?

简析:面对这类题你最好说与你应聘职位相关的课程,如应聘广告设计的职位,你可以回答"我喜欢广告创意、广告作品鉴赏等课程",以此说明你的专业对未来的工作的帮助;而不能泛泛地说"我喜欢音乐欣赏、舞蹈艺术"。

（4）从简历上看,你在大学学习时成绩优异,却缺乏相关的工作经验。对此,你有什么看法?

简析:求职者不好回答这个问题,大学生肯定缺乏工作经验;有的求职者反其道而行之,说"工作经验固然重要,但在当今日新月异、瞬息万变的时代,一个人的学习能力与适应能力比工作经验更为重要。在大学学习时的优异成绩,足以证明我具有学习新知识和新技术的能力以及接受新事物的能力,工作经验也会随之积累……"也不失为一种有力的回答。

（5）你参加过什么社会实践活动?

简析:面试官是想了解你对工作的胜任能力,所有用人单位都看好有工作经历的大学毕业生。你回答时尽可能展示所有打工、兼职、支边支教、做义工等经历,若有实际的成果就更加有力了。

（6）你有哪些主要的优点?

简析:该题是测试求职者能否客观地分析自己,并了解其口语表达能力与组织能力。除个人陈述外,师长、亲友的评说可增强说服力。应避免抽象的叙述,而以具体的体验及自我反省为主,使内容更具吸引力。还应根据应聘岗位的职责与素质要求,具体地组织话语,把你的优点告诉面试官。

（7）你有哪些主要的缺点?

简析:回答问题时的态度比回答的内容更重要。刚毕业的大学生肯定缺乏实践经验,社会阅历浅,对此坦然承认,但可表达弥补缺憾的决心。你也可讲一两个不大严重的缺点,如"我有时有点固执""我常常忽略一些生活小事"等,并表达克服缺点的意愿。

(8)说说你一次失败的经历。

简析:"失败乃成功之母",有时失败的经历也是一笔财富。一些公司往往最早淘汰那些没有体验过失败的求职者,担心你一旦遇到挫折和失败缺乏承受能力。你可说出一次不太严重的失败经历,再强调你因此得到了很好的锻炼。有的求职者说:"我一直都很顺利,没有失败过。"人们难以相信,往往适得其反。

(9)你的老师、朋友对你的评价如何?

简析:面试官想通过这个问题了解你的交际能力如何、是否与人容易相处、你的团结协作精神怎样等。你可举一两个生动事例,回答得体可信,给面试官留下良好印象。

(10)你能和别人相处得好吗?

简析:一些公司在面谈时常爱提出这样的问题,因为有些公司的老板往往独断专行,说一不二,甚至不太好相处,面试官希望知道你的反应。有经验的求职者提供一种回答方式:"让我用这个方式说,我从未碰到不能相处的人。"这可供参考。

(11)你有何业余爱好?

简析:这个问题看似简单,但往往有更深一层意思,你的业余爱好是否有助于你的工作,你的娱乐活动是否会干扰你的正常工作。有的求职者回答:"我平时在课余时间打网球,既可消除疲劳,又可锻炼身体。"答得不错。你在回答这个问题时,既要显示自己的情调与修养,又要展现自己的事业心,以此为原则具体说明。

(12)你的人生信条是什么?

简析:先看一位求职者的回答:"人活着不能只为自己。人也不能失去自我,完全由别人主宰。把个人融于集体之中,才会拥有一个完美的人生。"表述得体,充满哲理。话不在"多",而在于"精",既要充分地展示自己与所求职位有关的优点与特长,又要说得真诚可信,体现出良好的综合素质,这样才能在众多的求职者中脱颖而出。

(13)你如何规划未来的事业?

简析:这道题是在考察你的工作动机,面试官想知道你的计划是否与公司的目标一致,是否可以信赖你把工作长久地干下去,而且干得努力、踏实、有成效。最好的回答应该先说明你要发展或进取的专业方向,并表明你脚踏实地的工作态度。有的毕业生直通通地说"进入管理层",大而空,没有底气,适得其反。

(14)你对工资待遇有何期望?

简析:这道题难以正面回答,回答高了,会让用人单位觉得你过分看重金钱或自不量力;回答低了,又会让该单位觉得你对自己缺乏信心。你的回答可避开具体数字,对该单位的信任与期望表示感谢,相信单位领导会给予合理报酬。如果面试官坚持要你说出具体钱数,你可以告诉他你预期的工资待遇。

(15)参加面试的这么多,你能给我们一个录取你的理由吗?

简析:这道题是为了让应聘者亲口说出自己较其他应聘者所具有的优势,同时考察应聘者在面对竞争压力时,是否具备应有的承受力与公平竞争意识。你的回答可在客观地看待对手实力的前提下,有选择、有针对性地展示自身的优势与特长,同时也让面试官感受到应聘者所承受的竞争压力。

（二）可能问及的 25 个问题

除了上述 15 个常见的问题之外，用人单位在校园面试大学毕业生时还要问到的一些问题，现综合归纳如下，请你认真浏览一下，并思考怎样回答。

（1）你对我们公司及你所应聘的岗位有哪些了解？

（2）你的学习成绩怎么样？能够提供一些参考证明吗？

（3）你曾经取得的最大成绩是什么？

（4）谈谈你对所学专业的理解，你在专业方面有哪些突出成绩？

（5）你有什么特长与爱好？你最自信的是你自己有哪些能力？

（6）你认为自己有哪些有助于成功的特殊才干？

（7）你是什么时候确立自己的研究领域的？

（8）请谈谈自己的个性特点。

（9）你喜欢演讲吗？你的沟通能力怎么样？

（10）你除了英语之外，还懂何种外语？熟练程度如何？

（11）你喜欢和数字打交道吗？

（12）你上大学时参加过哪些社会活动？有什么收获？

（13）你在学校社团活动中担任过什么职务？是否参加策划过公益活动？

（14）你坚持锻炼身体吗？你喜欢哪些体育项目？

（15）你认为自己在这个岗位上有哪些竞争优势？

（16）你觉得这个岗位应具备哪些素质与能力？

（17）假如公司的安排与你的愿望不一致，你是否服从安排？

（18）如果公司打算录取你，你能长期工作而不跳槽吗？

（19）你对公司不时加班怎么看？

（20）公司的规章制度较多较严，你能遵守吗？

（21）你能很快适应新环境吗？

（22）你喜欢与别人一起工作，还是独自工作？

（23）如果你与同事不能合作，经常闹矛盾，你打算怎么解决问题？

（24）你喜欢怎样的领导？假如你的上司常常批评你，该怎么对待？

（25）你未来三年的目标是什么？怎样实现这个目标？

三、面试中的提问技巧

求职者在面试过程中，不能一味地接受面试官的提问，也可以适时地向面试官发问。据悉，90％的用人单位在面试时，都希望求职者提问，因为他们从提问中可以看出求职者的智慧与水平。因而，求职者要利用提问的机会，珍惜提问的机会，不仅要敢于提问，还要善于提问。当然，求职者在提问时应该把握以下原则。

（一）把握提问的时间

在面试过程中，有的问题可以一开始就提出，有的问题可以在快结束时提出，有的问题可以在谈话进程中提出，视具体情况而定。如果不把握时间，毫无目的地乱提问，必然会把面试搞得很糟。

（二）把握提问的范围

一般来说，所提出的问题都要与求职有关，诸如该职位所需人员的知识结构、能力结构与素质要求等都是可以提问的。如果求职者提出的问题超出求职的范围，面试官必然会产生厌烦情绪。

（三）把握提问的深度

求职者不能信口开河，提出一些肤浅的幼稚可笑的问题，而应提一些有水平、有深度的问题，以展示自己的智慧与水平。

（四）把握提问的方式与语气

有的问题可以委婉、含蓄地提出，有的问题则可以直截了当提出，均要根据具体问题而定。求职者在提问时，要注意语气，一定要诚恳，要尊重对方，否则会适得其反。

在前面，我们讨论"求职礼仪"，介绍了江丽萍小姐，她很讲究求职礼仪，又善于沟通，顺利地当上了销售部经理秘书。她在沟通过程中既敢于提问，又善于提问。下面简略地回顾一下其中的细节（张是面试官，江是江丽萍）：

张："那很有趣！好！江小姐你有什么问题要问我吗？"

江："主要是工资问题。广告上说'待遇优厚'……张先生，您能给我具体讲一下吗？"

张："噢，是这样。我们职员的待遇在外企中属中等偏上。例如，一个新入公司的秘书每月工资7000元人民币。因此，我也想从7000元给你起薪，你看怎么样？"

江："张先生，我希望你们对像我这样具有专业背景、实际经验及外语水平的人能给予恰当的评估及合适的月薪。顺便说一下，我在审计局的月工资包括奖金近8000元。"

张："一周之后你会得到我们的消息。到时候我们再具体谈谈。"

从这个片段可以看出，江丽萍及时把握了提问的时间，是在面谈快要结束时，是在面试官提示下才发问的。以咨询的方式、诚恳的语气含蓄地提出了自己的愿望，策略地提了一下原单位的工资待遇。公司认为合情合理，大约10天后，江丽萍兴致勃勃地开始了她的秘书生涯，月薪8000元人民币。非常理想，这是高超的提问技巧促成的。

四、应聘时的忌讳

应聘的忌讳很多，这里列举五条，愿求职者引以为戒。一忌乱拍马屁。一见主考官的面，千方百计套近乎，献殷勤，拉关系，殊不知许多主考官不一定欣赏这种拍马逢迎的方式。二忌打听熟人。现在求职面试越来越规范，"公开、公平、公正"，个别熟人不一定能帮得上忙，有时可能起反作用。三忌打听招聘人数。这是一种缺乏自信的表现，你要设法增强自己的竞争力，不要过多地考虑招聘人数。四忌过早打听待遇。谈论报酬待遇无可厚非，关键要看准时机。一般在双方达成聘用意向后，再委婉地提出来。一见面就打听待遇,会让对方反感。五忌同主考官较劲。面试时,有的主考官可能提出一些难题来考问你,这时你要沉着冷静,可以说明、解释,尽量避免同主考官争论。

思考与训练

1. 求职者要寻求理想的职业,先要做到"知己知彼",既要认清你自己,又要了解用人单位的需求。如教材所述,了解用人单位需求包括哪几项内容? 用人单位十分看重求职者哪几项条件?

2. 求职者的消极心态表现在哪些方面? 你在克服消极心态方面有哪些好办法?

3. 个人简历的写作特点有哪些? 怎样做到"重点突出,针对性强"?

4. 20 世纪 90 年代初,海南岛刚刚建省,全国各地成千上万的人蜂拥海南岛下海谋职。海南某公司招聘一名总经理助理,报名求职者上千人。正在海南谋生的曹建军给公司罗总经理写了一封热情洋溢的自荐信,终于敲开了机遇之门,被公司正式录用。曹建军的自荐信为什么能深深打动罗总经理? 这封自荐信有何特色?

罗总:

您的事很多,但希望您能看完。

我是一名经历过坎坷、尝过甜酸苦辣的人。

因为敢于冒险,而品味过成功的丰硕果实;因为探索冒险,也体验过触礁的震荡与凄凉。

但是,这一切都锤炼了我作为企业人员所必须具备的成熟与胆识!

我的过去,正是为了明日的企业发展而准备、而蕴蓄;

我的未来,正准备为经企总公司而奋斗、而拼搏、而奉献!

现在正是经企总公司招兵选将待机而发的重要关头。

我不想仅是锦上添花,我不想在凉爽的空调房里坐享其成!

我想雨中送伞,我想雪中送炭。我想亲身去闯、去干!

1982 年到 1992 年间,我经历过 8 年驾驶汽车、摩托车的锻炼;学过 3 年法律(西南政法学院法律专业函授生);经历过 6 年办案(法纪与经济案件)的挑战与考验……

做文秘,我有作品见报;做驾驶,已有 20 万公里行程;做经管,我已摒弃了不切实际的梦想而变得自信和有主见。

兵马未动,先从失败着想,瓮中捉鳖,才是稳操胜券。

罗总,当初您闯海南,不也是三十六计,计计斟酌,万无一失,每失必补的吗?

最坏的打算不就是要变卖公司价值 500 万元的房子、车子吗?

实践证明,两万块钱闯海南建内江大厦体现的不仅是直观的赚钱三千万元,而是智慧、胆识与科学决策融合的立体结晶。

良鸟择木而栖,士为知己者"容"。

当公司需要宣传、誊写文书时,也许我可以提笔"滥竽充数";当您为了提高办事效率而自己驾车的时候,也许我可以换换疲惫的您偕同前往;当公司为法律事务而起纠纷,因为业务增多而难于应付的时候,我可以动腿挥手用所学法律知识,伶牙俐齿,摇旗呐喊,竭力为公司解一分忧虑,增一寸利润,挽回一点损失……

我不能再说了,说多了我怕像王婆卖瓜,"实践出真知,斗争长才干"。

我只需要实践,去闯、去干。

因为才干在实践中养成,也终究要在实践中体现!

罗总,一个合作机会,对我来说是一次良好的开端。

我期待着好消息。

　　　　致

敬礼

自荐人:曹建军 1992 年 5 月 31 日于海口

5. 下文中的求职学生,其学历和所学专业都不如其他求职者,结果被正式录用了,原因之一是他在报社面试过程中的出色表现,"精心准备,巧答难题"。试从答题的得体性、针对性、巧妙性和幽默感几个方面分析他的语言艺术。

精心准备　巧答难题

临近毕业,一家地市级日报社招聘采编人员。在入围面试的 10 个人中,无论是从学历还是所学专业来看,我都处于下风,唯一的一点优势就是我有从业经验——在学校主办过校报。

接到面试通知后,我把收集到的该日报社的厚厚一摞报纸重新翻了一遍,琢磨它办报的风格、特色、定位及其主要的专栏等,做到心中有数。我还记下了一串常在报纸上出现的编辑、记者的名字。

参加面试时,评委竟然有 8 个。第一个问题是常规性的自我介绍。第二个问题是"你经常看我们的报纸吗? 你对我们的报纸有多少了解"。我便把自己对这个报社的认识,包括其办报的风格、特色、定位等全部说了出来。最后我说:"我还了解咱们报社许多编辑、记者的行文风格。例如某某老师写得简洁明了,某某老师文风清新自然。虽然我与他们并不相识,但文如其人,我经常读他们的文章,也算与他们相识了。"我当时注意到,许多评委露出了会心的微笑。后来我才了解到,我提到的许多老师就是当时在场的评委。

第三个问题是"谈谈你应聘的优势与不足"。我说:"我的优势是有过两年的办报经验,并且深爱着报业这一行。我的缺点是拿起一张报纸,总是情不自禁地给人家挑错,甚至有时上厕所,也忍不住捡起地上的烂报纸看。"听到这里,评委们不约而同地笑了。

面试结束的时候,我把自己主办的校报挑出了几份分给各位评委,请他们翻一翻,提出宝贵意见,并说:"权当给我们学校做个广告。"评委们又笑了。

最终,我幸运地被录用了。

6. 求职面试,相同的问题,不同的回答,不同的结局。文军的回答好在哪里? 耀明的回答毛病在哪里? 我们该从两人的回答中吸取什么经验教训?

耀明和文军是同一所大学的毕业生。毕业后,他们一起被分配到市百货公司工作。经过近 20 年的勤奋努力,两人都已成为公司主要部门的负责人。近年来,单位效益不断下滑,前景黯淡,属下的小青年纷纷应聘到外资、合资企业,收入颇丰。两人不禁心生羡慕,在一起经常议论跳槽之事。终于有一天,两人下定决心,相约到一家招聘管理人员的外资公司去应聘。履历表寄出没有几天,两人都收到了面试通知。

耀明的面试时间是上午9时。文军的面试时间是下午2时。面试官提问的内容是一样的,他们回答的是同样的五个问题。

第一个问题:是什么促使你来我们公司应聘?

耀明回答:我现在的单位效益不好,我的一些下属都跳槽到外企和合资企业去了,干得都不错,收入比我高许多。我想,我的能力、经验要高于他们,所以一定能胜任贵公司的工作。

文军回答:我看到了贵公司的广告,经过仔细考虑,我认为自己具备贵公司要求的条件,能够胜任贵公司的工作。

第二个问题:你以前知道我们公司吗?

耀明回答:听说过! 贵公司是大公司,可以说是"家喻户晓、妇孺皆知",嗯,也可以说是"人见人爱"呀。

文军回答:知道。我对贵公司有一定的了解。我读过一些介绍贵公司的书和文章,对贵公司的经营理念和企业文化深表赞同。

第三个问题:你的履历表上列出了成就和爱好,还有什么强调或补充吗?

耀明回答:我最重要的一项成就,应该是参加全国商业系统"现代企业管理"研讨会,论文获一等奖;最大的爱好是踢足球。

文军回答:我毕业后一直做管理工作,也取得了一些成就,但那只能说明我的部分能力,也只能代表过去。至于爱好嘛,我实际上一直是把工作放在第一位的。

第四个问题:你能评价一下原来所在的公司吗?

耀明回答:我工作的那家公司是国有企业,在计划经济时期还不错,现在不行了。领导思想僵化,跟不上潮流,我早就想出来了,一直没有合适的机会。

文军回答:我原来的公司也是一家不错的公司,领导对我很重视,我的职位、成就便是很好的证明,但是我想贵公司能够给我提供更广阔的发展空间,来展现我的才能。

第五个问题:本公司出色的业务经理,收入高于中层管理人员。如果本公司向你提供业务经理的岗位。你愿意接受吗?

耀明回答:我从毕业就一直在公司做管理工作,管理是我的强项,但业务经理的工作我没干过。

文军回答:能加盟贵公司是我的荣幸。虽然我认为在管理的岗位上更有利于我长处的发挥,能更多地给公司贡献我的才能,但业务经理这个职位我也会认真考虑的。如果最终我能得到这一职位,我相信,我能做得很好,不会辜负公司的信任。

三天过去了,结果耀明未被录用,而文军进入了下一轮,最后被聘为经营部部长助理。

7. 下面是两则面试实例,试分析哪一个回答得恰当,为什么?

实例1:某校毕业生小张、小王同去某公司参加招聘面试,他俩的学历和所学专业相同,而小张的学习成绩与专业技能比小王略胜一筹。当该公司人事部经理表示这份工作有相当难度,需要有一定的工作经验,问他们能否胜任时,小张说:本人刚刚毕业,毫无工作经验,不知道能否胜任,但我愿意尝试一下,或许能够逐步适应。小王说:我虽是刚毕业的学生,缺乏实际工作经验,但我学的是相关专业,具备了较好的专业基础知识,也经过一段时间的实习,只要我向老同志学习,勤奋努力地工作,相信我能尽快缩短适应期,胜任这份工作。

实例2:在一次时装模特大赛中,有三位选手入围决赛。决赛场上,她们都要回答同一个问题:你为什么喜欢时装表演? 小姐A回答:我认为自己的条件适合这个工作,而且当模特收入高,知名度高,当然值得干。小姐B回答:我爸妈给了我这么一副好身材,不当时装模特儿,那不是太可惜了吗? 小姐C回答:爱美是人的天性,我愿当一名美的使者,向大家展示美,奉献美,为了这个美好的世界表达一份美好的情意。

8. 介绍三篇材料,请认真阅读,再谈谈你的看法。

① 一个一开口就问薪金多少的人,联想公司会不会反感?

这是人的最基本的需求,我们持理解态度,但不希望一个应聘者更多纠缠这方面。我们是以岗定薪(主要针对社会招聘,大学生招聘更多带有人才储备的意义,开始不会很明确),走的是职位工资制,所以他问我们薪金多少,我们也能比较明确地回答他。比如告诉他这个岗位月薪是4000元。如果他说他在原单位拿6000元,干的是经理,到这里还要重新开始云云,我就会坦率地告诉他,只要他有能力,在联想很快就可以发展上去,但不可能一进来就拿经理的工资。如果他太计较这个方面,可能会影响对他的整体判断。

② 是否介意一个人曾频繁跳槽?

我们往往不特别关注他跳过多少次,而更看重他跳槽的原因,以及从什么企业跳到什么企业。一个人跳槽有他自己的原因,也有企业的原因,不排除面试者有点儿背时,老是遇不到好的人际环境。我们基本上是从原因角度来分析,而不是从次数考虑,当然也会考虑到次数。其实每次面试之前都有初选,来大致了解他到底是怎么个跳法,如果过程中一直没什么发展,可能初选就会被淘汰。而在这之中只要能看出一些成长和变化,哪怕是跌宕起伏,可能我们更感兴趣。尤其是跳得多的人,只要他能进入面试,我们就会关注他的每一次起跳。

③ 联想招聘大学生时,是否很看重他的在校成绩?

招聘应届大学毕业生时,我们会留意他的成绩单,但更关注的可能是选修课。虽然选修课只是其中短短几栏,但仔细研究,能反映更多问题。因为一个人最初的专业选择可能是很多因素作用的结果,比如社会、家庭的影响,未必是他真正的兴趣所在。而选修课恰恰最能反映出他的学习兴趣和学习能力。比如他是否愿意学习,学习的主动性怎么样,学习能力怎么样,选修课成绩是一个很重要的参数。

口才训练示例

宇航员之死

原　文	评　点
一位苏联宇航员,在完成任务返航时,突然减速伞失灵,眼见两个小时后就要坠毁。就在这临死之前的短暂时间里,苏联总理,宇航员的母亲、妻子、女儿、情人的丈夫,都与他从荧屏上通了话,听了叫人禁不住落泪。	
苏联著名宇航员弗拉迪米尔·科马洛夫,1967 年 8 月 23 日一个人驾驶联盟一号宇宙飞船,经过一天一夜的太空飞行之后,圆满完成了任务,胜利返航。	
此刻全国的电视观众都在收看宇宙飞船的返航实况。科马洛夫的母亲、妻子、女儿和几千名各界人士,也都在飞船着陆基地等待迎接这位航天勇士。但是当飞船返回大气层后,需要打开降落伞以减慢飞船速度时,科马洛夫突然发现无论用什么办法也打不开降落伞了。	
面对这一突发的恶性事故,地面指挥中心的工作人员焦灼异常,他们采取了一切可能的救助措施,想帮助他排除故障,但都无济于事。	天上有难,地上焦急。
地面指挥中心马上向中央请示,中央领导研究后,同意向全国公民公布实况。当时最著名的播音员以沉重的语调宣布:联盟一号宇宙飞船由于无法排除故障,不能减速,两个小时后将在着陆基地附近坠毁,我们将目睹民族英雄科马洛夫殉难。	
举国上下都被这个消息震撼了,沉浸在巨大悲痛之中的亿万颗心,无不焦虑地关注着科马洛夫,关注着他的亲人。指挥中心的工作人员更是珍视这剩下的两个小时,他们把科马洛夫的亲人请到指挥台,让他们在最后的两小时里和屏幕中的科马洛夫在一起。指挥中心的首长与科马洛夫通话:"科马洛夫同志,看见您的亲人了吗？请和他们讲话。"科马洛夫看见了老母亲,看见了妻子、女儿,他显得很激动,但他还是控制住自己,说:"首长,属于我的时间不多了,我想先把这次飞行探险情况向您报告,这是比生命更重要的东西。"和科马洛夫通话的首长激动得热泪盈眶,他哽咽着说:"谢谢您,录音已经准	举国震惊,关注英雄。

临危不乱,先公后私,忠于职守,真情感人。 |

原　　文	评　点
备好了,请讲吧。"科马洛夫点点头开始了急促坦然的讲述。因为他讲述的内容关系到国家机密,指挥中心暂时关掉了电视直播的录音传递。全国电视观众只能通过屏幕观看他无声的形象。	
时间一分一秒地过去了,科马洛夫的生命也在分分秒秒地消逝。包括苏联最高领导人在内的几亿人的心,不由得加快了跳动。人们的紧张情绪,已经超过了当年希特勒进攻苏联时的程度。而被举国关注的科马洛夫,却目光泰然,就像坐在办公室里正常工作一样,神色是那样认真,态度是那样从容。汇报整整用了 70 分钟。科马洛夫汇报完了,打开声音开关,国家领导人第一个接过话筒,他很想讲得快点,好节约时间留给亲属,可他嗓子里仿佛塞着一团东西,怎么也讲不快。他说:"尊敬的弗拉迪米尔·科马洛夫同志,我代表最高苏维埃向您宣布——您是苏联的英雄,人民的好儿子!人民永远怀念您,广袤的太空永远记住您!您是人民的骄傲!科马洛夫同志,您还有什么要求请告诉我,我会帮您解决的。"	生死关头,努力工作;泰然自若,处变不惊。 英雄业绩,人民不忘。
科马洛夫眼含热泪,说:"谢谢!谢谢最高苏维埃授予我这个光荣称号!我是一名宇航员,为宇航事业献身是神圣的,我无怨无悔!"	献身宇航,无怨无悔。
领导人还能说什么呢?他把话筒默默地递给科马洛夫的母亲。世上最残酷的事情莫过于母亲亲眼看着自己儿子赴死。此时科马洛夫满头白发的母亲的心像刀扎似的疼痛:"儿子,我的儿子,你……"她有太多的话要说,却不知先说什么好。科马洛夫脸上露出了笑容,说:"妈,您的图像我在这里看得非常清楚,每一根白发都能看清,您能看清我吗?"	强压悲痛,以笑慰母。
"能,看得很清,儿啊,妈妈一切都很好,你放心吧!"此时泪水已经把她的双眼蒙住了。老太太把话筒递交给儿媳——科马洛夫的妻子。科马洛夫给妻子送了一个调皮而深情的飞吻。妻子抱着话筒刚说"亲爱的,我好想你!"就泪如雨下,再也说不出话来。	
科马洛夫也很激动,他稳定了一下情绪,然后脱下宇航服,又拿出一支金笔对妻子说:"亲爱的,这支金笔随我飞入太空,是珍贵的东西,我用宇航服把它包好,待会儿的大爆炸,不会对它造成损伤。请你把它转赠给你未来的丈夫。我想我不会下地狱,我会在天堂里祝你们幸福。"如泣如诉的语调,饱含了科马洛夫对妻子的爱,对生活的爱,屏幕前的人全落泪了。	长吻表深情;金笔寄爱心。
科马洛夫的女儿接过话筒,说:"爸爸!我的好爸爸!"孩子已泣不成声。看到 12 岁的女儿,科马洛夫的眼睛里骤然飘过一层阴云,说:"女儿,你不要哭。"女儿说:"我不哭,爸爸,您是苏联英雄。我只想告诉您,英雄的女儿,是会像英雄那样生活的!"	
坚强的科马洛夫这时也禁不住落泪了,对女儿说:"好孩子,记住这一天,以后每年的这个日子,到坟前献一朵花,和爸爸谈谈学习情	慈爱化希望;形象励后人。

原　　　文	评　　点
况。好女儿,爸爸就要走了,告诉爸爸你长大了干什么?" 　　女儿说:"像爸爸一样,当宇航员!" 　　科马洛夫又一次落泪了,对女儿说:"你真好,可是我要告诉你,也告诉全国的小朋友,请你们学习时,认真对待每一个小数点,每一个标点符号。联盟一号今天发生的一切,就因为地面检查时,忽略了一个小数点,这场悲剧,也可以叫作对一个小数点的疏忽。同学们记住它吧!"	关心下一代, 忠告学生们。
科马洛夫讲到这里,看了看表还有 7 分钟。他毅然地和女儿挥挥手,面向全国的电视观众说:"同胞们,请允许我在这茫茫太空中与你们告别……再见了!"	
"等一等!"一位青年发疯一般地冲进指挥台,抢过了话筒,说,"科马洛夫同志,请让我与您说一分钟的话! 科马洛夫,我是您的情敌。一个小时前,我还恨您,想等您回来与您决斗,我发誓要杀死您。现在我明白了,她为什么会爱您,您是最崇高最伟大的男子汉! 就让她爱您吧! 我也爱您! 全苏联人都爱您! 全世界的人都爱您!"	英雄展魅力; 伟男感情敌。
科马洛夫这时太激动了,说:"谢谢啦! 全国全世界的同胞们,我也爱你们! 正因为我们的生活充满了爱,上帝才这样爱我,让我从千万里的高空飞向大地,在火与光的歌声中获得新生。同胞们,请与我一起喊——人民万岁! 科学万岁!"	人间有理解, 生活充满爱。
科马洛夫向人们亲切地挥着手,并说:"我已经看见大地了,大地很美。如果上帝让我转世投胎,我还要当宇航员,我和女儿一起重上太空。因为太空很有意思,很好玩。真的,太空很好玩……"轰隆——一声爆炸,整个苏联一片沉静。人们纷纷走上街头,向着飞船坠毁的方向默默地哀悼,哀悼……	身躯归大地, 灵魂升天堂。

【综评】

　　这是一个催人泪下又激人奋发的悲壮故事。一个小数点的疏忽,引发了一场惨烈的悲剧,也意外地造成了一个特殊的交际环境(交际时间、交际空间、交际氛围和背景),提供了一次展示人际交往丰富内涵和升华人性的绝好机会。在短短两小时之内,众多的人物以特殊的表达方式和信息传递方式进行了多种多样的人际交流:上下级之间的交流、领袖与群众的交流、儿子与母亲的交流、丈夫与妻子的交流、父亲与女儿的交流、情敌之间的交流、宇航英雄与全国小朋友的交流,乃至与全国、全世界人民的交流。人性中的真诚友爱、宽容理解等优良品质在这里得到了充分而集中的展示。科马洛夫是一位有着高尚情操、美好心灵和伟大灵魂的英雄,也是一位有着高超交际艺术的英雄。他热爱自己的事业,热爱他人,热爱人生,但又不怕牺牲。他是一个恪守职责的下级,一个孝敬母亲的儿子,一个心胸宽广、诚爱妻子的丈夫,一个深爱女儿的父亲,一个关心爱护青少年的长者,一个受人喜爱的伟男子。

邓小平与舒尔茨

原　文	评　点
1983年2月的一天，邓小平在钓鱼台国宾馆会见了美国国务卿、里根特使舒尔茨。	
会谈是以礼相待的。邓小平首先热情地邀请客人入座，然后笑问道："舒尔茨特使这次来中国还生活得愉快吗？""很好，谢谢中国的热情招待。"舒尔茨通过翻译，笑道，"里根总统要我转达他对邓小平先生的问候！"	
"谢谢他的好意。"邓小平很快把话引入正题，"自1972年《中美上海联合公报》发表以来，中美关系发展比较正常。作为中美双方，我们都应珍惜这种关系。"	创设前提，掌握主动权。
"但是，邓小平先生，"舒尔茨说，"在某些地方，还是发生了小摩擦的。"	顺题立论，评析现状。
"是的，有摩擦，但责任不在中国。"邓小平指出："就说技术转让吧，中国并不是非依靠美国的先进技术不可。老实讲，我们搞现代化主要是靠自力更生，即使美国的技术可以全部转让，中国也未必就全部买进。"	委婉述辩，暗示责任在美国。
"某些尖端技术，"舒尔茨略带傲慢地摇摇头，"可能也不是贵国自力更生所能办到的吧……"	顺题立论，举例反驳。
"不，舒尔茨特使，您错了！"邓小平用事实驳斥他，"原子弹、氢弹等核武器，算得上'尖端'吧？美国这方面的技术一直在对中国搞封锁。但是，我们不都一一通过独立钻研，自力更生，办到了吗？"	逆题辩驳，事实胜于雄辩。
舒尔茨没有那么傲慢了。	
"问题不在于美国对我们转让什么，而在美国究竟把中国当作潜在敌人，还是真正的朋友？"邓小平坦率而又严肃地对舒尔茨说，"时至今日，许多中国人心目中，同美国能不能交朋友，美国够不够得上朋友，还存在着许多疑问呢！"	创设话题，把交谈引入正轨。
"这……未免太多心了吧？"舒尔茨感到尴尬。	
"不，这是历史的经验告诉我们的。"邓小平继续说道，"别说历史上美国对中国不平等，就是现在，也未必平等。前不久，美国司法机关公然企图'传讯'中国政府，这是典型的霸权行径，真是岂有此理！请特使转告里根政府，中国作为一个主权国，神圣不可侵犯。我们对此提出严正抗议！"	直言说理，观点明确，反驳有力，态度严厉。

原　　文	评　点
"邓小平先生有所不知,美国司法制度是独立的,政府无权过问呀!"舒尔茨辩解道。 　　"如此说来,美国实际上就有三个政府了:国会、内阁、法院。那么,究竟要人家同你们哪个政府打交道才好呢?" 　　一席话,义正词严,舒尔茨无言以对。	顺题立论作诡辩。 　　引申归谬揭真相。

【综评】

　　邓小平同舒尔茨就中美关系的会谈,其主要目的是消除分歧,改善和加强两国关系。然而,中美之间,政治制度、意识形态、思想观点存在着种种的不同甚至还有许多相互对立的情形,因此,必须通过言语交锋来交换思想、交流看法,以便相互理解并取得共识。在会谈一开始,邓小平就从历史和现实的高度立论,提出"……中美关系发展比较正常。作为中美双方,我们都应珍惜这种关系",创立了双方交谈的基调。控制和把握住了话语的展开方向。邓小平提出的这一观点含有言外之意:美国不珍惜这种发展比较正常的关系。紧接着使用否定句式说明"责任不在中国",委婉地强调了首创前提中所蕴含的这一言外之意,婉转地指出,有摩擦,其责任在美国。舒尔茨不得不默认这一点,并用转移话题的方式来回避。面对舒尔茨的傲慢与怪论,邓小平用事实辩驳:"原子弹、氢弹等核武器"之类的"尖端","——通过独立钻研,自力更生,办到了",从而挫败了舒尔茨的锐气。不过,这是枝节问题,在这样的重大外交场合更应牢牢把握交谈的主题和主旨,所以,邓小平提出美国能不能成为朋友的话题把交谈引入正轨,用事实说明美国在制造摩擦——美国司法机关公然企图"传讯"中国政府。对这一涉及国家主权和尊严的问题,邓小平旗帜鲜明,表明了严正的立场和态度。最后的引申归谬,揭穿了美国社会制度的"画皮",义正词严,使舒尔茨无言以对。从以上评析可以看出,在这次会谈中,邓小平不仅牢牢把握住了主动权,而且围绕交际意图运用创设前提、创设话题、委婉述辩、逆题辩驳、直言说理和引申归谬等言语策略和表述方式展开主旨,强化了自己的观点,迫使对方不得不承认事实,并在理屈词穷的情况下接受邓小平的意见。可以说,邓小平的"钢铁公司"很硬,使舒尔茨连连碰壁,从而大长了中国人民的志气,维护了中国的主权和尊严。

陈毅与苏加诺

原　　文	评　点
1964 年 4 月，陈毅外长率团到印尼首都雅加达参加在那里举行的第二次亚非会议筹备会，他和印尼总统苏加诺一见面，就发现双方在开会的时间、地点上的意见不一致。按照苏加诺的想法，第二次亚非会议的地点仍在印尼的万隆，时间就定在当年。陈毅说了自己的意见：第一次亚非会议已在万隆开过了，第二次亚非会议应选在非洲国家开。陈毅对苏加诺总统说：	
"非洲的独立国家有 40 个之多，总统阁下如果主张在非洲开，就是支持了非洲的斗争，这样您就站得高、看得远，顾全大局，表现了政治家的风度，证明您没有什么私利打算，您去发言就响亮。"	婉言说理理明，美誉推崇使其欣然入彀。
陈毅的发言高瞻远瞩，鞭辟入里，苏加诺一听，觉得很有道理。但他仍坚持当年开。陈毅就以幽默的语言诙谐地说：	
"您是总统，我是元帅，我给您当个参谋长，您要不要呢？——好，您既然要我这个参谋长，就听听我的意见。我认为最好在明年开。为什么？因为今年 7 月有阿拉伯首脑会议，8 月非洲首脑会议，10 月不结盟国家会议，以后又有什么英联邦会议、联合国大会，这些国家领导人长期在外面开会怎么行？亚非会议和不结盟会议，不应该互相竞争，而应当互相补充，即使要竞争，也不必用抢先开会的办法竞争嘛。"	创设话题引发。顺题立论奠定基础。 　　顺势立论，用事实和对比方式直言说理。
对陈毅的幽默风趣和军人本色，苏加诺总统十分欣赏，最后，双方就地点、时间问题达成了一致意见。苏加诺感慨地说："我与其他国家领导人谈话，从未像与您这样谈话轻松。"	

【综评】

　　在人际交往的口语表达过程中，为了体现具体的交际意图或实现特定的交际目的，必须适情应景地相应运用恰当得体的言语策略来述说或诘辩。陈毅外长与苏加诺总统的交谈，其主要意图是说服苏加诺总统同意改变召开第二次亚非会议的时间和地点，而要做到这一点是极其不容易的：对方为一国至尊，曾成功地主办了第一次亚非会议——万隆会议，此时心中又已有定见。针对这种情形，鞭辟入里、高瞻远瞩地说清道理固然重要和必要，但更重要的是关涉其个人的尊严与心理相容。因此，陈毅用美誉推崇的方式来婉言说理，设想了对方如果同意改变地点，主张在非洲开的声誉倍加的种种情形："站得高、看得远,顾全大局""支持了非洲的斗争""表现了政治家的风度""去发言就响亮",从而使对方认识到改变召开地点的多方面的积极意义。地点问题解决之后,时间问题接踵而至。陈毅外长设置了一个人际关系的背景来引发话题,然后就事实分析事理,客观、全面,终于使苏加诺总统放弃了自己的主张。至此,陈毅外长所使用的美誉推崇、直言说理的言语策略,再加上他本人的幽默风趣,发挥了充分的效力,双方就地点、时间问题达成了一致意见,而陈毅也就圆满地实现了自己的外交目的。

刘吉答青年学生问

原　　文	评　　点
问：您是怎样一下子成了党委书记的？ 答：我是先成为共产党员，然后才成为党委书记的，不是一下子，而是两下子。	巧用分答，绕过暗礁。
问：因为我看透了别人，所以我现在只考虑自己，您说我这样做对吗？ 答：不对。就因为您只考虑自己，所以才看透了别人。	倒转程序，理顺因果。
问：有人说跳迪斯科、扭屁股是颓废，您同意吗？ 答：我不同意。中国新疆舞可以扭脖子，蒙古舞可以扭肩膀，为什么迪斯科不可以扭屁股呢？不都是扭身上的一部分吗？	援引典型，类比解释。
问：您怎样看待那些以"短平快"手法赚大钱的人？ 答：可以"高点强攻"，也可以"短平快"，我看只要不犯规就行。	抓住要害，巧用拈答。
问：现代化大生产运用的是高等知识，为什么还要我们补习初中课程呢？ 答：有一个笑话说：一个人在吃第五个烧饼时饱了，他说，早知如此，何必吃前四个呢？	借用笑话，回应质问。
问：实行厂长责任制以后，在您们厂是厂长大还是书记大？ 答：您最好回家问问，在您们家是您的爸爸大，还是您的妈妈大。	敏感问题，巧妙回避。
问：您怎样对待老大难问题？ 答：老大难，老大难，老大去抓就不难。	抽象问题，模糊回答。
问：您喜欢青年留什么样的发型？ 答：发型要因各人的头的大小、脸型的方圆长短，以及男女性别而异，决不可以千头一律。	平常问题，轻松趣答。
问：您对您的直接顶头上司是什么态度？ 答：不阿谀奉承，不溜须拍马，也不背后说他的坏话，我是"三不主义"。	实质问题，坦诚相告。
问：有的青年穿着非常入时，可说话非常脏，怎么解释？ 答：这叫形式与内容不统一。	具体问题，抽象解释。

【综评】

答问是一种用途广泛、易问难答的口语交际形式。在答问中,问者处于主动、制约地位,其提问内容广泛、形式多样,具有突发性、意外性和临场性等特点;而答者处于被动、受制的地位。要做出迅速、准确、严谨、巧妙的回答,不仅要有严密的思维和敏捷的反应能力,而且还要善于运用多种言语交际的艺术。刘吉的回答,从答问的方式上看,用了分答(把复杂问题或复合问题进行分解,分别作出不同的回答)、拈答(紧接问话中的词句,利用拈连手法,对原话加以引申或稍作变动,以做出回答)、征答(引用名言、谚语、寓言等来作答)和喻答等。从交际方法和策略上看,有巧妙回避,有坦诚相对,有溯因解释等,针对不同的问题,采用了不同的表达方式,或严肃,或轻松,或精确,或模糊,或抽象,或具体,或坦率,或委婉,大都恰到好处。这是一次较为成功的答问。

一个遗臭万年的日子

[美]罗斯福

原　　文	评　点
副总统先生、议长先生、参众两院各位议员： 　　昨天，1941 年 12 月 7 日——一个遗臭万年的日子——美利坚合众国遭到了日本帝国海空军部队突然和蓄谋的进攻。	开门见山，引起关注。
合众国当时同该国处于和平状态，而且，根据日本的请求，当时仍在同该国政府和该国天皇进行着对话，对于维持太平洋的和平有所期待。实际上，就在日本空军中队已经开始轰炸美国瓦胡岛之后一小时，日本驻合众国大使及其同事还向我们国务卿提交了对美国最近致日方的信函的正式答复。虽然复函声言继续现行外交谈判似已无用，但它并未包含有关战争或武装进攻的威胁或暗示。	事实清楚，思路清晰，逻辑极其严密。
应该记录在案的是：由于夏威夷同日本的距离，这次进攻显然是许多天乃至若干星期以前就已蓄意进行了策划的。在策划过程之中，日本政府通过虚伪的声明和表示希望维系和平而蓄意对合众国进行了欺骗。	抓住要害，深刻揭露，措辞极为精当。
昨天对夏威夷群岛的进攻，给美国海陆军部队造成了严重的损害，我遗憾地告诉各位，很多美国人丧失了生命。此外，据报，美国船只在旧金山和火奴鲁鲁之间的公海上也遭到了鱼雷袭击。	用严重损害，激发听众情绪。
昨天，日本政府已发动了对马来西亚的进攻。 　　昨夜，日本军队进攻了香港。 　　昨夜，日本军队进攻了关岛。 　　昨夜，日本军队进攻了菲律宾群岛。 　　昨夜，日本人进攻了威克岛。 　　今晨，日本人进攻了中途岛。	运用排比句式陈述事实，加深听众印象。
因此，日本在整个太平洋区域采取了突然的攻势。昨天和今天的事实不言自明。合众国的人民已经形成了自己的见解，并且十分清楚这关系到我们国家的安全和生存的本身。 　　作为海陆军总司令，我已指示，为了我们防务采取一切措施。 　　但是，我们整个国家都将永远记住这次对于我们进攻的性质。	形势严峻，果敢应对，极为冷静、严肃。
不论要用多长的时间才能战胜这次预谋的入侵，美国人民以自己的正义力量一定要赢得绝对的胜利。	庄严号召，表示必胜信念。

原　文	评　点
我现在断言，我们不仅要做出最大的努力来保卫我们自己，我们还将确保这种形式的背信弃义永远不会再危及我们。我这样说，相信是表达了国会和人民的意志。 　　敌对的行动已经存在。毋庸讳言，我国人民、我国领土和我国利益都处于严重危险之中。 　　信赖我们的武装部队——依靠我国人民的坚定信心——我们将取得必然的胜利——上帝助我。 　　我要求国会宣布：自 1941 年 12 月 7 日——星期日日本进行无缘无故和卑鄙怯懦的进攻时起，合众国和日本之间已处于战争状态。 （1941 年 12 月 8 日）	 　　分析客观冷静，令人信服。 　　义正词严，坚决有力。

【综评】

　　罗斯福在美国历史上，是连续四次当选、任期超过 12 年的总统，他无疑是 20 世纪影响巨大的政治家、演讲家。本篇演讲虽不足千字，但仍是他的代表杰作之一，素被行家们誉为世界名篇。

　　"珍珠港事件"后的次日，罗斯福以无比的义愤，慷慨激昂地向国会发表了这篇历史性的演讲。毫无疑问，它是美国反击日本入侵的战斗宣言。他把"一个遗臭万年的日子"作为讲题，表明了他对日本不宣而战、破坏和平的卑劣行径的愤慨与谴责。演讲词分三个层次：首先用确凿的事实揭露和证实日军"突然和蓄谋"进攻的卑劣，告诫人民不能忘记这个国耻纪念日；其次，他严肃指出美国危险的现在，由远及近，用排比句列出事实，给人以万分紧迫之感，在本已怒不可遏的国会，再燃起一把火；最后，鲜明而严肃地表示坚决抗击的态度和不可动摇的决心。在他精彩、雄辩、严肃、庄重的 6 分半钟演说里，听众热血沸腾，一次次用火山爆发般的掌声打断演讲，足可显见反响之强烈。从上述内容看，该演讲结构严谨，环环相扣，一气呵成。有情况陈述，有果断决定，有愤怒谴责，还有庄严号召。通篇可谓有理有据，声情并茂，顺理成章。

　　这篇演讲的成功，还在于语言的准确、简括、有力。一开始，三个"昨天"突出了事件的要害和紧迫。"昨天—昨夜—今晨"的排比句式，进一步渲染了气氛，造成危险逼近的严重态势，使听众按捺不住怒火。通篇多有浓厚感情色彩的修饰语，如"遗臭万年的日子""突然和蓄谋的进攻""虚伪的声明""无缘无故和卑劣怯懦的进攻""绝对的胜利"等，准确地揭示了问题的性质，鲜明生动地表达了演讲的思想情感，既概括了日本政府偷鸡摸狗的丑恶嘴脸，又鼓动和感召了听众同仇敌忾奋起反击的强烈情绪。他把激昂愤怒之情融于理智精要的分析批判中，产生了巨大的说服力和强烈的鼓动性。如此短小精悍的演讲，能达到如此强烈感人的效果，绝不是一般演讲家所能达到的艺术境界。

天 使 之 梦

（2013 年 11 月 17 日）

王　威

演 讲 词	评 点
尊敬的各位评委、现场以及电视机前的观众朋友们： 　　大家好！我叫王威，是煤炭总医院心脏中心的一名护士，我演讲的题目是《天使之梦》。今天能站在这里，我可真是幸运啊！因为就在五年前我还是一个生命将要走到尽头的癌症晚期患者。是什么，创造了这生命的奇迹？又是什么，延续了我生活的梦想呢？我想是爱！	点明自己身份，为天使梦铺垫。 　　设问作答，引起关注。
8 岁时，我被确诊患上了甲状腺癌。父亲拿到诊断书，扑通就晕坐在地上，他拽着医生的手，哀求着："大夫啊！救救我女儿！" 　　那一刻父母的天塌了，我的人生暗了。 　　从此，我只能躺在病床上，大把大把地吃药。一次次地打针化疗，头发掉光了，再长！父母带着我四处求医，但病情却急剧恶化，脖子上迅速增大的肿瘤压迫了气管，我呼吸困难，就连睡觉都得坐着。	
有时，深夜我会感觉到有人用手指在探我的鼻息，那是妈妈颤抖的手，她怕，怕再也感觉不到我的呼吸。我紧紧地闭着眼睛不敢睁开，我也怕啊，怕与妈妈泪眼相对的那一刻。那时，能够活下去就是我最大的梦想。	描述细节，催人泪下。
2008 年的春节，我接到病危通知。一个人躲在卫生间里大口地吐着血，胸腔里如火烧灼般难受。难道，我的生命、我的梦想才刚刚开始，就这样结束了吗？我多想，多想再看看这世界，再听听鸟儿的叫声……在生命的最后时刻我还能再做点什么呢？	眷恋人生，选择奉献。
提起笔我写信给《星光大道》栏目组。如愿登上了这个圆梦的舞台，请栏目组帮我完成最后的心愿——我要捐献遗体，把生的希望留给需要的人！	捐献遗体，最后心愿。
想不到的是，节目播出后，一场爱心救助行动迅速在全国展开。我接到了一位特殊观众打来的电话，他就是煤炭总医院王明晓院长。王院长说"王威，你在生命的最后时刻还想着帮助他人，如果你就这么离开了，作为医生我很不甘心。哪怕只有一线希望，我们也要尽全力挽救你！"	院长善举，以心换心。
我住进煤炭总医院，经各科专家会诊，检查结果是：甲状腺癌晚期，双肺弥漫性转移，淋巴转移、骨转移。手术风险非常大，我很可能	

演　讲　词	评　点
就下不来手术台,永远地离开了。手术还做么? 妈妈握着医生的手,说:"手术你们尽管做! 我把孩子交给你们了。"	
手术进行了 6 个半小时,医生小心地剥离开与肿瘤纠缠在一起十几年的血管和神经,从我的脖子上整整取出了 10 个肿瘤,最大的比我的拳头还要大。手术成功了! 睁开眼睛的那一刻,我傻笑着连泪水都觉得是甜的。是白衣天使精湛的医术给了我新的生命,是人间无私的大爱 ,如春晖照进了我的生活!	细写手术结果,传递人间大爱。
出院前,王院长来看望我,说:"孩子,以后有什么打算?"我说:"是你们给了我第二次生命,我也要像你们一样,救死扶伤,帮助更多需要帮助的人!"王院长推荐我到护校学习。	又一善举,关怀备至。
都言寸草报春晖,2012 年,我再次回到煤炭总医院。过去我是病人被照顾,现在,我做护士照顾别人。	
怀揣着心中感恩的梦,我细心地为病人输液、换药、剪指甲 ,耐心地为大小便失禁的患者一次次更换床单,我懂得他们的痛苦,我用心护理他们。	救死扶伤,用心护理。
其中,就有这样一位患者姐姐,我发现她总是不吃饭,就主动和她聊天。她一边紧紧抓着我的手,一边流着泪告诉我,爱人为了给她治病,拼了命地去赚钱,老父亲守在病床前照顾她在一天天地憔悴,她不知道这样的日子什么时候才是个头,她真的不想活了! 我安慰她说:"姐,你看看我脖子上这道疤,我曾是一个被诊断活不过 6 个月的癌症病人,但通过手术以及核放射治疗,肿瘤标志物没有了,现在好好地活着! 只有活着,才有机会回报那些爱我们的人,关怀更多的人,你说是吗?"她看着我笑了,说:"看到你我就看到了希望!"	开导患者姐姐,让她看到希望。
是啊! 　　让每一个被病痛折磨的人看到康复的希望; 　　让每一个家庭能够幸福美满; 　　让每一个即将结束的梦想能够再一次启程!	
这,就是我追逐的梦,一个天使的梦,一颗感恩的心中最朴素的中国梦。 　　谢谢大家!	点明梦之内涵,进而强化主旨。

【综评】

　　煤炭总医院护士王威的演讲《天使之梦》在 2013"寸草报春晖·共圆中国梦"全国电视演讲大赛中一举夺得特等奖,当之无愧。王威的演讲,饱含深情,感人肺腑,催人泪下;王威的演讲,往深层讲,不是用语言写成的,而是用心写成的,用生命写成的。人间的大爱把王威从死神的手中夺过来,而王威又用自己虔诚的爱心谱写了震撼人心的天使之梦。

这是近年来难得一见的上乘之作。

王威演讲的特色有以下四点。

第一,惊人的事迹。王威8岁患甲状腺癌,逐渐走到癌症晚期,走向生命的尽头。她想:"在生命的最后时刻我还能做点什么呢?""我要捐献遗体,把生的希望留给需要的人。"当医院的天使们用精湛的医术给了她第二次生命时,她坚决表示:"我也要像你们一样,救死扶伤,帮助更多需要帮助的人!"多么崇高的境界,多么高尚的品格!

第二,感人的细节。"深夜我会感觉到有人用手指在探我的鼻息,那是妈妈颤抖的手,她怕,怕再也感觉不到我的呼吸。我紧紧地闭着眼睛不敢睁开,我也怕啊,怕与妈妈泪眼相对的那一刻。"妈妈与女儿心连心,心贴心,催人泪下,感人至深。

第三,动人的语言。王明晓院长说:"王威,你在生命的最后时刻还想着帮助他人,如果你就这么离开了,作为医生我很不甘心。哪怕只有一线希望,我们也要尽全力挽救你!"院长的关怀传递的是人间大爱。王威如愿当护士,她说:"过去我是病人被照顾,现在,我做护士照顾别人。"我要"用心护理他们"。王威的深情表述,承接、传递的亦是人间大爱。

第四,充沛的情感。演讲者王威饱含深情,在演讲的开头,她动情地说:"是什么,创造了这生命的奇迹? 又是什么,延续了我生活的梦想呢? 我想是爱!"做完手术后,她激动地说:"手术成功了! 睁开眼睛的那一刻,我傻笑着连泪水都觉得是甜的。是白衣天使精湛的医术给了我新的生命,是人间无私的大爱,如春晖般照进了我的生活!"王威充沛的激情,强烈地感染着现场听众。

(本演讲词由李元授教授评点评析)

用右手撑起一片晴空

（2014 年 5 月 18 日）

张超凡

演　讲　词	评　点
尊敬的评委老师，来自全国各高校的演讲精英们，大家好！	
我叫张超凡，是北京工商大学的一名大三学生，我演讲的题目是《用右手撑起一片晴空》。	
正如大家看到的，我就是这样一个只有右臂的女孩，而我始终对现在所拥有的一切心怀感激。我爱我的生命，如同我爱你们！	紧扣讲题，选择坚强。
1992 年 3 月 24 日，我出生了。妈妈孕期的几次产检都没有异状，而老天爷却跟我们开了一个玩笑，把我的左臂留在了天堂。当医生不情愿地告诉爸爸我是一个残疾孩子时，爸爸呆住了，但他坚信既然是老张家的孩子，就绝对不会错！还给我起了一个响亮的名字——超凡，希望我张开胸怀，超凡脱俗。	超凡脱俗，家人厚望。
记得我上幼儿园时，无论天多热，我都只穿长袖的衣服，将小手紧紧地背在身后，拼命躲闪小朋友们好奇的目光，唯恐他们那脱口而出的一句不受听的话会刺痛我的心。我不爱说话，只爱一个人躲在屋里过家家，幻想出另一个世界，我是一个无比美丽的公主，双手握着魔法棒，身上发出灿烂的光。	美丽公主，梦中逞强。
随着自己慢慢长大，有一天，我无意中听到妈妈向奶奶哭诉："妈，您看咱家超凡也长大了，等我和她爸岁数大了，谁来照顾咱家超凡啊！"我再也忍不住了，扭头跑回屋，抓起被子趴到床上，哇的一声，我马上用被子捂住嘴，怕妈妈听到，眼泪不听话地往下流。"我到底犯了什么错啊，还是我爸妈犯了什么错，老天爷为什么要夺走我的左臂！我做梦都想拥有一双手啊，哪怕只有一天也好。这样我就可以左手拉着爸爸，右手牵着妈妈，哼着歌儿走在大街上，让他们去炫耀自己有一个多么优秀的女儿。好好抱抱，好好亲亲所有爱我的人。"	向往美好，强忍悲伤。
当我知道妈妈怀上了弟弟，我高兴，我更害怕。我怕妈妈再也不爱我了，可妈妈却背着全家人把腹中的弟弟打掉了，面对生气的爸爸，我紧紧地搂住妈妈，我知道她是想把这世界上独一无二的爱留给我啊！从那一刻开始，我每天都告诉我自己：我是超凡，我不是孤单的一个人，即使付出一百倍一千倍的努力我也要活出个样来，用阳光与微笑战胜一切！	感恩母亲，积极向上。

演　讲　词	评　点
生命的关键不是拥有,而是存在。小时候,所有正常孩子能做的事我都会去挑战它们,就像妈妈告诉我的那样:"超凡,你本身就是一个正常的孩子,只不过是缺少某个小零件而已。"妈妈替我未来的日子定了调,她不希望我因为生理上的不同,就变成一个害羞封闭的人。小学我加入了长春市少儿速滑队。接下来的几年里我过着冰火两重天的生活。夏天,我是个假小子,每天与烈日为伍;冬天,为了提高速度与增强肢体的灵活性,我身上只能穿一层薄薄的连体服,东北刺骨的严寒穿透了我的全身。每天5000米的长跑,200次仰卧起坐,8个小时的冰上高强度训练,成了一个身高只有1.35米没有左臂的小女孩每天的必修课。每当队友们滑到弯道,伸出漂亮的左手支撑平衡时,我空空的袖子仿佛在用力保持心灵的平衡;即使一次次地摔出冰场,腰部猛烈地撞击在护栏上,瞬时觉得整个世界都坍塌了,我也会忍着泪将破碎的自己赶快拼接好,因为我要对得起爱我的人。教练每天逼着我们吃定量的牛肉,从来不会因为我的特别而给训练打折扣。当我夺得吉林省速滑大赛少儿组800米第一名的时候,全场观众都震撼了,我的教练抱着我激动地说:"孩子,你太不容易了,你是我见过最棒、最坚强的孩子!"手握沉甸甸的奖牌,这背后隐含了我多少汗水与泪水啊! 　　接着,我变得越来越有自信和冒险精神。我开始挑战游泳,别人使一分劲,我就要使十分劲。有时候右臂练抽筋了,我就马上开始练习腿部力量。唯恐几秒钟的松懈就会被别人落下。我索性将背在身后怯懦的小手也解放了出来,利用小手帮助自己在水中前进,就好像一个助推器一样。想象一下,当教练看到一个只学了6天蛙泳的我跳进了2.4米的深水区有多么惊恐,而我变成了一个看到游泳池就要跳进去的游泳狂,又让他们有多惊讶了。半个月的时间里,蛙泳、仰泳、自由泳都被我征服了!别人用双手能够做到的事情,我一只手也可以做得非常完美。我的梦想永无止境! 　　上了大学后,我是同学们口中的"超凡蜘蛛侠",一个"乐观、独立、坚强、正能量爆棚的女孩",是所有人的爱托起了我这个折翼的天使!我也通过自己的努力获得了2012年国家奖学金,并被授予2013第二届"诚信中国节诚信宣介大使""中国大学生自强之星"荣誉称号。我的故事也被中央电视台、北京电视台、人民网、《中国青年报》等多家媒体宣传报道,传递爱的感动与正能量! 　　在我成长的过程中,始终有一个人在关注指引着我,那就是残疾人的楷模张海迪阿姨,海迪阿姨5岁的时候因患脊髓血管瘤而导致终身截瘫;她不甘命运的安排,用一支会说话的笔去倾诉,去抗争,	 　　奋力拼搏,震撼赛场。 　　顽强进取,续写华章。 　　折翼天使,创造辉煌。

演　讲　词	评　　点
她不仅活着,而且在写作中放飞了心灵,成为中国著名的作家。我的生活才刚刚起步,我和所有残疾青年都要向海迪阿姨学习,活着就要做一个对社会有益的人,为中国梦奉献自己的青春与热情! 　　　　　　　　　　　　　　（演讲稿有修订）	乐为祖国,放飞梦想。

【综评】

北京工商大学大三女生张超凡的动情演讲《用右手撑起一片晴空》,在 2014"中国梦·我的梦"全国大学生演讲大赛中,征服了大赛现场的所有评委和各个高校的师生。全场听众报以热烈的经久不息的掌声。张超凡一举夺得本次演讲大赛一等奖第一名。

张超凡演讲,至少有以下三个特色。

第一,紧扣主题。扣住本次演讲大赛的主题"中国梦·我的梦",张超凡娓娓道来,动情地讲述了自己坦然面对身体残疾,不断磨炼,顽强进取,努力创造佳绩的亲身经历,表现了中国当代大学生积极向上,奋力拼搏,为祖国争做贡献的精神风貌。结尾点明"为中国梦奉献自己的青春与热情",把"我的梦"与"中国梦"紧紧连在一起,让主题得到升华。

第二,顽强进取。她从小加入长春市少儿速滑队进行训练,夏与烈日为伍,冬与严寒做伴,"每天 5000 米的长跑,200 次仰卧起坐,8 个小时的冰上高强度训练,成了一个身高只有 1.35 米没有左臂的小女孩每天的必修课。每当队友们滑到弯道,伸出漂亮的左手支撑平衡时,我空空的袖子仿佛在用力保持心灵的平衡;即使一次次地摔出冰场,腰部猛烈地撞击在护栏上,瞬时觉得整个世界都坍塌了,我也会忍着泪将破碎的自己赶快拼接好……"最终在赛场上夺得吉林省速滑大赛少儿组 800 米第一名,全场观众都震撼了,教练抱着她激动地说:"孩子,你太不容易了,你是我见过最棒、最坚强的孩子!"折翼天使,终得回报。

第三,充满爱心。张超凡懂得感恩,充满爱心:"我就是这样一个只有右臂的女孩,而我始终对现在所拥有的一切心怀感激。我爱我的生命,如同我爱你们。""妈妈背着全家人把腹中的弟弟打掉了,面对生气的爸爸,我紧紧地搂住妈妈,我知道她是想把这世界上独一无二的爱留给我啊!从那一刻开始,我每天都告诉我自己:我是超凡,我不是孤单的一个人,即使付出一百倍一千倍的努力我也要活出个样来,用阳光与微笑战胜一切!"张超凡爱爸爸妈妈,爱老师同学,爱一切善良的人们,爱亲爱的祖国。爱是张超凡顽强进取、不断创造佳绩的巨大动力。

　　　　　　　　　　　　　　　　　　　（本演讲词由李元授教授评点评析）

获 奖 致 辞

（2015 年 12 月 7 日）

屠呦呦

演 讲 词	评 点
尊敬的主席先生,亲爱的使用过青蒿素的人们:	尊敬亲爱,用词确切。
今天我极为荣幸能在卡罗林斯卡学院讲演,我报告的题目是:感谢青蒿,感谢四个人。	报告题目,明确主旨。
我不是中国本土第一个获得诺贝尔奖的人,我只是中国科学家群体中第一个获奖的女性科学家。我相信未来中国将有许多的项呦呦、齐呦呦、柴呦呦、尚呦呦、魏呦呦能够获得这一殊荣。	
在此,我首先要感谢诺贝尔奖评委会、诺贝尔奖基金会授予我2015 年生理学或医学奖。这不仅是授予我个人的荣誉,也是生长在中国大地上成片成片的青蒿的荣誉,更是中国中医的荣誉。	荣誉属于中国中医。
可以这么说:我是一个为青蒿素或者说是为诺贝尔奖而生的人。	
1930 年 12 月 30 日黎明时分,我出生于中国浙江宁波市开明街508 号的一间小屋,听到我人生第一次"呦呦"的哭声后,父亲屠濂规激动地吟诵着《诗经》的著名诗句"呦呦鹿鸣,食野之蒿……",并给我取名呦呦。	感谢父亲,精心起名; 呦呦源自诗经妙语。
不知是天意,还是某种期许,父亲在吟完"呦呦鹿鸣,食野之蒿",又对章了一句"蒿草青青,报之春晖"。	
也就是从出生那天开始,我的命运便与青蒿结下了不解之缘。	又是青蒿,不解之缘。
只是当时,我还不认识什么是青蒿,也不知道什么是青蒿素,也不知什么是中医,更不知道什么是诺贝尔奖。	
感谢完父亲,我想感谢中国的一位伟人——毛泽东。这位伟大的政治家、思想家、军事家、诗人十分重视民族文化遗产,他把中医摆在中国对世界的"三大贡献"之首,并且强调"中国医药学是一个伟大的宝库,应当努力发掘、加以提高"。	感谢领袖,重视中医。
1954 年,毛泽东指示:"即时成立中医研究院。"它就是我的工作单位——中国中医科学院的前身,也是成就我一番事业的平台。	
我时常在想:假如没有成立中医研究院;假如把我分配到一个乡村医院,我顶多是一个平庸的中医,更别谈什么青蒿素,什么诺贝尔奖了。	
我还要感谢一个中国科学家——东晋时期有名的医生葛洪先生,他是世界预防医学的介导者。	感谢医圣,指点迷津。

演　讲　词	评　点
葛洪精晓医学和药物学，一生著作宏富，自谓有《内篇》二十卷，《外篇》五十卷，《碑颂诗赋》百卷，《军书檄移章表笺记》三十卷，《神仙传》十卷，《隐逸传》十卷；又抄五经七史百家之言，兵事方技短杂奇要三百一十卷。另有《金匮药方》百卷，《肘后备急方》四卷。	
当年，每每遇到研究困境时，我就一遍又一遍温习中医古籍，正是葛洪《肘后备急方》有关"青蒿一握，以水二升渍，绞取汁，尽服之"的截疟记载，给了我灵感和启发，使我联想到提取过程可能需要避免高温，由此改用低沸点溶剂的提取方法，并最终突破了科研瓶颈。	
只叹生不逢时，如果东晋时期就有诺贝尔奖的话，我想，葛洪应该是中国第一个获此殊荣的医者。	来点幽默，妙趣横生。
我还想感谢一个人，准确地讲，应该是一群人，一群数以百万的非洲人。正是他们对中国中医、对青蒿素的信任，才换来生命的重生，见证了青蒿素的神奇。	感谢非洲，广泛使用。
在感谢四个人的同时，我还要感谢当年从事 523 抗疟研究的中医科学院团队全体成员，感谢全国 523 项目单位的通力协作。	感谢团队，通力协作。
我唯一不感谢的，就是我自己。因为痴迷青蒿素，我把大量的时间、精力和情感投入科研当中，没有尽到为人妻、为人母的义务和责任。	不谢自己：亏欠家人。
最后，我要万分感谢的，是一种生长在中国大地上的草本植物——青蒿。它星散生长于低海拔、湿润的河岸边砂地、山谷、林缘、路旁等，也见于滨海地区。在中国近二十个省、区都能见到它的身影。	感谢青蒿，无私奉献。
一岁一枯荣的青蒿，生，就生出希望；死，就死出价值。	
其茎，其叶，其花，浓香，淡苦，蕴含丰富的艾蒿碱、苦味素，是大自然送给人类的一种廉价的抗疟疾药物。	
在我的科研生涯中，一代又一代，一茬又一茬的青蒿"前赴后继"，奉献了自己的身躯，成就了中国的中医事业。	
正是因为它们的牺牲，才铺就了我通往诺贝尔的坦途。	
青蒿呦呦。	
情感呦呦。	
生命呦呦。	
临来瑞典前，我曾经有一个想法，想带 85 株青蒿来到卡罗林斯卡学院，让它们和我一起分享成功的喜悦，但我怕在机场、海关遇上安检、植检的麻烦，便打消了这个念头；我还想邀请 85 名参与过 523 项目的科学家来到瑞典，共同发布青蒿素的科研报告，但我怕诺贝尔奖基金会无法承担这笔庞大的开支，最终，我决定还是一个人来，代	美好心愿，处处为人。

演　讲　词	评　点
表中国,代表中国中医和中国科学家,领取诺贝尔奖。 　　尊敬的主席先生,再过几天,我就要返回中国,临走前,我有一个小小的请求,希望您能告诉世界:屠呦呦获得诺贝尔奖的理由。 　　作为一名中医工作者,我有幸参与了青蒿素的研发工作,但我不是以获得诺贝尔奖为终极目的。 　　我唯一的追求是:抗疟、治病。 　　因此,我不想对于自己已经没有多大价值的诺贝尔奖,给我的晚年生活带来巨大的困扰、烦恼和质疑。 　　我喜欢宁静。蒿叶一样的宁静。 　　我追求淡泊。蒿花一样的淡泊。 　　我向往正直。蒿茎一样的正直。 　　所以,我请求您能满足一个医者小小的心愿。 　　终有一天,我将告别青蒿,告别亲人,如果那一天真的来到,我希望后人把我的骨灰撒在一片青蒿之间,让我以另外一种方式,守望终生热爱的土地,守望青蒿的浓绿,守望蓬勃发展的中国中医事业。 　　衷心感谢在青蒿素发现、研究和应用中做出贡献的所有国内外同事们、同行们和朋友们! 　　深深感谢家人一直以来的理解和支持! 　　衷心感谢各位前来参会! 　　谢谢大家!	抗疟治病,唯一追求。 　宁静淡泊,高风亮节。 　葬身青蒿,完美人生。 　感谢诸位,首尾呼应。

【综评】

　　神州大地,流传着一个最响亮的名字——屠呦呦。屠呦呦,生于1930年12月30日,浙江宁波人,毕业于北京医学院,中国中医科学院的首席科学家,"共和国勋章"获得者,是首位中国科学家获得诺贝尔生理学或医学奖。她发现的青蒿素,用于治疗疟疾的药物,挽救了全球数百万人的生命。这里展示的是屠呦呦2015年12月7日在瑞典卡罗林斯卡学院获得诺贝尔奖时的获奖致辞。

　　屠呦呦的演讲词,至少有以下四个特色。

　　第一,献身青蒿,辉煌伟业。20世纪60年代,非洲等地流行着一种致命性的疟疾病,许多国家的卫生部门均在研究对策;中国卫生部中医研究院(中国中医科学院前身)为此展开了积极的研究,中药研究所的屠呦呦接受国家"523"抗疟药物研究的艰巨任务,被任命为中药抗疟科研组组长;数十年来,屠呦呦潜心研究青蒿素,默默耕耘,无私奉献,于1979年发明了"抗疟新药青蒿素",荣获国家发明奖二等奖,挽救了非洲、南美洲和印度等地数百万患者的生命。2015年,屠呦呦荣获诺贝尔奖,2019年又荣获中国"共和国勋章"。

　　第二,葬身青蒿,感天动地。"终有一天,我将告别青蒿,告别亲人,如果那一天真的来到,我希望后人把我的骨灰撒在一片青蒿之间,让我以另外一种方式,守望终生热爱的土地,守望青蒿的浓绿,守望蓬勃发展的中国中医事业。"无我精神,感人至深。

第三,唯一追求,高风亮节。屠呦呦潜心研究青蒿素新药,不是为名,不是为了获得诺贝尔奖,"我唯一的追求是:抗疟、治病。"

"我喜欢宁静。蒿叶一样的宁静。

我追求淡泊。蒿花一样的淡泊。

我向往正直。蒿茎一样的正直。"

这是人生真谛,与日月同辉。

第四,巧妙构思,诗情画意。屠呦呦巧妙地把自己的名字"呦呦"与家父的珍爱联系起来,与诗经名句"呦呦鹿鸣,食野之蒿"和相对应的"蒿草青青,报之春晖"联系起来;把自己的研究业绩与伟大领袖毛泽东对中国中医事业的高度重视联系起来,与医圣葛洪经典文献的启示联系起来,与非洲百万使用青蒿素的疟疾患者联系起来,与自己通力协作的研究团队联系起来,与源源不断的源自中国大地青蒿植物的无私奉献联系起来,与蓬勃发展的中国中医事业联系起来,构成了一幅宏大而绚丽的画卷。

（本演讲词由李元授教授评点评析）

奔跑吧！青春

（2019 年 11 月 16 日）

高思恩

演 讲 词	评 点
大家一定好奇，为什么我提着一个纸箱子登台？生活中纸箱子的用处有很多，它可以是包装箱，也可以是收纳盒，但它对于我来说却不是那么简单，它是我生命诞生之初的摇篮，是我年幼时谋生的手段，是盛放爱与感恩的百宝箱。	纸箱揭秘，生命摇篮。
那是 1994 年 7 月一天的早晨，太原的天空阴沉沉的，火车站附近的一个小院中传出了婴儿的啼哭声，大家闻声而来，聚拢在一个纸箱边。仔细查看，大家发现纸箱中婴儿的左臂患有残疾，在一阵阵怜惜声中，只有一位年已六旬的老人伸出温暖的双手将女婴抱回了家中。仅仅几分钟后，天空就下起了瓢泼大雨。如果不是那位老人，也许女婴就在大雨中失去了生命。	怜悯女婴，抱回家中； 　　奶奶大爱，听众动容。
说到这里大家也就明白了，我就是当年那个躺在纸箱中的女婴，是好心的奶奶给了我第二次生命。奶奶孤身一人，没有工作，没有收入，生活已经不容易。为了养活我，她起早贪黑地捡纸箱，拾废品，含辛茹苦地将我抚养长大。我从记事起就慢慢知道这些了，知道奶奶一个人养活我是多么不容易。于是我下定决心，即使身体不便，也要比别人更快地学会照顾自己，照顾奶奶，让奶奶以后过上好日子。我坚信，只要努力，别人可以的，我也一样可以。	报答奶奶，学会自立。
我每天看着奶奶干活，并默默学着。七岁时我已经学会了做家务，做饭。但我却无法像其他同龄孩子一样走进校园。因为我没有户口，求学之路充满艰辛。我从不奢望像其他小朋友一样有爸爸有妈妈，有好吃的好玩的，但是看到他们能背着书包上下学我真的好羡慕。终于压在心底很久的话还是忍不住跑了出来。我说："奶奶，我什么时候能上学呀？"话音刚落，奶奶泪如雨下。我自责地哭了，奶奶走过来，一把把我抱住，我们抱在一起哭了很久很久。终于有一天，我也像其他小朋友一样坐在明亮的教室里了，但是我无法想象，即使吃不饱饭也决不麻烦别人的奶奶，竟然为了我上学下跪了不知多少次，是教育局和残联的帮助，才让我有了上学的机会。	我要上学，困难不少； 　　多方帮助，如愿以偿。
我深知这一切来之不易，于是倍加珍惜。寒冷的冬天家里欠费没了电，就是在路灯下我也要把作业写完。生活不易，为了替奶奶分担：校园里的角落，上下学的路上，别人眼里的废纸箱，就成了我眼中	

演　讲　词	评　点
的宝。因为卖掉之后的微薄收入，可以让奶奶少一些辛苦，那已是我最大的快乐。初中就读的学校离家很远，为了节省车费，我就跑着去跑着回，不知不觉中我成了学校田径场上的短跑冠军，到中考时我成了班上唯一一个体育考满分的人。我喜欢风雨中前进的自己，把树木、房屋甩在身后，向着阳光奔跑。	为省车费，跑步上学； 终于成为，短跑冠军。
也是从这一年开始，我和奶奶的生活境况逐渐好转，在派出所、残联、民政部门等多方帮助下，我终于有了户口，政府还让我享受到了低保。那个时候，我和奶奶做梦都会笑出声来。奶奶常常把这些恩情挂在嘴边，总是叮嘱我一定要努力，一定要感恩。	上了户口，享受低保； 奶奶叮嘱，定要感恩。
进入高中后，我被推荐代表省市参加各类体育比赛，每一次奔跑我都拼尽全力，90公斤的杠铃把脖子压出了肿块，反反复复的冲刺使脚底磨出了水泡，但无论多苦多难，我都没有放弃。因为我知道，只有坚持才对得起爱我的奶奶和无私帮助我的教练。于是我咬着牙一步步挺了过来。	体育比赛，刻苦训练； 获得奖牌，感谢教练。
高二时，我拿到了国家二级运动员。是那一年，山西省达级赛测试中唯一一名残疾运动员。随后又多次在全国残运会上获得奖牌。虽然训练和比赛占用了学习时间，但我还是利用一切可利用的时间努力学习。因为我明白人生的比赛不只是赛场的输赢，更是知识的比拼，思想的角逐。	
2013年我如愿考上了山西大学。奶奶看到通知书的那一刻热泪盈眶，我知道在奶奶那喜悦的泪水背后，是为昂贵学费的担忧。幸运的是我又得到了政府各相关部门、学校和慈善总会的帮助，使我顺利进入了大学校园。四年的时间里我过得十分充实，做公益活动的领跑员，拿下三次单项奖学金，成为学生会秘书长。照顾好八旬的奶奶，完成不间断的训练和比赛，我恨不得生出三头六臂，虽然分身乏术，苦过累过，但只要想到奶奶，想到那些曾经帮助过我的人们就会再一次动力满满。	考上大学，勤学苦练； 公益活动，处处争先。
生活总是眷顾我，给我考验，让我成长。2017年年初，新年之际，奶奶意外摔倒，腰椎骨折，动手术后近一年不能下床。正值考研备战期的我，每天在家中给奶奶喂水喂饭，帮助奶奶排便、擦洗身体。听着奶奶经常疼痛的呻吟，我心如刀绞。在这样的压力下，我忍住了泪水，咬牙坚持，最终考上了研究生。奶奶的身体也一天天好了起来。	奶奶摔倒，悉心照料； 咬牙坚持，终于读研。
20多年过去了，这小小的纸箱已经放不下我长大的身躯，我和奶奶的生活也早已不再依靠它，但它所盛放的爱和感恩却从未消失，反而历久弥深。奶奶为我取名思恩，就是要我常思恩情，这恩情来自同学、邻里、师友，来自政府、社会、国家。心中常念恩情，更要知恩图	挽结全篇，饮水思源； 感恩戴德，报效祖国。

演　讲　词	评　点
报。是奶奶让我活下来,是祖国让我长起来。所以我将在这青春年华里,用永不停息的奋斗来回报这个伟大的时代。 　　如果说青春注定是一场与命运抗争的比赛,我愿挥洒爱的汗水,跑出时代速度,将爱与阳光传递! 　　谢谢大家!	进而点题,奋力奔跑!

【综评】

　　"时代新人说·我和祖国共成长"全国演讲大赛总决赛 2019 年 11 月 16 日,在北京首都图书馆剧场举行。大赛评委颜永平老师对演讲者高思恩的演讲形象进行了生动的描绘:高思恩的精彩演讲《奔跑吧!青春》可说是"风雨中奔跑,阳光中微笑,舞台上演讲"。独臂女孩高思恩用自己的真情实感与成长经历,讲述了她和祖国共成长的感人故事:她饮水思源,知恩图报,身残志坚,自强不息,刻苦学习,积极锻炼身体,德智体美劳全面发展,不断取得骄人的成绩,努力为中华之崛起而读书,为祖国的伟大复兴而奋起,她是广大的时代新人学习的榜样。高思恩的这篇演讲荣获演讲大赛一等奖。

　　高思恩的演讲有四个特色。

　　第一,突出的事迹。高思恩一出生就是一个躺在纸箱里身体残缺的弃婴,是好心的奶奶给了她第二次生命。而奶奶孤身一人,靠捡废品为生;高思恩从小自立,7 岁就学会做饭做家务,跟着奶奶捡破烂;她没有户口上学困难,在有关部门的大力帮助下,才得以解决;学校离家很远,为省车费,她上下学来回跑步,日积月累,成了短跑冠军,后又成了国家二级运动员;她勤学苦练,成绩优秀,努力考上大学和研究生;她做公益活动,事事争先。……综上所述,高思恩的不幸与遭遇,远远超过一般的孩子,但她从小就知恩图报,自立自强;高思恩的学习环境与条件很差,不可能到处培优,但她全凭自己的勤奋与智慧,考取了山西大学,随后还考取了研究生;高思恩的身体条件很差,是独臂女孩,但她全凭自己的刻苦磨炼荣获短跑冠军与国家二级运动员称号,多么了不起!她是新时代青少年自强不息、顽强拼搏的典范与楷模。高思恩的演讲具有很强的感召力。

　　第二,感人的细节。高思恩的演讲有诸多感人的细节:纸箱,既是演讲者使用的道具,又是感人的关键细节,它是婴儿生命的摇篮,又是全家谋生的手段,所有听众均为之动容;7 岁的孩子就开始自立,学会做饭做家务、捡破烂,相比许多人家上十岁的孩子仍然过着衣来伸手饭来张口、在妈妈怀里撒娇的生活,我们不得不为小思恩的自立点赞;小思恩上下学来回奔跑,只为节省车费,为奶奶分忧,结果日积月累,成了短跑冠军,又成为国家二级运动员,我们不得不为小思恩的自强点赞。还有一些细节,诸如她一边备战考研,一边悉心照料不慎摔倒卧病在床的奶奶等,强烈地感染着听众。

　　第三,闪光的语言。独臂女孩高思恩知恩图报,奋力拼搏,报效祖国,说出了诸多闪光的话语:"我坚信,只要努力,别人可以的,我也一样可以。""我喜欢风雨中前进的自己,把树木、房屋甩在身后,向着阳光奔跑。""无论多苦多难,我都没有放弃。……于是我咬着牙一步步挺了过来。""我明白人生的比赛不只是赛场的输赢,更是知识的比拼,思想的角逐。""心中常念恩情,更要知恩图报。""我将在这青春年华里,用永不停息的奋斗来回报这个伟大的时代。"等等,这些铿锵的话语给了听众强烈的震撼。

第四,充沛的情感。高思恩是一个被遗弃的残疾女婴,是仁慈的奶奶将她从死亡中拯救出来,是社会、是国家给她以关怀与温暖,让她健康而幸福地生活着,她比一般青少年更加懂得感恩,感恩之情贯穿于她整个演讲中:"奶奶常常把这些恩情挂在嘴边,总是叮嘱我一定要努力,一定要感恩。""奶奶为我取名思恩,就是要我常思恩情,这恩情来自同学、邻里、师友,来自政府、社会、国家。"这炽热的情感给听众以很大的激励。

高思恩的演讲稿是一篇优秀的演讲词。但是,如果我们推荐到报刊发表,还需要加工提炼;如果要上教科书,还需要我们进一步修改提升。比如:奶奶为了让高思恩上学读书、给人下跪一事,能否换一个说法?

(本演讲词由李元授教授评点评析)

参 考 文 献

著作类

[1] 陈准,周建设.实用论辩艺术[M].长沙:湖南科学技术出版社,1990.

[2] 冯必扬.通往雄辩家之路——辩论学导论[M].上海:上海人民出版社,1989.

[3] 高名凯,石安石.语言学概论[M].北京:中华书局,1963.

[4] 武传涛.著名演讲辞鉴赏[M].济南:山东人民出版社,1992.

[5] 胡伟,邹秋珍.演讲与口才[M].北京:清华大学出版社,2009.

[6] 黄伯荣,廖序东.现代汉语(增订版)[M].北京:高等教育出版社,1991.

[7] 贾启艾.人际沟通[M].2版.南京:东南大学出版社,2006.

[8] 黎运汉.公关语言学[M].广州:暨南大学出版社,1990.

[9] 李济中.公关语言学[M].北京:北京工业大学出版社,1998.

[10] 李明,林宁,常素芳.人际关系与沟通艺术[M].北京:清华大学出版社,2012.

[11] 李次授.演讲艺术与品评[M].武汉:华中理工大学出版社,1997.

[12] 李军华,李文妮.口才艺术品评[M].武汉:华中理工大学出版社,1996.

[13] 李军华.口才学[M].武汉:华中理工大学出版社,1996.

[14] 李元授,李鹏.辩论学[M].武汉:华中理工大学出版社,1997.

[15] 李元授,夏松瑜,李鹏.辩论训练[M].武汉:华中理工大学出版社,1997.

[16] 李元授,邹昆山.演讲学[M].武汉:华中理工大学出版社,1997.

[17] 李元授.交际学[M].武汉:武汉测绘科技大学出版社,1991.

[18] 李元授.人际沟通训练[M].武汉:华中科技大学出版社,2014.

[19] 李元授,李鹏.少儿口才指导师通用教材[M].广州:世界图书出版公司,2018.

[20] 李仲师.口语交际艺术与技巧[M].长春:长春出版社,1990.

[21] 李荣建,宋和平.谈判艺术品评[M].武汉:武汉大学出版社,2003.

[22] 凌空,盛沛林.简明演讲学[M].北京:解放军出版社,1988.

[23] 刘伯奎,崔达送,阎彩霞.教师口语——表述与训练[M].上海:华东师范大学出版社,1994.

[24] 刘伶,黄智显,陈秀林.语言学概要[M].北京:北京师范大学出版社,1984.

[25] 鲁迅.鲁迅全集(第5卷)[M].北京:人民文学出版社,1961.

[26] 鲁迅.鲁迅选集(下)[M].北京:人民文学出版社,1959.

[27] 邵守义,谢盛圻,高振远.演讲学教程[M].北京:高等教育出版社,1993.

[28] 邵守义.实用演讲学[M].北京:中国青年出版社,1985.

［29］　邵守义.演讲学［M］.长春:东北师范大学出版社,1991.

［30］　涂伟谦.现代演讲艺术［M］.成都:四川人民出版社,1990.

［31］　王国庆.雄辩荟萃［M］.北京:中国国际广播出版社,1990.

［32］　魏臣波.大学生实用口才［M］.北京:国防工业出版社,2009.

［33］　未艾,晓芳.论辩艺术品评［M］.武汉:华中理工大学出版社,1997.

［34］　邢福义.现代汉语［M］.北京:高等教育出版社,1986.

［35］　杨桓松,周放.中外演讲词名篇赏析［M］.重庆:重庆大学出版社,1987.

［36］　张强.现代谈判学［M］.武汉:华中理工大学出版社,1997.

［37］　张掌然.交际艺术品评［M］.武汉:华中理工大学出版社,1997.

［38］　张念宏,刘子刚.征服世界的魅力——周恩来的100个故事［M］.北京:中国国际广播出版社,1992.

［39］　张韬,施春华,尹凤芝.沟通与演讲［M］.北京:清华大学出版社,2005.

［40］　郑耘,松海,少波.亚洲大学生辩论会决赛精集［M］.北京:中国城市经济社会出版社,1988.

［41］　J. M. 索里,C. W. 特尔福德.教育心理学［M］.高觉敷,等译.北京:人民教育出版社,1982.

［42］　华德·雷法.谈判的艺术与科学［M］.宋欣,孙小霞,译.北京:北京航空学院出版社,1987.

期刊类

［43］　白雪,张本刚.矿山魂［J］.演讲与口才,1991(4).

［44］　白岩松.在哈工大的即兴演讲［J］.演讲与口才,2004(6).

［45］　段玉琢.从演讲的题目讲起［J］.演讲与口才,1986(10).

［46］　李桂英.拼搏——永恒的旋律［J］.演讲与口才,1991(3).

［47］　权红,世界也有我们的一半［J］.演讲与口才,1987(3).

［48］　覃林顺.到军校去［J］.演讲与口才,1985(3).

［49］　王友厚.井下工有颗金了般的心［J］.演讲与口才,1991(6).

［50］　吴希有.我的理想之路［J］.演讲与口才,1986(9).

［51］　杨耀.战士的爱［J］.演讲与口才,1985(6).

［52］　于江云.含泪的忏悔［J］.演讲与口才,1990(7).

［53］　赵新峰.祖国需要奉献［J］.演讲与口才,1990(7).

［54］　周光宇.救救孩子［J］.演讲与口才,1987(1).

［55］　周光宇.请看看我们头顶的月亮［J］.演讲与口才,1991(11).

［56］　周青,罗会江.镶嵌彩灯的女性［J］.演讲与口才,1991(1).

后　记

　　《口才训练》(第四版),我们从以下几个方面对书稿进行了修订。

　　第一,我们重新审读了书稿,尽可能增加新鲜的内容,删除了陈旧的案例,并对全文进行了润饰。

　　第二,按照逻辑顺序,调整了书稿的结构。将原来的"第十章　有效沟通的求职艺术——求职训练"调整为最后一章,即第十二章;将原来的"第十一章　逻辑严密的辩论艺术——辩论训练"和"第十二章　出奇制胜的谈判艺术——谈判训练"分别调整为第十章和第十一章。

　　第三,"口才训练示例"栏目变动较大,删除了"2000年第二届全国大专辩论会决赛评点",增加了王威的《天使之梦》,张超凡的《用右手撑起一片晴空》,屠呦呦的《获奖致辞》和高思恩的《奔跑吧!青春》。这些成功的范例,包括言谈、交际、会谈、商洽、演讲、辩论、谈判等口才艺术的方方面面,以便学生更好地把握与有效地操作。所选范例均来自李元授老师主编的多套丛书,其中有李次授编著的《演讲艺术品评》、张掌然编著的《交际艺术品评》、李军华编著的《口才艺术品评》、李元授编著的《辩论训练》,以及李元授所著的《演讲学》。上述作者所作的评点、评析予以保留。在此谨向作者们表示诚挚的谢意。

作者

2022年1月18日